国家出版基金项目
NATIONAL PUBLICATION FOUNDATION

"十四五"时期国家重点出版物出版专项规划项目

航天质量系统工程丛书

先进工业质量方法

于国斌　顾长鸿　等 著

中国宇航出版社
CAPH
·北 京·

图书在版编目（CIP）数据

先进工业质量方法 / 于国斌等著. -- 北京 : 中国宇航出版社, 2023.5
（航天质量系统工程丛书）
ISBN 978-7-5159-2120-4

Ⅰ. ①先… Ⅱ. ①于… Ⅲ. ①国防科技工业－质量管理－研究－中国 Ⅳ. ①F426.48

中国版本图书馆CIP数据核字(2022)第177768号

责任编辑 张丹丹 朱琳琳 封面设计 王晓武

出版发行 中国宇航出版社
社址 北京市阜成路8号 邮编 100830
(010) 68768548
网址 www.caphbook.com
经销 新华书店
发行部 (010) 68767386 (010) 68371900
(010) 68767382 (010) 88100613（传真）
零售店 读者服务部 (010) 68371105
承印 天津画中画印刷有限公司

版次 2023年5月第1版
2023年5月第1次印刷
规格 787×1092
开本 1/16
印张 21
字数 511千字
书号 ISBN 978-7-5159-2120-4
定价 98.00元

本书如有印装质量问题，可与发行部联系调换

《先进工业质量方法》
编　写　组

成　员　（按姓氏笔画排序）

于国斌　马　超　马红涛　马建萍
王　飞　王　云　王　猛　王　静
王　黎　王如平　王建明　王晓亮
王晓峰　王晓敏　王慧媛　方焕辉
厉召玉　田　媛　朱桂香　刘　静
许　泽　孙俊若　孙海军　李　元
李　胜　李　璐　李玉琦　李登峰
杨大伟　杨双进　杨晋智　别勇军
邱文瑜　宋　姣　宋昌奇　张　哲
张　高　张小凯　陈春艳　邵　鹏
郑　颖　胡小洲　侯军华　耿金凤
夏晓春　顾长鸿　徐　栋　栾　宇
高　俭　郭晓阳　陶国慧　章玉姣
董学金　谢志丰　鲍智文

前　言

质量乃国之要事、民之关切，也是兴国之道、富国之本、强国之策。新时代推动我国经济社会实现高质量发展，已成为全党全国全社会的共识。习近平总书记强调："质量就是生命，质量就是胜算。"党的二十大报告提出的建设现代化产业体系，加快建设制造强国、质量强国的战略部署，成为引领我国"十四五"乃至未来更长时期国民经济和社会发展的大政方针之一。

近年来，国家科技重大专项、重大工程普遍重视和加强质量管理和技术创新，探索、积累了特色鲜明、实用有效的先进质量方法，产品保证、精益六西格玛、先期质量策划、质量管理归零等成果是其中的典型代表。先进质量方法是国家科技重大专项、重大工程全系统全寿命全特性质量管理的重要基础，是提升管理规范化、科学化、精细化水平的重要手段。当今世界正在发生深刻变革，全球主要经济体都在竭力争夺第四次产业革命的先机和前沿阵地，我国工业也进入了以高端化、智能化、绿色化、网络化等为主要特征的新发展阶段，对工业产品质量水平提出了新的要求，先进质量方法的推广应用必将成为工业产品质量提升的解题关键。

本书遴选了"十三五"时期我国工业在行业管理、产品研制、基础研究等方面形成的45项先进质量方法，旨在集中展现工业组织管理和工程质量管理的最佳实践，大力推动知识的固化和经验的传承，促进工业产品质量水平和质量管理能力的提升，支撑我国工业高质量发展。

在本书撰写过程中，得到了各军工集团公司、中物院、探月与航天工程中心等单位的大力支持；周传珍、汪邦军、吴凤凤、刘国华、遇今、汪启华、田宏伟、李长福、商伟、陈大圣、姬广振、李跃生、任利飞等专家参与了方法遴选和审读工作，在此一并对各单位及各位专家表示衷心的感谢。

目　　录

上篇　面向产品的先进质量方法

下篇 面向组织的先进质量方法

上篇　面向产品的先进质量方法

本篇是面向产品的先进质量方法，主要针对探月、新一代运载火箭等国家科技重大专项和重大产品工程实践，以及卫星、舰船、航空发动机、复杂电子系统等重点产品，总结凝练科研生产过程中形成的质量管理经验和方法。本篇按照产品科研生产阶段划分为全寿命周期、设计过程、生产过程、试验过程4个部分。面向全寿命周期的先进质量方法主要包含贯穿国家科技重大专项和重大产品工程研制生产全过程的方法，面向设计过程的先进质量方法主要包含产品论证、设计、研发等过程中使用的风险分析、精细化设计、数字化设计、通用质量特性设计、先期质量策划、需求管理等方法，面向生产过程的先进质量方法主要包含产品生产、制造过程中现场管理、过程质量控制等方法，面向试验过程的先进质量方法主要包含产品试验验证过程中精益六西格玛等方法。

本篇旨在集中展现“十三五”时期国家科技重大专项和重大产品工程实践中积累形成的先进质量管理经验和方法，为产品一线工程技术人员和管理人员提供借鉴参考，促进先进质量方法在产品工程中的推广应用，整体提升产品质量管理水平。

第一章　面向全寿命周期的先进质量方法

探月工程嫦娥四号任务“三位一体”卓越质量管理模式

一、背景情况

自2004年探月工程立项实施以来，工程全线结合嫦娥一号、嫦娥二号、嫦娥三号等任务科研生产实践，创新建立航天重大专项工程质量管理体系，凝练形成项目管理和质量管理理念、方法和模式。

探月工程嫦娥四号任务具有以下特点：一是新技术多，需攻克月球背面软着陆与巡视探测、深空高可靠高精度中继通信、空间同位素能源制备等关键技术，并研制国际首颗地月中继通信卫星；二是复杂度高，需先后用两型火箭实施中继星和探测器发射，任务规模大、系统组成复杂、产品状态及种类繁多，仅探测器系统外协单位及供应商就近200家，且部分产品长期贮存；三是实施风险大，在着陆方案、测控链路设计等方面存在大量不确定因素，工程技术状态复杂，且国内首次研制空间同位素源，需有效控制设计、制造及试验全过程和在轨应用阶段安全风险；四是项目管控难，国际合作与科学技术试验类搭载产品共7项，由国内外多家单位配套，且设计制造与试验规范差异大，为确保主任务成功实施，必须实现技术接口、进度计划与主任务之间的协调匹配。

工程总体在工程组织实施和研制管理过程中，根据嫦娥四号任务特点，在充分总结我国航天产品和探月工程质量管理成功经验的基础上，设计和应用先进质量管理方法，为工程圆满成功提供重要保障。

二、主要内容

工程总体建立和实施了基于卓越绩效理念与系统工程理论的嫦娥四号任务“三位一体”（单位抓体系、工程抓大纲、行政抓监督和全员抓落实）卓越质量管理模式。其中，研制单位抓质量体系建设是重要基础，工程队伍抓产品保证大纲是科学方法，行政力量抓质量监督监理是必要手段，全员抓落实是确保质量体系、产保大纲和监督监理机制协调推进、有效实施的必然途径（见图1）。

（一）设计工程质量管理体系，为圆满成功奠定基础

嫦娥四号任务工程质量管理体系由质量管理理念和设计与开发、技术状态管理等过程质量管理方法组成。

工程总体针对嫦娥四号任务特点，基于探月工程文化体系（见图2），提出了“高标

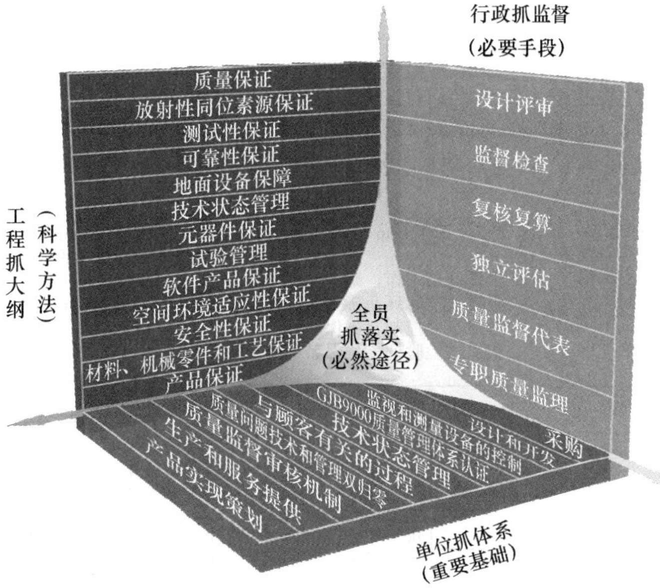

图1　嫦娥四号任务“三位一体”卓越质量管理模式

准、高质量、高效率”的嫦娥四号质量管理理念，具体由质量方针、质量目标（成功发射、安全落月、可靠分离、有效探测、稳定中继）和质量价值观等组成（见图3）。

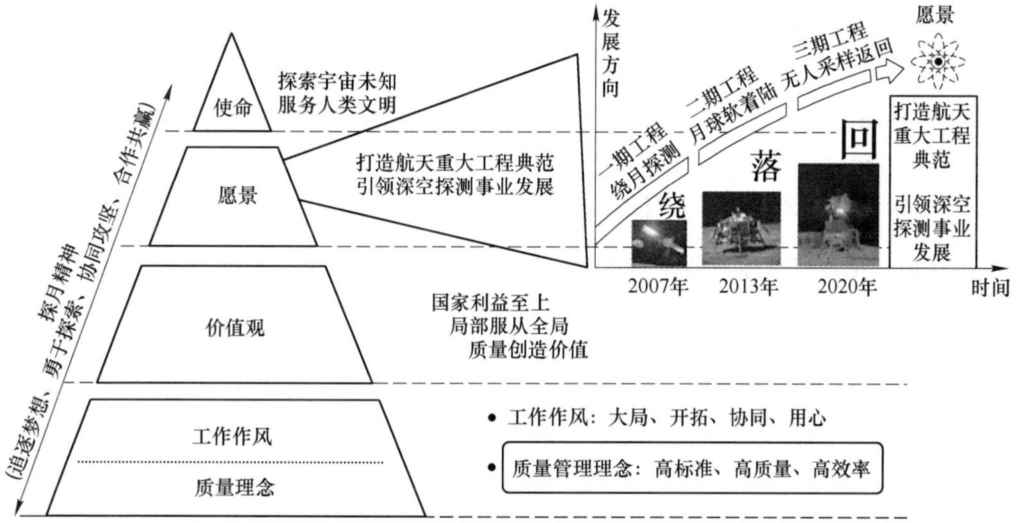

图2　探月工程文化体系

立项初期，工程总体单位以基于GB/T 19001－2016《质量管理体系要求》修订换版《探月与航天工程中心质量手册》为契机，结合GB/T 19580－2012《卓越绩效评价准则》等卓越质量标准，将工程质量管理要求与组织层面的质量体系建设进一步融合，并指导大系统总体单位，对本系统、分系统、重点单机质量工作提出详细要求，与本单位质量管理体系和过程质量控制程序相互协调，使工程质量管理体系相关要求自顶而下、有效落实。

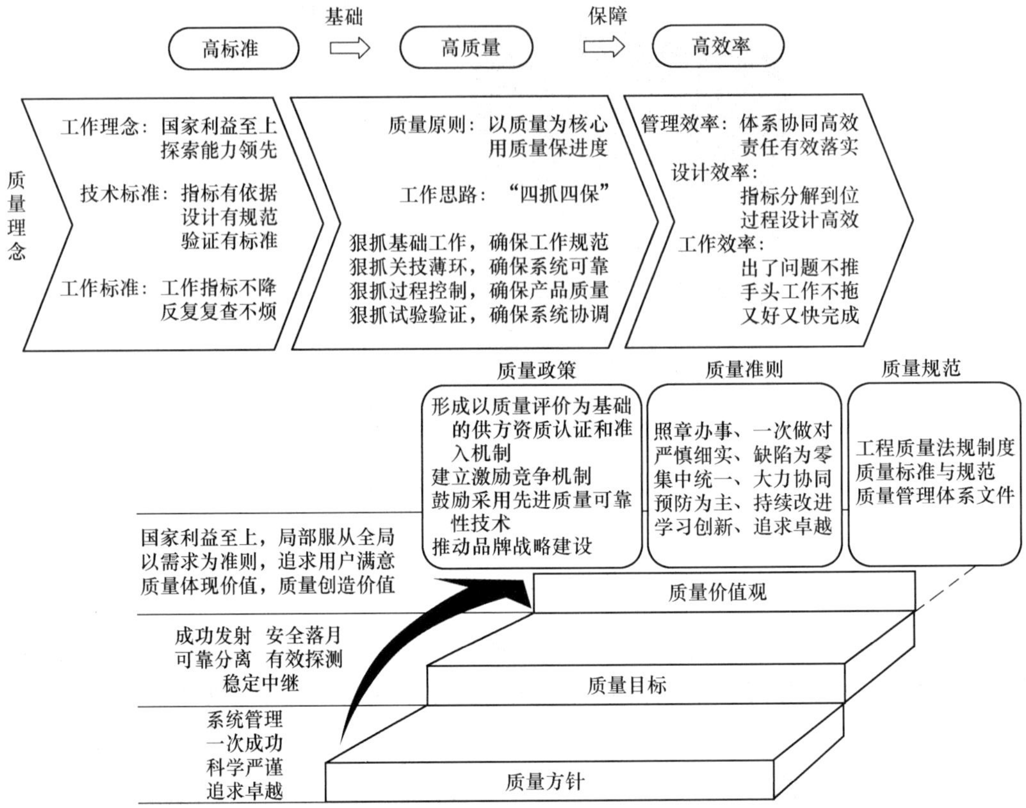

图 3　嫦娥四号任务质量管理理念

（二）聚焦产保大纲落实，有效保障产品质量

嫦娥四号工程研制体系涉及工程总体、五大系统、分系统、单机等多层级近 2 000 家配套单位（见图 4）。

产品保证工作以面向全系统的技术风险控制为重点，以保证产品可用、可靠、安全及工程成功为目标，具体包括：

1）编制产品保证大纲等文件并层层落实。产品保证文件包括 3 类：策划类文件主要有产品保证大纲、计划，以及包括产品保证管理、安全性保证等要素在内的产品保证总要求；过程类文件主要有技术风险控制表单、产品数据包等；总结类文件主要有各阶段产品保证总结报告等。产品保证文件逐级编制、审批、传递和落实，例如探测器系统根据工程总体要求，对其分系统、单机研制单位的产品保证工作提出详细要求，与各项技术和管理活动相融合（见图 5）；各级产品保证大纲，报上一级抓总单位审核（见图 6）。

2）建立产品保证队伍。工程相关系统各层级产品承研单位，建立专业化产品保证技术支持机构（见图 7），各级产品承制单位分别设立产品保证负责人，对相应层级指挥系统负责，并组织开展产品保证工作。

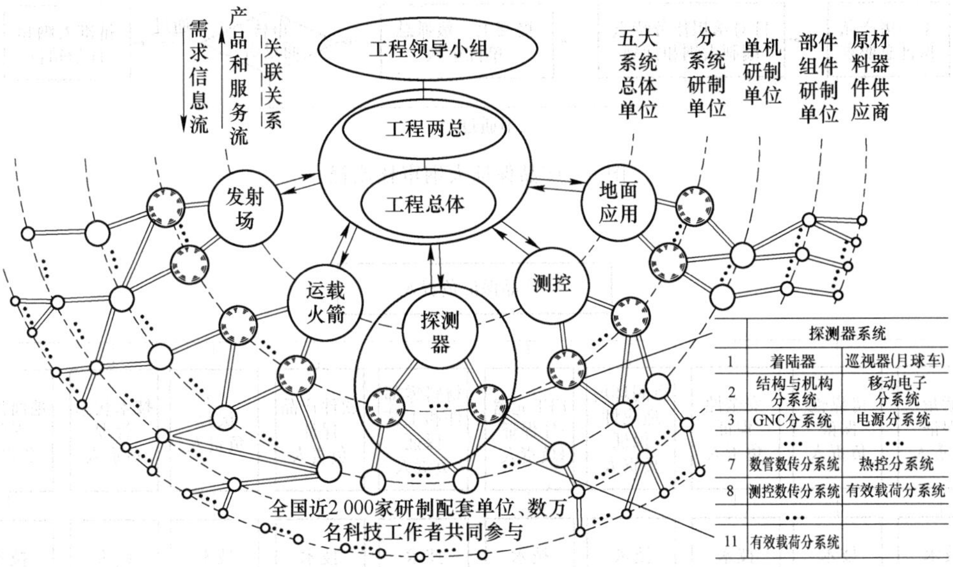

图 4　嫦娥四号任务研制体系

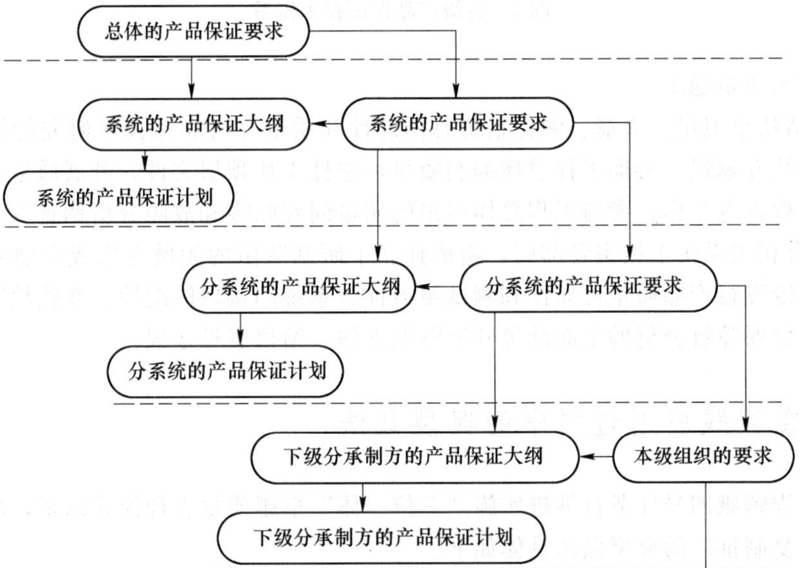

图 5　产品保证要求的传递和落实流程

（三）建立质量监督组织及机制，强化研制过程质量把关

工程总体建立了由质量监督验收代表队伍、质量可靠性专家组和独立评估专家组构成的工程质量监督组织体系：

1）聘任派驻探测器、运载火箭系统的质量监督验收代表。通过参与设计评审、监督检查、复核复算等活动，对研制全过程的质量工作进行监督把关，提出独立意见，避免违

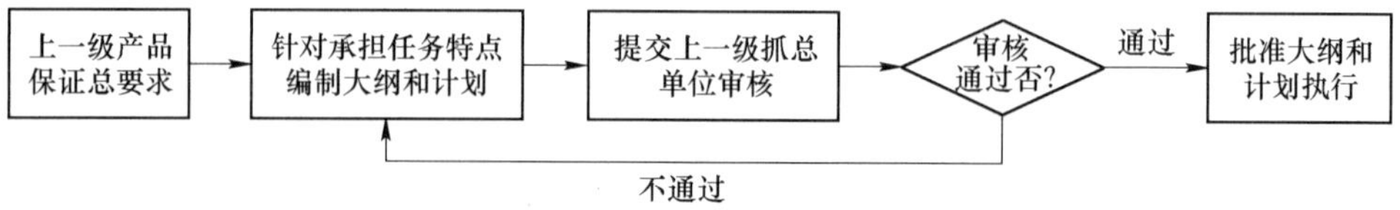

图 6　产品保证大纲审核流程

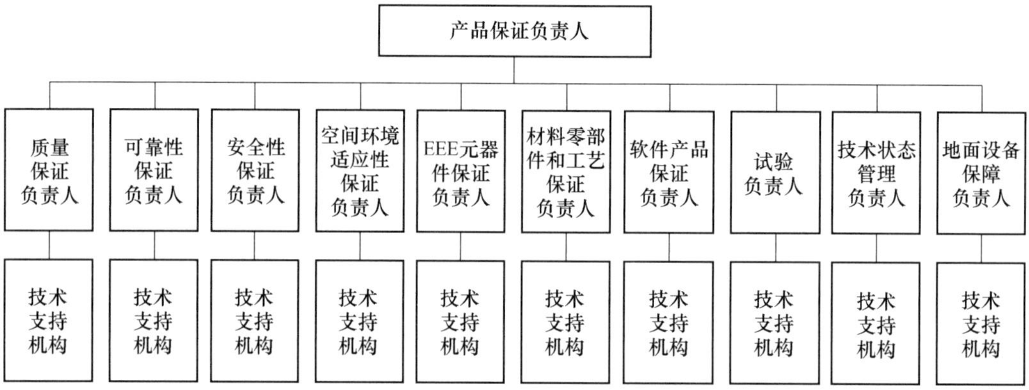

图 7　各级产品保证技术体系

规放行和重大质量隐患。

2）聘请从事卫星、火箭、测控系统总体设计和质量与可靠性技术研究的知名专家成立质量可靠性专家组。协助工程总体编制质量可靠性工作顶层文件，开展质量可靠性技术培训、监督检查等工作，参与工程总体组织的质量问题归零和故障分析调查等活动。

3）联合相关系统上级主管部门，邀请独立于研制队伍的领域专家成立独立评估专家组。针对关键飞行产品质量可靠性和测试覆盖性、系统间接口匹配性、在轨故障预案有效性、飞行事件保障链分析的全面性等开展咨询评估，给出意见建议。

三、在实践应用过程中的典型做法

探月工程嫦娥四号任务自推进实施“三位一体”卓越质量管理模式以来，取得了很好的成效，可复制推广的典型做法具体如下。

（一）基于“三位一体”卓越质量管理模式的全面风险控制实践

在工程质量管理体系实施过程中，工程总体应用“基于风险的思维”，建立工程风险识别与分析、控制、评估流程图，对工程风险的全过程工作进行策划与控制；针对产品保证大纲中明确的过程质量控制、技术状态管理等要求，以技术风险控制为重点，将禁限用工艺风险分析、故障危险源风险控制等作为产保检查的重点内容；在质量监督检查过程中，聚焦影响工程成败的技术薄弱环节和潜在技术风险。由此，应用“三位一体”质量管理模式，建立覆盖“全系统、全过程、全要素”的嫦娥四号工程风险管控责任体系。

（二）基于流程管控等要素的质量问题归零管理模式

针对工程质量问题，采取“三个一次到位”（归零工作、举一反三、归零评审一次到位）和“四结合”（前后方、上下游、相关系统、设计师系统与专家结合）的处理机制，设计了以“能力提升＋流程管控＋时间约束”为核心的归零管理方法（见图 8）。时间约束上，质量问题 2 h 内上报，一般质量问题归零（厂所级）3.5 天完成，举一反三 3 天完成，确保信息传递透明、快速、彻底；问题归零后，及时上传质量信息系统积累相关数据，完善故障模式库，建立举一反三基线，完善质量体系，提升质量管理能力和水平。

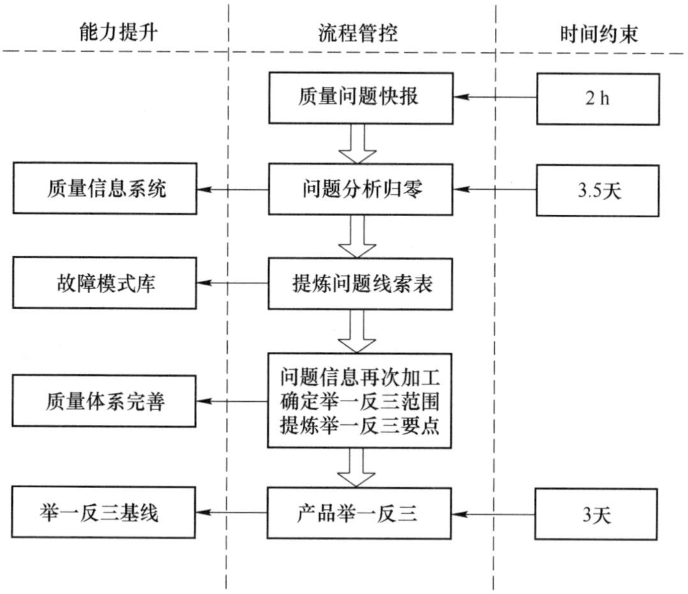

图 8　以“流程管控＋时间约束＋能力提升”为核心的归零管理方法

（三）基于“三横一纵”的质量监督方法

为确保工程质量监督效果，工程总体采取“横向”以质量可靠性专家组、质量监督验收代表和独立评估为主，“纵向”以技术评审把关为主的“三横一纵”管理监督方法。例如，转入正样研制阶段后，为充分识别影响工程成败的重大技术风险和薄弱环节，工程总体联合中国航天科技集团有限公司（以下简称“航天科技集团”）和中国科学院，分别开展了工程技术专项和科学目标可实现性第三方独立评估，针对关键环节方案设计正确性、系统级验证充分性、在轨故障预案有效性等开展独立分析和评价。第三方独立评估实施流程如图 9 所示。

（四）基于核心要素的国际合作载荷质量管控机制

针对国际合作载荷，积极探索探月工程质量管理模式与欧洲空间局（简称欧空局或 ESA）产品保证模式的接轨模式，围绕标准、接口、安全 3 个核心要素实施产品质量管理。发挥我国空间项目质量管理优势，借鉴欧空局成功经验，提出并采用中外双首席专家负责

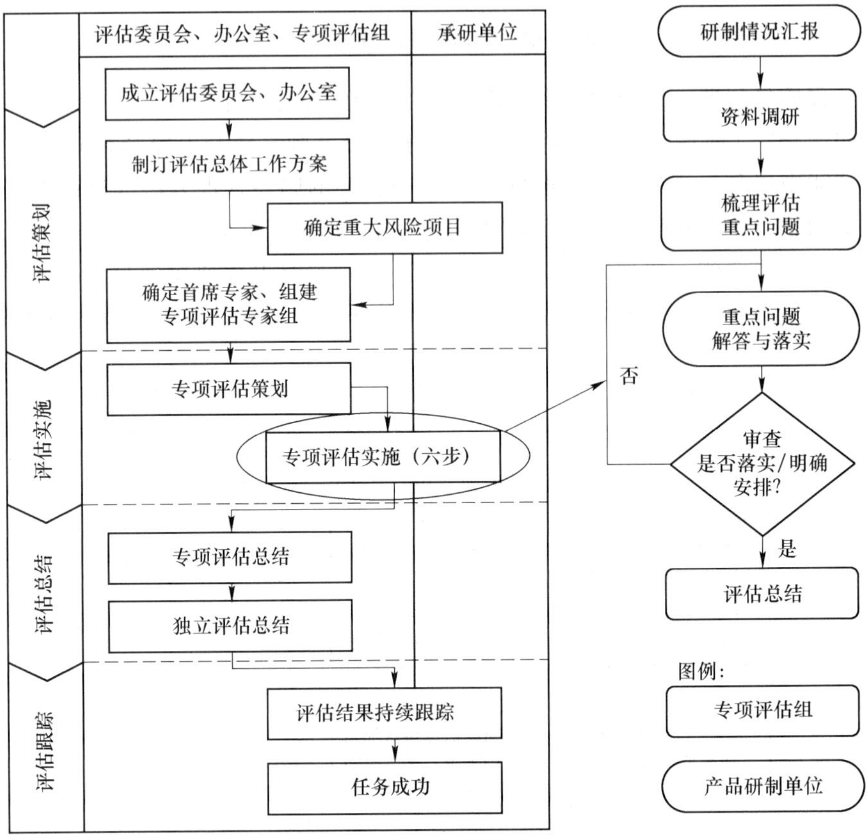

图 9　第三方独立评估实施流程

制，按照中方相关标准规范开展载荷研制，完成正样件各类验收试验，编制载荷接口安全性控制文件，严格确认接口技术状态，确保不影响主任务安全可靠实施。载荷研制期间，工程总体组织专家组赴外方对载荷安全性、供电安全性、热设计与试验等开展现场监督检查。

四、实践应用场景和产生成效

工程总体应用“三位一体”卓越质量管理模式，遵循“源头抓起、系统预防、规范管理、强化监督”的基本原则，通过自我保证（行政领导抓质量体系建设，总指挥和总设计师“两总”系统抓产保大纲，质量专业抓队伍、条件与方法建设）和客观监督（纵向监督与外部监督并用，综合设计评审、监督检查、复核复算、独立评估等手段）相结合的方法，将质量管理要求落实到工程研制、发射实施及在轨运行的全过程。

（一）确保了过程管理有效

在正样研制阶段，工程总体联合航天科技集团对探测器系统开展第三方独立评估。期间，共计召开 36 次专题评估工作会议，逐次给出评估结论，总结梳理出的 1 308 项问题、质疑和建议，均由被评估单位做出书面答复，并结合具体研制工作进行落实。以探测器总体评估组独立评估为例，针对更改验证充分性、飞行程序、故障预案、飞行事件保障链等

4个重点评估方向，将其细分为28个具体评估项目，共12家被评估单位。为每个评估项目分别设立牵头主审专家，提前审阅评估报告，提前和设计师进行沟通，并在评估结束后分别总结评估结论和建议，由设计师系统进行书面答复并明确是否采纳落实。评估内容分解表（节选）见表1，评估问题和建议汇总统计见表2。

表1　评估内容分解表（节选）

序号	评估工作	被评估单位	主审专家
	一、更改验证充分性评估		
1	××器移动与综合电子更改验证充分性	某所	×××
2	××载荷设计正确性、验证充分性和安全性	重庆大学	×××
3	××器数传调制器增加RC电路更改验证充分性	某分院	×××
4	××器微波测距测速敏感器电阻更改验证充分性	某分院	×××
5	××解调板更改验证充分性	总体部	×××
…	…	…	…
	二、飞行程序评估		
1	××码速率降低、中继时延、两器一星并行测控等新状态下飞行程序正确性	总体部	×××
2	飞行程序验证的充分性和有效性	总体部	×××
3	两器一星中继链路的设计正确性和验证充分性、有效性	总体部	×××
4	××码速率降低、中继指向等新状态下遥操作设计的正确性和软硬件适应性	总体部	×××
…	…	…	…
	三、故障预案评估		
1	××码速率降低、中继时延、两器一星并行测控等新状态下总体故障预案的全面性和对策的有效性	总体部	×××
2	中继链路支持下××故障处理的正确性和有效性	总体部	×××
3	××器GNC分系统与推进分系统故障预案	某所	×××
…	…	…	…
	四、飞行事件保障链评估		
1	更改所对应的保障链关键事件识别的充分性、全面性	总体部	×××
2	关键单机设计、过程控制及试验验证的保障措施有效性——××采集器	某所	×××
3	关键单机设计、过程控制及试验验证的保障措施有效性——××机	某厂	×××
4	关键单机设计、过程控制及试验验证的保障措施有效性——SXU	某所	×××
5	关键单机设计、过程控制及试验验证的保障措施有效性——CXU	某所	×××
…	…	…	…

表 2　探测器总体评估组评估问题和建议汇总统计

会议	评估项目	问题和建议数	建议性	解释性	文字性
第一次会	××遥控解调板更改	13	2	10	1
	4W ××更改	10	1	9	0
第二次会	某所 ×× 机	21	4	16	1
	某所 ×× 机构	49	22	27	0
	某所 ×× 推进系统	30	12	18	0
第三次会	××操作设计与验证	24	12	12	0
	××应对策略	18	7	11	0
	××采集器	20	9	10	1
	××器 GNC	22	9	11	2
	××器综合电子	16	8	8	0
第四次会	××调制器	10	4	6	0
	××测距测速敏感器	6	2	4	0
第五次会	某所 SXU、DXU 单机	47	18	28	1
第六次会	××飞行程序	24	10	9	5
	××器工作程序	14	10	4	0
第七次会	××链路	10	2	8	0
	××器故障预案	13	2	11	0
	××器保障链	5	2	3	0
	某所 ×× 评估	7	6	1	0
第八次会	××载荷	29	15	13	1
	××器保障链	4	3	1	0
	某厂火工品	5	2	3	0
第九次会	××操作再评估	4	2	2	0

在全面转入总装、总测、大系统联试和发射准备阶段后，工程总体编制并印发了《国家航天局关于决胜嫦娥四号任务全面加强质量工作的决定》，强调“以质量为核心、以大系统联试和发射实施为主线、以飞控为重点”，从全面落实责任制、严格技术状态控制、加强测试和试验的控制、落实问题整改与监督检查等 13 个方面对工程全线质量工作提出明确要求。为此，探测器系统完成了 106 个产品保证工作项目，开展了 33 项“发射场专项再确认”活动、发射场“四查、两比、双想”活动、16 次“工作项目推演”、33 项强制检验点检查、78 次测试/试验等总结类文件审查，154 项待办工作全部跟踪落实，确保了

各级产品设计充分完备、过程管控识别到位且措施有效，实现发射场工作期间产品零缺陷、操作零失误、现场零问题。

（二）提升了工程风险管控能力

基于嫦娥四号两器一星、两枚火箭、两次发射的任务特点，工程总体提出了“设计可靠、验证充分、预案完备”的风险控制理念，组织全系统开展风险识别与控制专项工作，在工程总体层面提出并首次应用深空复杂系统多维风险识别与综合风险控制方法。主要从工程技术特性分析（新技术特性、综合技术特性、动态技术特性、敏感技术特性）、总体设计正确性复核（总体方案正确性、任务要求的分解落实、系统间接口匹配性、工程安全性）、技术状态更改分析（相对嫦娥三号的技术更改项、具体更改内容、影响分析与验证措施）、任务保障链分解（中继星任务和探测器任务阶段划分、关键事件分解、相关系统保障条件确定等）4 个维度对工程风险进行系统全面的识别与分析；采用总师系统责任制的综合性专题研究、权威专家第三方独立评估、研制关键过程和关键项目风险控制、飞控复杂任务过程风险控制等多种风险控制方法，对全过程风险进行有效控制。

其中，针对首次自主研制的空间同位素源，开展从研制到在轨使用全过程的风险控制技术研究，基于研制工作的复杂性、困难性，以及全过程极高的安全性要求，融合核、航天和电子等行业质量与可靠性管控方法，充分识别全过程风险因素并制订针对性控制措施，确保空间涉核产品性能稳定、安全可靠、风险可控。

根据工程总体制定的产品保证大纲要求，运载火箭、探测器系统围绕可靠性薄弱环节的技术风险，开展了大量针对性风险控制工作。例如，针对零窗口发射、月背软着陆动力下降、两器分离、月面移动、中继通信等关键事件，开展系统级故障分析和确认；针对长期贮存产品，在开展可靠性专项分析的基础上，明确长期贮存要求，在评估后确定重新投产或部分更换的产品；开展同位素源寿命试验、巡视器抬升机构长期静压试验、7 500 N 发动机涂层可靠性验证、中继星伞状天线解锁展开可靠性验证等专项试验验证。此外，探测器系统从着陆区变化的风险控制、两器分离的风险控制、7 500 N 变推力发动机可靠性的风险控制等 10 个方面开展风险识别与控制；针对中继星平台，则重点针对“展得开、对得准、链路好、耐低温”等 4 个关键环节进行风险识别与控制（见图 10）。

（三）促进了国际科学载荷合作

嫦娥四号工程总体与多个国家和国际组织开展了务实高效的双边合作。创新建立了基于中外双首席专家负责制的国际合作载荷组织架构与责任体系，将中方“三位一体”质量管理模式与欧空局产品保证模式有机融合，建立了国际合作载荷产品保证协同工作机制，制定了《嫦娥四号国际合作载荷管理办法》，保障了国际合作项目的成功实施。建立了基于“安全”的标准、接口管理机制，以及中外双方联合评估模式，既保证了德国、荷兰、瑞典、沙特 4 个国家的科学载荷交付计划，又确保了产品及产品对工程的安全。到目前为止，国际合作载荷按既定目标正常工作、有效实施，为双方科学家共同研究奠定了基础。

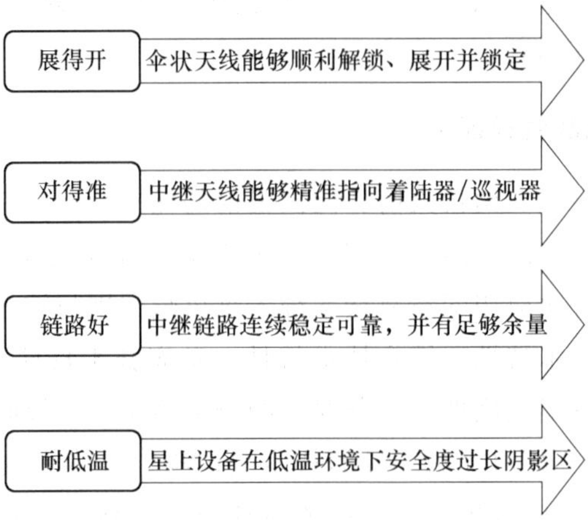

图 10　嫦娥四号中继星飞行任务关键风险环节

五、方法的创新性和推广价值

嫦娥四号工程的成功实施，实现了人类航天器首次在月球背面成功软着陆和巡视探测，成为中国航天坚持自主创新、协同创新、开放创新，探索建立新型举国体制的生动实践，创造了月球探测的新里程碑，获得国际社会的高度评价。

在工程实践中，探索创新和积极应用了一系列质量管理的新理念、新技术和新方法，有效提升了工程管理的规范化、科学化、精细化水平，包括建立了基于卓越绩效理念和系统工程理论的“三位一体”卓越质量管理模式，提出了工程质量管理理念，推行了以技术风险管控为核心、自我保证与客观监督相结合的产品保证方法，建立了第三方独立评估机制，积累了国际合作载荷质量与风险管控成功经验，设计并实现了综合风险控制等，达到了“成功发射、安全落月、可靠分离、有效探测、稳定中继”的嫦娥四号工程质量目标。

嫦娥四号工程先进质量管理方法，可广泛应用于我国后续深空探测任务，对进一步做好其他航天工程的组织实施和质量管控工作，也具有一定的借鉴意义和推广价值。

面向“四多一小”项目群的航天系统化、结构化产品保证管理方法

一、背景情况

近年来，随着宇航产品任务快速增长、发射任务趋于密集，北京控制工程研究所逐步从基于单一产品项目的科研型向多产品项目同时并行的科研与生产并重转型，科研生产从科研型的“低产手工精品”模式转入科研与生产并重的“多品种小批量”模式，逐步形成了一类以“四多一小”（即多层级、多专业、多品种、多协作、小批量）为主要特征的项目群。项目群对质量管理提出了新要求，如质量控制前移的风险型管控要求、质量管理向技术延伸的要求、将协作供方一同纳入风险管控的要求等，而传统被动式、应急式的质量管理方式在落实新要求上显得捉襟见肘。

通过调研欧美先进宇航企业质量管理模式发展历程，北京控制工程研究所发现国外先进宇航企业推行的产品保证方法，强调面向具体对象开展技术风险的提前识别，通过精细化措施使风险获得有效控制，避免隐患后期暴露而造成浪费，该特点恰好能够弥补小批量生产模式下传统质量管理方法存在的不足。但是由于在产品研制模式和组织模式等方面，国内外存在较大差异，因此可以借鉴国外先进宇航企业产品保证的基本方法和经验，但在实际落实中绝不能照搬照抄，必须探索适用于“四多一小”项目群的宇航产品保证管理方法。

二、主要内容

面对“四多一小”项目群对质量管理提出的新要求，北京控制工程研究所积极借鉴国外先进宇航企业产品保证经验并大胆创新，创造性地将产品保证与系统化、结构化方法相结合，应用系统化方法全面识别产品保证本地化的关键过程，建立适宜“四多一小”项目群的系统化、结构化产品保证管理框架，如图 1 所示。该管理框架包含 5 个关键部分，分别解决产品保证落地抓手、实施方法、向外辐射、人力资源保障和信息保障 5 大问题。

针对识别出的 5 个关键过程域做进一步系统化分析，提出通过流程再造构建结构化研制流程体系，实现产品保证落实过程的顶层设计，通过结构化的产品保证基本方法实现产品保证有效落实，通过流程外延实现产品保证对协作供方的覆盖，通过建立结构化的产品保证队伍和产品保证信息流，为产品保证落实提供资源保障。这里的结构化主要强调其有规范的结构组成，而不是无序的实施。

1）结构化研制流程体系。面向分系统、单机和软件专业，分别建立结构化研制技术

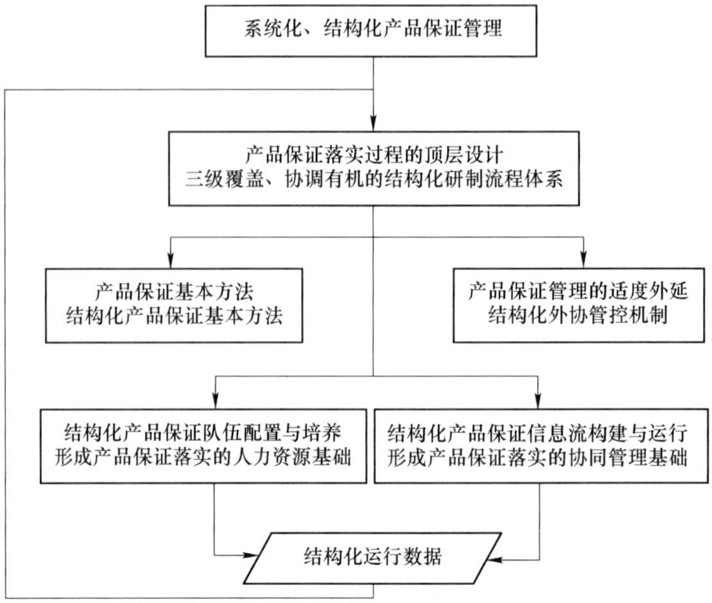

图1　系统化、结构化产品保证管理框架

流程，在任一层级的研制技术流程内均设置与其他流程的接口，确保不同层级流程间信息传递通道畅通，最终形成一个三级覆盖、协调有机的研制技术流程体系。结构化研制技术流程的具体建设方法为，首先将产品研制过程中的各类研制项目、产品保证项目等进行全面梳理，然后按照工作时序关系进行结构化连接，同时针对每个项目，通过结构化的方式描述其具体的工作内容、岗位责任、工作载体及支撑文件等，最终形成覆盖所有层级产品、全部研制周期，融入产品研制、质量、物流等各方面要求的一体化研制流程。一体化研制流程将产品保证工作项目有效嵌入产品研制流程，促使以职能驱动的质量管理模式向以流程驱动的质量管理模式转变，实现了各岗位依据流程有序开展工作，增强了各岗位间的协同性，为产品保证工作切实有效开展奠定了基础。

2）结构化产品保证基本方法。产品保证的核心是技术风险的识别与控制，不同研制阶段、不同管理对象，其技术风险管控重点存在较大差异，因此面向不同的研制阶段、不同的管理对象等，充分识别其技术风险管控的关键，提出更具针对性和适用性的产品保证方法，从而确保各类技术风险能提前得到有效识别与控制。例如为确保单机产品生产过程质量一致性和稳定性而提出的生产基线管理方法，为避免前期设计考虑不周，后期生产制造过程中才发现产品制造性、装配性、测试性等不足而提出的 DFx（面向产品全生命周期的设计）方法等。

3）结构化外协管控机制。不同类型外协任务、不同类型外协供方、不同类型技术风险，其控制要求也各不相同。如果按照同一标准执行，可能会造成资源浪费。因此，将外协任务、外协供方、技术风险进行分类，形成外协管理矩阵，针对矩阵中的每个节点，明确应开展的产品保证活动，同时针对产品保证活动明确了具体的实施流程，促使外协管理趋于规范化。通过产品保证活动的开展，促进外协相关技术风险的识别与控制。

4）结构化产品保证队伍。根据产品类型规划产品保证工作岗位，选拔既具有一定产品研制经验又具有管理能力的人员进入产品保证工作岗位，履行产品保证职责，形成覆盖所有产品、覆盖产品研制全过程的产品保证队伍；同时，建立配套的产品保证队伍职业通道，完善素质评价、职位晋升等机制，促进产品保证队伍可持续发展。

5）结构化产品保证信息流。以用户下发产品保证要求为起点，以向用户汇报产品保证要求落实结果为终点，明确产品保证信息传递途径和信息传递载体，既促使用户提出的产品保证要求得到充分有效落实，与下级供方相关的产品保证要求得到有效传递和落实检查，又确保过程中新识别的技术风险及其控制结果得到把关确认，最终实现技术风险的闭环管理。

三、在实践应用过程中的典型做法

（一）构建结构化研制流程体系，通过流程再造完成产品保证落实顶层设计

首先，综合分析北京控制研究所的任务特点，选定控制分系统、推进分系统、单机和软件建立通用研制技术流程。将以往的单纯技术流程丰富为包含科研、质量、物流等各方面信息的一体化研制流程，促使以职能驱动的管理方式向以流程驱动的管理方式转变。

其次，按照分系统、单机和软件各层级对产品保证技术要求、风险控制要求及精细化专业要求等进行提炼，形成若干通用产品保证工作项目，将各通用产品保证工作项目按照实施时序的要求嵌入通用研制技术流程，有效促进了产品保证活动和产品研制活动相融合。

再次，统一协调和设计各层级间的工作接口，构建相关要求上传下达的渠道，并明确传递和反馈的时机，使各层级的研制流程顺畅可行，确保各层级协调实施，如图 2 所示。

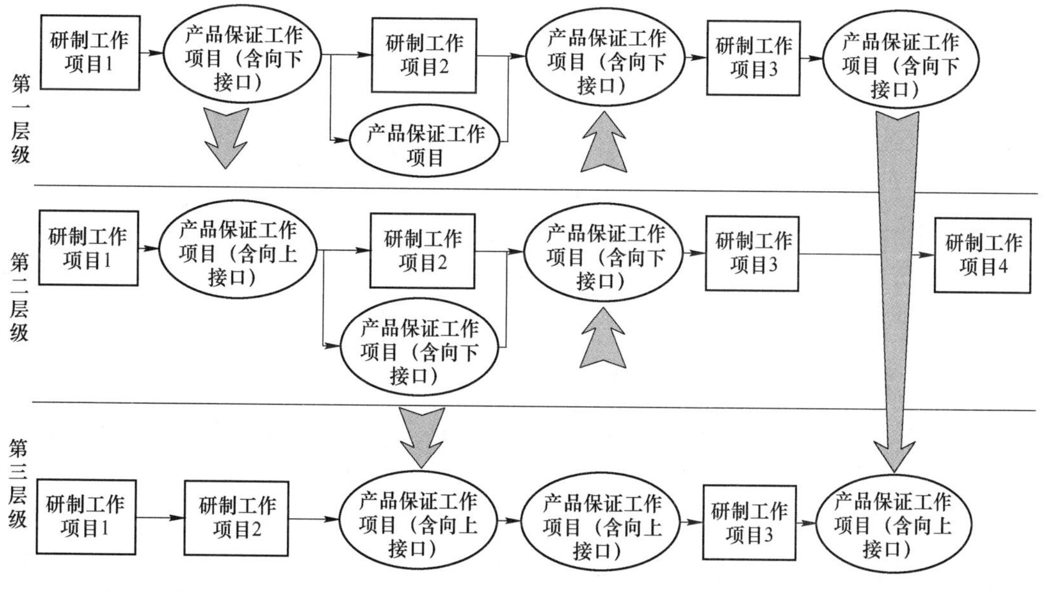

图 2　各层级研制流程及接口关系

1. 提出生产基线管理方法，解决生产阶段产品质量一致性和稳定性问题

针对“四多一小”项目群技术状态管理难度大、生产制造过程质量一致性和稳定性控制难度大的特点，提出以生产基线为抓手、以产品保证队伍履职为核心的生产基线管理方法并深入实施。该方法强调将产品鉴定状态或最近一次质量合格状态所涉及的人、机、料、法、环各生产要素进行全面“拍照留底”，然后将所有“底片”打包，利用生产基线报告这一载体来一体化管理，后续重复生产时直接调用生产基线报告，每次重复生产可视为对上次质量合格产品的“复制”过程，从而保持产品质量稳定性和一致性，如图 3 所示。

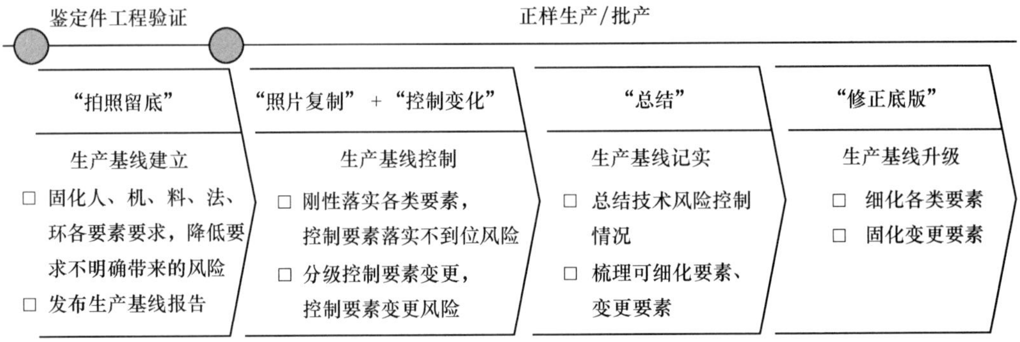

图 3　生产基线管理

2. 提出系统型 DFx 方法，解决设计与生产协调性不足问题

传统宇航产品设计开发过程通常采用设计与产品实现工艺“串行”的方式，即设计师先开展设计，然后将设计图样传递给工艺人员，工艺人员再编制产品实现工艺文件。“串行”流程存在风险控制滞后的缺陷，如设计师在设计时未充分考虑产品的可制造性，传递到工艺人员时才发现产品可制造性差，存在风险隐患，为此设计师不得不更改设计。针对此类问题，提出了系统型 DFx 方法。DFx 方法实际上是一个统称，包括 DFC（面向协调的设计）、DFM（面向制造的设计）、DFA（面向装配的设计）、DFV（面向验证的设计）等多个方面。该方法一方面通过流程优化，强化设计开发过程中的设计、生产、测试等多专业协同和设计开发与生产制造上下游并行；另一方面通过知识库的方式，使已有的经验或问题改进措施提炼为标准的设计要求，在设计活动中通过落实要求来提前规避潜在风险，如图 4 所示。

（二）产品保证管理向协作供方的适度外延

为加强外协产品保证管理活动的针对性和有效性，将外协任务分为 8 类：零件机加、电装固封、特种工序、组件装配、组件研制、通用单机、定制单机、试验检测。在通用化管理流程之下制定供方名录管理、新品试制、生产基线控制、现场监造等 50 余项控制措施。针对不同任务类型，对控制措施进行分类组合，建立外协任务类型及控制措施管理矩阵（见表 1），完成分类管理的差异化解决方案。

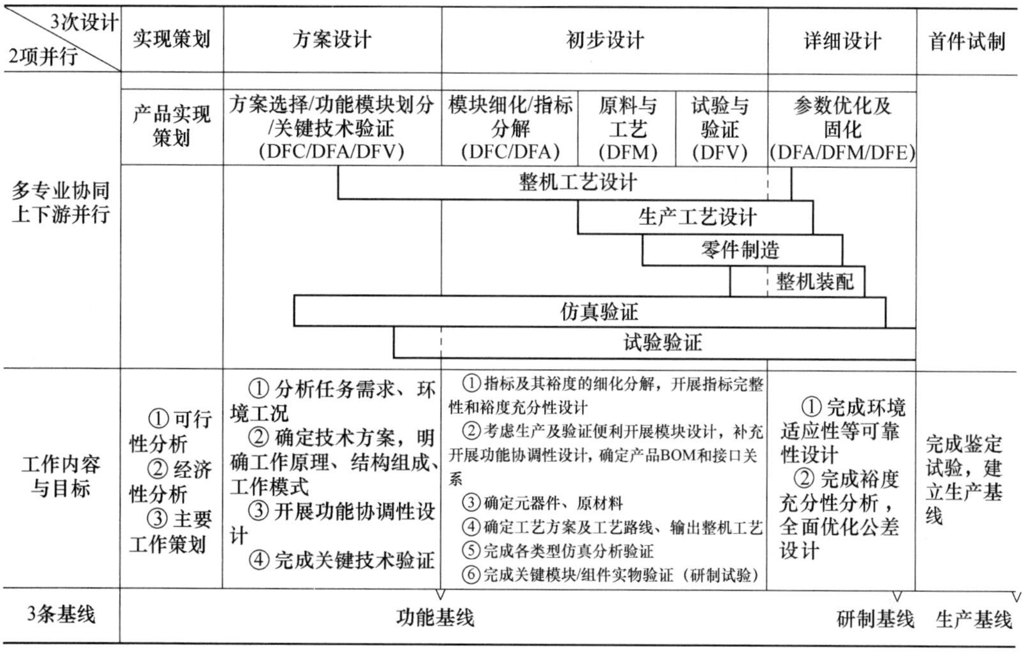

图 4　宇航产品“3 次设计＋2 项并行＋3 条基线”并行开发技术流程

表 1　外协任务类型及控制措施管理矩阵

任务分类 \ 管理措施	管理流程 1					管理流程 2			
	管理要求 1.1			管理要求 1.2		管理要求 2.1	管理要求 2.2		
	具体控制措施 1.1.1	具体控制措施 1.1.2	具体控制措施 1.1.3	具体控制措施 1.2.1	具体控制措施 1.2.2	具体控制措施 2.1.1	具体控制措施 2.2.1	具体控制措施 2.2.2	具体控制措施 2.2.3
零件机加	●			●	●	●		●	
电装固封	●			●		●		●	
特种工序	●			○（可选）		●		●	
组件装配		●				●		●	
组件研制		●				●	●		○（可选）
通用单机			●			●	●		●
定制单机			●			●	●		●
试验检测	●								

（三）产品保证队伍配置与培养

按照专业化分工的思路，对科研生产队伍配置进行调整，从设计队伍中抽取具有丰富研制经验的人员，建立独立的产品保证队伍，产品保证人员定位为高级技术人员，赋予技术与管理双重职责。在岗位设置上，产品保证与设计、生产等岗位相分离，以确保其具有独立话语权。产品保证人员的选聘应考虑以下几方面：

1）产品保证人员应具备5年左右的产品一线研制与生产经验；

2）产品保证人员应具备质量管理体系的必要知识和管理技能。

为确保产品保证队伍的能力能够胜任岗位要求，切实发挥技术风险识别与控制的作用，借鉴国外能力素质模型理念，从人员基本素质、业务素质和管理素质等多个维度，明确为达到产品保证工作目标，产品保证人员应具备的能力素质及素质的考核评价方法，形成产品保证人员素质评价模型，为产品保证人员选拔聘用、制订培训计划和人员职业发展规划提供科学支撑。

（四）产品保证信息流构建与运行

以受控的文件和数据为载体，建立覆盖用户、任务承制方、外协供方，信息流向清晰且呈闭环形式的信息传递路径。通过设计合理的信息路径，保证信息顺畅、高效传递，通过设计各类文件模板，规范信息内容，实现功能聚焦。产品保证信息传递路径如图5所示。

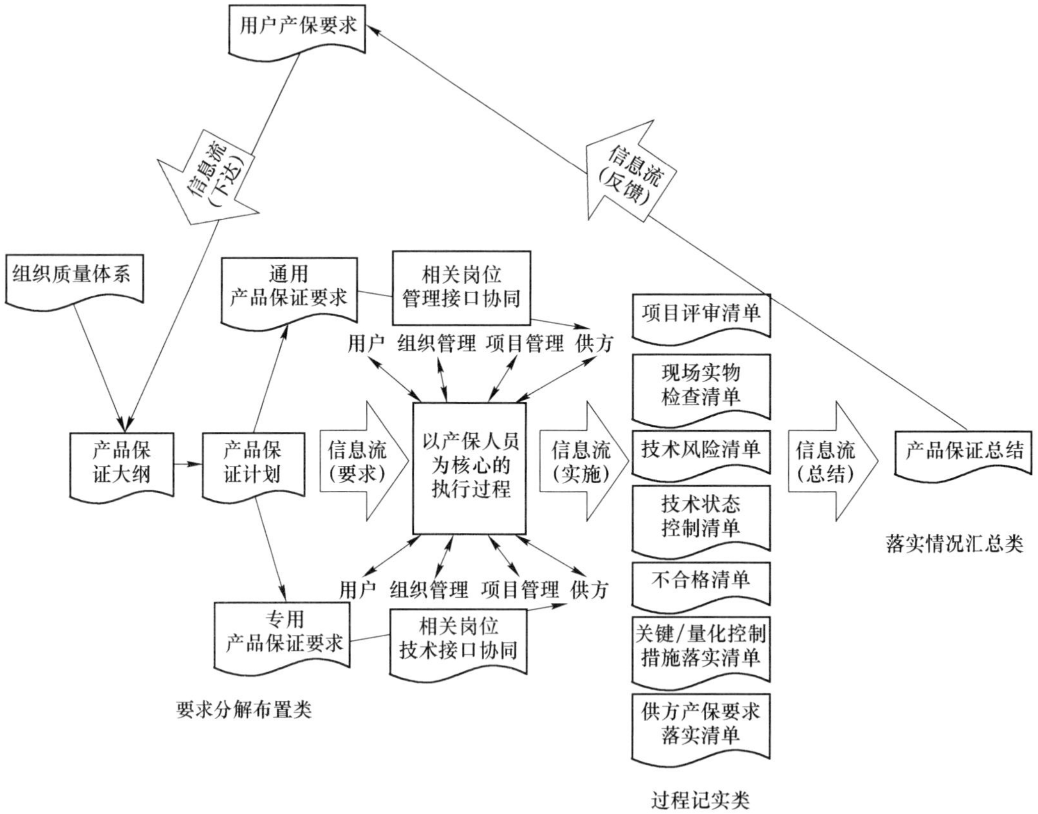

图5　产品保证信息传递路径

为确保产品保证实施过程中发现的重大风险或需多部门协调解决的风险得到及早控制，建立了预警信息管理机制。建立预警信息传递快速通道，利用产品保证信息报告，将信息及时传递给产品负责人、产品保证组织，产品负责人、产品保证组织针对预警信息及建议进行深入分析，进一步提出改进措施和落实责任部门，并进行预警信息发布。通过跟踪监督措施的落实情况，保证措施有效闭环，风险得以消除。

四、实践应用场景和产生成效

（一）产品保证在项目群一线全面落实，形成规范的质量管控局势

通过近 10 年的不断努力，北京控制工程研究所在探索适应于“四多一小”项目群的系统化、结构化产品保证管理方法的同时，积极总结、提炼和固化最佳实践经验，形成了涵盖标准规范（181 份）、规章制度（180 份）、文件模板（107 份）和信息化管理系统（1 套）在内的一揽子产品保证管理工具包。产品保证管理工具包的开发应用有效提升了产品保证管理标准化实施能力，切实推动了产品保证工作在项目群一线的规范有序落实。分系统产品保证工作覆盖率从 2011 年的 80％增加到 2021 年的 100％，单机产品保证工作覆盖率从 2011 年的 0％上升到 2021 年的 100％，真正实现了产品保证对产品的全覆盖。从产品保证落实情况看，按照产品保证计划实施并完成总结的产品占本年度所有生产产品的比例，分系统和单机从 2011 年的 0％提高到 2021 年的 100％，实现产品保证在一线的全面落实。在产品保证向外协供方的延伸方面，整机外协产品保证要求覆盖率从 2011 年的 97.4％提升到 2021 年的 100％，零组件外协产品保证要求覆盖率从 2011 年的 85.6％提升到 100％。此外，产品保证工作覆盖环节 2011 年只涉及生产环节，到 2021 年已扩展至设计、生产、外协全过程。

（二）产品质量控制有效前移，质量效益显著提升

系统化、结构化产品保证管理方法实施后，产品保证技术性、风险型和精细化的特征逐步发挥作用，质量控制实现前移，被动式质量管控局面逐渐扭转，通过将潜在质量隐患作为风险提前识别和控制，避免了隐患转化为故障。与 2010 年相比，2020 年产品交付量从 860 台增加至 3 300 多台，数量上将近翻了 2 番，而质量问题发生率却从 3.1％下降到了 0.3％，并一直保持低位稳定，如图 6 所示。

（三）产品保证协同实施环境形成，促进研制效率大幅提升

通过实施系统化、结构化产品保证管理方法，推动了产品保证理念在项目群全供应链的推广，促进了以产品保证为核心的质量意识的提升，适用于科研转型期的产品保证各方协同实施环境逐步形成，科研生产管理逐步从科研型企业只关注实物和结果向产业型企业结果和过程管理并重转变，航天产品大质量观得以践行。从科研生产计划中可以看出，2011 年只有转阶段评审等部分里程碑式质量控制点纳入科研生产计划管理，其他产品保证相关工作由各岗位独立实施，产品保证协同实施能力较弱。目前，产品保证工作全面纳入科研生产计划管理，产品保证协同实施环境形成，各岗位协同能力大幅提升，科研生产

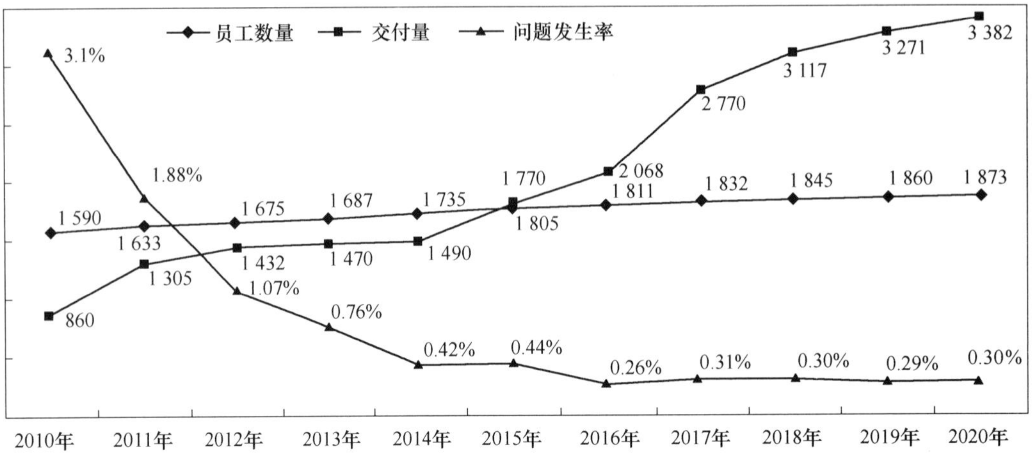

图 6　近 10 年来员工数量、交付量和问题发生率曲线图

计划中单机质量控制点所占比例为 30.6%，分系统为 29.1%，分别较 2011 年增长了 28.5%和 28.2%。通过产品保证协同实施，各类产品的产品保证相关工作均逐步纳入科研生产计划管理，减少了故障处置和不均衡生产等慢性浪费，逐步形成了高效的项目群环境，促进了产品交付能力稳步提升，北京控制工程研究所正样产品交付数量由 2011 年的 860 台增加到 2020 年的 3 382 台，产能提升 393%。

（四）确保国家任务圆满完成，客户满意度和企业竞争力持续提升

随着产能提升、交付产品质量问题下降，以及过程质量管理水平的提高，该方法的应用确保了国家任务按时、高质完成，客户满意度持续提升，逐渐提高了企业竞争力，部分产品已出口国外，具备了参与国际竞争的能力。此外，在“北斗导航定位系统”“载人航天”“嫦娥探月”等国家重大工程中，北京控制工程研究所承担的分系统任务完美实现了发射场和在轨运行产品零故障和工作零缺陷，取得了良好的社会效益。

五、方法的创新性和推广价值

面对宇航企业在转型升级中出现的“四多一小”新局面，在充分借鉴国外宇航企业先进管理经验的基础上，创新性地提出了适用于本地宇航企业和任务形势特点的系统化、结构化产品保证管理方法。该方法具有以下创新性：

1）为在本地宇航企业推广应用先进的产品保证理念提供了一种经实践证明可行的方法路径，该路径包括组织队伍、工作载体、工作切入点和工作抓手等与基础能力相关的机制建设，和系列具体且多样化的工作方法，为其他企业推行产品保证提供了经验参考。

2）真正促进了质量控制前移，实现由事后被动型管理向事前预防型管理转移，质量控制前移不仅是管理节点的前移，更强调技术风险的提前识别与预防，通过技术风险管控知识的提炼、固化和共享，使研制队伍在设计开发阶段即可自主、规范地开展风险识别和预防工作，有效避免了已识别风险的重复发生。

3）产品保证在全产品层级、全研制周期、全供应链一体化实施，自上而下、自内而外构建了一张完整的技术风险控制网。在该网络内，各节点按要求规范开展风险控制工作，最终保证了产品整体的质量可靠性和在批产化条件下的质量稳定性。

该方法强调的技术性、风险型和精细化的管理，正好与宇航任务向复杂型、探索型、规模化的发展趋势相契合，通过应用该方法，有效实现了对技术风险的提前预防和精细化管控，降低了质量问题发生率，避免了批次性风险发生，同时降低了因质量问题而升高的成本，大大提高了企业的生产效率和竞争力，具有较高的推广价值。

航天重大产品批生产“四个面向”保证体系的构建与应用

一、背景情况

自“十二五”以来，四川航天长征产品制造有限公司（以下简称公司）科研生产总体任务呈现出多品种、多批量、多状态、多场地等鲜明特点，重大工程任务剧增给公司带来了严峻的挑战，以往单件研制模式下以传统手工制造为主的科研生产模式，已不能适应航天高密度任务和高标准需求的新常态。为此，自2012年起，公司实施了“面向产品，以技术风险防控保证重大任务圆满成功；面向流程，以能力瓶颈突破保证承制任务高质量交付；面向组织，以文化意识引领夯实管理保障基础”的“三个面向”重大产品任务质量保证能力提升实践。

随着以制造业信息化、数字化、智能化为核心的新一轮科技革命的深入，公司进入信息化、智能化转型的关键期，开展了信息化、流程化的“岗位标准化”建设。在此过程中，基于航天重大产品极高的质量可靠性和精细操作要求，亟须解决关键环节“靠人员技能和经验保证”的问题，亟须扭转人为责任的低层次质量问题“周期率”现象。因此，公司贯彻集团公司“高质量保证成功、高效率完成任务、高效益推动航天强国和国防建设”的发展目标，在“产品、流程和组织”3个面向保证要素的基础上，将岗位建设纳入核心管理，推行了以制度建设和信息化建设夯实人员保障的岗位夯实工程，通过不断总结、实践和完善，提炼出了以“系统管理、一次成功、岗位夯实”为原则，“面向产品、面向流程、面向岗位、面向组织”为核心内容的航天重大产品批生产保证体系模型，形成了“四个面向”保证体系。

二、主要内容

以“系统管理、一次成功、岗位夯实”为原则，以“产品—流程—岗位—组织”4个维度为切入点，以“四个面向”为核心内容的航天重大产品批生产保证体系模型如图1所示。

四个面向主要内涵如下：

1）面向产品高质量保证成功：基于风险的思维，以航天产品可靠性保障为目标，系统开展产品实现全流程、全要素的风险识别与管控，建立“事前预防、事中控制”的防控机制，确保高质量保证成功。

2）面向流程高效率完成任务：基于精益管理理念，以突破单件研制管理模式为目标，系统开展流程“三再”优化（再分析、再设计、再验证），建立“小核心、大协作”全级

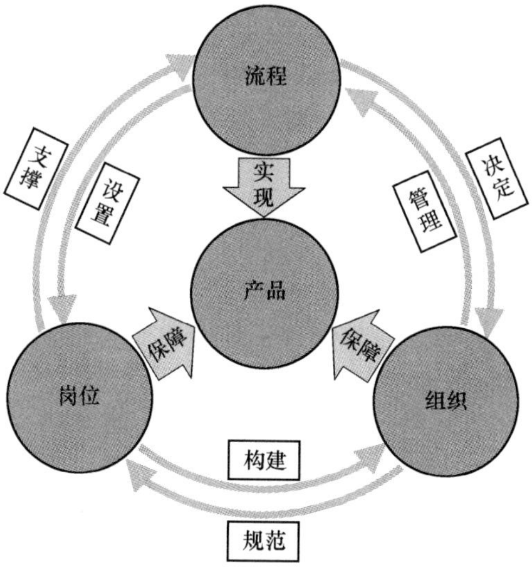

图 1　四个面向航天重大产品批生产保证体系模型

次供应链体系，提升航天重大产品批生产制造能力。

3）面向岗位高标准践行零缺陷：基于零缺陷管理理念，以人岗精准匹配及能力提升为目标，按照“制度流程化、流程表格化、表格信息化”的思路，系统开展岗位夯实工程，构建基于信息化刚性约束的一体化岗位作业指导书。

4）面向组织高效益实现发展：基于卓越绩效管理要求，以建立世界一流航天企业为目标，厚植质量文化，打破“职能壁垒”，凝心聚力，确保优质、高效完成航天重大产品任务，实现航天强国战略。

三、在实践应用过程中的典型做法

（一）面向产品高质量保证成功

根据航天产品的风险特点及工厂系统管理要求，创新提出“一易三难”（易出错、难操作、难检查、难检测）产品风险管理方法，重点聚焦手工操作环节和过程的风险防控；从产品设计、制造到验收交付全流程实施“九新”分析、“单点故障模式分析”等 6 类风险分析和控制措施（见表 1），强调风险动态评估和闭环控制，实现风险工作向“事前预防、事中控制”转移，确保任务万无一失。

表 1　航天产品全流程风险及防控方法

工作阶段	方法工具	输出表单	备注
设计阶段	“九新”分析	· “九新”分析报告 · “九新”项目清单及控制措施类	
	单点故障模式分析	· 单点故障模式分析表 · Ⅰ、Ⅱ类单点故障模式清单 · 不可检不可测项目清单	

续表

工作阶段	方法工具	输出表单	备注
设计阶段	三类关键特性分析	• 设计关键特性清单 • 不可检不可测项目清单	
	"四不到四到"分析	• "四不到四到"项目清单	
制造过程	"九新"分析 三类关键特性分析	• "九新"分析报告 • "九新"项目清单及控制措施表 • 工艺关键特性清单及控制要求 • 过程控制关键特性及控制要求	
	"一易三难"控制	• "一易三难"清单及控制要求	
验收过程	质量检查确认	• 确认报告	

说明：

1. "九新"：新技术、新材料、新工艺、新状态、新环境、新单位、新岗位、新人员、新设备。
2. "一易三难"：易出错、难操作、难检查、难检测。
3. 三类关键特性：设计关键特性、工艺关键特性、过程控制关键特性。
4. "四不到四到"："测试不到要验收到、验收不到要工序检验到、工序检验不到要工艺保证到、工艺保证不到要人员保障到"。

（二）面向流程，以问题为导向全面提升产品生产管理成熟度

结合新时期任务特点，以实现产品质量"零缺陷"为目标，以风险管控为主线，按照集团公司"二维度、四梳理、八步骤"流程精细化再造方法，提出"原子工序组合集成"流程优化法，改变以往单一串行的作业模式，采用"人员流动串并结合"的高效生产模式，突破了总体集成能力瓶颈。

以外协供应链质量保证体系成熟度提升为抓手，按流程化思路面向供应商开展航天质量文化传输和管理模式复制；构建年度供应商交流会、质量约谈等沟通机制；推进战略供应商准入及激励机制；推行重点核心产品外包"1＋1＋1"保障模式（大型复杂系统内1家、大型复杂系统外1家、民营1家），按照"责任清楚、工作要求和界面清楚、执行标准清楚"管理原则落实"全领域、全级次、全过程、全要素"供应链管理。

（三）面向岗位，实现管理要求与工作流程有机融合

为了解决复杂航天产品制造过程对人工技能和经验的依赖性，从提升一线岗位基础能力的角度出发，按照"将制度变薄落实到岗位，分类分层分级分段精进管理"的指导思想实施岗位夯实工程（见图2），聚焦流程，以工艺精细化为切入点，以深化岗位制度建设为重点，以实现智能制造为导向，逐步落实流程节点刚性约束要求，从根本上改变一线岗位质量控制方式，减少影响质量的人为因素。

其中，岗位制度建设重点包括以岗位集成岗位说明书、作业流程、应知应会、考试试题、案例借鉴、问题发现与改进、故障异常情况处理、问题速查手册等内容（见图3）。工艺操作要求精细化建设重点包括以三维模型、三维标注、三维虚拟装配等方式进行工艺

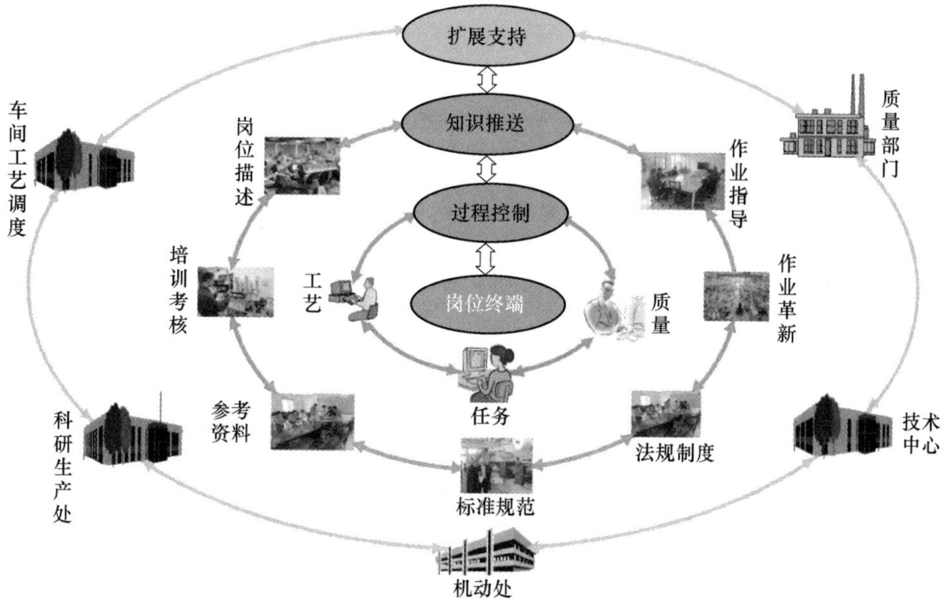

图 2　岗位夯实工程总体框架

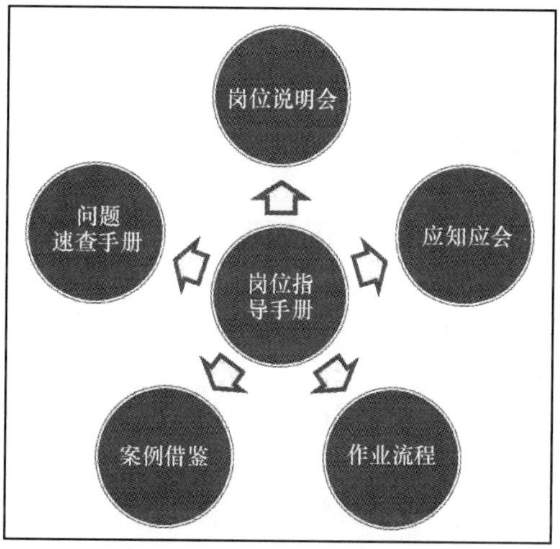

图 3　岗位制度建设内容

细化；制定了零件、部组件、总体集成典型工艺精细化范本；以机械加工过程为试点，基于平板自主开发了“岗位夯实交互式应用系统”，以实现作业流程的控制以及日常考试、培训学习的功能，为后续现场实战化运用奠定基础。

（四）面向组织，打造长效坚实的组织保障体系

开展基于项目制牵引的矩阵管理模式探索改进，建立“项目一矩阵”管理模式，在较大程度上打破职能部门间各自为政的壁垒，提高信息收集的快速性、准确性和时效性，保障产品科研生产工作的快速推进，为产品任务的圆满完成提供了有力的组织保障。同时，

紧跟变化夯实职能部门制度体系建设和车间现场规范化、标准化管理，形成“指挥系统抓策划、抓产品，部门抓体系、抓基础，车间抓执行、抓现场”的组织管理模式，实现高效管控。

把“零缺陷”管理理念作为质量座右铭，把“严慎细实”作为质量行为准则，凝练公司质量承诺、五条红线、八个提升、检验三字经等特色质量文化；推行质量考核由“问题影响”向“问题性质”转变、由“产值考核”向“绩效考核”转变、由“经济处罚”向“行政处罚”拓展、由“事后追责”向“预防激励”转变，促使文化落地，引领公司上下凝心聚力共谋发展。

四、实施应用场景和产生成效

（一）面向产品系统识别、控制风险，高质量保证成功

建立基于产品实现全流程、全阶段的风险防控体系，实现风险工作“事前预防、事中控制、事后处置”全流程闭环管理，确保产品不带问题交付，强力保证了航天重大产品飞行任务圆满成功。“十三五”期间，公司助力完成宇航发射任务 136 次，助力国家航天发射连续两年位居全球航天发射榜首，载人航天工程第二步、探月工程三期、北斗导航工程全球系统等国家重大工程如期收官。

（二）面向流程全面提升产品生产管理成熟度，高效率完成任务

通过长达一年的流程梳理分解、问题分析、优化完善、有效控制等反复迭代过程，公司总体集成能力瓶颈取得突破：

1）按“部段垂直装配、整体水平对接和产品出厂测试”分工位，按发次形成“工位流转、人员固定”流水并行作业，生产周期缩短了 1/3。

2）整合、精简装配配套产品出入库工作流程节点和确认内容，出入库工作效率提升了 47.8%。

3）组建总体集成过程专业配送队伍，负责产品转运、零件出入库等提前准备性和辅助性业务工作，生产效率提高 45%。

同时，根据“岗位控制要求”梳理结果，创新提出了整合“工艺规程、质量控制卡、配套表、技术图纸”等操作要求为一体的“装配作业书”（见图 4），细化、量化关键环节的操作要求、检查方法，增加图示化、防错提示、过程控制表格，实现工艺管理和过程控制的精细化。该管理经验获得航天科技集团高度认可，纳入《航天产品生产流程精细化再造工作指南》，在集团范围内进行推广。

通过持续优化生产组织模式，航天重大产品批产能力大幅提升：

1）产品产值实现大幅增长。“十三五”期间，公司航天重大产品产值较“十二五”同期增加 50%。

2）产品种类、批次、数量成倍增长。“十三五”期间，公司航天重大产品产品种类、批次、数量均较“十二五”同期增长 2 倍以上。

3）贮箱、大型部段批产数量实现数倍增长。“十三五”期间，公司完成的贮箱、大型

工序号		工步名称	
产品图		工序操作要求	

序号	检查要求	设计要求	检查结果
1			
2			
3			

自检:		互检:		检验:		军代表:	
更改单号:	更改标记:	更改员:	校对员:	更改单号:	更改标记:	更改员:	校对员:

图 4　装配作业书模板

部段总量是“十二五”同期的 3～4 倍。

4）“小核心、大协作、专业化、开放性”的供应链体系基本建成，通过航天文化传输、管理模式复制、技术扶植等方式，带动上千家协作制造企业和原材料供应商共同创造了良好的经济效益和社会效益，促进了行业与产业的技术进步。

（三）面向岗位实现管理要求与工作流程有机融合，高标准践行零缺陷

公司通过持续开展岗位夯实工程，推进信息化集成系统建设，完成三维工艺管理系统（PDM）、企业资源计划系统（ERP）、生产制造执行系统（MES）、总装制造执行系统（MES）、质量管理系统（QMS）、主数据系统（MDM）、企业总线（ESB）、流程管理系统（BPM）等八大系统同步集成上线，逐步落实流程节点刚性约束要求。主要成果如下：

1）岗位人员能力持续提升。“十三五”期间，公司 10 名职工先后荣获四川省“五一劳动奖章”、达州市“五一劳动奖章”、龙泉驿区“金牌工人”“优秀班组长”“成都工匠”“驿都工匠”等称号。

2）班组建设取得新进展。1 个班组获“全国质量信得过班组”称号，1 个班组获“四川省国防科技工业质量信得过班组”称号，6 个班组获“集团公司质量信得过班组”称号；3 个班组获“集团公司六好班组”称号，2 个班组获“集团公司金牌班组”称号；1 个小组获“四川省优秀质量管理小组”称号，2 个小组获“四川省国防科技工业优秀质量管理小组”称号，11 个小组获“集团公司优秀质量管理小组”称号。

3）岗位标准化建设取得突破。“十三五”期间，公司面向操作、检验、管理等 97 个

岗位全面开展了基础夯实工作，完成97个岗位的说明书编制及主作业流程的梳理，完成6 000余条应知应会梳理，完成426条典型案例、73套培训教程和5 930道试题的编写。通过岗位标准化建设，公司出现的人为责任低层次质量问题由2016年的25起下降至2020年的17起，下降幅度达32%。

（四）面向组织打造长效坚实的组织保障体系，高效益实现发展

公司在坚持开展航天质量月、质量日活动，QC小组活动，合理化建议，一事一奖等传统活动的基础上，充分利用微信公众号、抖音视频等新媒体平台开展文化宣传，并以真实案例改编制作了《质由心生》《红色警戒线》等微电影在全公司展播，增强活动多样性，激发员工主动参与现场管理活动的热情，强化全员的质量意识、风险意识、责任意识、纪律意识、零缺陷意识，航天重大产品的组织保障能力得到显著提升：

1）“问题必然”的思想得到扭转，主动改进的积极性获得提升。质量、风险、责任、纪律意识持续强化，质量问题稳步减少。“十三五”期间，2020年产品质量问题数量较2016年下降了55%，质量控制取得了新进展。

2）组织结构持续优化，管理效能持续提升。“十三五”期间，公司抓总能力得到强化，在生产任务翻倍增长的同时，生产计划完成率由2016年的97.0%提升至2020年的97.7%，保交付能力得到提升。

3）技术研发能力得到提升，重大技术瓶颈取得突破。在组建专业研发团队以来的两年时间（2019—2020年）里，实现20余项关键工艺技术突破，完成114项科技成果专利申报。此外，获国防科技进步二等奖、集团公司科技进步三等奖的科技成果各1项，获四川省企业管理现代化创新成果二等奖的管理创新成果1项。

五、方法的创新性和推广价值

“四个面向”保证模式，以产品实现为核心，强调源头把控，突出全流程、全要素的风险识别与防控；以流程为主线，推行科研生产流程再造和供应链体系建设，突破能力瓶颈；以岗位为抓手，探索管理要求与业务操作有机融合的方法，夯实岗位基础；以组织为保障，厚植质量文化，创新实践项目牵引下的矩阵型组织模式，打破“职能壁垒”。该模式的运行，强力保证了航天重大产品飞行任务圆满成功，为公司实现“高质量保证成功、高效率完成任务、高效益推动航天强国和国防建设”发展目标提供了强力支撑。

“四个面向”保证模式在成都富江机械制造有限公司等20余家单位进行了推广和实践，显著提升了其产品保证能力和经济效益，通过了2021年度“四川省工业质量标杆”认定，并得到集团公司和顾客单位的高度认可，作为首批试点单位参与新时代质量管理体系工作。

大型复杂系统全寿命周期产品保证量化评价方法

一、背景情况

为提高大型复杂产品的质量与可靠性及实战化能力，科学客观地反映大型复杂系统全寿命周期产品保证工作现状，查找问题与不足，并有针对性地提出解决措施，解决各产品保证工作实施不均衡的问题，自 2016 年开始，中国航天科工防御技术研究院（以下简称“二院”）系统梳理产品保证相关的规章制度和标准规范，结合产品特点，构建了产品保证评价模型，建立了评价指标体系，印发了《二院可靠性系统工程工作实施评估办法（试行）》，在经过 3 年对试点项目评价实践上，2019 年制定发布了企业标准《二院产品保证量化评价实施细则》。

二、主要内容

（一）评价模型

大型复杂系统全寿命周期产品保证工作评价包括产品保证综合管理、产品保证工作实施、产品保证工作效果 3 部分内容，其中产品保证工作实施由质量保证、可靠性系统工程保证、工艺软件元器件保证组成。

二院建立了具有 23 个评价指标的产品保证量化评价模型，如图 1 所示。全面涵盖了

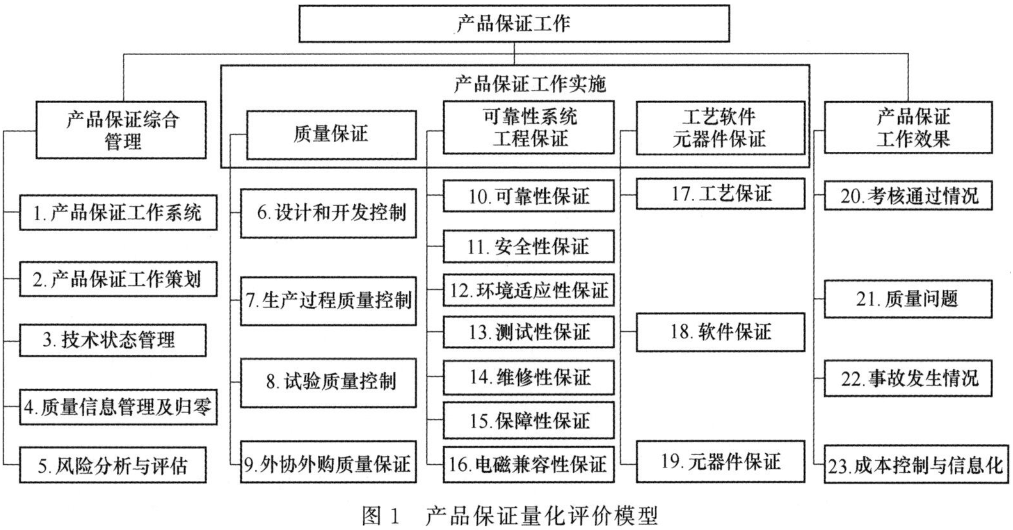

图 1　产品保证量化评价模型

质量保证、可靠性保证、安全性保证、环境适应性保证、测试性保证、维修性保证、保障性保证、电磁兼容性保证、工艺保证、软件保证、元器件保证等 11 个方面的评价内容，分析细化了 93 项评价内容和 403 条量化评分标准。

根据评价时机、项目所处阶段及项目实际情况等特点，明确评价条款的适用性，对不适用于本项目的评价条款可进行剪裁，但应说明不适用的理由。

（二）评价内容及分值

产品保证量化评价分值见表 1。

表 1　产品保证量化评价分值

评价项目			评价指标
产品保证（1 000 分）	产品保证综合管理（150 分）		产品保证工作系统（31 分）
			产品保证工作策划（33 分）
			技术状态管理（26 分）
			质量信息管理及归零（35 分）
			风险分析与评估（25 分）
	产品保证工作实施（700 分）	质量保证（150 分）	设计和开发控制（52 分）
			生产过程质量控制（43 分）
			试验质量控制（20 分）
			外协外购质量保证（35 分）
		可靠性系统工程保证（400 分）	可靠性保证（120 分）
			安全性保证（45 分）
			环境适应性保证（68 分）
			测试性保证（47 分）
			维修性保证（36 分）
			保障性保证（46 分）
			电磁兼容性保证（38 分）
		工艺软件元器件保证（150 分）	工艺保证（50 分）
			软件保证（50 分）
			元器件保证（50 分）
	产品保证工作效果（150 分）		考核通过情况（35 分）
			质量问题（40 分）
			事故发生情况（30 分）
			成本控制与信息化（45 分）

三、实践应用过程中的典型做法

二院根据产品保证活动实践的经验，以问题为导向，为进一步发现产品保证活动的问题和薄弱环节，制定了产品保证量化评价实施细则企业标准。评价覆盖范围包括质量保证、可靠性保证、安全性保证、环境适应性保证、测试性保证、维修性保证、保障性保证、电磁兼容性保证、工艺保证、软件保证、元器件保证等方面的工程管理与技术应用内容。评价体系包括产品保证综合管理、产品保证工作实施、产品保证工作效果 3 部分内容。规定了评价的方法包括评价形式、评价时机、评价过程、评分方法、评价结果闭环管理等 5 方面要求。

（一）评价形式

大型复杂系统全寿命周期产品保证量化评价工作包括自评价和专家组评价两种形式，原则上是在开展项目自评价的基础上进行专家组评价。

（二）评价时机

1. 项目自评价时机

原则上在方案设计、工程初样、工程试样以及定型（鉴定）阶段等转阶段评审节点，按照评价细则实施自评价，并形成自评价报告。

重点项目将自评价工作列入年度研制计划，每年进行自评价并形成自评价报告。

2. 专家组评价时机

二院根据年度产品保证工作计划，结合二院产品保证工作形势及项目研制进展情况，研究确定并组织开展专家组评价。

（三）评价过程

评价程序主要包括自评价、专家组评价、综合考核。

1）自评价：受评项目根据自评价时机的要求，开展自评价策划，对照产品保证量化评价表单进行自评，形成产品保证自评价报告并提供相关证据材料。

2）专家组评价：二院按照产品保证工作策划，组织产品保证专家组成员及有关管理人员成立产品保证评价组，对二院重点项目抽样进行专家组评价。专家组评价以受评项目自评价情况为基础，对照产品保证量化评价表单进行评价。

3）综合考核：二院产品保证部根据专家组对受评项目的检查评价结果，对整体评价情况进行综合分析，提出受评产品保证工作中存在的问题与不足，提出改进建议，给出评价分值，发布产品保证量化评价总结报告。

（四）评分方法

对受评项目进行评价时，可根据评价时机、项目所处阶段及项目自身特点，对产品保证量化评价表单中相关评价内容进行适当剪裁，并详细说明剪裁理由。

评价总分为 1 000 分，由于评价过程对评价内容有所剪裁，因此，应对评价分值进行千分制归一化处理。

对于每一评价项目及评价条款，应按下述原则对照评价表单进行评分（评价表单中的适用评价项实得分值）。

1）由于受评项目的自身性质和阶段问题导致评价条款的任何要求不适用时，可以考虑对其条款进行剪裁，但剪裁应不影响对产品保证实施的客观有效评价，专家组应对剪裁条款进行严格审查把关。

2）对于同一条款有多个扣分/加分项的情况，应进行合并扣分/加分，且不能超出该项总分。

3）评分过程中，体现工作完整性和工作有效性的原则，对于同一评价条款中含有多个子项的情况，应根据评价条款中子项数量按比例对分数进行分配，缺失一项应扣除相应的分配分值；针对具体子项进行评价时，对于确定性问题，得 0 分或满分，对于开放性问题，应根据以下符合情况打分：

a）完全符合，该项满分；

b）符合，该项满分的 80％（含）～100％；

c）基本符合，该项满分的 60％（含）～80％；

d）不符合，该项满分的 60％以下。

4）涉及对条款的抽样评价时，应：

a）发现一个一般问题或不符合项时，扣该条款满分的 20％（含）～30％；

b）发现两个一般问题或不符合项时，扣该条款满分的 30％（含）～60％；

c）发现三个一般问题或不符合项时，扣该条款满分的 60％（含）～90％；

d）发现严重问题时，不得分。

（五）评价结果闭环管理

在产品保证量化评价自评价报告中说明上次评价中所提问题的整改落实情况及本次评价所发现问题的改进计划，该部分内容将作为专家组评价的重点检查内容。

受评项目根据发布的产品保证量化评价总结报告，针对专家组评价过程中发现的问题与不足，落实专家组所提的改进建议，明确整改落实措施，纳入项目研制阶段（年度）产品保证工作计划。

四、实践应用场景和产生实效

按照产品保证评价细则，某重点产品自 2016 年开始，在转阶段等产品重要节点开展产品保证自评价，院机关连续 5 年组织专家对该产品进行产品保证量化评价，两级评价累计梳理了 400 余项问题、150 余项改进建议。通过评价产品全面落实了实施初样阶段可靠性强化试验，优化了故障模式清单与措施，改进了设计验证工作，系统构建了常态化的产品保证评价机制，促进了项目产品保证能力的不断提升，圆满完成了各项演习等试验任务。

对项目实施产品保证量化评价，是二院首次开展的一项创新工作，具有显著的系统性和实践性，具有较好的示范效应。自2016年以来，多次开展大型复杂系统全寿命周期产品保证量化评价，其中院级评价共发现500余项问题与建议，并组织完成了整改。

对于评价发现的问题，及时将措施和要求落实到下一年度各项目的产品保证工作要点中，有针对性地实施改进，提高产品保证能力。如针对在评价过程中发现的对关键过程、特殊过程、关重件的识别和管控要求不具体，组件类（模块类）元器件质量管控不规范等问题，在后续工作中制定措施、实施改进，形成了关键过程、特殊过程、关重件检查表单，组件类（模块类）元器件质量管控办法。根据检查中专家提出的建议，加强可靠性工作，提出关于研制弹上产品1＋8＋2［1－故障模式、影响及危害性分析（FMECA），8－热设计、降额设计、抗力学环境设计、电磁兼容性设计、静电防护设计、抗辐射（空间产品）、软件内部测试、可靠性强化试验，2－可靠性关键项目清单、元器件清单］、地面设备1＋9＋3（1－故障模式、影响及危害性分析，9－热设计、降额设计、抗力学环境设计、电磁兼容性设计、静电防护设计、三防设计、测试性分析与验证、以可靠性为中心的维修性分析与使用和维修工作分析、可靠性增长摸底试验，3－可靠性关键项目清单、元器件装机清单、现场可更换单元清单）的通用质量特性实施要求，提出了产品初样阶段开展全项目可靠性强化试验，成效显著。

五、方法的创新性和推广价值

二院在集团公司率先推行产品保证，探索实践产品保证量化评价方法。评价内容涵盖综合管理、产品保证和工作效果等方面，能够科学客观地反映产品保证工作现状，通过产品保证量化评价查找问题与不足，并有针对性地提出解决措施，解决各产品保证工作实施不均衡的问题，不断提升产品保证能力。该方法的主要创新点包括：建立产品保证量化评价模型；实施研制过程产品保证技术与管理评价，突出任务需求、突出实战化能力、突出产品研制阶段特点；动态监视产品薄弱环节，实施改进。

该方法已形成企业标准，对复杂系统研制具有广泛的推广应用价值，有利于推进产品保证管理与技术实施，提升产品质量与可靠性。

“三个面向”质量分析方法应用和实践

一、方法介绍

在航天重大工程任务实践中，中国航天走出了一条具有中国特色的质量发展之路，航天科技集团作为国家航天龙头企业，探索积累形成了质量问题归零、质量管理体系评估、产品质量分析等一系列先进航天质量管理方法。航天科技集团首先提出的质量问题归零在制定发布为国家标准和国际标准后，在航天及其他行业得到了广泛应用。2017 年，航天科技集团提出了“三个面向”的质量分析方法，开展面向产品、面向流程、面向组织分析和持续改进，切实将归零成果物化为组织财富。2018 年，航天科技集团建立了质量问题“三个面向”质量分析例会制度。2019 年，航天科技集团发布实施《“三个面向”质量分析工作指南》标准，为有效提升航天产业链各类企业和配套单位的质量分析和改进工作，降低研制风险起到重要作用。

“三个面向”质量分析是指对产品发生的质量问题，从产品、流程和组织 3 个维度，分析问题产生的深层次原因、查找问题背后的隐患和薄弱环节、提出并落实改进措施的一种工作方法。用以确保航天产品质量不断提升，研制技术和管理流程不断完善和优化，质量保证能力持续增强。

“三个面向”质量分析对象可以是单个质量问题，也可以是一段时间内问题多发产品、问题多发单位的系列质量问题。

“三个面向”质量分析是充分挖掘这些问题暴露出的隐患和薄弱环节，从产品、流程和组织上提炼出其中的关注重点，随着问题的不断暴露和解决，将进行动态更新和迭代，确保组织不断改进、不断提升。“三个面向”质量分析的关系如图 1 所示。

“三个面向”质量分析分为一般问题的质量分析和“三个面向”质量专题分析。“三个面向”质量分析的实施包括分析启动、分析实施、审查把关和措施闭环 4 个阶段。

一般质量问题的“三个面向”质量分析工作，其启动、实施由质量问题归零团队结合归零工作同时开展，质量问题归零团队应参照分析重点，结合质量问题归零工作开展，分析结果要纳入质量问题归零报告，审查把关可结合归零评审来把关。对于不符合分析要求、未达到分析目的的，需重新组织开展分析和评审工作。对于重大质量问题（事故）、严重质量问题发生后，或接到上级机关、用户关于典型质量问题的通报，或识别出多发单位、多发产品的系列问题后，有关单位应及时启动相关问题的“三个面向”质量专题分析工作。建议由单位主要领导牵头组织实施，根据需要明确专题分析团队，组织开展专题分析工作；由专题分析团队按照面向产品、面向流程、面向组织的顺序开展，形成专题分析材料。“三个面向”质量分析工作流程如图 2 所示。

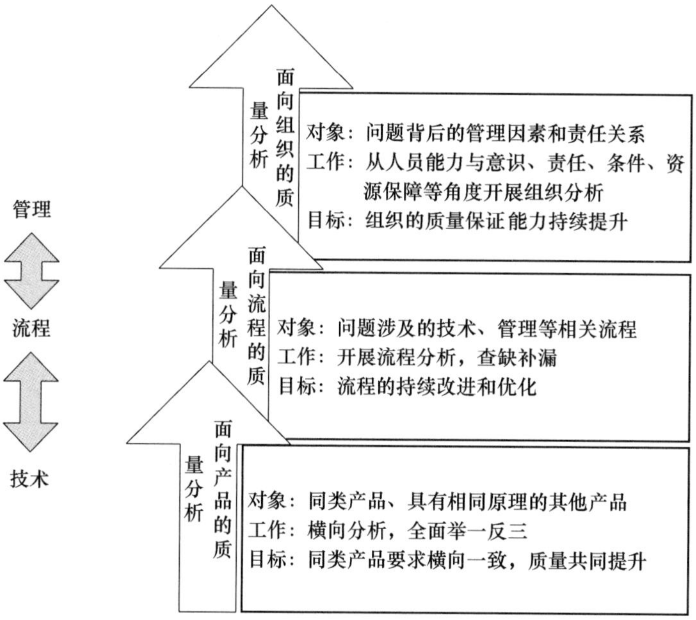

图 1　“三个面向”质量分析的关系

二、应用情况

自 2020 年以来，航天科技集团建立了航天质量问题“三个面向”分析例会制度，重点以“三个面向”为主题，以“三年质量能力提升”为抓手，集团公司董事长亲自部署每次例会主题，参加每次例会，点评每个重大质量问题，各院院长组织院内重大和典型质量问题的“三个面向”质量分析；厂所长组织本单位典型质量问题的“三个面向”质量分析；车间班组开展日常性的质量分析，深挖问题根源。通过“三个面向”质量分析，从产品、流程和组织维度，深入分析并解决了诸多与质量体系相关的环节和问题，有力地促进了质量体系的持续改进和完善。产品上形成了多个领域横向一致标准，从设计源头和标准维度，有效指导和约束了产品研制过程，确保产品质量稳步提升；流程上优化流程上百项，减去了多个手工环节，以流程优化做实产品实现过程，落实航天精益产品保证要求。

三、形成的技术成果

1）航天科技企业标准《“三个面向”质量分析工作指南》；

2）《“三个面向”质量分析方法的研究与应用实践》，杨双进、王卫东、鲍智文，《质量与可靠性》(2021 年第 2 期)。

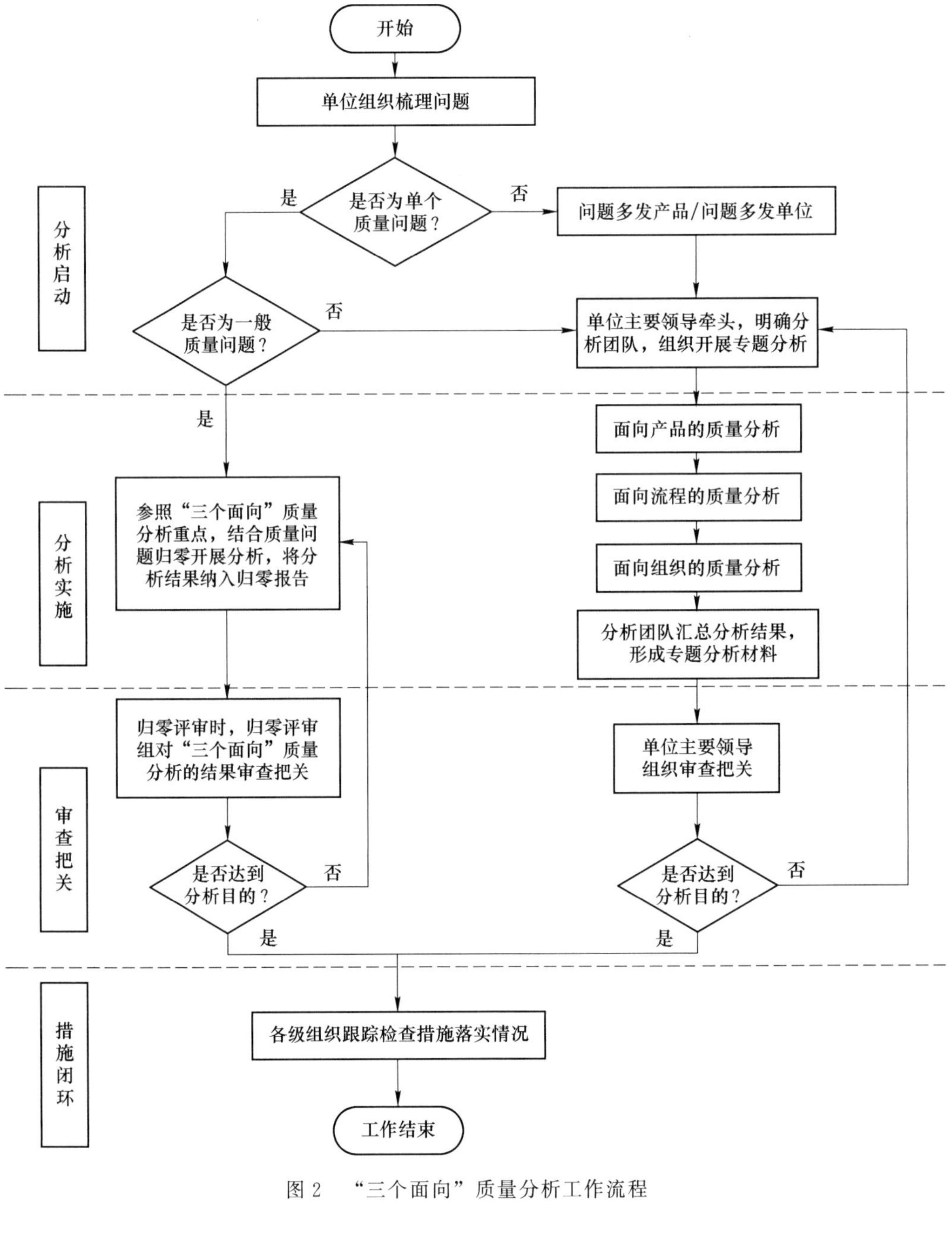

图 2　“三个面向”质量分析工作流程

四、方法的创新点及推广价值

“三个面向”质量分析方法的主要创新点如下：

1）首次在标准中明确了同类航天产品“横向一致”的质量要求，促进了各级航天产品的质量要求一致性。面向产品质量分析的核心是以质量问题技术归零工作为基础，对本单位同类产品、具有相同原理设计和相同工艺设计的其他产品，开展横向分析，全面举一反三，落实改进措施，确保单位内同类产品及相关产品的技术要求和质量要求横向一致，实现同类航天产品质量的共同提升。通过“三个面向”质量分析方法，明确了同类产品的概念，明确了举一反三的范围，促进了质量改进工作从“点”到“面”的落实和提升。

2）首次提出了“面向流程的质量分析”，提升了从流程上发现问题、解决问题的能力。面向流程质量分析的核心是基于问题为什么不能在第一时间、第一空间被发现，将管理归零中“过程清楚”，细化为查找技术流程、产品保证流程、管理流程中存在的断点、盲点和脆弱点等薄弱环节予以改进，将“航天零缺陷”理念融入流程，提升流程的鲁棒性和纠错能力。

3）明确将责任分析纳入质量问题归零工作，促进组织质量管理体系的持续改进。面向组织质量分析的核心是在双五条归零的基础上，深入分析管理者的责任和组织质量管理体系科学性、完整性上存在的问题，把出现问题的教训、解决问题的经验归纳到组织质量管理体系、责任体系的持续改进中。

4）首次提出了从“产品、流程、组织”的质量问题经验教训积累和应用路径，可以有效地把质量问题归零从单位、产品的财富转化为大型企业组织共同的财富。发生质量问题是损失，通过“双五条”归零可以将问题转化为财富。通过开展“三个面向”质量分析，从产品、流程、组织上将质量问题的经验转化为组织共同的财富。

“三个面向”质量分析是在技术和管理归零基础上，对质量问题进行深入剖析和挖掘的一种工作方法，“三个面向”质量分析是对单个问题深入剖析，通过对多发问题的产品、多发问题的单位和复杂问题的系统进行分析，来找原因、找规律，并充分举一反三，从产品、流程、组织上实现系统提升。通过面向产品、流程、组织的质量分析工作，不断将质量工作落实到全员、全要素、全过程，持续改进形成与形势任务相匹配的质量能力，高质量地保障航天事业健康顺利发展。

本方法可以在航天领域进行推广应用，拓展了质量分析的方法，深挖航天行业质量问题的原因，通过全面举一反三和系统改进提升，提升各级单位发现问题、解决问题、系统改进的能力。

五、典型案例

自 2008 年以来，一院、七院的火工品装置发生多个质量问题。一院、七院针对 2008 年至今涉及一院抓总火工品装置的质量问题，开展了“三个面向”综合分析，并在集团公司 2020 年第六次质量工作例会上进行了交流。

面向产品分析提出三方面原因：火工品装置工作机理认识不足，点火传爆环节设计关键要素识别和控制不全面；火工品装置工艺过程量化不足，过程质量管控能力和精细化程度与保成功要求存在差距，且缺少有效检测手段；火工品装置技术状态管控不严，给产品质量带来隐患和问题。

面向流程分析提出三方面原因：技术流程不健全、试验不充分，导致问题和隐患不能提前暴露；工艺流程不完善，工艺控制管理不严，风险识别与防控存在差距；验收流程不完善，缺少全寿命全流程的火工品质量保证标准体系。

面向组织分析提出三方面原因：高质量保证成功的质量基础不牢，质量文化基础不够牢固；产品化不足与向产品应用推广缓慢问题同时存在；历史遗留配套关系不合理，部分产品由非专业厂家研制生产，暴露出组织研制体系没有与时俱进。

将火工品装置质量问题作为共性突出问题进行治理，分解成专题予以推进，从设计和工艺两个维度，梳理产品薄弱环节，围绕设计和质量管控能力提升、工艺制造能力提升、组织能力提升 3 个方面，开展问题专项治理和产品质量提升工作，取得了一些阶段性成效。

1）在设计和质量管控能力提升方面，制定了 11 项质量管控线索，由火工品装置设计和生产单位，从以下 11 个方面开展设计和质量管控能力提升。包括：建立质量问题库再分析再确认、火工品装置关键特性和质量控制要点、地面试验环境条件、工装防护和控制措施有效性再分析再确认、火工品装置密封设计再分析及改进建议等。通过梳理，形成了火工品装置质量问题库、各类产品的关键特性和控制要求、非气密设计产品清单、材料相容性清单、禁限用工艺清单、人工操作工序的量化细化方法等。

2）工艺制造能力提升，组织开展了面向岗位、面向流程、面向产品的工艺风险分析工作。(a）岗位：识别出Ⅰ类风险标准岗位 3 个，Ⅱ类风险标准岗位 87 个，Ⅲ类风险标准岗位 97 个，Ⅳ类风险标准岗位 108 个，识别出瓶颈岗位 32 个；(b）流程：在现有工艺控制措施的基础上，提出了工艺改进项目 32 项、能力提升项目 68 项。按产品类型形成了典型产品的典型工艺流程。针对新产品的生产工艺流程与典型工艺流程的差异性进行分析，减少工艺风险；(c）产品：按批次开展了针对Ⅰ、Ⅱ单点失效产品的工艺风险分析，目前已完成产品的工艺风险分析工作。在产品周转防护、特种专业对装配专业的特殊存放条件和接触要求、部分上下工序的衔接要求等方面提出了通用的风险控制要求和措施。692 厂建立了多条数字化生产线，初步形成了包括工艺设计、生产策划、现场管控和终端制造在内的数字化制造体系。持续推进火工品装置产品化工作，开展了环境条件统一、品种压缩、货架建立、统一环境条件验证与评估、产品规范编制、组织验收、持续升级改造、成熟度评定等工作项目，形成了全院的火工品装置产品货架，编制了《火工品统一化规定》，从顶层规范了产品选用。

3）在组织能力提升方面，加强质量文化建设，提升全员质量能力。将“质量意识、风险意识、责任意识”转化为作业规范。建立面向岗位的质量培训和考核体系，做好标准规范、技术方法、软件工具应用等方面的质量培训，做好经验教训的及时总结提炼。加强专业建设，提升总体抓总能力。吃透火工装置的工作原理和火工药剂的工作机理，摸清影响产品可靠性等多种复杂因素导致的故障机理，根治产品隐患，同时完善标准规范和设计准则。在标准工作建设方面，从总体角度规划火工品装置专业标准发展，火工品装置系列由厂所级的标准升级为航天科技集团级的企业标准，基本形成横向一致、纵向覆盖火工品装置全生命周期的设计和制造标准体系。在配套关系、责任关系清楚的基础上，深化推进规范执行工作。开展覆盖产品全生命周期的执行标准规范完整性、适用性分析，形成规范制修订计划并推进。认真梳理供应商承担产品类别，杜绝非专业厂家从事航天产品的设计和生产。

面向卫星装配、测试、试验的数字化质量管控方法

一、方法介绍

以我国新一代遥感卫星、气象卫星等重大工程研制为背景，针对卫星研制流程复杂、生产过程周期长、项目多、质量管控难等痛点，将精益生产的管理思想和数字化技术应用于卫星装配、测试、试验（AIT）全流程，开展业务、系统、数据的全面集成，具备产品质量在线监测、在线控制和产品全生命周期质量追溯及数据包络线分析的能力，实现AIT过程质量数据采集自动化、质量分析数字化、质量管理智能化，全面提升卫星数字化集成制造能力和精益管理水平。

（一）总体思路

从企业数字化转型实际需求出发，深化新一代信息技术与卫星AIT业务相融合，从集成化、精益化、知识化、持续优化等方面构建数字化装配检测单元、AIT过程质量管控系统及产品质量数据集成系统，推动传统卫星AIT模式向精益生产的业务模式创新，提升产品研制效率和质量。

1. 集成化

推进业务、系统、数据的全面集成，消除流程、功能和数据链路上的盲区、空白或冗余，减少人工、线下、重复工作。构建系统集成接口和物联网平台，实现产品数据管理系统（PDM）、企业资源计划系统（ERP）、制造执行系统（MES）等软件系统及制造、检测、物流等设备的紧密集成，以产品模型和物料清单（BOM）为基本框架，实现AIT全过程数据收集、分析和管理，构建完整的卫星AIT过程质量数据包。

2. 精益化

推进计划、技术和质量精益化管理，实现AIT过程各类制造要素和过程质量数据的有效管控，提高总装过程质量管控的精细化，实现质量数据高效采集和分析，过程质量控制可追溯。

3. 知识化

实现工艺设计、协同制造和过程质量管理等业务过程知识化升级，推进制造大数据分析与应用，为科研生产提供决策支持。

4. 持续优化

推进先进制造和质量管理模式的持续优化。

面向卫星AIT的数字质量管控框架如图1所示。

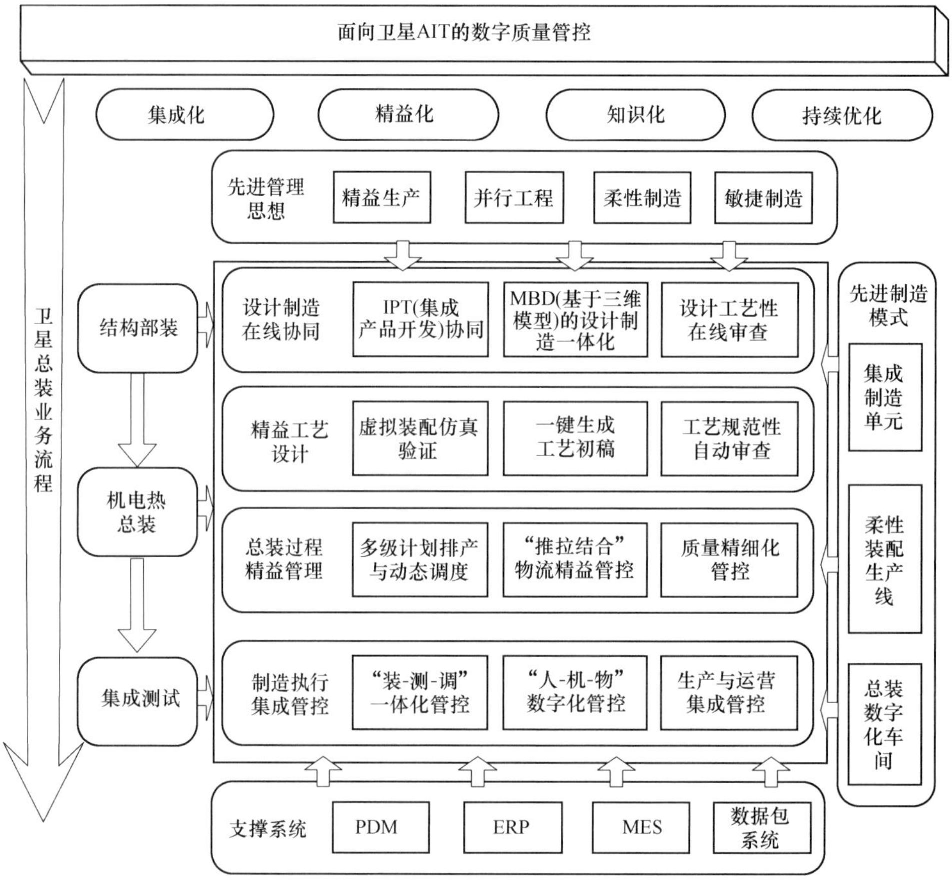

图1　面向卫星 AIT 的数字质量管控框架

(二) 主要作用

卫星 AIT 数字化质量管控平台主要功能如下：

1. 三维设计制造协同

实现基于模型的跨厂所设计制造协同、设计工艺性仿真分析等工程应用，基于知识的设计文件工艺性在线审查与反馈。

2. 智能化物料管理

构建面向卫星柔性装配线的智能化物料管理系统，包括厂所级 ERP 物资管理、车间物料精细化管控、制造现场拉式物料管控等主要功能，并实现与自动化仓储配送设备、物流信息采集设备集成应用，明确、精准、实时反馈物料需求，拉动物料快速统一配套。

3. 卫星制造过程管控

针对卫星制造过程数字化、精细化管控需求，自主设计研发了集计算机辅助设计（CAPP）＋MES 于一体的卫星制造过程管控平台，主要包括基于知识的智能化工艺设计、基于流程的集成化数据采集与精细化过程控制、多源数据融合的产品/产线/车间多层级可视化监控等主要功能，并实现与三维设计制造协同系统、智能化物料管理系统等的业务与数据全面集成，形成“工艺一制造”数字化协同管控解决方案，实现智能工艺设计、智能动态调度、数据集成采集、过程精细控制、运营监控与决策支持。

4. 卫星产品数据包管理

针对卫星产品全周期质量管控与质量追溯需求，采用自顶向下策划分解、自下而上逐级集成的思想，构建了卫星产品数据包管理系统（见图 2 和图 3），并通过与卫星制造过程管控系统等核心业务平台的数据集成，实现产品数据包策划构建、分解、采集、生成、管理全过程管控和数据包在线归集、统一管理、查询追溯、质量数据统计分析与挖掘应用，呈现产品在设计、生产、试验、交付等环节的客观信息和记录，形成系统化、结构化的证据链，为产品交付验收、质量追溯等活动提供系统支持，进一步规范产品数据包的业务管理过程，提高产品数据包管理信息化水平，确保产品数据的系统性、完整性、关联性、一致性、实时性和可追溯性。

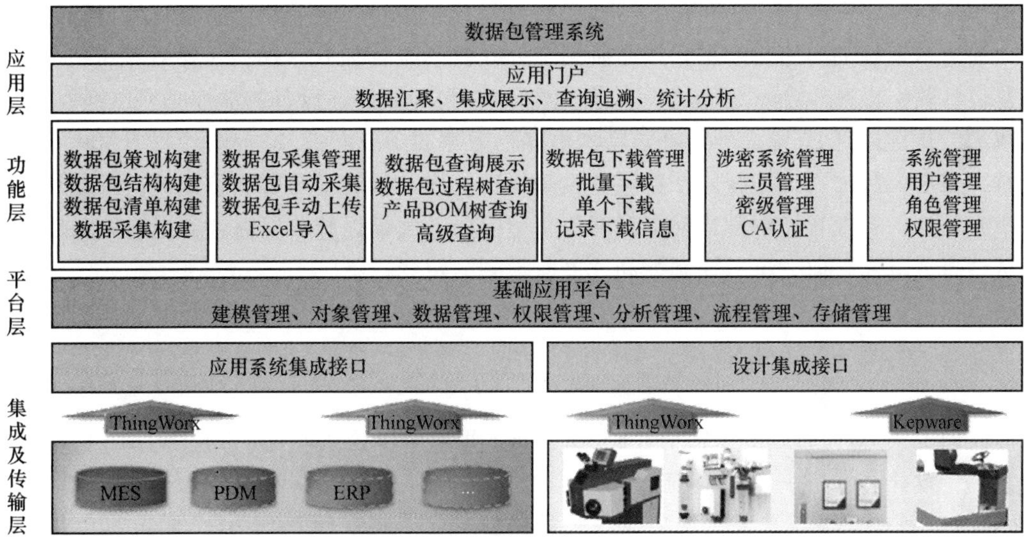

图 2　卫星产品数据包管理系统总体功能架构

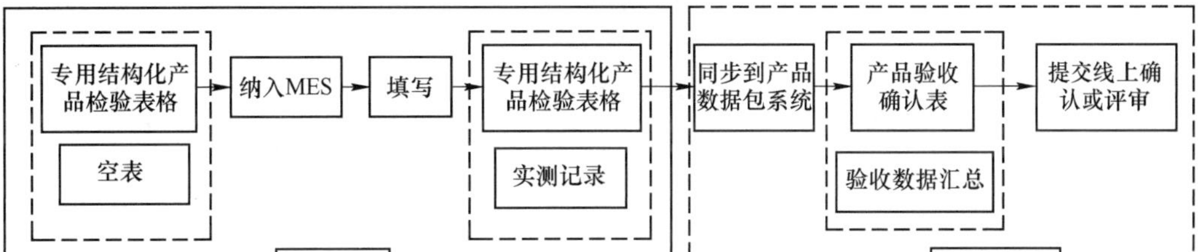

图 3　产品质量数据系统功能示意图

二、应用情况

围绕卫星总装“设计工艺协同一生产准备一装配与检测”的主要业务流程，采用“总体规划、分步实施、快速迭代”的建设思路，持续推进总装数字化管控建设，并在产品研制中取得深入应用，逐步形成满足卫星高强密度并行生产需求的总装数字化管控模式。部分功能模块的产品应用情况见表 1。

表 1 部分功能模块的产品应用情况

对象	应用情况
设计工艺性在线审查与反馈	全产品应用，梳理审查知识条目 3 000 余条，所有会签文件都实现基于知识的在线审查与反馈
知识化、智能化工艺设计	全产品应用，累计编制结构化工艺 2 500 余份
集成化数据采集	全产品应用，累计产生结构化表格 15 000 余套、在线拍照 20 余万张
工艺/质量/技术问题协同处理	全产品应用，累计产生各类结构化单据 16 000 余份
产品数据包在线归集	全产品应用，覆盖全部在研产品，产品研制全流程数据包在线归集

通过本案例的实施与应用，产品研制全流程效率显著提升，模型传递效率提升 90%、工艺设计效率提升 30%；总装过程数据采集效率提升 80%、设备物联率达到 82%，总装车间无纸化率达到 90%，产品数据包收集归档效率提升 80%，综合效能提升 30%以上。同时，采用大数据、人工智能、数字孪生等先进技术，开展了精度预测分析、产品总装状态孪生监控、图像智能识别、动态调度等典型应用，大幅提升数据综合应用能力，逐步实现从“事后追溯”向“事中控制”和“事前预测”转变。

三、形成的技术成果

面向卫星 AIT 的数字化质量管控荣获 2021 年上海市企业质量管理领域数字化转型十佳案例。设计开发了一系列具有自主知识产权的软件系统，获得软件著作权登记 11 项（见表 2），其中“卫星总装过程离线式质量数据量化采集系统”获第 27 届上海市优秀发明选拔赛优秀发明金奖，形成的工艺性审查规则库、装配工艺知识库、调度规则库等知识库和产品数据包管理系统已在卫星产品研制中全面应用，并实现知识的持续积累。

表 2 获得的软件著作权列表

序号	软件名称	登记号
1	卫星工装数据库系统软件	2014SR0758 * *
2	卫星可视化工艺技术规范应用系统软件	2014SR0758 * *
3	卫星可视化工艺管理系统软件	2014SR0018 * *
4	数字化总装工位离线式数据采集系统软件	2015SR0025 * *
5	卫星 RFID（射频识别）智能管控系统	2018SR0892 * *
6	卫星装配智能调度系统	2019SR03135 * *
7	卫星装配生产线数据采集系统	2019SR03135 * *
8	多余物检测数据管理系统	2019SR03135 * *

续表

序号	软件名称	登记号
9	航天器装配过程产品数据包管理系统	2019SR08240 * *
10	航天器智能化装配工艺设计系统	2020SR10526 * *
11	卫星外场装调过程管控系统	2020SR10503 * *

根据系统实施与应用情况，编制了《航天器虚拟装配要求》《卫星产品条码编码及标识要求》《卫星总装二级物料库管理办法》等一系列院所级标准规范并发布实施。其中，《航天产品数字化制造过程控制要求》《航天专用工艺产品数字化管理要求》等2份标准已上升为航天科技集团标准，为卫星总装数字化管控相关实践及成果在航天产品及其他复杂产品制造领域的推广应用奠定了坚实的基础。

四、方法的创新点及推广价值

本案例形成的面向卫星AIT的数字质量管控方法为复杂产品小批量生产提供了质量管理的思路，已全面应用于新型卫星产品研制和商业航天批量化装配线建设，也可直接应用于我国新型卫星研制以及后续卫星批量化总装生产线建设中，并对新型火箭、载人航天等国家重大工程具有示范效应；同时，研究的精益工艺设计、精细质量管控等技术和系统能为离散式制造企业实现生产过程控制提供示范和借鉴，特别是在数据自动采集和集成管理、数据在线确认和数据挖掘分析等方面提供可借鉴的解决方案。

五、典型案例

本项目实现了卫星AIT质量数据的在线采集和管理，过程的质量控制和质量数据后期的处理、利用分析等。具体如下：

1. 质量数据在线采集与管理

全面应用结构化作业指导书与检验记录表格，取代纸质跟踪卡、记录附表，实现装配现场电子化作业指导、在线数据记录与电子签署确认；集成应用安全相机、速拍仪等图像数据采集终端，实现装配作业、检验检测、产品交接等环节在线拍照、自动编号、在线回传与关联存储，多媒体数据采集效率提升2倍，影像数据查询和管理效率提升50%以上，见表3。

2. 关键过程质量管控

基于MES的现场作业看板，对关键工序、强制检验点、风险点等关键过程进行可视化标识，同时将通用规范、过程记录表格与关键过程关联，并自动判断过程采集数据的完整性、规范性，比对分析是否符合技术要求。全面推行现场技术问题跨单位、跨部门的在线协同办理，实现电子审签、信息快速查询追溯与一键汇总归集，确保过程规范可控、信息完整准确可追溯。

表 3　应用成效表

对象	应用前	应用后	效率提升	综合成效
作业指导	大量纸质作业文件	结构化跟踪卡电子化作业看板	作业文件可视化程度及数据传输效率大幅提升	全产品推广应用无纸化率 90%以上 卫星 AIT 过程质量控制有效性提升 50%以上 卫星 AIT 过程综合效能提升 30%以上
数据采集	纸质表格人工记录	结构化表格记录、拍照、签署一体化	数据结构化率 80% 电子化率 90%	
影像记录	离线拍摄、人工导入、人工整理	在线采集、自动编码关联存储、一键汇总	照片数据采集效率提升达 80%以上	
设备物联	离线、数据本地存储、人工摆渡	设备联网率 82%，数据实时采集、跨网传输	设备装调检测数据采集效率提升 80%以上	
产品数据包管理	非结构化纸质归档为主	电子化、结构化产品制造数据自动归集	查询追溯效率提升 60%以上	

3. 产品质量数据及数据包管理

构建产品数据包管理模块，基于产品 BOM 和工艺流程，实现工艺、计划、检验数据、影像记录、问题处理、产品交接等多源异构产品数据的统一汇总和统计分析，形成完整的产品质量数据包。

搭建产品质量数据包系统，实现结构化质量数据的自动采集，集成质量数据汇总表和确认表，进一步开展线上配套产品的验收、AIT 过程重要节点的确认，同时一键生成质量报告，提高编写效率与质量；通过数据之间关联关系，开发数据在线自动判读、同一产品质量数据在不同 AIT 阶段的纵向比对分析、不同产品同一质量数据在同一 AIT 阶段的横向对比分析、包络线分析等功能，呈现产品在设计、生产、试验、交付等环节的客观信息和记录，形成系统化、结构化的证据链，为产品交付验收、质量追溯等活动提供系统支持。

面向复杂产品任务的“可信构造与确认”质量管理方法

一、背景情况

嫦娥五号任务作为我国复杂度最高、技术跨度最大的航天系统工程，探测器研制过程面临以下困难：

1）新技术多、验证充分难。由于嫦娥五号探测器采用了大量新技术，在研制过程中面临着大量不确定性的风险，实现技术见底、验证充分的难度大。

2）新产品多、产品见底难。嫦娥五号探测器新研单机多，在充分利用国内现有技术的情况下，仍有大量新研单机。大部分新研单机涉及光、机、电、热等多个专业，技术复杂，产品见底难度大。

3）研制过程繁复、过程控制难。探测器新研单机在初样阶段需完成产品鉴定，为确保正样产品与鉴定产品技术状态的一致性，对产品生产过程控制提出更高要求；探测器总装难度大，上升器舱内设备多为倒置安装，返回器开敞性差、内部空间狭小，轨道器表面突出物多、筒段结构操作便利性差，整器6个分离面对接精度要求高，四器吊装过程稳定性控制难度大，对探测器总装阶段过程控制提出更高的要求。

4）飞行过程复杂、高质量和高可靠实施难。嫦娥五号探测器在飞行过程中有四器组合体、两器组合体、交会对接组合体以及单器等多种工作模式；在飞行过程中需进行6次分离、21次变轨，涉及近月制动、动力下降、月面起飞、交会对接、月地射入等多个串联且不可逆的关键飞行事件，飞行程序复杂，对系统设计正确性和各单机产品的质量、可靠性均提出更高要求。

面对复杂的任务过程和系统高可靠性要求，为了确保没有疑点和隐患，圆满实现月面自动采样返回的目标，在嫦娥五号探测器研制过程中探索并实践了一种针对复杂系统的、覆盖到产品研制“全系统、全要素、全过程”的、通过正向构造和确认实施的工程质量管理方法，即“可信构造与确认”方法。

二、主要内容

“可信构造与确认”方法以“无疑点、无隐患”为目标，并将该目标在产品研制全过程中进行分解，建立了“方案阶段技术见底、初样阶段产品见底、正样阶段过程控制到位”的阶段目标，在各研制阶段采用“设计正确、验证充分、过程受控”的逻辑架构，将产品保证要素细化量化，通过全系统逐级遍历、全要素正向构造、全过程风险控制，形成置信度更高、操作性更好的矩阵式产品保证模式，通过在过程中形成质量、在过程中确认质量，有效确保了重大任务质量管理的高效落实。

（一）基本定义

“可信”的概念由来已久，但在学术界“可信”的含义很多，一般可以表示为正确、可靠、可用、安全（Safety、Security）等。

这里将“可信”定义为：系统（产品）符合要求，圆满实现任务目标。具体来说，就是要做到：“设计正确、验证充分、过程受控。”实现了上述 12 个字，系统（产品）就是可信的。

（二）工作思路

“可信构造与确认”就是在嫦娥五号探测器研制过程中开展的一系列产品保证活动。其目的是确保“全系统、全要素、全过程”做到“设计正确、验证充分、过程受控”，用过程正确确保结果正确。

（三）工作对象

方案阶段，围绕“技术见底”的目标，抓关键技术攻关和方案设计两条主线。定义“技术见底”实现的标准就是关键技术和方案设计“可信”。

初样阶段，围绕“产品见底”的目标，从生产装配过程、环境适应性以及技术实现结果与任务要求的一致性 3 个方面，对各级产品设计并实施全面验证，基于此构建结构器、热控器、电性器、专项试验以及鉴定件研制 5 条主线。定义“产品见底”的实现标准就是结构器、热控器、电性器、专项试验以及鉴定件研制“可信”。

正样阶段，围绕“过程控制到位”的目标，抓各级产品研制全过程，具体就是针对构成探测器系统的全部可数单元开展“可信构造与确认”工作。定义“过程控制到位”的实现标准就是构成探测器系统的全部可数单元“可信”。

（四）工作方法

在产品实际研制过程，针对各阶段具体的工作对象，始终坚持用“设计正确、验证充分、过程受控”的标准去考量每一个单元、每一个要素、每一个过程的可信性，通过“全系统、全要素、全过程”的可信确保整体目标的圆满实现。

方案阶段：提出双“V”字形的系统级方案设计方法。强调先在总体层面独立开展系统设计，完成顶层的架构组成、实施方案设计以及功能性能指标的优化和分解，再进行后续的分解—集成工作。深入单机产品方案设计，引入关键产品择优竞争机制，客观评估、择优选用，做到设计正确。

初样阶段：基于正向设计确定结构器、热控器、电性器、专项试验涉及的产品状态以及需要开展的验证项目和流程，并对设计结果进行严格评审，做到设计正确；严格按照各研制主线设计的验证项目和流程开展验证工作，同时建立仿真分析与试验验证的过程迭代机制以及不同验证项目中间结果的共享机制，实现验证工况和量级的实时优化，做到验证充分；严格各类验证产品过程控制和验收，开展总装、试验和测试过程控制以及中间结果和关键环节的多方评审确认，构建系统级专项试验产品保证管理方法，做到过程受控。基于“设计正确、验证充分、过程受控”的理念，提炼单机级产品见底的要素、标准和要求，形成硬件产品“36 条”和软件产品“28 条”，并按照“36 条”考察鉴定件的设计、生产、试验等研制全过程以及最终实现结果。

正样阶段：针对系统、分系统、单机产品（部组件）、软件/FPGA（可编程逻辑器件）、元器件/原材料/标准件等各级产品，从设计、验证和过程控制维度，全面构建可信要素及其评价和检查准则，并在正样阶段研制全过程对各要素实施情况进行控制和检查确认。

三、在实践应用过程中的典型做法

（一）方案阶段研制典型做法

充分发挥总体作用，强化系统顶层设计，开展探测器双“V”形的系统级方案设计方法。首先完成探测器总体方案初步设计，在此基础上分解明确了各分系统初步技术要求，各分系统依据要求开展了初步设计工作，完成第一轮设计；在分系统初步设计基础上结合系统级的指标优化和迭代下达分系统技术要求，开展分系统和单机详细设计，基于分系统和单机详细设计完成系统级详细设计，完成第二轮设计。在系统顶层实现最优组合，确保系统指标分解合理优化的同时，减少系统与各分系统及各分系统间的设计迭代过程，有效确保了方案设计正确。

（二）初样阶段研制典型做法

基于“设计正确、验证充分、过程受控”的理念以及各级对硬件和软件产品的质量管控要求，建立航天器产品见底评价模型和确认工具。通过面向产品研制全系统、全要素、全过程的思考，基于集团公司、五院、总体设计部等各级产品保证要求，提炼形成一套内容全面、易于沟通传递的硬件和软件产品研制通用质量要素，即硬件产品“36 条”和软件产品“28 条”具体要求，具体内容如图 1 和图 2 所示。并将各项要求转化为易执行、可复用的清单化工具，用于指导产品研制单位的研制过程以及任务提出方对承担方的过程控制和结果确认。

（三）正样阶段研制典型做法

在探测器系统级设计过程中，为确保设计正确，在飞行程序设计、供配电设计等各总体设计要素中引入了先进的设计理念和方法，通过建立模型、提出方法、研制工具确保设计正确。

加强 AIT 过程技术状态控制，打破总装和电测的专业限制壁垒，从总装技术状态、整器供电状态、产品状态、电缆状态、过渡插头状态、重要开关状态、软件/FPGA 配置、热敏电阻状态等 25 个方面定义描述整器技术状态的唯一标准。总体总装和电测技术状态控制人员全程跟产 AIT 过程，实时记录整器技术状态变化，按日形成动态记录表。总体主任设计师组织总体总装和电测技术状态控制人员按周梳理整器技术状态变化，汇总形成

图 1　硬件产品“36 条”要求

整器技术状态静态表。副总师组织相关人员按阶段总结整器技术状态变化情况，编制技术状态报告，并在阶段工作开展前的班前会上对整器技术状态进行全系统通报，确保相关人员了解状态。

全面深入单机产品、关键零部件以及关键元器件研制过程，用“可信构造与确认”的理念指导各级产品研制过程。例如 825 厂研制的分离面电连接器作为影响任务成败的关键元器件，在按照器件规范完成了全部验证试验的基础上，依据嫦娥五号环境试验规范，进行分析和识别，针对应用场景和重要性，增加了真空冷焊、真空分离和真空筛选试验，并进行了力学极限摸底试验，确保了在轨工作正常。

发射任务调整后，为进一步确认正样阶段工作有效，确保产品任务成功，开展了基于“可信构造与确认”思想的“三再”复查工作。动员全体设计师和指挥调度人员按照自身责任界面开展全系统、全要素和全过程的可信构造与确认工作，以正向构造的视角开展“再设计、再分析、再确认”，进行探测器系统研制工作完备性、充分性和有效性的确认，确保没有疑点和隐患。从 7 个方面策划开展了 245 项专项工作，进一步确认了正样阶段工作的有效性，并通过一系列补充验证工作确认了长期贮存对产品影响可控。

识别发射场阶段是正样阶段的延续，按照“过程控制到位”的质量目标，将发射场阶段最核心的工作确定为活动产品、对接面以及热控和推进工质等关键产品的最终发射状态设置，明确发射场阶段质量控制的重点是最终状态形成过程的管控。基于该重点工作，形

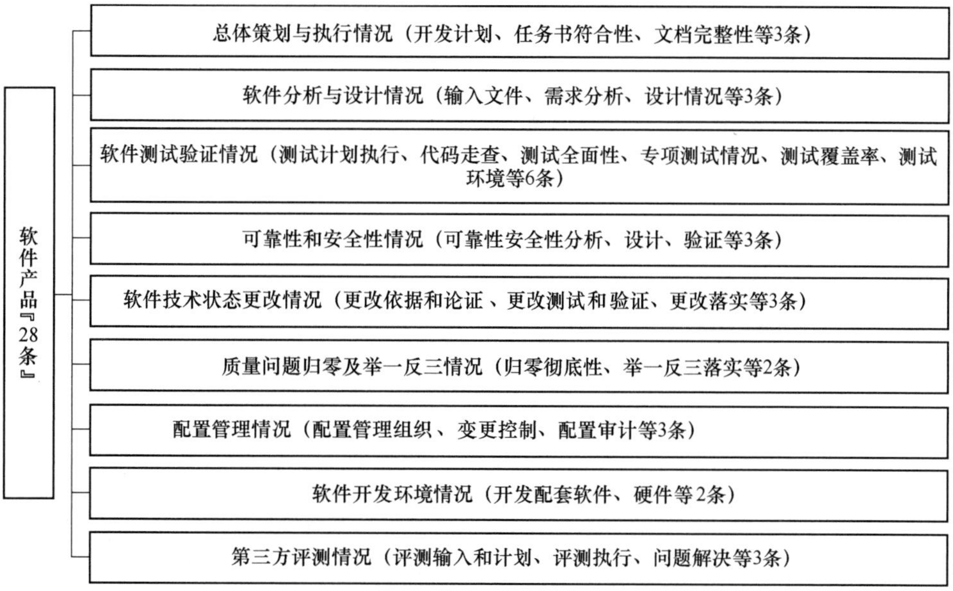

图 2　软件产品“28 条”要求

成一套针对最终状态的过程管控和结果确认方法。

四、实践应用场景和产生成效

（一）基于状态转移的飞行程序设计

针对嫦娥五号在轨飞行过程中多器并行、动作紧凑、环环相扣、关键动作不可逆等特点，采用自动机方法和理论，提出了一种基于状态转移的航天器飞行程序设计方法，完成了探测器复杂飞行过程飞行程序设计。在设计阶段，按照任务剖面的分析方法，将嫦娥五号探测器在轨全寿命周期划分为 19 个原子状态，来表征探测器在轨重点关注的状态变化情况。

基于这种设计，在验证阶段，通过“2 静＋1 动”的状态转移分析方法确认飞行程序的正确性：

状态进入确认（静）：确认探测器系统进入该状态需满足的系统重要运行状态集合。

状态过程分析（动）：分析探测器系统在当前状态下需要完成的重要事件及其判读准则。

状态转出确认（静）：确认探测器系统从当前状态转移至下一状态需满足的重要运行状态集合。

这种设计方法，为飞行程序设计、验证及飞控实施提供了支持和帮助。在设计阶段，通过识别出系统级过程重点项目和重点关联关系，指导研制过程，保证了设计正确、状态全局受控；在模飞测试过程中，按照状态转移方法设计了模飞测试用例，提高了验证效率，确保验证充分；在探测器飞控过程中，定义了进入、过程、转出状态监显界面，实现了复杂过程的精准、快速判断，确保探测器在轨技术状态受控。

（二）供配电设计验证

供配电对探测器系统在轨安全稳定运行非常重要，因此开展了供配电设计与验证方法的探索和工具的研制。在产品研制过程中，建立了模型、提出了方法、研制了工具并进行了应用。

1）构建了具有静态分析功能的探测器供配电大图。定义了一套“数字地图式”供配电系统架构模型，实现了探测器供配电链路信息的结构化、可视化管理，支持从宏观到微观、整体到局部展示复杂航天器供配电链路信息。该模型提供了多种实用静态分析检查工具。设计过程中利用供配电大图对探测器供配电通路、接地网络、电缆分支、火工品通路、分离面、导线选择等要素进行分析和确认。

2）建立了具有动态分析功能的仿真模型库。基于 Modelica 语言建立了层次化供配电系统仿真模型库，包括系统、设备、电路不同级次的仿真模型组件，满足供配电链路仿真验证要求。基于仿真模型库完成了探测器系统级能量平衡分析、太阳翼输出特性分析、蓄电池组电压和容量输出特性分析等，为系统优化设计提供了准确、高效的支撑；完成了探测器在轨飞行全任务、全时段的数字伴飞，有效保障了能源供给的安全性。

通过信息化系统实现航天器配电信息从系统级到分系统、设备级和电路级的统一表达和地图式无级缩放展示，静态模型到动态模型转化率不低于 90%，关键指标仿真数据与试验数据相比误差小于 5%。

（三）采样封装技术验证与在轨实施支持

月面采样过程采取了天地联合设计，任务过程需要器上采样封装设备、地面孪生系统、地面人员协同完成，实施过程要求高效、高可靠。为此，研制建立了月面采样任务支持中心，从方案阶段直至在轨实施阶段，任务支持中心持续开展验证试验，包括方案正确性验证、初样产品见底验证、正样故障预案及“三位一体”飞控程序验证，及在轨采样策略预先物理验证，达到了产品正确、实施过程可靠、实施过程高效的目标。

方案阶段完成了无模拟月壤钻取装置与密封装置的联合试验，水平和极限姿态以及多种模拟月壤条件下的钻取密封全过程和表取密封全过程试验以及按照飞行程序的采样封装全过程试验，实现了技术见底。

初样阶段完成了 5 类 13 个工况的采样封装试验，涵盖了标称、极端等不同工况，以及正常、故障工作程序，全面验证了产品功能性能，实现了产品见底。

正样阶段经过了单机、子系统、分系统和系统多层次测试，及整器专项和全过程模飞测试，确认了正样产品满足要求，同时通过正样同状态产品 6 类 40 个工况的专项试验进一步优化了工作流程，提高了效率和操作的可靠性，验证了工作程序的合理性。

任务实施阶段在 1 h 内实现了精度优于 10 mm 的物理地形重建，为高效确定表取采样点奠定基础；完成各机构运动数字仿真分析与验证，为采样点与采样策略正确性提供保证；完成采样封装全过程物理验证，各分段验证工作均前置于在轨任务实施，为在轨策略调整提供了重要支持。

任务实施阶段，用时 19 h（设计状态安排 26 h），高效地完成了“三位一体”的器地协同月面采样任务。

（四）发射场最终状态控制

针对发射场阶段需要形成的 1 505 项最终状态，根据重要性和操作难度分为关键性项目、重要性项目和一般性项目，并对每类项目设置明确的控制要求。实施过程按照“事前确认要求、事中多方跟产、事后数据包再确认”的工作方法和日清日结的工作要求，对每项最终状态进行依据文件、实施过程以及实施结果的全面确认。

1 505 项最终状态均按控制要求完成了确认，并由总体总装人员整理形成汇总表。经确认全部最终状态操作检验记录准确，过程照片清楚完整，可有效反映产品最终状态，确认结果签署完整，过程受控。

（五）硬件产品质量审查机制

基于硬件产品“36 条”建立覆盖全周期的硬件产品质量审查机制。在鉴定件完成设计、鉴定件完成研制、正样产品验收以及产品出厂前等 4 个关键环节，由总体牵头，组织领域专家和产品总体人员，从“36 条”落实情况，对全部正样产品实施审查。

系统性的审查对象（“36 条”）确保了审查工作的全面性；有延续性的审查组成员和一致的审查责任分工既有利于培养发挥审查组成员专业特长，又有利于不同类型产品间的横向交流、取长补短；基于 PDCA 理念设计的审查机制，使审查工作逐步深入、待办事项有效闭环；及时投入的专家力量，为发现并解决深层次隐患创造了可能性。

（六）软件产品量化评估机制

基于软件产品“28 条”建立研制结果量化评估机制，为“28 条”中的每条研制要求，设置 4 个档次标准，再按照航天软件产品研制现状及嫦娥五号探测器软件产品研制特点设置一套条目权重标准。在正样软件产品验收前，组织软件专家对每个配置项进行评估打分。通过该方法，使专家知识在量化工具的加持下得到有效利用，在传统第三方评测和验收的基础上增加了一项对软件产品研制工作的整体评价，进一步确认了软件产品满足研制要求。

五、方法的创新性和推广价值

针对复杂航天任务的“可信构造与确认”质量管理方法随着嫦娥五号探测器研制过程逐步形成和固化。

该方法涉及的“可信”概念、覆盖“全系统、全要素、全过程”的质量管理理念、正向构造的方法、“设计正确，验证充分，过程受控”的检验标准以及以构成系统的全部可数单元作为质量管理对象的具体实践等，在质量管理领域具有先进性和独特性。

嫦娥五号探测器在研制过程中，基于该方法形成的航天器能源流设计仿真系统、航天器硬件和软件产品质量保证方法、复杂高风险地面大型专项试验产品保证方法等一系列工具和方法已通过设计专利、软件著作权、技术标准、管理要求等形式得以固化并在五院得到全面推广应用。

随着嫦娥五号探测器在轨实施过程的零缺陷和任务目标的圆满完成，该方法得以系统化的总结提炼，并在航天科技集团范围内进行了经验交流。

为更好地在全产品范围内推广应用，目前正在进行五院航天器通用研制流程的修订工作，旨在将通用研制流程与可信要素关联，形成一套针对通用研制流程各节点的过程和结果“可信”确认标准，并最终以流程为牵引，以确认标准为知识库，通过信息化手段打造一套航天器“可信”研制模式。

综上，“可信构造与确认”质量管理方法具备在全行业复制推广的价值。

以技术风险管控为核心的产品质量管理方法

一、背景情况

某产品是某技术形成军事应用能力的高技术综合性产品，是世界各军事强国新的竞争热点与技术高地。航天科工三院经过近10年技术攻关，某产品快速推进，已有多型产品进入规划，多型获得立项，初步形成规模化打击能力。

航天科工三院在设计过程中科学筹划、精心归纳、反复迭代，摸索出一套以技术风险管控为核心的质量管理体系，旨在解决系统设计与集成中风险控制不系统、系统试验与验证中风险评价不全面、系统分析与评估中风险辨识不充分问题，已成为把控某武器化设计要点、化解技术难题的全局性顶层文件。从重大产品研制共性技术与支撑需求出发，本文对某产品先进质量管理方法进行介绍，以期通过经验分享与推广为产品研制提供有益思路和借鉴参考。

二、主要内容

以技术风险管控为核心的产品质量管理方法主要内容如下：

各技术和机关部门明确在某产品质量管理中的各级岗位权限和职能职责，对产品研制过程中的技术风险进行识别、审查和决策，实现对进场前产品质量的有效管控，尽可能降低一切不确定因素对产品质量的影响，确保产品飞行试验的一次成功。先进质量管理方法的实施要素包括质量管控策划、技术风险辨识、风险评价、风险控制和质量监控等。

（一）质量管控策划

在产品方案阶段即开展质量管控策划和质量保证大纲，适时系统地开展包含技术风险管控工作在内的武器系统级产品实现/研制总策划，对产品的质量目标和质量保证提出顶层要求，分系统/设备同步开展与总策划匹配的分策划，初步识别出影响产品质量的关键技术和潜在的风险点，在对应的质量要求条目中重点明确各专业开展质量管控的工作目标、工作要求、项目内容和工作计划，在后续工作中按照既定的时间节点推进。

（二）技术风险辨识

技术风险辨识是采用全面、系统和科学的分析方法，对现有的技术方案、已开展的地面试验和尚未解决的遗留问题开展查找分析，找出影响产品任务目标或系统战技指标或正常飞行过程实现的质量风险点过程。除了各产品常用的设计复核复算、试验真实性覆盖性有效性分析、一次成功技术保障分析、“双想”分析、“五量”分析等质量复查方法外，某产品采用的特色风险辨识方法还包括：

1）顶层输入正确性分析；

2）不可检不可测分析；

3）分离专题分析；

4）舱内热管理分析；

5）任务流程及飞行时序指令动作分析；

6）测试覆盖性和数据一致性分析。

（三）风险评价

风险评价是对识别出的技术风险点发生的可能性及危害性进行评价，确定风险等级的过程。通过风险评价，系统/分系统/设备将识别出的全部技术风险进行评价，确定每一项风险点的等级。

（四）风险控制

风险控制是对辨识出的技术风险点及评价结果，针对性地制订应对措施的过程，确保技术风险控制措施充分、有效和合理。在控制措施得到有效落实后，可更新风险评价。

（五）质量监控

质量监控是监测和评审风险状态，反馈并记录质量信息的过程，对技术风险控制措施及实施效果进行监控，形成完整的技术风险汇总表，并随研制工作计划闭环落实和工作进展及时修订完善和补充更新，将飞行试验前最终的质量管控结果进行整理，向两总和质量审查专家汇报，以支撑得出质量风险管控结果结论的决策。

质量管控各要素之间是顺次开展、相辅相成的。质量管控工作需要结合所处产品研制阶段，按照先后步骤开展工作，遵循“系统策划全面、风险辨识科学、风险评价准确、风险控制有效和监督监控及时”的原则，在产品整个研制过程中不断更新完善，实现对所有产品和所有技术细节的全面掌控（见图1）。

图1　以技术风险管控为核心的产品质量管理要素关系

三、在实践应用过程中的典型做法

下文以具体的风险辨识方法对产品质量管理方法的典型做法和措施进行描述。

（一）顶层输入正确性分析

顶层输入正确性分析包含对任务剖面、使用保管环境条件、气动力、气动热、载荷等开展风险辨识工作，核查仿真计算、地面试验和其他产品飞行试验相关数据，确认条件制订的合理性和正确性。

1）任务剖面风险辨识需要针对包含地面技术准备过程、试验过程和动作过程等。在地面技术准备过程和试验过程方面，分析地面操作和对接等试验条件是否真实覆盖。在飞行过程方面，分析是否经过大量仿真分析和半实物仿真验证。

2）使用保管环境条件风险辨识需要针对环境试验条件制订的依据和方法、研制过程试验环境测量数据等方面开展正确性分析，确定各试验项目的条件和试验方法是否能够覆盖飞行及地面使用环境。若环境条件超出当前状态，可适时修订环境条件或安排相关设备补充试验或分析。

3）气动力风险辨识需要针对多级气动性能数据、动导数数据、分离干扰量数据等几类气动数据进行审查，包括风洞试验的真实有效性、数据状态覆盖性、数据正确性等。

4）气动热风险辨识需要针对气动热数据、舱内热环境、大面积和干扰区材料地面风洞考核试验条件，分别从计算分析和试验验证两方面开展试验真实有效性、数据状态覆盖性、数据正确性分析。

5）载荷风险辨识需要针对气动力及截面载荷计算、地面操作载荷分析、末端大动压俯冲进气道不起动载荷等多个方面对输入文件、计算结果的正确性进行分析。

（二）不可检不可测分析

不可检不可测分析是对电气、动力、结构与热防护等各个分系统和设备的不可检不可测项目进行集中梳理和风险辨识，主要包括动力性能、总装后间隙密封等方面，并作为风险点开展影响分析，有针对性采取相关措施，确保风险可控。

（三）任务流程及动作时序指令分析

任务流程及动作时序指令分析从进场前的技术准备工作开始，进行全流程任务/时序风险辨识工作。针对每个任务/时序，从指令动作时刻及条件、指令实现方案、软硬件实现正确性、逻辑时序匹配性、设备环境适应性、仿真及试验验证、风险分析等方面进行一一复查，辨识风险，并采取改进措施，确保关键动作次序与时间安排的容错性与鲁棒性。

（四）专题复查

专题复查是风险管控的重要举措，以某产品为例，可视情安排分离专题、综合热管理专题。

通过采取故障树分析方法开展分离过程质量管控工作，即首先假设分离失败顶事件，然后进行故障树分析，层层向下分解获取全部底事件，最后针对每个底事件，从设计仿真、试验验证等方面进行复查，排查可能存在的问题。

从计算、试验、实物等方面对舱内热管理进行质量管控工作，最后针对辨识出的风险采取措施。具体为：

1）复查仿真计算结果。从舱内热环境计算输入抓起，依次复查外部气动热环境、发动机、电池和巡航级舵轴的温度输入、仿真用简化模型及材料的热物性参数的正确性和匹配性。

2）复查试验结果。通过试验结果验证仿真计算结果的正确性，验证产品对舱内热环境的适应性。

3）复查实物与设计的一致性。核对实际产品与设计状态的偏差，对舱内热环境的影响。

4）给出风险分析结论。通过仿真计算、试验验证和实物测量，考虑可能存在的不确定因素，给出舱内热环境复查结论，判断舱内结构、设备、电缆和传感器等是否存在超温风险，如存在风险，提出针对性优化解决措施。

四、实践应用场景和产生成效

（一）应用场景介绍

某产品基于小余量设计思路，飞行阶段累计多项关键动作时序节点，系统复杂度高，时序匹配难度极大。针对某产品设计裕度小、时序密集的特点，创新性提出了全要素技术方案在任务流程维度下实时推演的风险管控工作方法，管控范围沿地面技术准备、试验流程、动作时序的时间维展开，技术方案沿强弱电信号流、控制数据流的空间维展开，将放飞产品在力、热、载荷、冲击、振动、电磁综合环境下进行毫秒级推演，通过逻辑时序匹配、设备环境适应性分析和仿真试验验证找出方案设计余量，从工作覆盖范围与深入程度两方面提升技术风险管控有效性和可信度。

通过技术风险管控方法，极大提升了某产品在技术准备、试验流程、动作时序方面的关键动作次序与时间安排的容错与鲁棒性，辨识出50余项技术风险，提出了60余条有效解决方案，最终产品按照规划航路沿程发出执行预定指令，圆满完成任务。

（二）案例成效分析

通过对各个关键动作时序及节点的冲击、振动、温度、噪声、电磁等环境条件分析，提出影响飞试成败的总装关键环节，针对影响产品功能性能的关键环节和瓶颈问题把关产品装配质量，在实施环节通过精细协调匹配，释放了小间隙热管理风险。

五、方法的创新性和推广价值

（一）特色总结

在以技术风险管控为核心的质量管理体系支撑下，立足“长期把控，防微杜渐”“覆盖全面、不留空缺”“协同高效、针对性强”的质量管控原则，提出一系列特色理论与创新实践成果：

1）针对系统设计与集成中风险控制不系统问题，提出了任务流程及动作时序指令动作分析的风险管控方法。在系统论与还原论的辩证统一思想下，从宏观到微观、微观到宏观的专业视角实现系统各组成环节多轮迭代，按“指令动作时刻及条件、指令实现方案、软硬件实现正确性、逻辑时序匹配性、仿真及试验验证、风险分析”等6个方面布局风险控制项，解决了复杂工作条件下跨专业视角系统工程流程运转与接口衔接难题，实现了关键动作次序与时间安排的容错与鲁棒性效果。

2）针对系统试验与验证中风险评价不全面问题，提出了预设故障分离设计方法。采用故障树分析方法，由分离失败顶事件层层向下分解获取全部底事件，对设计仿真、试验验证方面的真实性、覆盖性、有效性进行评估，解决了系统试验与验证中设备工作特性、工作条件、环境要素的协调匹配难题，实现了分离边界与包络条件下分离方案安全可靠效果。

3）针对系统分析与评估中风险辨识不充分问题，提出了舱内热管理方法。综合运用理论分析、全数字仿真与试验评估手段，对某试验条件下多场耦合热载荷、热设计、热管理性能进行评估，解决了高热环境下结构与设备完整安全性分析评估难题，实现了热应力与耐温能力边界余量管理透底的效果。

（二）应用展望

本方法兼具工程研制一般规律与高技术综合性产品技术特征，关注质量管理体系构建的内涵和外延，强调各种质量管控方法间的设计逻辑、因果关系，侧重质量管理的共性技术与支撑需求。本方法已形成企业标准，可以推广至其他产品工程研制阶段的技术风险管控中。

基于竞争性采购机制的产品质量定制管理模式

一、背景情况

随着产品竞争性采购机制的建立，军品产品“社会的总体院、社会的总体所、社会的总装厂”的理念正在逐步形成，民营企业参与军品市场竞争已势不可挡。国有企业要确保产品“性能优、质量优、价格优、进度优”（以下简称“四优”），才能保持优势地位，否则就会失去“机会”，丧失“阵地”。

近年来，中国航天科工集团有限公司大力推行“数字化、网络化、智能化、云化”（以下简称“四化”）。在新形势下，产品研制生产按照以往的“体系式”质量管理，已经不能完全涵盖“需求多样、状态‘多边’、产品‘四优’”的竞争要求。

在竞争性采购机制下，倒逼湖北三江航天险峰电子信息有限公司（以下简称“险峰公司”）创新质量管理方法，迫切需要产品质量管理由“体系式”向具有质量经营内涵的、以“四化”为抓手的“定制式”管理转变。对产品质量管控实施特殊定制，以确保险峰公司持续保持竞争优势。

二、主要内容

以 GJB 9001C 质量管理体系为“基线”，融入“四化”模式要求，针对不同产品、不同顾客，分析“风险”增加特殊措施，分析“机遇”对“基线”适当剪裁，以“基线＋特殊要求＋状态剪裁”方式形成针对特定产品的质量定制管理模式。从设计、工艺、生产、质量 4 个方面量身定制，体现质量经营“质量精、成本控、重点突、机制活、节奏快”的特点。

（一）总体架构

接到竞争性项目后，成立项目组，以 GJB 9001C 质量管理体系为基线，结合“四化”模式，启动质量定制管理，如图 1 所示。

1. 设计定制

设计定制是质量定制管理的标准和基础，为质量定制提供清晰、明确的管控目标。

2. 工艺定制

工艺定制是质量定制落实到产品的关键层，明确产品生产流程、资源占用，发挥桥梁和纽带的作用。

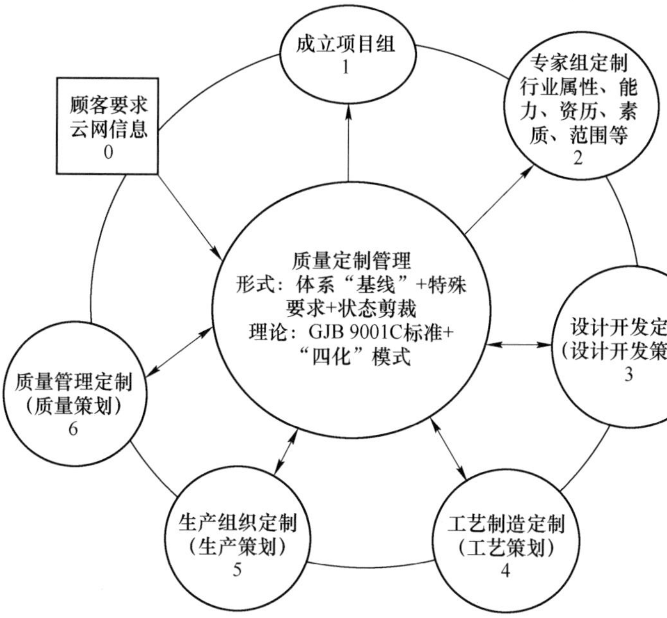

图 1　质量定制管理总体架构图

3. 生产定制

生产定制是质量定制管理的实施层，执行效果的体现层，产品“四优”的落实层。

4. 质量定制

质量定制是质量定制管理的管控层，发挥指导和监督的作用，该层面质量经营理念贯穿始终。

（二）设计定制

1. 设立专家组

根据产品技术特点、专业属性成立专业评审专家组，目的是确保产品设计开发输入、输出、工艺方案以及生产加工等过程符合质量定制管理要求，合适的专家是确保设计输入、输出评审质量的前提条件。

2. 设计输入定制

在研制阶段，由于认识的局限性，技术要求和技术方案是一个反复沟通、相互“迭代”的过程，仅满足“设计任务书”（即技术要求）还不能赢得顾客满意。将技术要求以外的、顾客潜在的要求，纳入设计输入，将原本的技术指标加严，形成自我约束项。“技术要求＋自我约束项”构成险峰公司设计输入定制。设计输入定制是“性能优”的前提，如图 2 所示。

3. 设计输出定制

设计输出定制除满足技术要求外，增加了对自我约束项的落实，特别考虑“数字化”运用，如：考虑仿真置信度对设计“一次做对”的影响，具体如图 3 所示。

在基线管理的基础上，简化开发流程、精干团队——“减法”；落实自我约束项，明确“数字化”要求——“加法”。

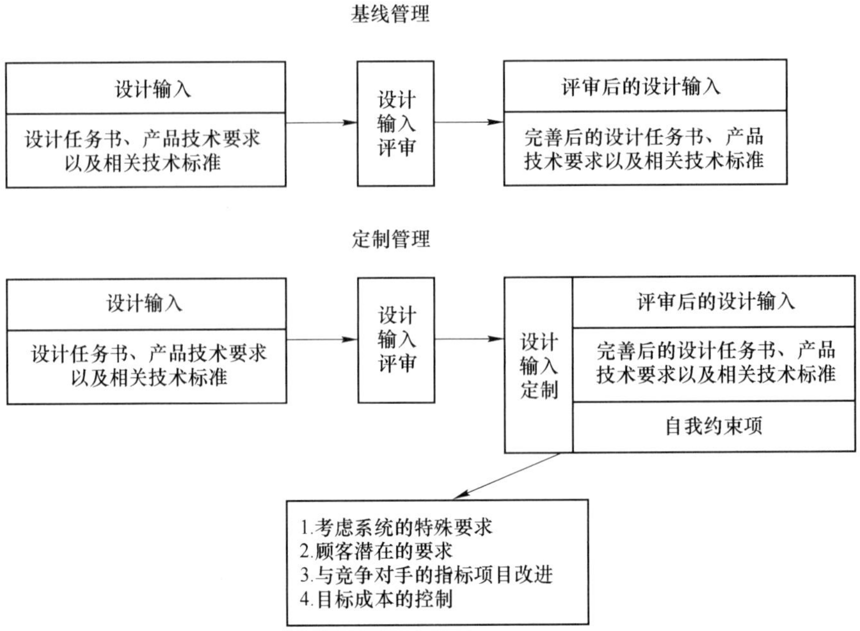

图 2　设计输入定制管理

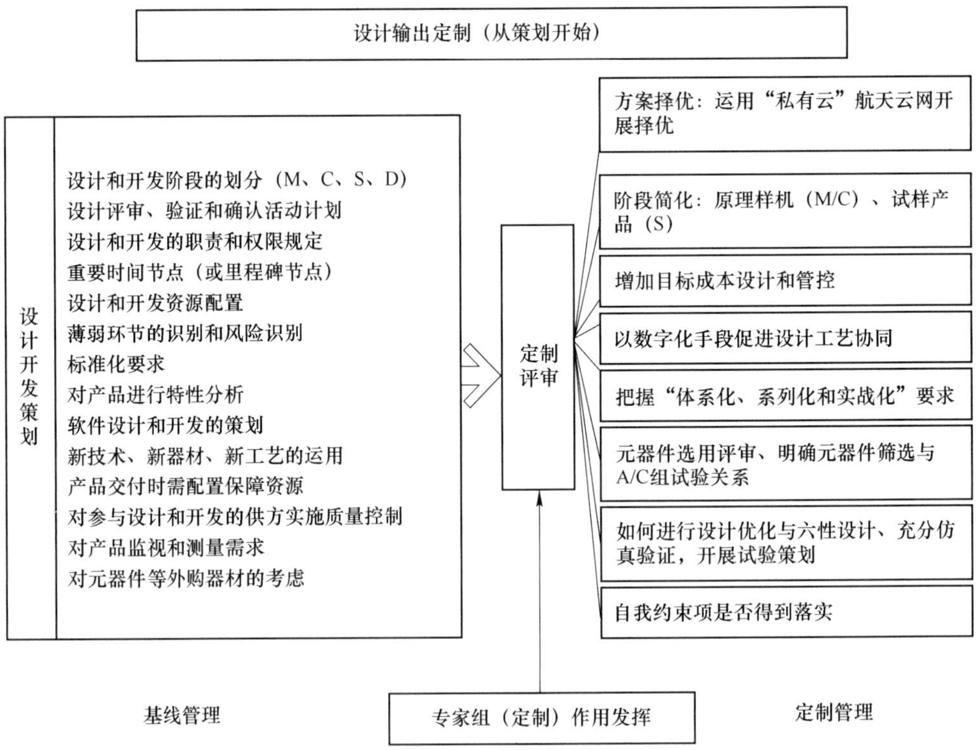

图 3　设计输出定制管理

（三）工艺定制

设计工艺协同，促进设计制造一体化，促进工艺对设计的迭代，工艺定制管理通过工艺策划实现，如图 4 所示。

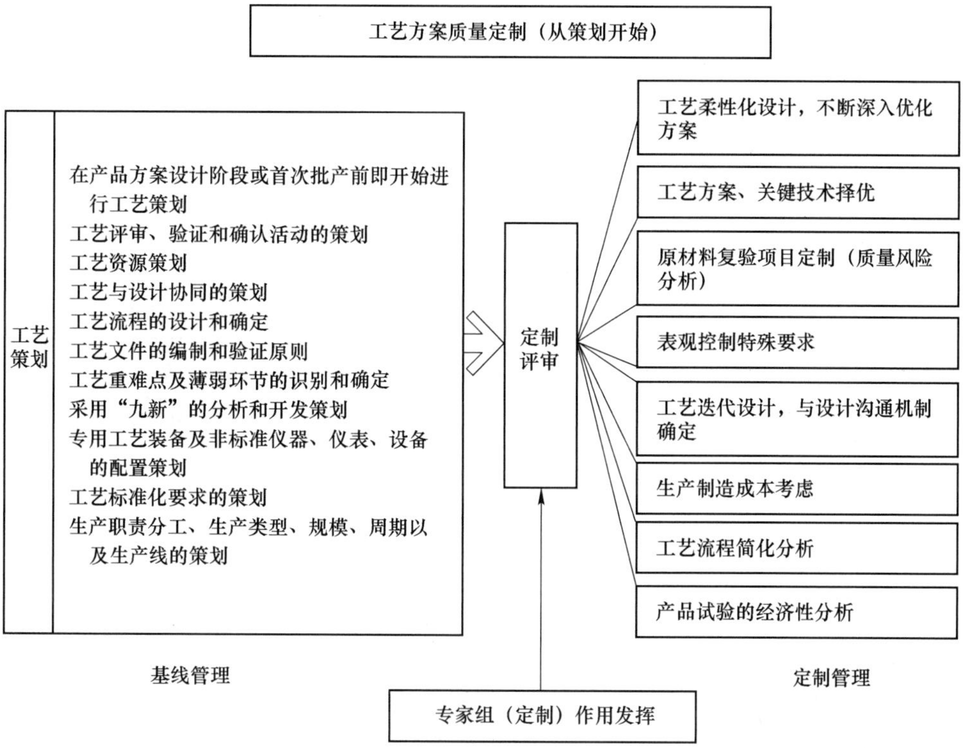

图 4　工艺定制

（四）生产定制

在设计、工艺策划的基础上，以“动用资源最小化”为原则，明确最小单元的生产组织机构，制定最短链路的生产流程，形成简洁高效的产品实现策划方案，如图 5 所示。

另外，需建立“管理状态偏离”机制。参照技术状态管理方法，特殊情况时，与制度基线有冲突时，可以通过下发《管理状态偏离指示单》的形式执行，确保制度严肃性。

（五）质量定制

针对具体产品、具体顾客要求对质量风险管控水平实施定制管理；根据质量风险转移更改质量停控点；定制质量记录；定制质量管控资源，突出质量成本管理；制定专项质量经营绩效激励措施。总体框架如图 6 所示。

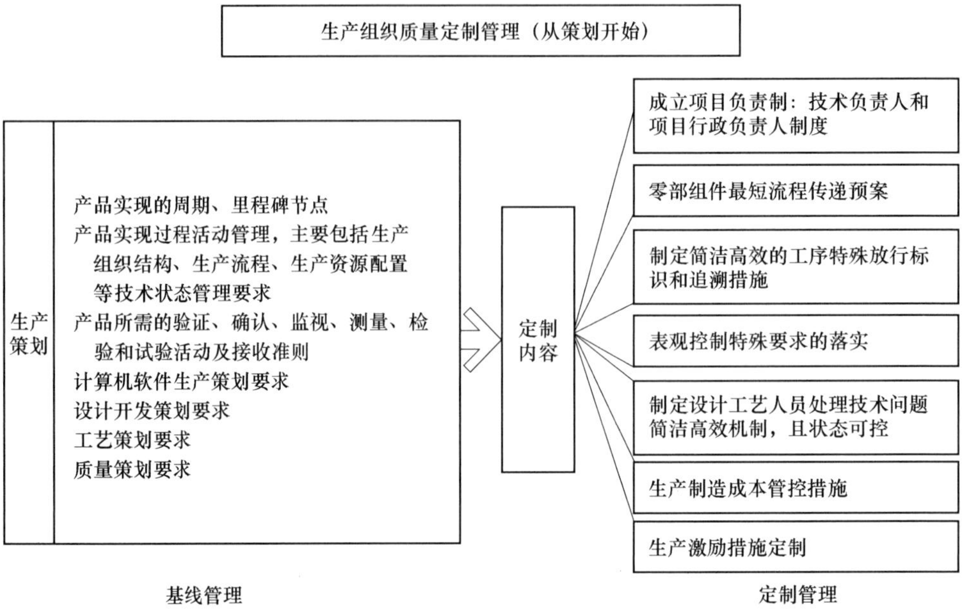

图 5　生产定制管理

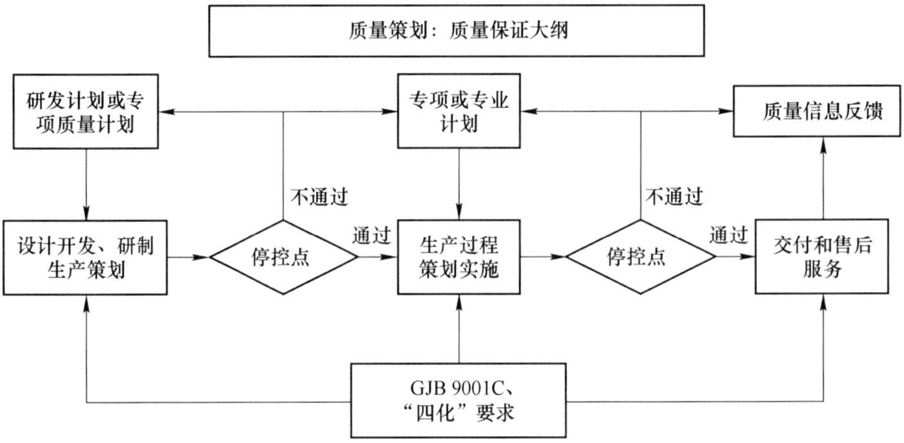

图 6　质量定制管理

三、在实践过程中的典型做法

（一）设计定制——“自我约束”是关键

1. 定制专家组

对专家实施“定制”培训：掌握当今“四化”先进做法。要求专家结合“数字化”提出相应的设计、工艺方案思路和建议，结合“网络化”提出技术管理建议，结合“基线”

定制管控措施。

2. 设计定制：顾客要求＋“自我约束”

现在产品研制阶段，总体单位技术要求与承制方技术方案反复沟通、相互迭代成为“常态”。方案上应考虑总体潜在要求，针对竞争对手还应优化指标，形成“自我约束项”。

（二）工艺定制——柔性与定制对立统一

通过工艺策划明确定制内容，促进工艺对设计迭代。

1）实施设计与调试工艺一体化建设，加强设计工艺协同，工艺人员对产品设计进一步技术渗透。

2）在工艺策划阶段，基于行业属性和生产能力冲突，对关键技术建立择优机制，以确保加工进度和质量。

3）突出工艺柔性化，以确保生产制造灵活机动，降低研制成本。批产工艺逐步考虑工艺细化、量化，可根据生产当量均衡配置专用设备工装。

4）对检验点、检验抽样方案的优化设置，优化质量成本，提升质量效率。

5）产品表观是重要的顾客评定因素，因此把表观控制和防护措施作为重要的定制内容。

（三）生产定制——动用资源最小化原则

1）按项目确定行政总指挥和技术负责人，组成科研、生产项目最小化团队，分工明确。

2）针对研制以“动用资源最小化原则”，制定零件制造最短流程，设计部件、组件装调、试验最简洁高效的生产形式。

3）对生产“长线”、生产“瓶颈”制定预案，预判需要特殊放行的工序，在确保追溯的前提下，制定简洁、高效的放行办法。

4）落实表观防护。

5）下发《管理状态偏离指示单》，制定临时管理制度。

6）制定专项约束激励机制。

（四）质量定制管理典型做法

1. 根据风险转移实施质量停控

清理上一阶段问题闭环情况，是否影响下一阶段；对后一阶段质量保证准备情况进行审查，防控质量风险。质量停控点主要有技术状态质量停控点、生产前质量保证停控点、装配转调试质量停控点和特殊工序前质量停控点。

2. 结合产品特点定制质量记录“树”

在研制阶段，侧重设计问题统计分析，以确保问题得到闭环为底线，简化流程；批产阶段侧重质量复查追溯，优化检验点设置。不同产品定制不同质量记录树，如图 7 所示。

3. 定制计量保证大纲

关注产品关键特性，合理确定 Mcp（测量能力指数）值。根据使用时间和频次，动态制定计量确认时间表和计量确认间隔，降本提效。

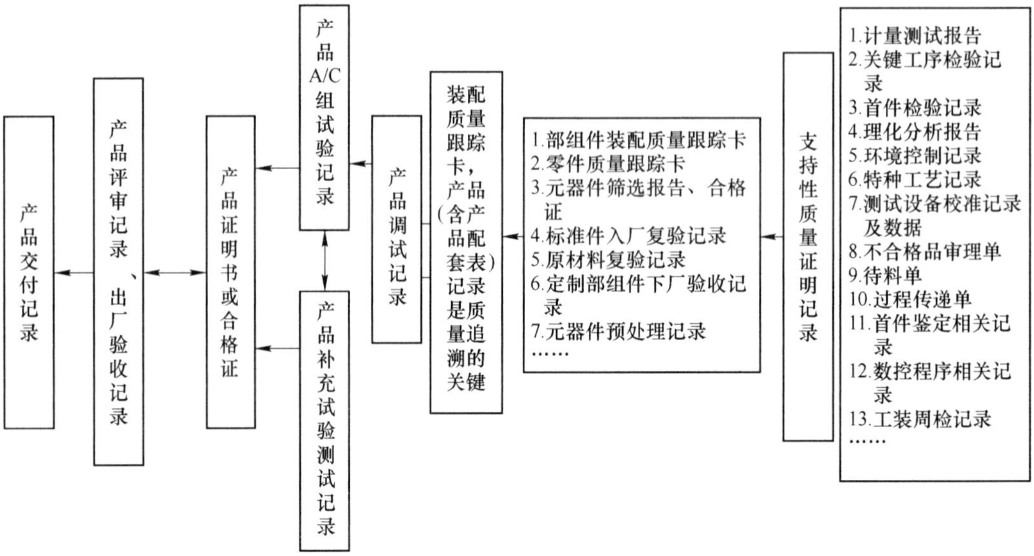

图 7　质量记录树状图

4. 定制激励措施

将目标成本、设计工艺质量与产品经济效益挂钩，实施技术项目占比入股，通过利润技术分成等措施，激发设计工艺人员对产品持续迭代优化的主动性。

四、实践应用场景和产生的成效

（一）实施产品质量定制管理成效显著

1. 设计定制——竞争能力提升

设计输入定制实施后，产品性能“优”取得了明显效果，自 2018 年以来，险峰公司某工程雷达成功入围、某工程干扰系统成功中标，某高度表产品表现优异，载人航天工程质量测量仪样机顺利完成生产、对接，某新型项目第一轮试验产品顺利完成并参与了海试试验。设计输出定制发挥了重要作用。

2. 工艺定制——研制生产效率明显

通过工艺质量定制，设计工艺协同，促进工艺优化 233 项，研制生产效率提高明显，原材料复验周期、技术问题处理周期、技术准备时间大幅缩短。

3. 生产定制——生产效率提升

通过生产组织定制管理，提高了生产策划水平，通过策划不断迭代，规范临时偏离，消除管理“内耗”，研发周期“短”，服务进度“优”得到体现，备料周期、自制件齐套周期、总装周期、生产准备时间明显缩短。

4. 质量定制——质量成本显现

1）研制生产质量更“优”。2019 年质量问题报告单和不合格品审理的质量问题与 2017 年相比较，不合格品审理单下降了 41%，不合格品数量下降了 33%。

2）研制生产质量成本更“优”。通过实施质量经营定制，2018 年为公司节约物料成本 120 余万元，节约研发成本 230 余万元，节约质量鉴定成本 60 余万元，节约质量预防成本 10 万元，实施取得较好效果。

（二）典型案例

1. 案例一：增加自我约束项形成竞争优势

某底盘监测系统，设计任务书对产品使用环境仅有“温度：－40～50℃，相对湿度98％”，公司在设计开发策划时，将电子探测技术专家加入评审组的同时，还邀请特种行业专家，形成定制专家组。分析论证认为：通常情况下“相对湿度 98％”符合底盘监测环境条件，但是在极端环境下（如洪水、爬沟过坎时）存在使用不可靠因素，为此增加了自我约束项：增加防泥水浸泡设计，设置了“浸泥水试验”项目。

因此，公司产品在顾客组织的比测中表现优异，竞标成功。在竞争性采购和多边（边研制、边生产、边交付）状态下，设计要求不能完全涵盖使用要求的情况较为普遍，先形成“自我约束项”，然后反馈迭代设计要求，才能减少反复，快速形成战斗力。

2. 案例二：“数字化手段促进设计工艺协同”提升核心能力

公司研制生产的多种复杂天线可用于卫星导航、遥感遥测、雷达收发等。公司天线设计，为先仿真再验算，产品实际测试与仿真结果偏差较大。公司现有天线产品单天线仿真置信度约为 0.7。按照设计定制“以数字化手段，促进设计工艺协同”的要求，将提升仿真置信度纳入设计定制管理课题，通过开展多学科多系统建模比对，找准仿真输入，优化仿真计算，使仿真置信度达到了 0.8～0.85，一次装配免调试合格率可以达到 95％，印制板报废减少，一次设计到位，对公司后续复杂天线研制具有重大意义。

3. 案例三：生产定制——缩短管理链条

某大批量关键件热处理工序（24 小时 5 个炉批），按照质量要求，需要对随炉试件（抗拉强度、冲击韧性、硬度、金相分析）检验合格后，方能转入下道工序，随炉试件加工、试验得出结论，周期为 4～5 天，若转入下道工序，应办理对应炉批的工序例外放行。实施生产定制，不再按炉批办理放行审批，而是将放行风险、放行阶段、标识手段固定，通过生产策划形成固定制度（质量会签），在质量受控的前提下，简化放行流程。

4. 案例四：计量保证定制

公司某产品具有“多品种、小批量、高可靠性、生产不均衡性”特点，需使用大量的测试仪表，在产品频繁测试时常发生测试仪表故障，校准周期影响生产周期。为此实施计量保证定制：一是打破“到有效期”才送检的惯性思维，在生产“密集测试”到来之前完成计量校准；二是针对关键参数保证 Mcp＞1.33，优化测量设备选用。既解决了“周期”冲突，又降低了“失准”风险。在定制时，“网络化”发挥主要作用，MES（制造执行系统）实时监测生产节点，计量平台实时找准需提前校准的测试仪表。

五、方法的创新性和推广价值

产品质量定制管理的理论基础是以 GJB 9001C 标准质量管理体系为基线，融入“四化”模式，针对产品具体实施质量管理特殊定制。具体创新点如下：

1）在“基线”不变的前提下，结合“数字化、网络化、智能化”发展要求，推行三维设计、三维工艺，技术文件数字化，产品数据和其他基础管理数据信息网络共享，迭代完善，研发效率提升。

2）实施质量定制，结合产品特性，从产品实现过程对设计、工艺、生产、质量系统实施定制管理，提高质量“三效”（质量管控效果、质量保障效率、质量经营效益），促进产品“四优”。

3）改进四种（设计、工艺、生产、质量）策划方法，通过对“风险源”辨识，有效利用“机遇”，从而简化流程、简化管理形式；把检验策划、计量策划独立分析纳入质量策划；实施设计工艺技术优化与产品质量效益挂钩，使公司内部各单位成为质量经营的主体和受益者。

推行产品质量定制管理，编写了《设计开发策划实施程序》《工艺策划实施要求》《产品实现策划实施办法》《产品质量策划实施办法》《原理样机质量控制办法》，编写了《质量管理向质量经营转变的思考》（获奖论文），完成了设计工艺深入优化、仿真及可靠性验证课题近千项。自质量定制方法实施以来，显著减少设计反复，产品研制效率提升，研制成本降低，用户体验增强，质量经营增效，较好地适应了竞争性采购机制。

基于“运营管理体系＋过程方法”的质量管理模式构建与应用

一、背景情况

近年来，国家对产品质量建设提出了要坚持聚焦实战，围绕战斗力这个唯一的根本标准，以能打胜仗作为全部关注点，以交付好用管用耐用实用的产品和提高产品任务完成率为目标。部队大强度、实战化作训中飞机全状态、性能边界飞行、实弹科目增多成为常态，对产品可靠性和服务保障能力提出了更高要求，需要全面提升质量管理水平。

中航西安飞机工业集团股份有限公司（以下简称“公司”）质量管理体系虽然通过了GJB 9001、AS 9100认证，但在运行中体系的适宜性、充分性及有效性仍显不足，存在流程不完善、缺少指标监督、体系制度的现场执行不细不实及执行效果差的问题，质量管理体系运行缺乏有效的监督机制；公司质量工程技术方法进行了一定范围的应用，但应用的普及性、成熟度不高，质量工程技术提升产品质量的作用仍需加强；同时，质量管理信息化建设进展缓慢，现有质量信息化系统与关联系统集成度不高，处于孤岛、分散的运行状态，质量数据存在采集、分析、利用不足的情况，无法对质量管控、问题解决形成有效支撑，体系文件的最后一公里仍未解决。

面临严峻的国际形势和急迫的国家安全挑战，要求先进航空产品研制周期显著缩短、产品质量和可靠性大幅提高。公司在研/在役产品研制质量、研制需求与国家安全和用户实战化演训存在差距，作为某型机研制单位，如何着眼未来发展，保证数字化、自动化、智能化环境下的产品质量，如何将质量管理要求融入研制全流程业务过程，同时发挥质量监督作用，助力实现研发制造高质量发展，公司运用“运营管理体系（AVIC－Operation System，AOS）＋过程方法”的思路和方法开展质量管理体系建设和实践。

二、主要内容

公司在运营过程中需要满足研发、制造、供应链管理、试飞试验、服务保障等多个方面不断增长的要求，在质量、进度、成本、效益各方面的挑战日益加大；同时，技术、行业、组织、环境、方法、人员管理相互交织，高质量需求与管理资源不足的矛盾日益凸显，传统的质量管理模式已经无法满足企业高质量发展的需求，实现多体系结构化、规范化的融合，是公司面对现实条件下的必然选择。经过多年实践，把质量管理体系要求融入各业务过程，将质量管理要求嵌入AOS各个流程组的业务流程中，形成了更加科学、先进、适用的质量管理模式。

公司在贯彻 GJB 9001C 时，结合 AOS 将质量管理要求融入产品研制、供应链、生产制造、服务全过程。同时，创新了质量管理模式，在质量管理过程中，应用“AOS＋过程方法”构建质量管理体系，通过过程流程化、过程绩效指标显性化促使体系有效落地，在内部审核中，基于“体系通用条款＋体系特殊条款＋技术条款（General Special Technology，GST）”＋“特殊过程审核（Special Process Review，SPR）”的内部审核模式，创新了审核方法；以结构化的检查单实施了现场的有效验证，提升了审核效能；人员培训实施了模拟＋实操的培训方式，提升了上岗操作技能；采用归零“二十问”，提升了问题归零效果。在研发过程，全面应用航空工业产品质量先期策划（AVIC Advanced Product Quality Planning，AVIC－APQP）于研发全过程，从源头提升设计研发质量；供应链管理持续推进供应商工业化过程控制（XAC Industrial Process Control Assessment，XPCA）的应用，有效控制供应商质量风险，提升供应商管理水平，通过五色牌评价，激励供应商不断提升生产服务质量。在用户服务方面，通过基于“总部＋专业化区域维修中心＋服务站”的维修保障新模式、快响中心“前台响应＋后台支援”的问题解决机制、军民一体化的航材保障机制、“一套标准、六项机制”的飞机接装模式不断加快问题解决，提升用户满意度及飞机完好率。公司通过不断推进创新质量管理模式，实现了质量管理、研发制造、供应链管理、客户服务能力稳步提升，助力某型机产品质量满足要求。

三、在实践应用过程中的典型做法

（一）质量管理

1. 基于“AOS＋过程方法”构建质量管理体系

公司结合 GJB 9001C 的要求，以“AOS＋过程方法”作为体系策划基本原则，系统识别体系运行所需过程及其相互关系，通过正向设计将《武器产品质量管理条例》、外部法规标准等要求融入业务过程，落实到具体业务操作流程中；同时，应用 AOS 体系设计原理，全面梳理识别质量要素，形成 745 条质量管理要素，融入 AOS 管理体系 171 个过程流程，建立质量手册、实施细则、操作方法/表单三层文件架构，实现了质量管理体系层次清晰化、要求流程化、监控过程化的目标。

2. 基于“GST”＋“SPR”的内部审核模式构建

对产品研制依据的质量管理体系文件、专用管理文件、技术文件的要求进行梳理，编制基于产品研制全流程的“GST”模块化检查单，高效、全面、准确识别出产品研制各环节存在的问题与风险。对标国家航空航天和国防合同方授信项目（Nadcap）先进特殊过程管控模式，结合公司实际编制 Nadcap 审核模式应用手册编制，形成 SPR 检查单，将 Nadcap 审核模式程序化、标准化。基于“GST”＋“SPR”的内部审核模式，大大提高了审核效率和审核质量，为质量管理体系改进和有效运行提供了有力支持。

3. 基于模拟及实操的人员 AO/FO 培训验证新模式应用

为解决操作工人培训考核取证针对性不强、操作者操作资质未与产品指令紧密结合、人为质量问题频发的现状，牢固树立“制造的第一道工序是培训”的理念，实施 AO/FO（装配制造指令/零件制造指令）培训验证新模式（见图 1），操作人员连续 4 次通过模拟操作考核验证，连续 3 架份产品通过实际操作考核验证，方能取得上岗资质。通过培训验证工作的开展，促进了操作技能培训的标准化、规范化，提升了操作人员技能水平，人为因素拒收比例不断降低，不合格品审理单逐年下降。

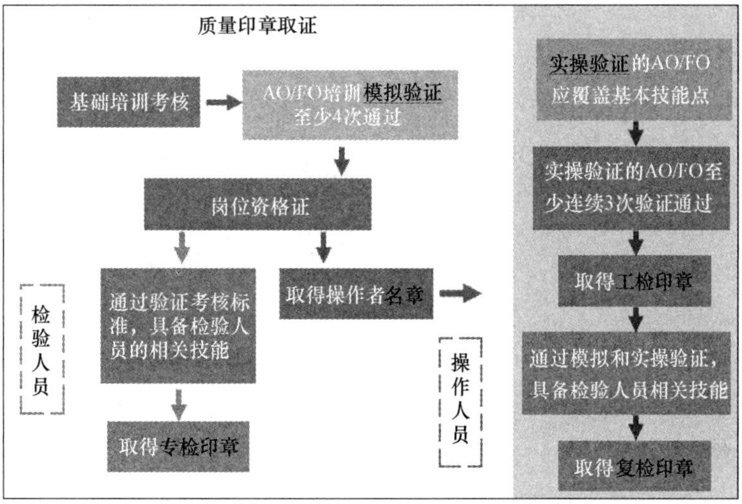

图 1　AO/FO 培训验证新模式

4. 基于工检、复检、授权检验的自主质量控制模式应用

为加强操作人员质量责任意识，树立“质量是干出来，而不是检出来”的理念，针对交检效率低、检验成本高、质量管理模式不适宜产品高质量发展的问题，借鉴波音公司全员质量管理的先进理念，将产品质量控制贯穿于产品生产过程中，推进基于工检、复检、授权检验（见图 2）的质量管控模式，并通过监督考核（见图 3）、薪酬激励等措施加强其质量职责，提升操作人员质量责任心，将专检人员由“事后把关”模式逐渐转变到产品实物过程质量管控模式，在实现产品实物质量提升的同时有效减少提交检验、重复检验环节，提高交检效率，实现质效双赢。

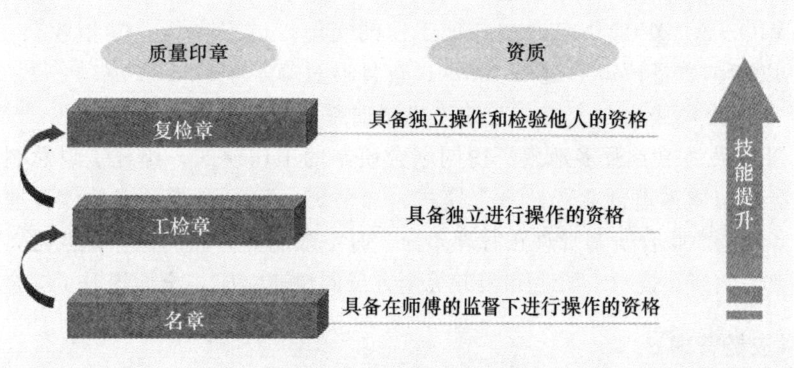

图 2　操作人员质量印章分类及资质

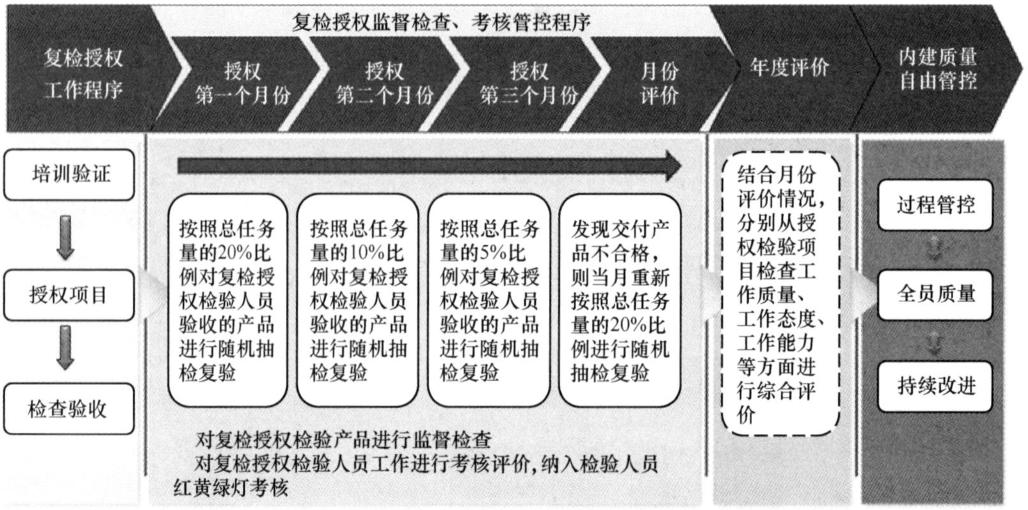

图 3　复检授权监督检查、考核管控程序

5. 基于“三归零”“归零二十问”的问题解决机制建立

针对内外部发生的典型质量问题，围绕问题有效解决，在开展技术和管理“双五归零”的同时，开展责任单位党员领导干部“思想归零”（围绕理想信念、质量观念、工作作风、管理方法、能力素质方面），拓展解决技术质量问题的深度和广度。同时，在技术/管理归零管理中，增加了“归零二十问”检查表的应用，在归零报告编制过程中应用二十问检查表逐一进行问题审查，从归零报告编制各个环节进行把控，从源头杜绝技术质量问题归零不彻底、归零后问题反复出现的问题。

（二）研发制造

1. 推进 AVIC－APQP 在新研产品中的应用

AVIC－APQP 提倡在研制早期投入较多资源开展质量策划，充分考虑研制生产风险，同时围绕质量策划的活动开展质量控制和改进，因此，AVIC－APQP 以“控制和消除风险”为主，体现的是预防的质量管理模式，能够有效解决以“控制和消除不合格”为主的质量管控模式带来的问题解决流程烦琐、修复成本高昂等问题。在某型机上选取试点零件开展 AVIC－APQP 应用，通过各项工作的实施，试点项目“零拒收”、一次交检合格率达 96%以上，质量评审通过率 100%，首件通过率 100%。

2. 基于“一个模式、六个统一”的飞机制造系统管理办法

建立了以产品为中心及多地多厂协同联合研制的工作模式，组建了以总制造师系统为主的协同制造组织体系，创立了“一个模式、六个统一”的制造系统总体管理办法（见图4），解决了多制造商联合研制管理在管理差异、时空限制等方面的操作性问题，在制造全过程实现了管理、生产、技术、质量和服务等全方位的快速响应，全面提升了综合制造能力。

（三）供应链管理

1. 基于西飞模式的供应商工业化过程控制（XPCA）应用

通过借鉴国际航空航天质量组织（IAQG）供应链管理手册标准、国际先进航空制造

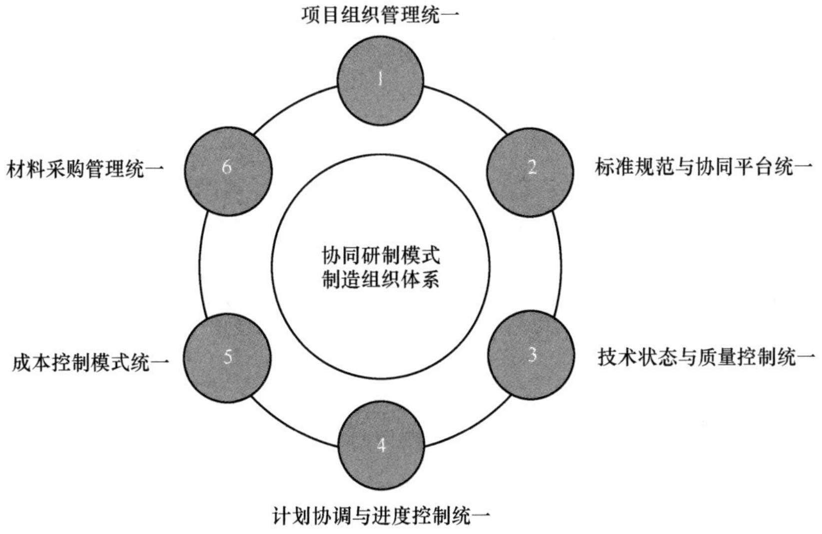

图 4　“一个模式、六个统一”管控模式

企业供应商管理经验，创建了一套完整的系统化、结构化的供应商过程管理模式和工具方法——XPCA（见图 5）。XPCA 是以产品策划及过程控制为导向，在供应商现场进行的工业化过程评估活动，以验证基于最佳实践的方法、标准、流程等有效实施的程度。XPCA 团队成员由设计、质量、生产、工艺等部门有关专业人员和用户代表组成。通过实施 XPCA 评估，可以有效控制供应商风险，优化供应商资源，提升供应商管理水平。

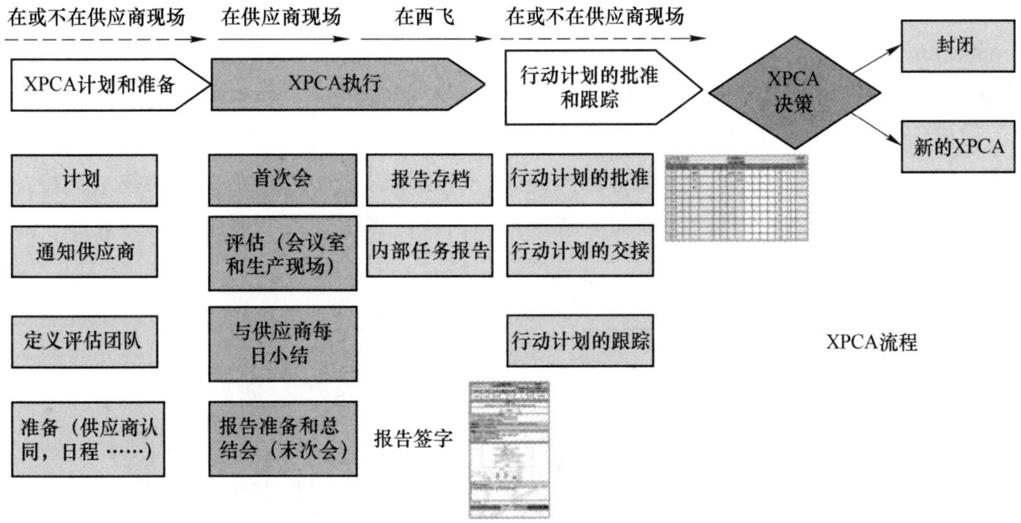

图 5　XPCA 评估审核流程示意图

2. 基于“五色牌”的供应商业绩评价模式应用

根据供应商提供器材的性质和特点，将产品相关供应商分为机载系统及设备供应商、零部件供应商、元器件供应商、标准件供应商、材料供应商和地面保障设备供应商。依据订货合同、年度批生产计划等，对供应商交付的产品从产品质量（Q）、交付进度（D）、服务水平（S）等方面进行综合评价，评价结果分为金牌、银牌、铜牌、黄牌和红牌五个级别——“五色牌”（见图 6）。依据不同的评价结果，对供应商采取不同的供应商管理措施，红牌供应商从合格供应商目录中剔除。

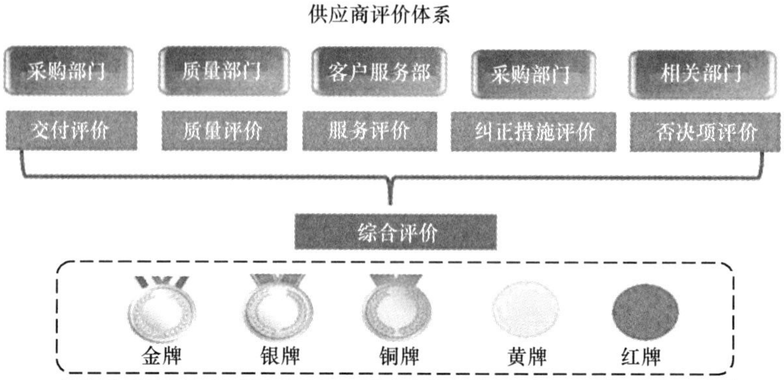

等级	金牌	银牌	铜牌	黄牌	红牌
评价值	$S>95$	$95\geqslant S>85$	$85\geqslant S>75$	$75\geqslant S>65$	$S\leqslant 65$

图 6　供应商“五色牌”评级标准

（四）客户服务

1. 基于“总部＋专业化区域维修中心＋服务站”的维修保障新模式构建

基于产品情况、维修规模和修理特点，提出“T＋4S”维修保障体系（见图 7），即技术（Technology）引领贯穿，维修（Service）、备件（Spare Part）、服务保障（Support）、信息反馈（Survey）四位一体；采用“总部＋专业化区域维修中心＋服务站”维修保障模式，面向用户提供一体化的维修保障。其中，总部承担各产品的维修（含加改装）、备件保障、服务保障、用户培训、信息管控等任务，为区域保障中心提供必要的技术支持；区域维修中心承担区域内飞机的加改装、战损抢修、备件保障、现场服务支持等业务；服务

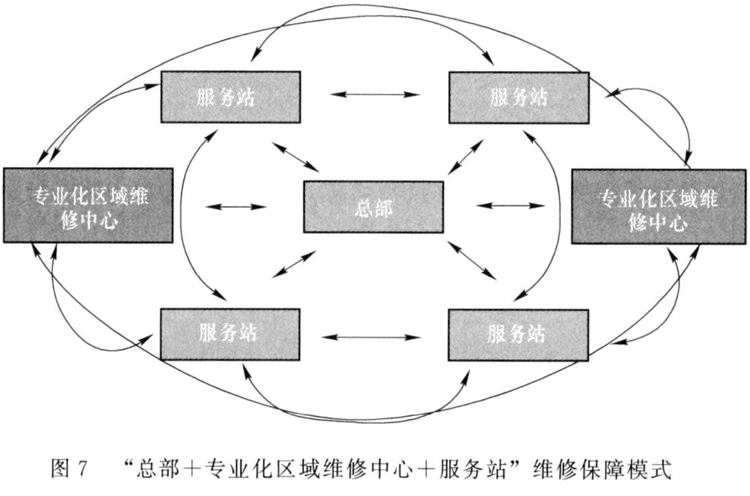

图 7　“总部＋专业化区域维修中心＋服务站”维修保障模式

站承担备件保障、现场服务支持等。总部、专业化区域维修中心、服务站之间通过快速响应中心进行总体调度、管控和支持。

2. 基于快速响应中心的"前台响应+后台支援"问题解决机制构建

聚焦用户"快、准、专、优"维修保障需求，针对航空产品维修保障"多产品、跨区域执行任务，多构型、多技术状态"特点，为及时掌握产品使用状态、提升服务效率，建立了全寿命周期维修保障快速响应中心，具体功能如图8所示。快速响应中心以产品为主线，采取"前台响应+后台支援"的服务保障模式，前台以客户服务部门牵头，组建快速响应团队，后台以副总工程师牵头，组建后台专家支援团队，构建三级座席（监控座席、呼叫座席、支援座席）、三级响应（一级响应、二级响应、三级响应），提高信息流转及工作效率。

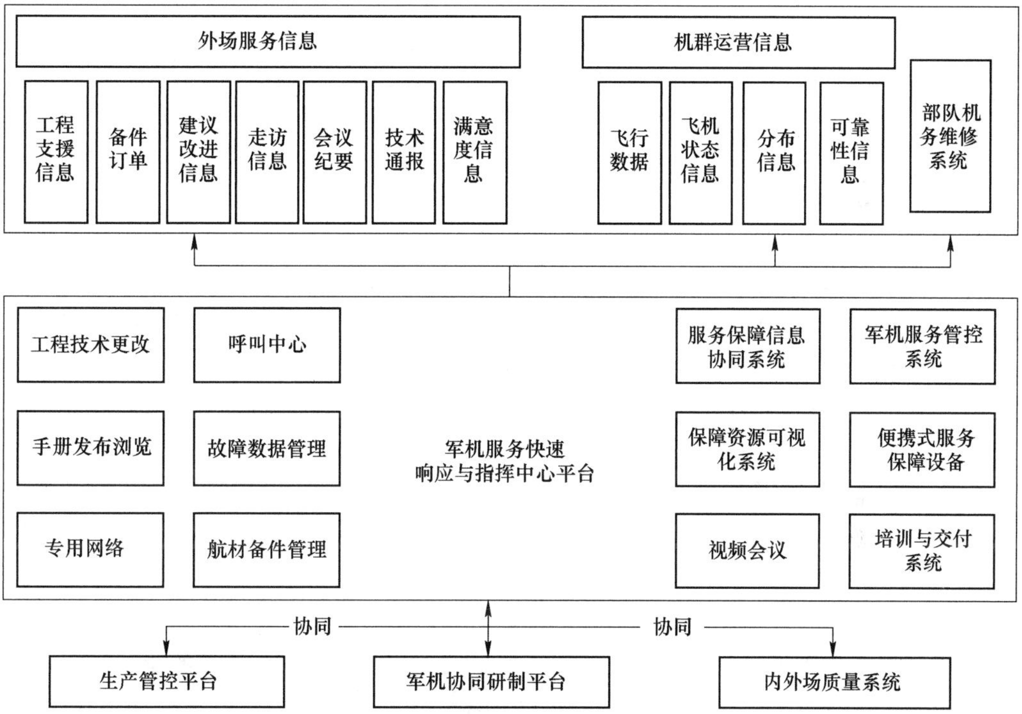

图8　快速响应中心应用架构

3. 基于军民一体化的航材保障机制构建

以提升产品作战效能及核心保障能力为目标，转变军方自主保障为工业部门和军方共同进行保障，建立航材军民一体化保障模式（见图9）。以工业部门代购、代储、代服务为主要操作方法，将工业部门生产线资源和军方采购航材有机结合，形成一体化航材库；把传统上军方自筹的实体航材融入工业部门批生产供应链中，构建了一体化保障框架及业务流程，及时快速反应，为部队提供高效、快捷的航材供应。采取航材军民一体化保障后，军方初始航材投入得到有效控制，全寿命周期内可有效减少超期处置费用。

4. 基于"一套标准、六项机制"的交付接装模式创建

联合军代表室，梳理军用飞机交付接装工作全流程，从流程梳理、标准制定、机制完

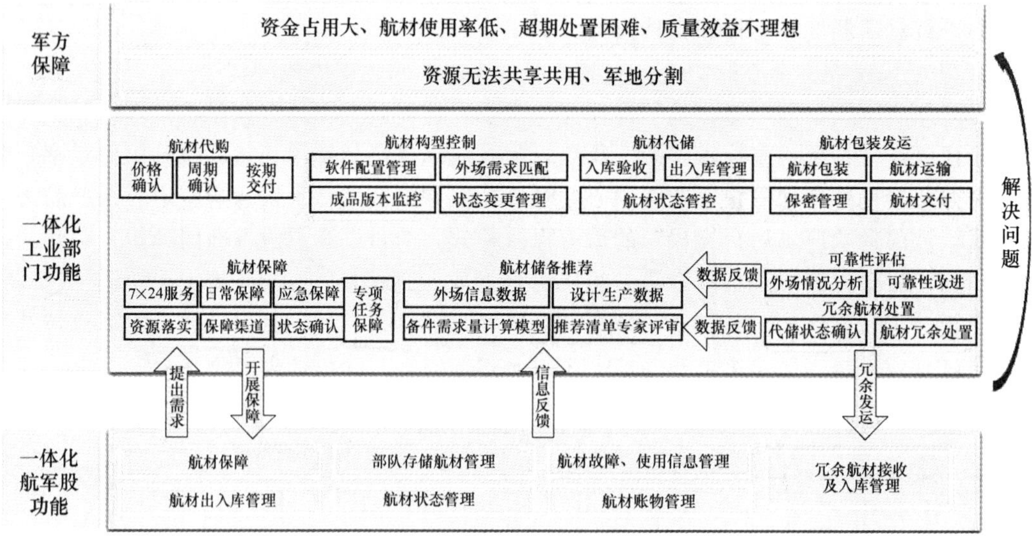

图 9　航材军民一体化保障

善等方面入手，创建了“一个流程，六项机制”的军机接装工作新模式，即构建一套《飞机接装检查标准》，创新建立接装动员、问题管理、问题上浮、问题传递、单机状态、作风督查六项机制，着力推动和监督设计部门、制造单位、成品厂家、接机部队、军代表系统，统一认识、统一标准、统一流程、规范管理，实现了产品接机问题数量持续下降，保证了接装周期控制在一个月内。

四、实践应用场景和产生成效

（一）“AOS＋过程方法”质量管理体系行业领先

公司新版质量管理体系通过对外部要求的承接、流程的梳理、过程的监控，实现了质量管理体系的有效落地，2017 年空军产品部联合航空工业对公司进行了产业链质量审核，最终在 14 家飞机生产单位中排名第一；2018 年 4 月，作为“两证合一”的试点单位，体系运行得到了用户代表及第三方认证机构的充分肯定；2019 年，公司以“基于 AOS 和过程方法，构建西飞质量管理体系”为主题的最佳实践，成为航空工业集团公司三家入选单位之一；2020 年，公司成为“新时代质量体系建设”试点示范单位，同时，公司基于“AOS＋过程方法”质量管理体系成为新时代质量管理体系试点单位标杆。

（二）重点产品质量管控取得实效

围绕某产品研制任务，联合代表室从体系监督、技术状态控制、试验管控、问题整改等方面入手，开展精品研发、精品制造、精品交付、精品服务的“精品工程”活动，狠抓过程质量管控，产品质量稳步提升，41 项研制试验、试飞验证一次通过率为 100%；部队使用期间飞机完好率为 98.38%，国庆阅兵期间习机完好率为 100%，获得专利 106 项，获得国防科技奖1项、航空工业科技奖2项。

大运研制过程全面承接“一个模式、六个统一”的制造系统总体管理办法，实行“一套标准、六项机制”的接装新模式，得到了空装机关及主机军代表室的一致认可，并成功推广应用于各主机厂各型飞机的交付接装工作中，促使接装问题持续减少。在大运研制过程中共获得各类科技成果52项，其中省部级以上科技奖17项，航空工业集团科技奖25项，中国航空学会等其他科技奖10项，《大型运输机关键技术专利战略研究》等11项科技成果获得国家科技进步奖。

（三）供应链质量管控能力稳步提升

通过供应商过程管控实施分类管理策略，对标波音、空客的供应链管理，将供应商全寿命周期、全要素、全过程、全级次管控融入供应商选、控、评全过程，按照供应商分类开展合作。同时，参照IAQG供应链管理手册，建立西飞供应商通用要求（XAC Supplier Requirement，XSR），与供应商分享相同的工作流程和方法要求，统一供应链的语言和规范标准，实现管理协同；开展需求管理，降低供应链复杂度；实施供应商培育，组织对102家机载设备436名供应商开展履历本、不合格品控制等专项培训，全面提升供应商质量管理水平；通过对采购管理系统与生产管控系统集成，实现了对采购计划的精细化管理和全供应链计划协同；持续推进长协＋订单模式，提升工作效率，平均缩短订单签订时间15天；大运项目集谈分采，与2019年采购价格比，单机降幅18.11%。

（四）新形势下服务保障模式逐步建成

公司借鉴国内外民机客户服务先进理念，利用在民机服务保障领域积累的成熟经验，构建集快速响应、技术服务、航材支持、用户培训、用户技术资料为一体的军机服务保障体系；以新机保障需求为牵引，探索建立了适应新产品保障要求的航材保障模式；发挥军机快响中心平台作用，采取“现场服务＋远程技术支援”的7×24服务保障模式，提高保障效率和应急响应能力；通过构建“总部＋区域保障中心”的飞机维修服务保障体系，统筹资源、优化布局，打造卓越的航空维修服务保障能力；在军机产品上建立支持技术资料编制、管理、发布、交付、更改各环节全寿命周期管理的交互式电子技术手册（Interactive Electronic Technical Manual，IETM）平台，向部队提供多样性服务产品，提高用户技术资料保障的信息化服务水平。通过以上保障措施的实施，实现顾客满意度93.2分，外场信息关闭率为94.2%，飞机完好率为94.98%，航材备件完成率为100%。

五、方法的创新性及推广价值

公司在新机研制过程中，全面应用“AOS＋过程方法”的质量管理体系及运行模式，实现了质量管理业务、流程的全面构建，通过流程表单、工具方法在过程质量管控、培训验证、制造过程、现场管控、客户服务等方面的应用，提高了质量管理水平和产品实物质量，提升了公司管理效率、经济效益和企业品牌竞争力。在新型飞机质量管理、研制、供应链、客户服务全寿命周期质量管理的建设和实施过程中，创新形成并总结了一系列可推广的质量实践经验及工具方法，可在行业内推广应用。

面向小口径枪弹的 PPM 质量制管理模式

一、方法介绍

（一）背景与适用范围

近年来，随着国家由制造大国向制造强国发展战略的推进，如何尽快提升产品科研生产整体质量，针对“小品种、大批量”产品特点，开展小口径枪弹（QD）推行 PPM（百万分之缺陷指标）质量制研究，是满足公司产品质量发展的需要。为此，公司组织开展了小口径 QD 推行 PPM 质量制研究，在原“事后检验”的管理模式上，引入“预防质量”的理念，针对“解决问题思路创新”“缺陷率统计方式创新”“质量问题统计、解决及评价机制创新”等关键问题，开展小口径 QD 中 PPM 质量制管理模式及运行机制研究，推动公司产品质量进一步提升。

PPM 质量制在质量管理体系中是保证产品平均合格率达到高质量水平的一种管理方法，它是将产品不良率或缺陷发生率降低到百万分之一这一管理目标的管理方法，在国际上也被称为“最完美的管理”。它可以形象地理解为用显微镜将管理对象的缺陷放大的同时，运用全面质量管理、工艺细化、关键工具攻关等综合手段加以减少或消除，从而实现整个生产过程的“零缺陷”。推行 PPM 质量制除了可用于评价已经发生的质量缺陷外，更重要的是，可以发挥质量控制的预防作用，事先预估质量风险并提前采取措施，达到事后统计分析改善和事前预防的双重质量管控作用。

（二）总体思路

构建小口径 QD 推行 PPM 质量制管理架构、建立“221”管理机制和以 PDCA（策划、实施、检查、处置）循环为基础的问题收集、分析、解决、评价在 QD 质量管控中的深化应用的流程和机制，形成 PPM 质量制的运行机制，促进产品质量的提升。

（三）实施程序及作用

1. 搭建架构

针对“事后检验”传统质量管控模式存在的弊端，以需求、目标为牵引，引入“预防质量”的理念，搭建以“预防质量”为主的包括管理层、控制层、基础层在内适合小口径 QD 的 PPM 质量制管理模式架构，如图 1 所示。

2. 各要素相互关系

管理层：是顶层，从质量视角，加强顶层设计。企业生存和发展需要制定系统性、专业性相统一的规定和准则，并建立企业质量文化，就是要求员工在职务行为中按照企业经

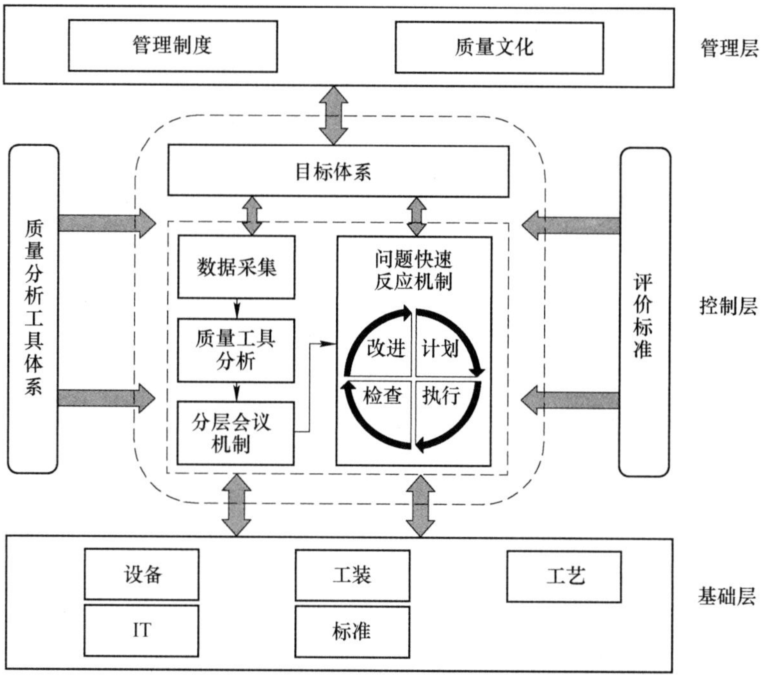

图 1　小口径 QD 的 PPM 质量制管理架构

营、生产、管理、文化相关的规定与规则统一行动、工作，使员工产生归属感，否则，企业就不可能在企业管理制度体系正常运行下，实现企业的发展战略。企业各项管理制度及文化，是企业进行正常经营管理所必需的，它是一种强有力的保证和软实力。

控制层：是实操层，从实际运行的视角，以 PDCA 双循环不断迭代。建立“2 个体系”（目标体系、质量分析工具体系）、“2 个机制”（分层会议机制、问题快速反应机制）、“1 个标准”（评价标准）的“221”管理机制。

基础层：是底层，从基础的视角，提供支撑。QD 推行 PPM 质量制，高效运行“221”，离不开“设备、工艺、工装、标准、IT”基础层的支撑。

融合各管理要素，以“预防质量为驱动，创新发展，实时监控”为原则，建立有利于提升管理层控制管理的全局视角，且能准确、全面地反映相关联业务的 QD 生产制造质量管理总架构，拉通 QD“需求分析—体系规划—研发—生产—售后”全过程，以 PDCA 循环实现质量管理的大闭环。建立并应用质量分析工具，提出了基于 QD 制造的 PPM 质量制总目标及控制点，涵盖工艺优化、工艺细化、工装提升设备改进。在此基础上，融合企业质量体系文件、标准规范、管理制度等管理体系要求，以满足不同管理层级的需求，形成一套指导企业 PPM 运营的分层会议制度和问题快速反应制度，实现 QD 的 PPM 制有效执行和真正落地。

二、应用情况

在质量管控模式现状梳理、差异化分析的基础上，以“预防质量为驱动，创新发展，实时监控”为原则，厘清管理层、控制层、基础层共3层14项管理要素及相互间关系，搭建起以目标引领、管控模式为核心，先进制造方法为手段，IT为工具，PDCA循环为基础，适宜小口径QD PPM制质量管控体系框架，应用“九步”PPM目标值确立法，按2020年内实现PPM值在原基础上下降50%，建立起与缺陷有关的22道工序的PPM指标体系，现除个别指标有波动外，目标达成率达85%以上；建立起分层会议沟通机制，100%质量指令、信息等能及时传递、沟通，提高办事效率70%（由过去的3天下降到1天）；建立起质量问题快速反应解决机制，通过三层级质量问题快速反应解决组织、流程、绿色通道等，提高问题快速反应解决效率70%（由过去的7天缩短至3天）；形成了PPM评价标准，纳入当月质量考核，确保PPM制的正常有效落地。

通过建立并运行PPM制质量管控模式，在提升QD质量管理实效的同时，工序产品PPM目标值达成率为85.7%，工序缺陷PPM值由550PPM下降到47PPM，最大降幅91.4%，最小降幅45.3%，工序能力指数（CPK）最大提升率为19.7%、最小提升率为2.8%，工序产品实物质量得到显著提升，确保QD瞎火缺陷PPM保持为零的目标实现。

三、形成的技术成果

1）形成了小口径QD推行PPM制质量研究报告。

2）构建了小口径QD PPM制质量管控架构。

3）建立了适宜小口径QD PPM制下的“221”运行机制。

4）质量管理实效和产品实物质量得到显著提升：质量指令、信息等能及时传递、沟通，提高办事效率70%（由过去的3天降到1天）；工序产品PPM目标值达成率为85.7%，工序产品实物质量得到显著提升，确保QD瞎火缺陷PPM保持为零的目标实现。

5）编制了小口径QD推行PPM制研究的推行案例。

6）形成了“小口径QD推行PPM制研究的应用指南”。

7）在121、296、451等多厂进行了成功推广应用。

四、方法的创新点及推广价值

1. 管理思路的变革

由原“事后检验”发现问题、统计、分析、改善的被动、滞后、低效型管控模式，向“预防质量”的事前预防和预估质量风险的管理思路转变。

2. 缺陷率统计方式的创新

缺陷率统计由百分级向百万分级的跨越，用“显微镜”将管理对象的缺陷放大的同时，运用全面质量管理手段加以减少或消除，倒逼产品设计、制造等环节的改进，实现整个生产过程的“零缺陷”。

3. 质量问题统计、解决及评价机制的创新

创立以PDCA循环为基础的问题收集、分析、解决、评价流程和机制。从PPM制质量管控体系架构上总体策划设计，对以前单个的问题发现、会议沟通、数据收集、质量问题分析、解决、评价等环节进行功能上的有机衔接，建立质量问题快速反应组织机构、构

建“关键工序 PPM 缺陷目标值＋PPM 缺陷目标值跟踪及趋势分析＋问题锁定＋8D 流程（D1：建立解决问题小组；D2：向团队说明何时、何地、发生了什么事、严重程度、目前状态、如何紧急处理，以及展示照片和收集到的证物；D3：执行暂时对策；D4：找出问题真正原因；D5：选择永久对策；D6：执行及验证永久对策；D7：防止再发；D8：团队激励）”的快速反应流程，开设专门的绿色通道，突出自我发现问题、自我改善提升、及时高效的特征，明确相互职责，避免推诿扯皮，为质量提供了组织机构和机制上的保障。

五、典型案例

（一）案例背景

某型 QD 于 1997 年正式启动研制工作，先后经历了方案设计、工程研制和设计定型阶段，于 2001 年 1 月通过了设计定型审查，2001 年 6 月 26 日批准设计定型，具备大批量、多数量的生产特点，符合 PPM 推行的特征要求。因此，将该 QD 作为小口径 QD 推行 PPM 制典型应用案例。

（二）使用情况

1. 目标确定

根据 PPM 制目标确立流程，开展梳理现状，确立瞎火、不退壳缺陷作为典型缺陷，分别建立了瞎火、不退壳缺陷的故障树，有 QD 及零部件 41 道的简易制造流程，其中 DT（弹头）11 道、DK（弹壳）12 道、DH（底火）11 道、QD 装配 7 道，按制造性质分为加工类和拣选或测试类，识别出与缺陷相关的 18 道（瞎火 10 道、不退壳 8 道）过程，通过因果关系法、矩阵分析法“X－Y”（过程－缺陷）的因果矩阵分析，应用质量工程技术的加权、评分及排序法对重要流程及控制参数（瞎火 11 项、不退壳 9 项）进行重要度排序，形成了重要流程控制参数清单；以 QD 瞎火为 0PPM、不退壳为小于 20PPM 作为缺陷总目标值，用质量工程技术的“倒推和层级细分方法”，将指标分解落实到 QD 的 4 个零部件 7 道机加工工序，并制定针对性措施，对措施执行情况及达成效果纳入质量考核中，建立起缺陷指标体系。

2. 会议机制运行

根据建立的三层次会议模型、制度等，明确了车间、部门及公司级会议组织机构、开会时间、地点、内容、会议明细、会议要领等，并在运行中，根据管理所需，建立了会议签到表、汇报资料模板、质量问题信息卡、质量考核表等相关表单模板。

车间级会议：包括班组和车间。根据该 QD 制造流程及典型缺陷，涉及弹头、弹壳、底火和装配等 4 个车间、14 个工序层及检验。

班组会议：通过加工、检测产品，收集质量信息，解决一般质量问题点，对不能解决的质量问题及时向车间反映。

车间质量例会：组织分析、解决一般质量问题，对不能及时处理、解决的现象汇集成质量信息，第一时间进行现象描述、产品隔离及标识并运用电话、书面、OA 系统等多种方式进行信息传递。

部门级会议：科技质量部牵头组织相关部、车间召开每周、月质量例会，公司主要领导不定时出席会议。科技质量部对会议召开、会议资料、质量问题解决等情况纳入质量考核。

公司级会议：由科技质量部承办，每季度组织部、车间、公司领导参加的质量例会（会议组成与部门级会议组成相同），会议内容包括：

1）当期质量指标完成情况；

2）表彰通报；

3）领导进行重要工作指示。

3. 质量工具分析体系运行

按照已明确的“质量工具分析建立思路”“选取流程”“质量技术池”等方面内容与具体业务进行场景串接，筛选、提取 PPM 制质量管控适用的质量工具，见表 1。

4. 质量问题快速反应解决机制运行

根据建立的质量问题快速反应解决三层次组织、制度、流程、绿色通道，开展了数据采集、质量信息传递、质量问题的快速反应和解决。

5. 评价标准的运行

根据 PPM 制推行进展，将 PPM 制推行情况按评价标准进行奖惩考核。

（三）实施效果

实施取得了以下几方面的成效：

1）质量工作效率提升：质量管控工作效率提升 70%。

2）质量管理水平提升：通过大量质量工程技术及质量工具的应用，较以往对数据的简单算术平均单一方式有了根本转变，使 PPM 目标制定、数据收集及分析、质量趋势判断、问题解决措施制定等更加科学合理、严谨，逻辑性更强，提升了人员素质和质量水平。

3）产品实物质量提升：由于推行了 PPM 制，与该 QD 的 PPM 缺陷目标相关的关键工序 PPM 值总体 85%以上达到计划值。

表 1　QD 推行 PPM 制质量工具一览表

<table>
<tr><th>序号</th><th colspan="2">推行 PPM 制阶段</th><th>质量工具名称</th><th>作用</th></tr>
<tr><td>1</td><td colspan="2">成立组织机构</td><td>组织机构图法</td><td>明确机构、职责，提供组织保障</td></tr>
<tr><td>2</td><td rowspan="6">PPM 目标确立</td><td>现状梳理确立典型缺陷</td><td>目标法、占比法、权重法</td><td>明确用户需求</td></tr>
<tr><td>3</td><td>建立缺陷故障树</td><td>故障树、框架图法、流程图法</td><td>问题原因分析</td></tr>
<tr><td>4</td><td>与缺陷相关的过程识别</td><td>近因法、亲和图</td><td>识别关键过程</td></tr>
<tr><td>5</td><td>开展过程与缺陷因果矩阵分析</td><td>因果关系法、矩阵分析法“X－Y”（过程－缺陷）、评分法、强弱关系法、排序法</td><td>找到关键、重要影响因素</td></tr>
<tr><td>6</td><td>形成重要过程控制参数清单</td><td>权重法、比较法</td><td>形成重要控制参数</td></tr>
<tr><td>7</td><td>建立控制参数的缺陷率与 PPM 对应关系</td><td>正、逆向法，层级细分法，对比转换法，工序能力指数计算</td><td>百分率指标转换成 PPM 值</td></tr>
</table>

续表

序号	推行 PPM 制阶段		质量工具名称	作用
8	PPM 目标确立	对失效因素综合排序	失效模式分析及预防控制法	分清轻重，为采取措施提供依据
9		提出 PPM 目标值及措施	递进法、绩效管理法	提出工序缺陷预防管控措施
10		纳入考核形成完整的目标体系	绩效管理法	下达目标计划书
11	例会阶段	建立三层次会议机制、制度	建模法、结构法	明确职责
12		信息沟通、传递	调查法、头脑风暴、甘特图、OA 系统	信息沟通、传递
13	数据、信息形成阶段		缺陷统计控制表、控制图、统计抽样法、SPC、5W1H 方法、MSA（测量系统分析）、OA 系统	收集、分析、传递数据
14	质量问题快速反应解决阶段	机构成立	组织机构图、流程图、效率优先	成立组织机构、明确职责
15		质量问题锁定快速反应解决	失效分析、鱼骨图、直方图、排列图、折线图、5W2H 法、正交试验设计、因果图、对比法、占比法、PDCA 循环法	质量问题锁定快速反应解决
16	效果评价阶段		绩效管理、对比法、评分法、权重法	效果评价，为 PDCA 循环改进提供依据

软件“五融合、五协同”质量管理方法

一、背景情况

当今世界正面临百年未有之大变局，我国正处于重要战略机遇期，质量是实现“两个一百年”奋斗目标和中国梦的重要武器，要坚持高质量发展，以质取胜、强国圆梦。

中国电子科技集团公司第十四研究所作为预警探测感知产品的国家队，承担着海陆空天全方位的国家防御之责，产品更要千锤百炼，在未来联合作战、全域作战中经受住考验。武器产品软件化趋势显著，软件架构越发灵活，作战使用场景更加复杂，软件质量风险增加。同时，软件质量管理要素融合不够、过程协同不足的矛盾日益突出，仅依靠局部的管理优化改进已不能完全解决问题，必须探索新的软件质量管理新方法。

中国电子科技集团公司第十四研究所以“实现融合协同的软件质量管理、提升产品整体作战效能”为目标，提出并实施了软件“五融合、五协同”的质量管理方法，为解决软件研制过程质量管理中存在的多体系共存、多类型用户要求差异大、软硬件研发流程融合不足，以及软件质量数据分散等问题，提供了新思路新方法。

二、主要内容

软件“五融合、五协同”的质量管理方法是以体系标准融合、研发流程融合、工具平台融合、人员团队融合、数据知识融合为基础，自顶向下实施需求分析协同、架构设计协同、测试验证协同、联试联调协同、验收交付协同研发流程管控。软件“五融合、五协同”的质量管理方法整体框架如图 1 所示。

软件“五融合、五协同”的质量管理方法的主要内容和要素如下：

1）体系标准融合涵盖产品质量管理体系、软件工程化相关标准以及各领域各军兵种产品要求等内容，构建各体系标准之间融合桥梁，结合各领域用户个性需求，建立管控体系，设计业务流程，设立监测指标，实现标准、体系、要求的全覆盖。

2）研发流程融合实现基于条目化的需求获取、基于构件的协同设计、基于复用的协同测试、基于实战场景的协同联试、基于作战使用的协同交付，构建覆盖产品全生命周期的联动态势。

3）平台融合以软件质量管理平台为核心，与各业务平台、各专业工具互联互通，构建融合一体的软件质量管控信息化平台。

4）数据知识融合统筹软件研发流程数据信息，分类建立软件质量知识库，分析提炼典型失效模式，定期发布软件问题典型案例，推进软件正向设计水平提升。

5）人员团队融合以软件质量师为纽带，与产品总师、项目主管、软件开发人员通力

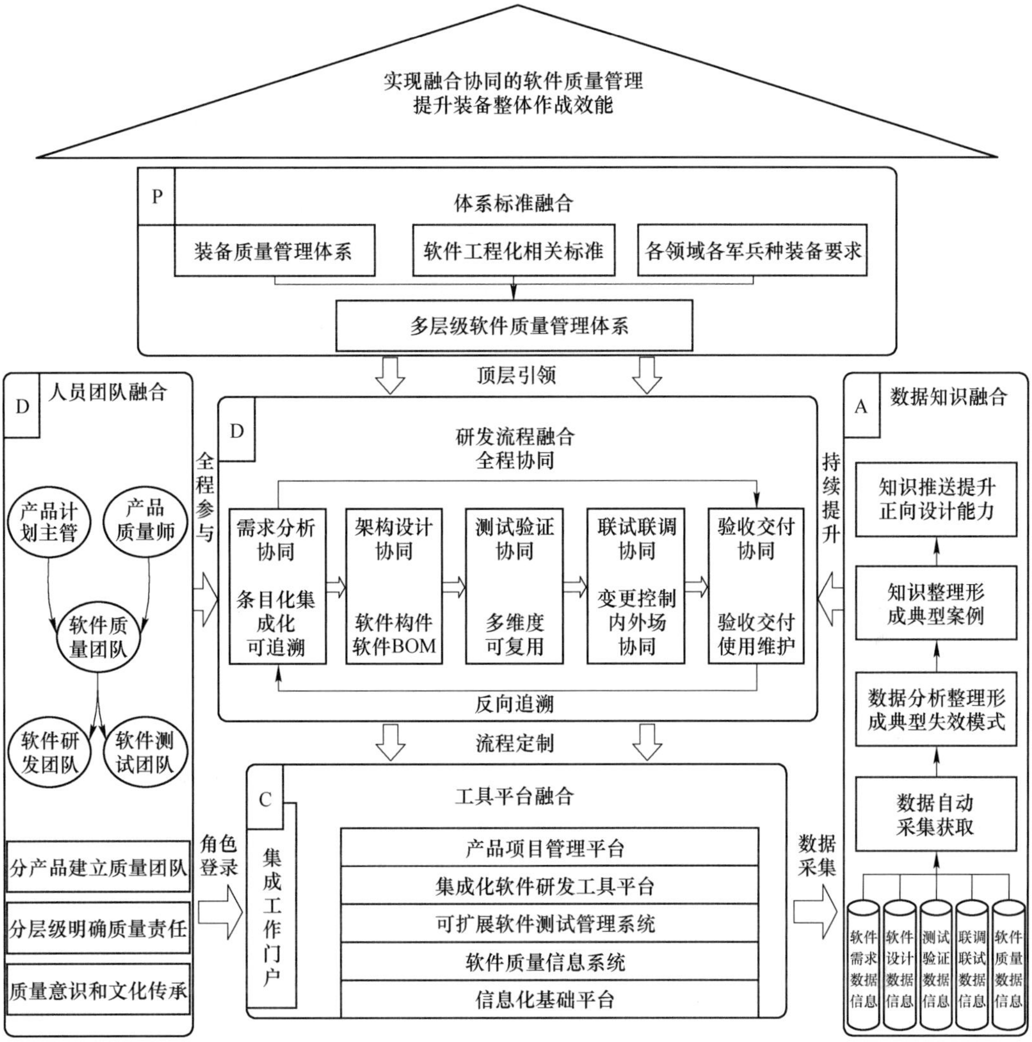

图1　软件“五融合、五协同”的质量管理方法整体框架

协作，分层级落实质量管控措施，形成覆盖全层级的软硬件质量协同管控合力。

软件“五融合、五协同”的质量管理方法运用PDCA循环方法，自顶向下推进软件质量管理的策划（P）、执行（D）、检查（C）和改进（A），体系标准为引领、研发流程是主线、工具平台是手段、数据知识是载体、人员团队是主体，将管理流程定制到互通互联的平台中落实，分层级采集软件质量信息，构建质量知识库，分析提炼形成软件质量知识，促进软件研发过程持续改进。

三、在实践应用过程中的典型做法

（一）软件质量管控体系融合，确保标准要求全覆盖

结合多标准多要求，以“向上兼容”为原则，自顶向下制定质量手册、程序文件、作

业指导书和记录表格四层级软件质量管理体系制度，形成了兼具院所和创新企业特色的一体化软件质量管理体系，如图 2 所示。

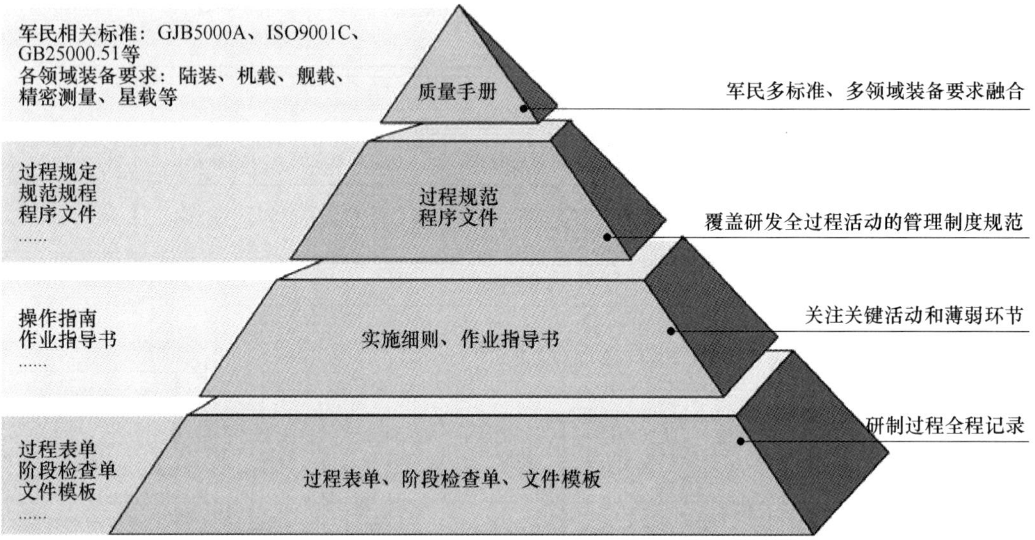

图 2　四层级“金字塔”软件质量管理体系

从软件运行质量、代码质量、文档质量、过程质量、交付质量 5 个维度建立软件质量监视测量指标体系，如图 3 所示，软件质量态势数据定时收集、在线分析、监视测量、及时反馈。

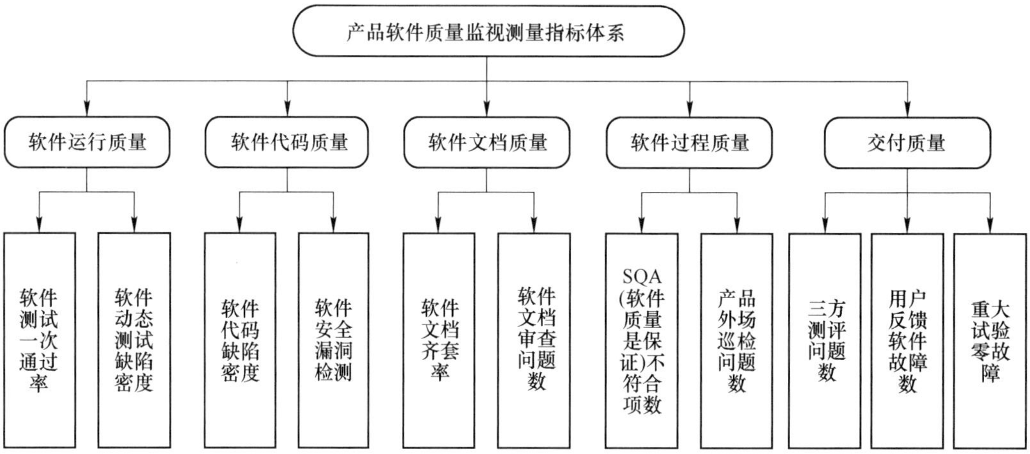

图 3　产品软件质量监视测量指标体系

（二）软件质量管控流程融合，实施研发过程全协同

软件需求条目化协同分析，实施多领域多项目集成管理；以软件 BOM（物料清单）为基础，实施多专业多配置项的架构协同设计；建立多维度软件测试复用模型，实施多层级协同测试验证；强化软件版本和状态控制，搭建内外场协同的联试联调环境；实施软硬

件协同验收交付，构建覆盖产品全寿命周期的质量联动态势。

（三）软件质量管理平台融合，推进工具流程全互通

统一平台门户入口，构建可扩展软件质量管控平台，以软件测试过程管理系统为核心，对外与业务流程和计划管理平台互联互通，对内与测试环境仿真、代码静态分析、接口自动化测试等专业工具串联融合，向上支撑软件质量监视测量采集质量数据，向下承接软件测试知识库实现知识价值，从“内外上下”4个方向构建面向产品软件研制全层级、全流程、全方位的软件质量管理平台。

（四）软件质量管控团队融合，促进人员全联动

分层级组建“所级—部门级—室级”层次化软件质量管理团队，设立产品软件质量师，对产品软件质量负直接责任，与产品主管、产品质量师、软件设计师等角色协作共担，形成软硬件质量管理合力，促进质量责任落实。

（五）软件质量信息融合，实现数据知识全共享

以软件测试验证数据为基础，分领域分专业分层级构建软件测试用例复用库、软件缺陷库，实时共享质量数据，定期发布质量报告，适时推送预警信息，同时总结分析软件问题产生阶段、产生原因、失效影响等，归纳形成软件失效模式，为软件正向研制过程改进、软件测试设计、软件缺陷预防提供参考。

四、实践应用场景和产生成效

自2017年推进软件“五融合、五协同”的质量管理方法，持续收集分析软件研发、测试和交付等各阶段关键数据，通过不断迭代和持续优化，实现了软件质量水平、软件研发效率、人员能力、产品竞争力和用户满意度等5个方面的提升，带来了显著的管理效益和经济效益，为软件质量管控体系、管控流程、管控平台、管控团队建设以及软件质量知识和数据挖掘提供了参考和借鉴。

（一）软件质量水平达到新高度，保证重大演训软件“零”故障

通过对400余项软件数据统计分析，新研软件代码缺陷密度累计下降79.1%，软件质量问题数下降73.4%，三方测评平均项目问题数下降81.9%，外场和用户反馈问题数下降72.9%（见图4），参加重大试验和保障任务的武器产品软件运行稳定，重大演训任务保障成功率100%。

（二）人员效率能力实现新提升，形成全员改善氛围

建立“六型六力”软件质量管控团队，遵循“凡事有人负责、凡事有章可循、凡事闭环反馈、凡事有据可查”的工作要求，构建制度型、技术型、创新型、学习型、和谐型、浸润型团队，提升团队执行能力、工作能力、思考能力、专业能力、文化影响力和组织凝聚力，团队成员工作效率、工作氛围明显提升。

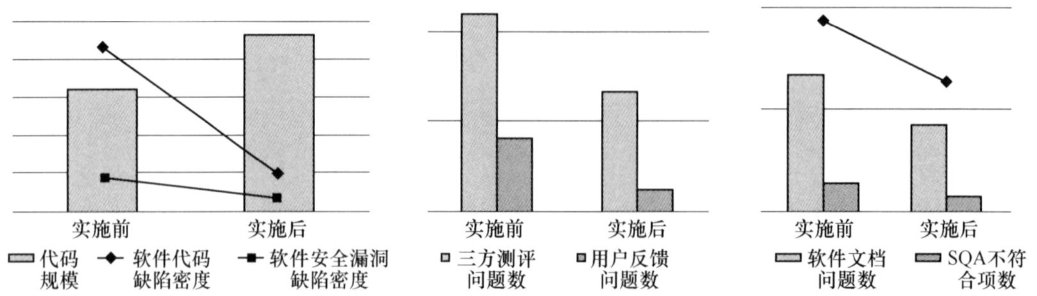

图 4　软件质量问题年度统计图

（三）产品研制取得新成果，打造质量名片

软件“五融合、五协同”的质量管理有力支撑了产品研制任务，产品在高强度、多频次、复杂场景演练和重大保障中表现突出，赢得了用户和集团公司的认可和好评，助力中国电子科技集团公司第十四研究所获得全国质量标杆、中国质量奖提名奖、江苏省省长质量奖等质量荣誉，打造响当当的质量名片。助推创建“天眼”“天虹”“海之星”等知名品牌，获得了多项国家、科技进步奖，全国文明单位等荣誉。

五、方法的创新性和推广价值

软件“五融合、五协同”的质量管理方法抓住产品软件质量跨越发展机遇，提出基于融合与协同的管控思路，实现电子产品软件研制全流程协同统一、全层级覆盖可控和全要素融合可视，有效提高产品软件质量和研发效率，为产品作战效能充分发挥奠定基础。

软件“五融合、五协同”的质量管理形成“六个一”的软件质量管理解决方案，即 1 套融合标准规范和用户要求的四层级软件质量管理体系、1 条覆盖从软件需求分析到交付使用产品全寿命周期的协同可追溯的软件质量管理流程、1 个业务和专业工具互联互通可扩展的软件质量管理平台、1 支职责明确人员联动的软件质量管理团队、1 种数据信息共享的软件质量知识管理方式、1 套软件质量监测测量指标体系，如图 5 所示，实现了软件质量过程管理流程化、业务流程信息化、过程输出证据化、过程监测定量化、日常监督常态化，具有较高的通用性、可扩展性、可操作性，符合我国产品研制实际，具有较高的实用价值，成果已应用至航空、航天、船舶等多个重点产品任务研制中。同时，该方法中管理体系可裁剪、管理平台可配置、管理流程可优化，适应不同类型用户和不同规模产品的质量管控需求，受邀在软件质量工程峰会、质量管理交流研讨会议上进行了成果分享。

软件“五融合、五协同”的质量管理方法为积极响应信息化建设时代要求提供借鉴，从软件需求分析、架构设计、测试验证、联试联调、验收交付全周期提升质量、提高效率，优化产品软件的可用性、易用性，实现武器产品“能用、好用”的要求。

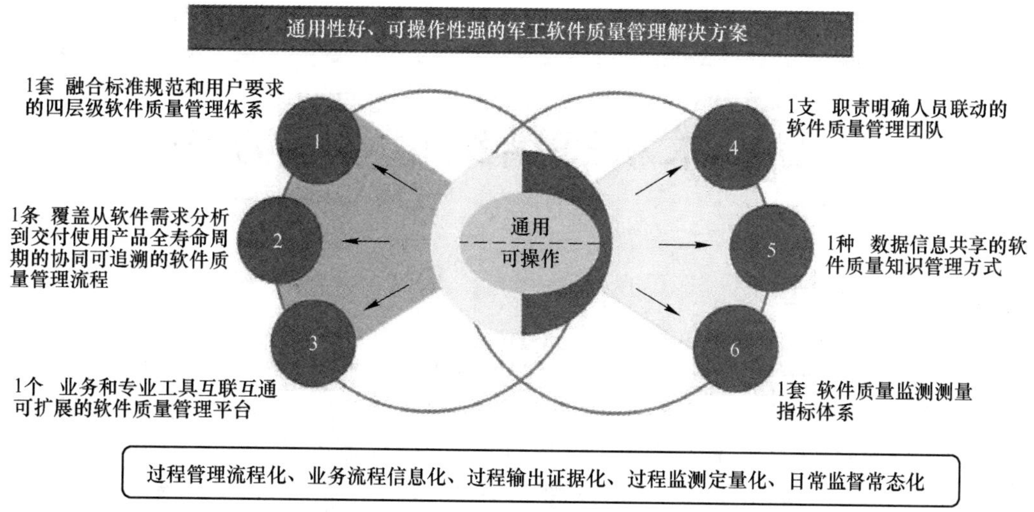

图 5　“六个一”的软件质量管理解决方案

项目技术状态精细化管控方法

一、背景情况

近年来，国家日益重视并提高产品的质量管控要求，对项目技术状态管理带来了重大挑战，特别是在变更控制和可追溯记实方面，从量和质上均发生了显著变化。传统技术状态管理完全依靠管理机关一两个人集中管理的方式，不管是从管理职责架构、工作机制，还是从技术手段等方面，都无法匹配目前组织期望的充分发挥技术系统的技术状态管理能力、提升研发效率以及在大量研制数据下，提升项目技术状态管理效率的需求。

在此背景下，中国工程物理研究院电子工程研究所从2017年开始重新构建技术状态管理架构，改变原技术系统技术状态管理意识薄弱、与管理机关职责界面不清的局面，通过职责内化调动基层设计师自我管理的意识，同时通过提升所级管理的业务定位引领全所技术状态管理工作不断优化。近年来，在质量管理精细化的趋势下，将技术状态管理的各项活动“抽丝剥茧”，并与全寿命周期研制流程深度融合，对重点活动单独建立支撑流程，精细化管控，有效指导项目技术系统团队开展技术状态管理；在此过程，通过不断完善信息化系统的规划和建设，有效支撑技术状态管理流程和管理要求从设计端到制造端的打通落地，初步实现了对数据的规范、高效管理，提升组织完成技术状态管理和项目的能力和水平。

二、主要内容

(一) 精细化技术状态管理推进思路

首先，通过技术状态管理体系的组织架构建设，明确责任主体，落实管理责任，确定总体制度框架；其次，不断细化技术状态管理活动的具体流程，并与研制主流程深度融合，在此基础上识别出关键管控点，制定专项审查流程，将有限的专业管理人员投入到关键管控点的审查监督上；再次，形成技术状态管理绩效监视测量指标体系，通过季度数据发布和年度考核，及时发现问题，采取针对性措施；最后，通过信息化建设，将管理流程、质量要求和监视测量统计分析通过技术手段落地，减少管理人力成本，提升管理效率。组织架构建设、制度建设、流程建设、监视测量指标体系建设、支撑能力建设的主要内容如图1所示。

(二) 精细化技术状态管理建设的主要内容

1. 技术状态管理体系组织架构建设

统筹考虑当前及未来的项目体量、各类型项目的管理要求、各级管理资源的需求，从

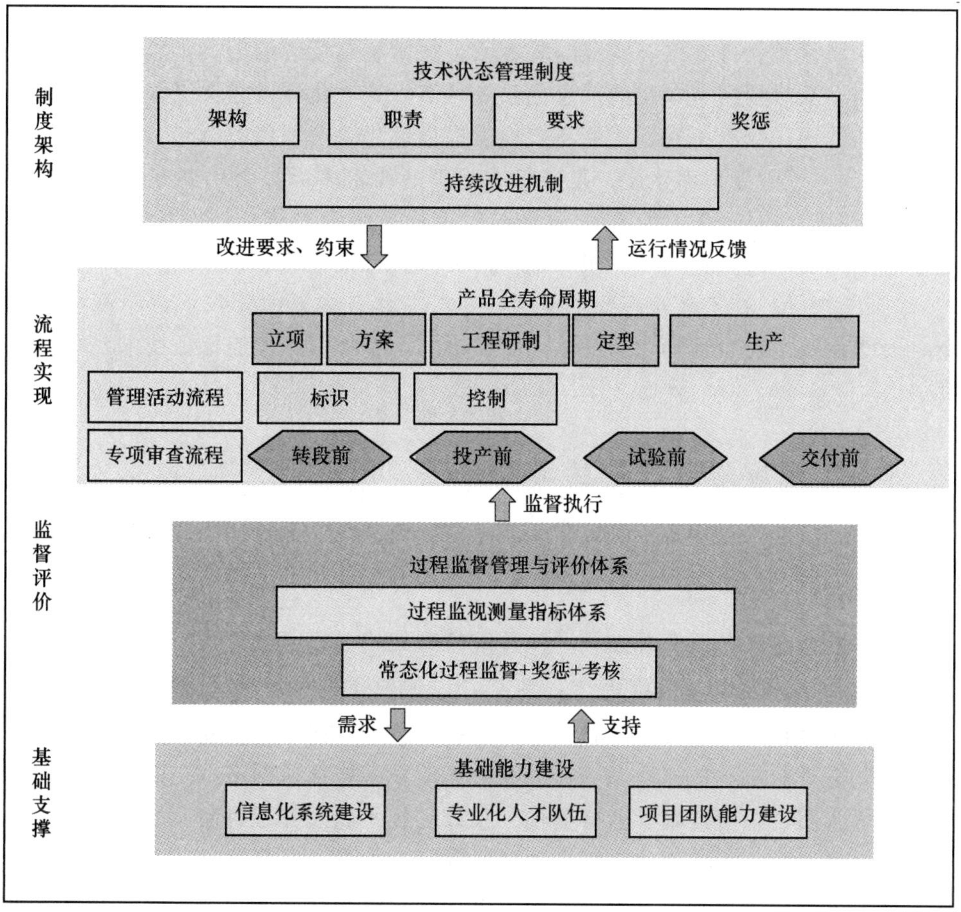

图 1　精细化技术状态管理推进思路

架构与职责、制度与流程、考核奖惩和信息化支撑层面形成科学合理的管理体系，进一步落实技术状态管理职责。

2. 制度建设

通过增加体系级管理层级，对接国家和中国工程物理研究院最新要求，以及顾客需求，同时结合中国工程物理研究院电子工程研究所自身发展及转型的需要，提前研判管理形势与需求之间的差距，策划技术状态管理领域的制度建设路线并按计划完成各项制度，补足相关管理领域的制度空白。

3. 流程建设

技术状态管理主要包括标识、控制、记实和审核 4 个活动，通过梳理其与所级研制主流程的关系，再针对每个活动的特点，细化分解，开展针对性的流程建设。

4. 监视测量指标体系建设

精细化管控还体现在对过程的监视与测量，以及对偏离的问题及时识别和纠偏的管理。针对每个项目不同研制阶段的特点及容易产生的问题点，个性化定制其评价指标。

5. 支撑能力建设

1）信息化系统建设。经过制度建设和流程建设形成的知识成果，通过信息化系统的实现提高工作质量和管理效率。实践经验表明，技术状态管理的信息化建设，业务人员起到了关键作用，只有根据本单位的信息化系统特点，定制化开发相关流程和功能，并且对数据的产生和使用进行统一规划才能高效地发挥信息化系统作用。

2）技术状态管理知识库建设。技术状态管理的要求多，每个用户方的管理要求还有差异，为便于基层人员及时获取或学习，以信息化系统为载体，建设技术状态管理知识库，便于基层人员快速查找，全所按照统一的要求执行技术状态管控。

3）培训与指导。在上级管理要求及顾客要求变化较频繁的背景下，伴随着信息化系统功能的升级调整，对设计师团队的培训工作必须不断加强，才能保证技术系统工作执行的质量。

三、在实践应用过程中的典型做法

（一）技术状态管理体系组织架构建设

优化技术状态分层分级管理架构，从传统管理架构向以纵向项目团队为主体、横向加入体系级（项目集）管理架构转变（见图 2），以便对不同领域项目的管理进行统筹，及时统一优势管理方法，解决共性问题，使得各项目“均衡发展”；同时，探索增加以行政单位为辅助的管理层级，“一横一纵”，夯实管理职责架构体系网络，全面建成覆盖全领域项目、各层级人员、权责清晰、监督到位、长效的技术状态管理机制。

细化项目技术负责人、系统（副）主任设计师、主管设计师、设计师等技术系统各层级角色的技术状态管理职责，并在项目中推进和考核各角色的履职情况，使得各级角色对其所应掌握的技术状态管理知识得到了显著提升。2018 年，中国工程物理研究院电子工程研究所程序文件换版修订时，就将此职责写入了《技术状态管理程序》（Q/DGZC09）中并全面发布执行。

（二）制度建设

针对国家及中国工程物理研究院管理办法和标准的发布，以及中国工程物理研究院电子工程研究所发展所需，不断优化和完善各类项目产品的技术状态管理制度，确保制度的完整和顶层引领作用。已经形成的技术状态管理制度体系架构如图 3 所示。

（三）流程建设

在技术状态管理活动中，既有应该串入研制主流程的活动，也有共性的活动，因此，通过对活动分类并将管理要素及各类人员的职责融入其中，分别串入研制主流程和可供调用的使能流程建设，有力推动了各项管理要求、规章制度、标准规范落地。

1. 技术状态标识流程

每个研制阶段的技术状态标识活动不同，但之间又密切联系，因此技术状态标识活动

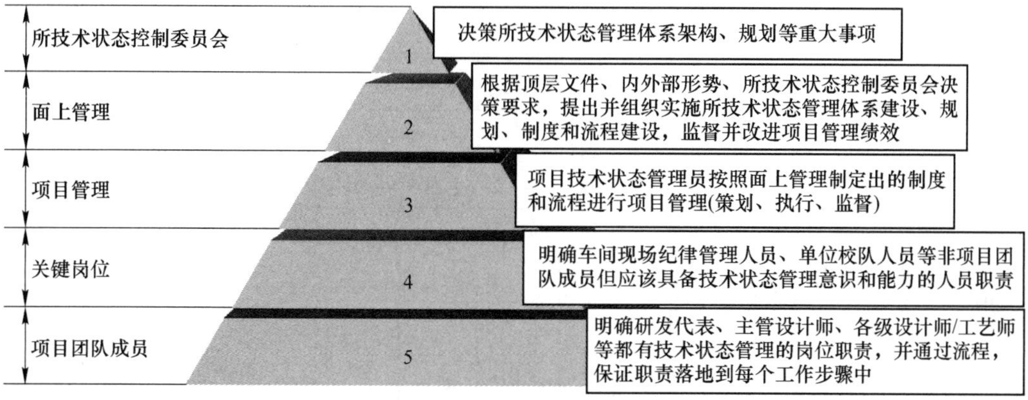

(a) 新的技术状态管理组织架构

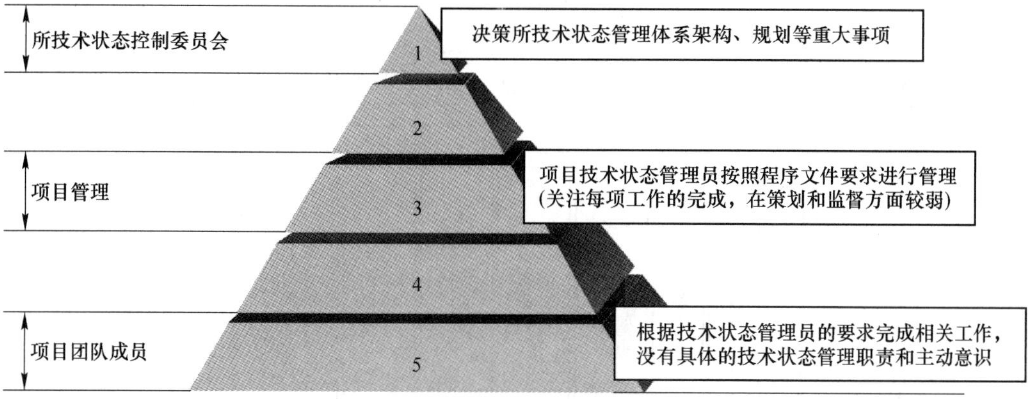

(b) 传统技术状态管理组织架构

图 2　传统技术状态管理组织架构与新的技术状态管理组织架构对比

的流程按照产品全寿命周期来制定。标识活动流程重点突出了选择技术状态项的责任主体为技术系统，细化了其具体职责。

2. 技术状态控制流程

按照最新的院技术状态管理办法要求，制定技术状态更改流程，按照状态鉴定前和状态鉴定后分别制定了流程图和流程文件。通过对产品特点及重要程度的分析，对不同级别的产品制定不同的控制，即审批流程，既抓住重点杜绝失控风险，又提升了更改流程的效率。

3. 技术状态专项审查流程

通过对近两年暴露出的一些技术状态管理问题的深入分析，结合国内先进单位经验做法的调研，总结出产品研制过程的关键管控点：转阶段、投产前、试验前、交付前，这 4 个环节管控到位，将会大幅度减少技术状态管理引起的质量问题。每个管控点所关注的要点不同，针对主要矛盾，以风险前移为原则确定审查内容和方式，具体见表 1，按照此思路，形成了详细的流程图和流程文件。

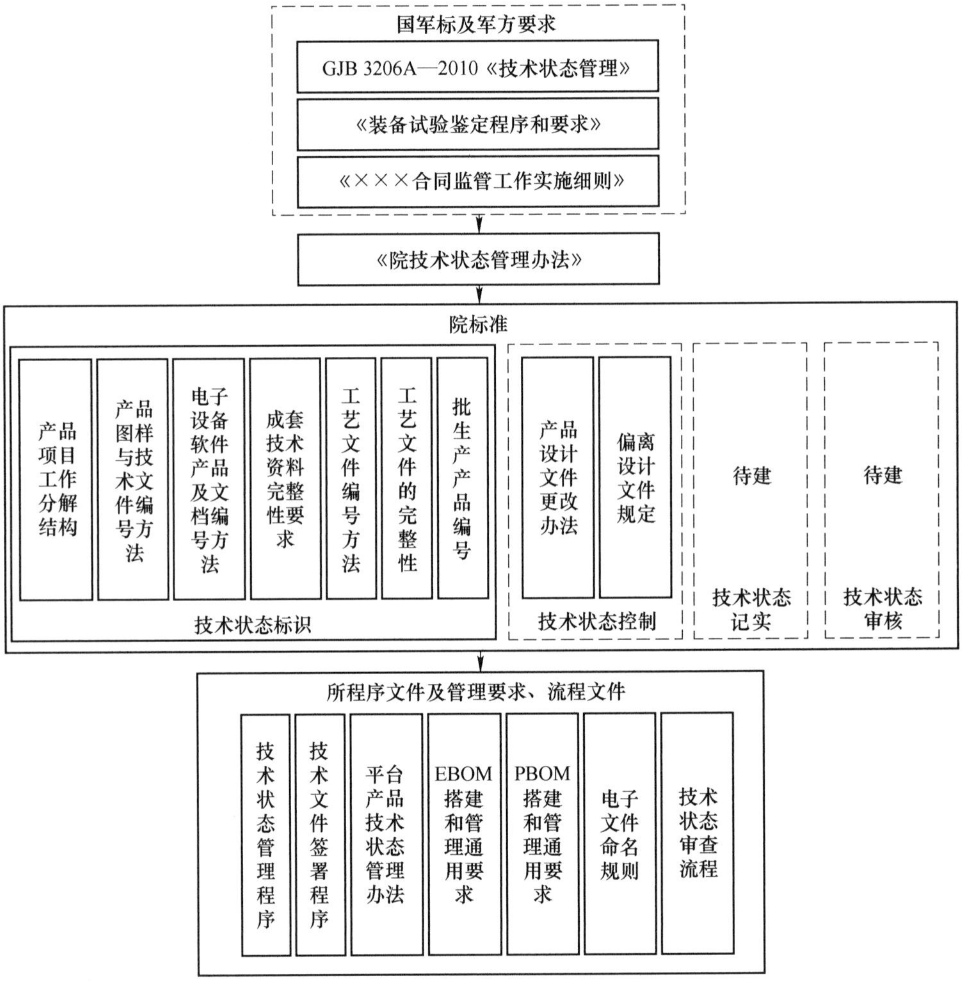

图 3　技术状态管理制度体系架构

表 1　技术状态专项审查

问题	问题的后果	审查方式	审查要点
产品技术状态文件不齐套（少编制或不按时归档）	程序不合规风险	转阶段评审前开展专项审查和评审	本阶段发生的所有技术状态活动是否得到正确识别和开展（符合体系和项目管理要求），尤其是对接口文件的管理和执行情况进行逐一清理；相关输出是否得到有效控制（签署、归档、变更受控）
接口文件规定的工作未按要求完成	产品质量风险		
技术指标等文文不一致、文物不一致	产品质量风险		
状态标识混淆	产品质量风险		
投产基线文件建立不及时、不完整	生产节奏频繁中断	投产前开展专项审查	是否完整（保证生产制造过程中都有文件执行依据）、正确（这里不解决设计缺陷的问题，关注没有低级文字错误等一些明显不能被执行的规定内容）和协调（与项目书或研制要求的一致性，多份文件之间的一致性）

续表

问题	问题的后果	审查方式	审查要点
参试文件不全、参试产品状态错误	产品质量风险	试验前开展专项审查和评审	试验大纲等状态文件是否评审、签署、归档有效，参试产品实物状态是否与参试大纲的要求相符
交付产品状态错误、变更程序不规范	产品质量风险	交付前开展专项审查和评审	按照已审查过的投产基线，生产的整个过程的变更是清晰规范的，且都得到了正确的执行
变更影响分析不全、归零不到位	产品质量风险	转阶段前、投产前、试验前、交付前均要审查	各专项审查中都涉及对变更的审查

（四）监视测量指标体系建设

针对每个项目不同研制阶段的特点及容易产生的问题点，个性化定制其评价指标，见表 2。

表 2　监视测量指标体系建设

序号	工程研制阶段之前的项目		工程研制阶段之后的项目	
	内容	方式	内容	方式
1	技术状态项分解准确率	□过程监视 ■考核	基线文件按时齐套率	■按月监视、季度发布 ■考核
2	技术文件按时归档率	■按月监视、季度发布 ■考核	非基线文件按时归档率	■按月监视、季度发布 ■考核
3	平台产品复用率	□过程监视 ■考核	变更率（初样只监视不考核，从试样开始考核）	■季度发布 ■考核
4	典型事件（评审未通过，质量差，采购基线频繁调整影响采购进度的）	■季度发布 ■考核	典型事件（评审未通过，质量差，生产现场发现基线缺漏、文文不一致等影响生产进度的）	■季度发布 ■考核

（五）支撑能力建设

1. 信息化系统建设

经过几年的建设，中国工程物理研究院电子工程研究所已经实现或正在实现的信息化技术状态管理流程见表 3，有力提升了技术状态标识、控制管理的效率。

表 3　信息化系统建设

序号	流程内容	相关系统
1	技术状态标识的申报、审批及入库流程	协同平台

续表

序号	流程内容	相关系统
2	技术状态文件上传、签署功能	PDS系统（产品研发系统）
3	工程变更及偏离流程	PDS系统管理数据变更及审批流程、MES系统（生产过程执行管理系统）反馈实施信息
4	文件齐套性检查	PDS系统
5	监视测量信息的发布	PDS系统
6	转阶段功能	PDS系统

2. 知识管理

中国工程物理研究院电子工程研究所已初步建立了技术状态管理知识库，由“制度与标准”“典型案例”“专题培训教材”“文件模板”“顾客专项要求”等板块构成，并通过信息化系统进行管理，由体系级技术状态管理人员及时更新确保全所各项目执行一致且规范，项目团队成员可以方便查看利用。

3. 培训与指导

结合受训人员（新员工、项目团队、基层单位）的特点，针对性地制作培训教材，2017年至今开展培训的类型和数量见表4，营造了良好的技术状态管理交流氛围。

表4 技术状态培训

序号	培训内容	培训范围	培训时机	培训次数
1	技术状态管理基本知识	新入所员工	每年一次，新员工入所集中培训	4次
2	技术状态变更规范	基层单位、项目团队	军、院要求变更、新版程序文件发布后	10余次
3	文件齐套性要求	基层单位、项目团队	新版程序文件发布后，院所研制流程更新后	10余次

四、实践应用场景和产生成效

（一）研制过程中技术系统的技术状态管理作用得到了发挥

技术系统在充分理解了其自身的技术状态管理职责后，并且依据所级技术状态管理制度和流程，在项目研制过程中的技术状态项选取、技术状态文件清单策划、基线管理、变更控制、技术状态审核、记实等工作中发挥主导作用。技术系统更加主动地开展技术状态管理的相关活动，提升了质量意识，具体成果如下：

1. 投产基线按时齐套率提升、过程变更率降低

1）通过执行技术状态专项审查流程，某项目投产基线在专项审查完后3天内建立完毕，并且生产过程中未发现一份文件缺漏，基线文件一次齐套率达到了100%，避免生产现场出现“等文件、等图纸”的现象，提升了生产效率（历史数据显示，每批次均有文件

缺漏)；

2）通过推行实时归零措施和影响域全面分析，确保归零一步到位。某项目第2批变更量较第1批变更量降低了70%，杜绝了归零不到位的现象（历史数据显示多批次生产后变更数量仍较多，且归零不到位的事件仍多次发现）。

2. 文文不一致性的问题得到显著改善

在2020年质量体系内审，设计开发专项审查中，各审查组均发现文文不一致的问题较往年明显减少，设计师们的质量意识明显提升。

3. 归档率提升

加强技术状态监督检查后，根据统计数据，2020年技术文件及时归档率达到了92%，较2019年提升了15%。

（二）通过定制工具软件和开发信息化系统，提升科研效率和管理效率

针对项目需要在短时间内编制大量文件的需求，为提升编制效率和文件质量，通过定制技术文件编制系统，在格式规范、审查快速、文件范文管理等方面为设计师系统带来便利，提升了技术文件编制效率及文件质量，在全院得到多次表扬。

基于产品数据管理系统，打通与研制需求端、制造端之间的通路，实现技术状态项的统一源头管理，将传统纸质管理经常发生的技术状态项名称代号不一致的问题彻底清零；实现无纸化投产及基线的管理，将原投产基线晒图下发所需1个月左右时间减少为小时量级，为生产周期争取了重要时间；通过实现技术状态变更的全闭环管理，解决了原来生产中总有变更单遗漏或延误执行的问题，大大降低了批次返工返修的概率，提升了产品的质量，减少了抢工的次数。

（三）通过知识库和培训工作，提升了基层单位工作质量

原先机关管理人员每天要接到几十次询问技术状态管理的具体问题，较大地影响了管理人员每天的工作效率。自从建立知识库、定期对基层单位培训，最大限度地与各单位业务结合，从技术状态概念、术语到各阶段技术状态管理工作内容、责任主体以及模板、规章制度、典型案例等，提升了各单位人员技术状态管理能力，使执行者能够准确理解并掌握相应产品研制过程中技术状态管理工作的内容，增强技术状态管理制度的可操作性，提高了工作质量。项目人员快速获取所需信息，提升了工作效率。

（四）通过技术状态管理流程建设，促进技术状态管理要求落地

技术状态管理体系要求在研制流程中落地后，在项目年度及阶段策划时，重点依据研发主流程及技术状态管理流程的要求，明确项目的技术状态管理活动及本项目技术状态管控的重点及要点，将技术状态管理有关的里程碑节点与项目年度/阶段计划相结合。

项目团队成员仅需查阅策划报告、流程说明文件，即可清楚了解项目技术状态管控要求及活动输出，从一开始就明确了各自负责的活动及需要完成的成果及标的，既规范了各项目的研制流程，又提高了工作效率。特别对新参加工作的人员，能够快速地找到所需编制的文件、具体要求及时机，并快速地投入项目研制工作中。

五、方法的创新性和推广价值

面对新形势，传统的主要依靠管理机关而技术团队对技术状态管理意识和能力较为薄弱且过程管理较为粗放的管理模式已无法适应当前复杂多变的管理形势，如何提高管理效率、提前释放风险是技术状态管理的关键，因此，管理思路和手段必须发生转变，才能适应这种变化。

本方法提出技术状态管理的精细化管控模式，管理机关通过系统性的细化分解，找出过程精细化管控的要点，重新构建技术状态管理体系架构、不断细化技术状态管理活动的流程建设、加强过程监视测量指标体系建设、配套信息化系统改造建设、技术状态管理知识库建设及专题培训，审核对技术状态管理工作内容的理解，规范技术状态管理行为准则，促进管理流程、质量要求和监视测量统计分析落地，使技术状态管理工作处于良性循环状态，在统一的要求下全员参与、行动一致、规范高效，减少管理人力成本，提升管理效率，以达到提升产品研制质量的目标。

第二章　面向设计过程的先进质量方法

基于概率安全分析模型的风险指引设计方法

一、方法介绍

安全是核工业的生命线，质量是安全的基石，发展核工业必须确保安全和质量。2011年，日本福岛核事故发生以来，世界各国政府和公众对核安全表现出了前所未有的关注和重视，对核安全提出了越来越高的要求。

“华龙一号”核电厂作为中国核工业集团有限公司自主研发的三代先进核电机组，在设计中对安全性提出了更高的要求，即堆芯损坏频率（CDF）和大量放射性释放频率（LRF）定量安全指标分别达到低于百万分之一和低于千万分之一的水平，比监管当局的要求更为严格。为了有效提升“华龙一号”核电厂的安全性，应用基于概率安全分析（PSA）模型的风险指引设计方法，开展了“华龙一号”核电厂的设计优化工作，推动设计质量提升，保证了可靠性和安全指标满足要求。

基于PSA模型的风险指引设计方法是一种系统工程方法，以故障树、事件树分析为基础，对复杂系统各种可能事故的发生和发展过程进行全面分析，对它们的发生概率以及造成的后果进行综合评价，进而通过改进设计管理来预防和降低风险，适用于核设施研发设计阶段。

基于PSA模型的风险指引设计方法的主要流程如图1所示，首先建立PSA的整体评价模型，其次开展PSA定量化计算和PSA结果分析，确定核电厂严重事故预防和缓解的薄弱环节，并结合工程判断、运行经验反馈和借鉴先进堆型等综合分析提出相应的改进措施，之后对PSA模型进行修改及定量化计算，给出改进措施有效性的评价，结合确定论有效性评价、工程评价和利益代价分析等综合决策改进措施是否实施、取消或修改，并进行迭代，直至结束。

基于PSA模型的风险指引设计方法在“华龙一号”核电厂研发设计中发挥了重要作用，主要包括：

1）识别出二代加核电厂的重要风险贡献项，在新的设计中进行消除或降低其贡献，如核电厂反应性的控制过度依赖于控制棒束的可靠性、核电厂对应急柴油机的过度依赖、高压安注泵的运行需要低压安注泵的增压等。“华龙一号”核电厂针对性地采用了多重性和多样性的系统和设备、提高主要设备的可靠性和冗余度等优化措施，大幅提升可靠性和安全性。

2）从风险的角度对不同设计方案进行分析比较，支持设计方案论证决策。在“华龙一号”核电厂的安全系统配置方案中有两种方案可供选择，一是采用能动＋非能动的设计方案，二是冗余的能动设计方案。通过PSA模型的风险指引设计方法的应用，识别两种设计中的薄弱环节和风险，确定了能动与非能动相结合的设计方案。

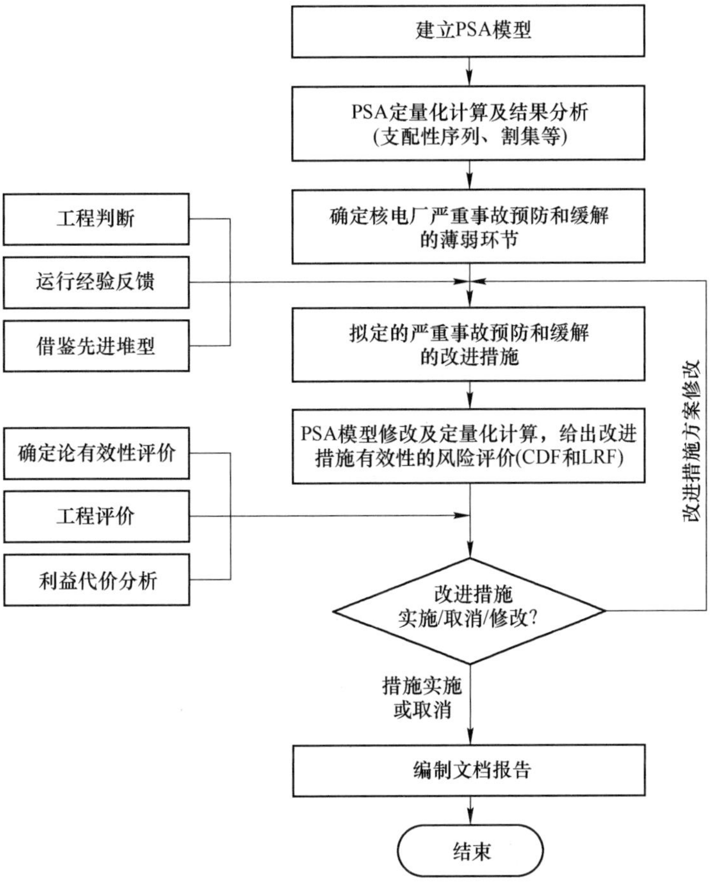

图 1　基于 PSA 模型的风险指引设计方法的主要流程

3）充分吸收借鉴了国际上有关三代核电机型的设计经验，进行了大量设计改进，设置了完善的严重事故预防与缓解措施，将核电厂发生堆芯损坏和放射性物质大量释放的风险降到了非常低的水平，极大地提高了“华龙一号”核电厂的可靠性和安全性，达到了“CDF＜1E－6、LRF＜1E－7”安全指标。

二、应用情况

基于 PSA 模型的风险指引设计方法已成功应用于中国核工业集团有限公司自主创新三代核电技术“华龙一号”示范工程项目以及其出口项目。

基于 PSA 模型的风险指引设计方法贯穿“华龙一号”整个研发设计过程，有效地发挥了识别薄弱环节、平衡设计、提升可靠性与安全水平的作用。在研发阶段，该方法主要用于确定安全系统配置方案，确定设计扩展工况清单，论证概率安全目标。在初步设计阶段，该方法主要用于优化安全系统配置和论证概率安全目标。在施工图设计阶段，该方法主要用于优化事故处理策略，优化灾害防护设计，为其他安全相关设计工作提供支持和论证概率安全目标。

图2给出了在“华龙一号”设计中不同改进项对CDF降低的影响情况。通过基于PSA模型的风险指引设计方法的应用，选择了合适的改进项，使得CDF下降为原来的1/10，在提升华龙产品安全性方面发挥了极其重要的作用。

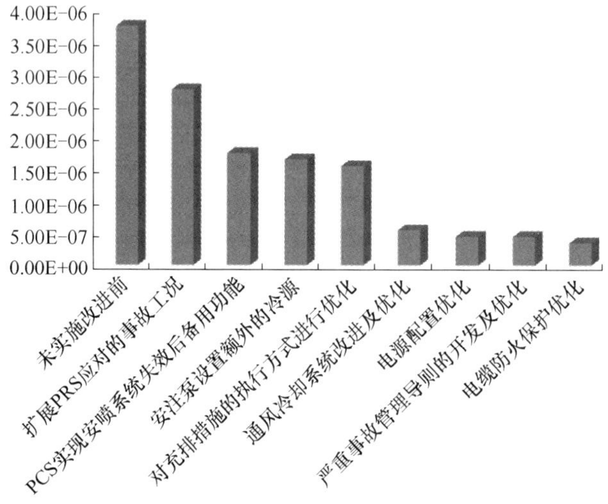

图2 不同改进项对CDF降低的影响

三、形成的技术成果

通过基于PSA模型的风险指引设计方法在“华龙一号”研发设计中的应用，形成了一套完整的在堆型研发设计过程中，全范围全工况的PSA分析方法，可操作性强的风险指引设计应用方法和流程。形成的技术成果包括：

1）11项国家标准、能源行业标准，包括《压水堆核电厂设计扩展工况分析要求》《应用于核电厂的二级概率安全评价 第2部分：功率运行内部事件》《核电厂内部火灾概率安全评价开发方法》等；

2）申请3项发明专利；

3）发表15篇及以上核心期刊或论文；

4）荣获中国核工业集团有限公司核动力事业部青年创新创效优秀成果二等奖。

四、方法的创新点及推广价值

基于PSA模型的风险指引设计方法是可靠性和安全性方法在核电厂设计实践上的探索创新，全范围全工况的PSA分析方法能够全面评价安全水平、识别风险贡献，风险指引设计为我国今后自主研发设计先进核电和反应堆提供了良好的借鉴。

基于PSA模型的风险指引设计方法相关成果适用于后续的“华龙一号”设计及新堆

型的研发设计。预计未来 5 年内还将应用在 10 余台华龙一号机组的设计中，对提升设计质量，具有重大意义。在此基础上，可在运行阶段持续更新 PSA 模型，进一步开发风险监测器等质量管理工具，在“华龙一号”机组投运后的整个商运 60 年间继续发挥作用，具有重大的安全效益和经济效益。同时，基于 PSA 模型的风险指引设计方法也适用于气冷堆等非水堆堆型的设计，具有较高的推广价值。

五、典型案例

以“华龙一号”余热排出系统（RHR）设计优化为例，余热排出系统在某些事故缓解中发挥作用，其设计的合理性对核电厂的安全有一定影响。针对余热排出系统设计优化，应用基于 PSA 模型的风险指引设计方法，评估余热排出系统外置对核电厂安全性的影响，论证其可行性。同时，对不同余热排出系统外置方案，尤其是余热排出系统隔离阀的不同配置状态和配电方式方面进行风险比较，最终给出具体配置方案的建议。

“华龙一号”余热排出系统设计优化流程如图 3 所示。

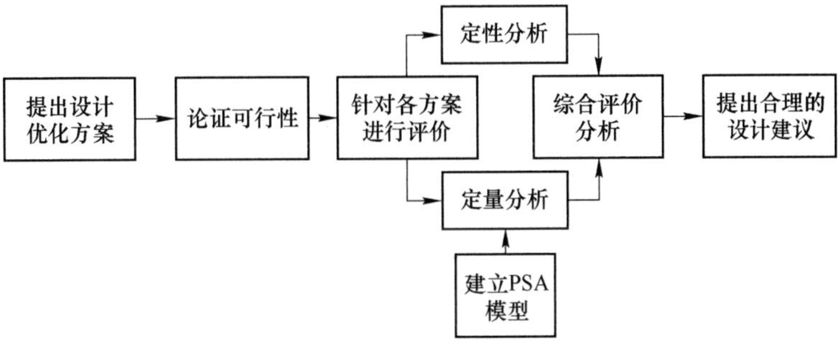

图 3　“华龙一号”余热排出系统设计优化流程

“华龙一号”余热排出系统置于安全壳外侧，动力电源配置提出了多种设计方案，每个方案分别考虑安全壳外隔离阀常开或者常关两种情况。从系统布置与系统失效带来的风险两者结合的方式来选取优化的设计方案，以提高核电厂的安全性与经济性。

安全壳隔离阀为常开设计时，由于余热排出系统入口和出口的阀门是两列互为冗余的布置，而单列管线上的阀门是常开的，因此对系统接入的影响很小；安全壳隔离阀为常关设计时，系统入口和出口的阀门是两列互为冗余的布置，但由于单列管线上的阀门是常关的，导致在支持系统丧失或阀门硬件失效时，系统无法接入的可能性增大。从定性的分析可见，综合考虑系统的接入与隔离两种情况，安全壳隔离阀设置为常开，有利于事故工况下系统的响应。

利用 PSA 风险模型，比较和评价功率运行期间隔离阀不同的配置状态对安全壳旁通的风险，以及功率和低功率及停堆工况隔离阀不同的配置状态和配电方式对堆芯损坏及大量放射性释放的风险，给出设计优化建议。

通过计算和分析，得到安全壳旁通的风险评价，见表 1。

表 1 安全壳旁通风险评价

系统	隔离阀常关的界面 LOCA（大破口失水事故）频率/堆年$^{-1}$	隔离阀常开的界面 LOCA 频率/堆年$^{-1}$	隔离阀常开时界面 LOCA 频率的增加量	隔离阀常开时界面 LOCA 频率的增加率
余热排出系统	1.49E−09	2.98E−09	1.49E−09	100%
其他系统	4.44E−9	4.45E−9	1.00E−11	0.23%
界面 LOCA 频率总计	5.93E−09	7.43E−09	1.50E−09	25.30%
余热排出系统对界面 LOCA 的贡献	25.13%	40.11%		

通过对 PSA 模型的计算和分析得到，安全壳外隔离阀常关的设置，界面 LOCA 频率较低，系统投运失效的概率较大；安全壳外隔离阀常开的设置，界面 LOCA 频率较高，但由于系统入口段和出口段均采用两列隔离阀的冗余布置，对安全壳旁通的风险影响不大，并且系统投运失效的概率较小，因此余热排出系统的安全壳隔离阀设置为常开。同时，不同配电方式对系统接入和隔离有一定影响，并采用风险较低的配电方案，可以降低系统失效对堆芯损坏的风险影响。

通过基于 PSA 模型的风险指引设计方法对各种设计方案进行评价，为余热排出系统隔离阀的配置以及配电方式提供建议，能够提高核电厂的安全性，提高我国百万千瓦级核电站的安全设计水平。将风险分析的方法与核电厂的设计相结合，提升了设计阶段的工作效率，节约人力和时间成本，也使设计更加有据可循。

基于飞行物理动作的运载火箭关键指标闭合检查方法

一、背景情况

2020 年 4 月，为确保长征五号乙火箭（CZ－5B）首飞任务（Y1）圆满成功，为我国空间站建设奠定坚实基础，北京宇航系统工程研究所重点针对 CZ－5B 火箭超大型整流罩分离、大直径站舱箭解锁分离等首次应用的关键技术，兼顾点火起飞等影响飞行成败的重要环节，依据飞行中分离、点火等关键过程的物理动作时序，以失效功能分析为基础，系统梳理涉及控制系统单机、电缆网、火工品、发动机等重要单机产品的关键特性参数，提出并建立了基于飞行物理动作的运载火箭关键指标闭合检查方法。

基于该方法，总体完成了对 CZ－5B 首飞任务整流罩分离、船箭分离、助推分离、点火起飞过程的功能动作分解、关键指标分析和相关产品的梳理和检查确认工作，有力保证了 CZ－5B Y1 任务的顺利实施，并已推广应用于 CZ－5 系列、CZ－3A 系列、CZ－2F 等运载产品风险识别与质量复查。

通过基于飞行物理动作的运载火箭关键指标闭合检查方法的探索、建立和应用，提高了总体对成败型环节的风险识别与质量控制能力，丰富了运载火箭飞行质量检查确认的手段和方法，对飞行任务的风险识别和质量控制具有重要意义。

二、主要内容

（一）工作目标

为提高总体对成败型环节的风险识别与质量控制能力，以失效分析和运载火箭飞行中的物理动作链路及过程为基础，从控制系统时序发出到动作执行的全链路，总体设计部系统梳理关键指标参数和单机产品，探索提出了基于飞行重要动作和失效功能分析的关键指标闭合确认质量分析方法。

（二）工作思路

1）依据火箭飞行重要动作事件线索，梳理出点火起飞、整流罩分离、助推器分离、船箭分离等影响成败的飞行动作，按照系统功能实现的物理传递链路，全面梳理系统功能实现涉及的产品，包括单机设备、电缆、接插件等，确保产品无遗漏。

2）针对梳理出的产品，以产品故障模式分析为线索，梳理产品关键设计指标，先期开展包括性能、功能、安装防护适应性等指标检查确认，确保关键设计指标辨识无遗漏；

以环境适应性为例，针对电缆和接插件要关注具体安装部位，电缆是否进行了有效防护，接插件在振动环境下是否会异常断开等开展具体指标分解。

3）针对梳理出的关键设计指标，逐项检查产品的实测结果和最终上箭总装状态，确认满足设计指标要求。

（三）工作流程

1）建立物理时序动作链：按照飞行时序，以关键飞行动作实现为终点，按照客观物理过程建立物理时序动作链。

2）过程分析：以物理时序动作链为线索，对影响功能的动作、指标和产品进行梳理，获取控制系统时序、功能动作、功能和性能指标要求、涉及产品的信息和数量，对涉及物理动作的全部产品梳理形成清单。

3）开展参数闭合检查分析并给出结论：对梳理出的功能参数、产品参数进行复查：

a）结合产品验收和测试情况，确认其产品指标对功能、性能要求的闭合；

b）确认产品的安装、防护状态适应所处环境；

c）安装操作性与安装要求闭合；

d）给出复查结论。

三、在实践应用过程中的典型做法

（一）建立物理时序动作链

按照飞行时序，以关键飞行动作实现为终点，建立物理时序动作链，如图 1 所示。

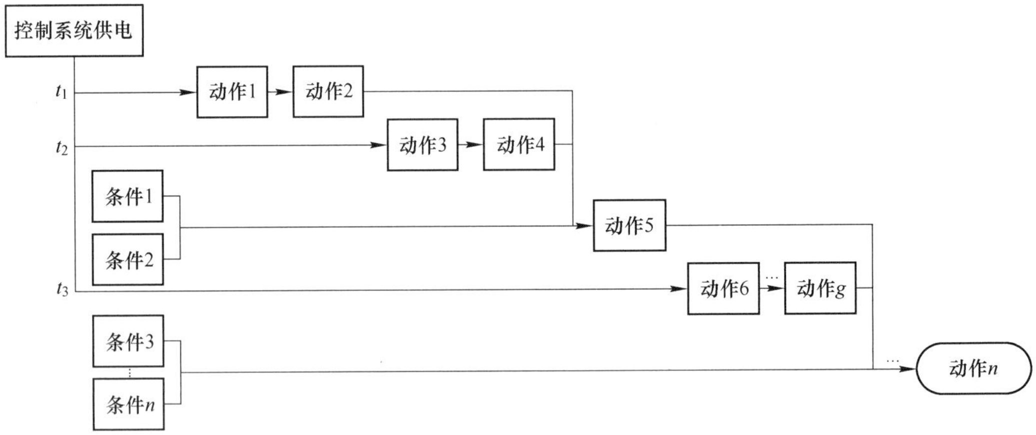

图 1　物理时序动作链

（二）过程分析

以物理时序动作链为线索，对影响功能的动作、指标和产品进行梳理，获取控制系统时序、功能动作、功能和性能指标要求、涉及产品的信息和数量，对涉及物理动作的全部产品进行梳理形成清单。

（三）开展参数闭合检查分析并给出结论

对梳理出的功能参数、产品参数进行复查，具体如下：

1）结合产品验收和测试情况，确认其产品指标对功能、性能要求的闭合；

2）确认产品的安装、防护状态适应所处环境；

3）安装操作性与安装要求闭合；

4）给出复查结论。

四、实践应用场景和产生成效

在CZ—5B首飞任务期间，总体对点火起飞、助推器分离、整流罩分离和助推器分离4个影响成败的飞行动作，应用基于飞行物理动作的运载火箭关键指标闭合检查方法开展了确认工作。

CZ—5B整流罩直径为5.2m、长度超过20m，尺寸规模为我国最大的整流罩；其分离方案为两瓣式旋转分离。

（一）建立物理时序动作链

整流罩分离过程为：控制系统发出整流罩分离信号，并按时序发出发火电流；整流罩纵向爆炸螺栓最先解锁（0时刻）；之后（T_1时刻），横向分离装置解锁；再之后（T_2时刻），纵向分离装置解锁，实现整流罩与一级、整流罩两半罩之间的连接断开；接着，两半罩在分离弹簧的推动下，在铰链机构的导向下，实现旋转分离。整流罩分离系统原理图如图2所示。

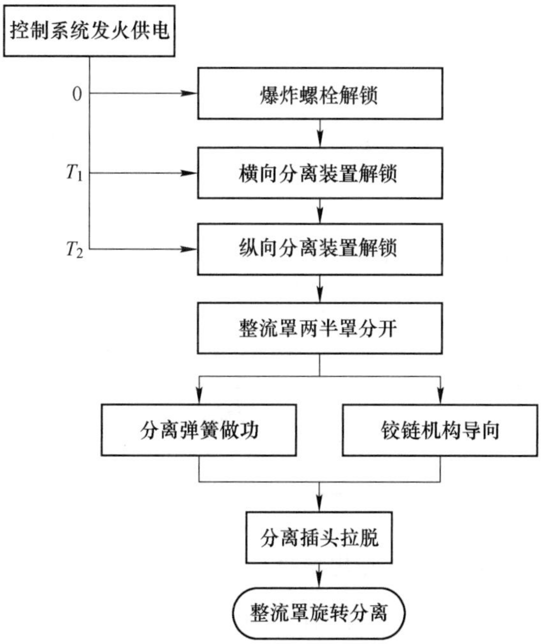

图2　整流罩分离系统原理图

(二) 过程分析

对于整流罩分离过程，以过程为线索，对影响分离功能的动作、指标和产品进行梳理：

1) 共有 3 个控制系统时序；

2) 按物理过程，可以分解为 9 个功能动作；

3) 对于 9 个功能动作：

a) 共有 16 项功能、性能指标要求；

b) 涉及产品 56 项、112 件（产品清单见表 1）。

表 1　产品清单

序号	功能类别	名称	代号	数量	设计单位	生产单位
1	控制发火	控制系统设备 1	设备—1	1	—	—
2	控制发火	控制系统设备 2	设备—2	1	—	—
3	控制发火	控制系统电缆 1	电缆—1	1	—	—
4	控制发火	（含）插头 1	插头—1	1	—	—
5	控制发火	（含）插头 2	插头—2	1	—	—
6	控制发火	（含）插座 3	插座—3	1	—	—
…	…	…	…	…	…	…
33	连接解锁	横向解锁装置	解锁—1	1	—	—
34	连接解锁	（含）起爆器	起爆—1	2	—	—
…	…	…	…	…	…	…
45	被分离体	整流罩 1 号半罩壳体	半罩—1	1	—	—
46	被分离体	整流罩 2 号半罩壳体	半罩—2	1	—	—
47	分离能源	分离弹簧	弹簧—1	10	—	—
…	…	…	…	…	…	…
53	有效载荷	有效载荷	—	1	—	—
…	…	…	…	…	…	…
55	仪器电缆	分离电连接器	分插—1	1	—	—
56	仪器电缆	（含）分离钢索	钢索—1	1	—	—

(三) 开展参数闭合检查分析并给出结论

对梳理出的功能参数、产品参数进行检查确认。具体的：

1) 结合产品验收和测试情况，确认其产品指标对功能、性能要求的闭合；

2）确认产品的安装、防护状态适应所处环境；

3）安装操作性与安装要求闭合。

经复查，对于 CZ－5B Y1 整流罩分离，分离过程中 9 个动作对应的 16 项功能、性能指标与设计指标闭合；涉及的 56 项产品性能满足设计要求；所有产品的安装防护均满足环境适应性要求，总装操作与设计要求闭合。

（四）方法应用成效

通过探索、建立基于飞行物理动作的运载火箭关键指标闭合检查方法，针对运载火箭飞行过程中影响成败的动作，总体设计部将事件链矩阵、时序分析、FMEA 分析（失效模式及影响分析）和 FTA 方法（故障树分析）进行了有机的结合，系统地将飞行成败与产品的性能指标、环境适应性和总装操作之间建立联系，有效提高了总体对风险识别与质量控制的水平，解决了 CZ－5B 首飞任务超大型整流罩分离设计及最终质量确认工作，并应用于点火起飞、助推器分离、舱箭分离等影响成败飞行动作的确认，有效保证了 CZ－5B 火箭的首飞成功。

该方法首先在 CZ－5 系列火箭中进行了推广应用，在 CZ－5 Y4 发射天问一号火星探测器、CZ－5 Y5 发射嫦娥五号月球探测器等重大任务中发挥了重要作用，为 CZ－5 系列火箭连续 3 次圆满成功提供了重要支撑。此外，该方法已经在 CZ－3A 系列、CZ－2F 等产品中推广应用，提高了总体的质量控制水平，丰富了质量确认手段。相关成果已经申请专利，并逐渐完善、形成总体部的规范，为后续航天运输及武器系统的研制和飞行试验提供重要支撑。

五、方法的创新性和推广价值

基于飞行物理动作的运载火箭关键指标闭合检查方法，是北京宇航系统工程研究所在产品飞行风险识别与质量控制能力提升方面，进行积极探索和自主创新取得的重要知识成果，该方法抓住了影响飞行任务成败的主要矛盾，在物理动作链路分析的基础上，将事件链矩阵、时序分析、失效分析方法进行了有机的结合，将飞行成败与产品的性能指标、环境适应性和总装操作等量化指标之间建立直接联系，是总体设计部多年运载火箭研制、质量工作经验和系统工程方法的集中体现，代表了运载火箭及武器系统风险识别与质量控制技术的发展方向。

该方法的探索与应用，有效支撑了 CZ－5 系列运载火箭成功发射我国首颗火星探测器、探月三期等国家重点任务，并在中国载人航天发射任务中发挥了重要作用。提出的基于物理时序动作链路的质量确认思路和方法，对我国航空、航天等技术领域提高风险识别和质量控制能力具有重要的借鉴和应用价值。

基于模块化的发射场工作流程精细化设计及数字化应用方法

一、背景情况

航天发射任务意义重大，影响深远，不容有失。如何杜绝低层次质量问题对航天发射任务的困扰，实现从依靠大量的人力和物力资源投入被动“保成功”，转变为依靠更科学的方法和更合理的工具应用实现高质量“保证成功”，以更加自信从容的姿态面对每一次航天发射，是新时代对中国航天提出的新要求。

质量要求千万条，落地实施第一条；标准规范千万条，现场应用第一条。为确保航天发射任务的圆满成功，提高发射成功率，诸多航天质量管理要求、标准规范相继出台，各岗位也编写了详细的岗位手册，但在工作现场却难以真正落地实施，标准规范、质量要求与实际应用割裂，从而形成“有章不循”的现实困局。另外，随着航天事业的快速发展，设计师队伍趋于年轻化，人员流动性强，知识和经验难以有效总结、固化和传承，叠加“人”在流程中带来的不可靠、不确定、不可控等因素，给航天发射任务的成功带来严重隐患。

通过流程精细化再造和数字化手段结合，系统性地解决发射场易发生的操作质量问题，将质量管理要求、标准规范、设计准则、设计禁忌、隐性知识和经验、检验要求等有机融入流程和岗位作业指导书中，采用数字化手段整合精细化流程、岗位作业指导书，每个岗位人员使用数字化应用终端开展现场工作，确保每一项工作按流程开展、按要求开展和完成，做事有依据、做事按依据、做事留记录、过程有确认、数据可追溯，实现“一次就把事情做对”、质量和过程“零缺陷”的目标。

二、主要内容

火箭出厂后，航天发射任务的成败主要取决于靶场操作、测试的精细化水平，确保发射场的各项操作、测试及检查工作的正确性对航天发射任务的成败至关重要。发射场发生质量问题的主要原因包括：

1）工作流程不精细；

2）岗位人员的工作界面不清晰；

3）过程质量控制不量化、不闭环；

4）标准规范及规章制度约束刚性不足；

5）质量措施要求难有效落地；

6）知识经验难传承且脱离工作现场实际情况。

流程精细化设计及应用就是要提高“人”的可靠性，按流程驱动岗位人员精细化操作、按章操作，将岗位细则、标准规范、质量要求切实落地实施，杜绝低层次、重复性质量问题的发生，另外还要优化流程，提高效能，如图1所示。

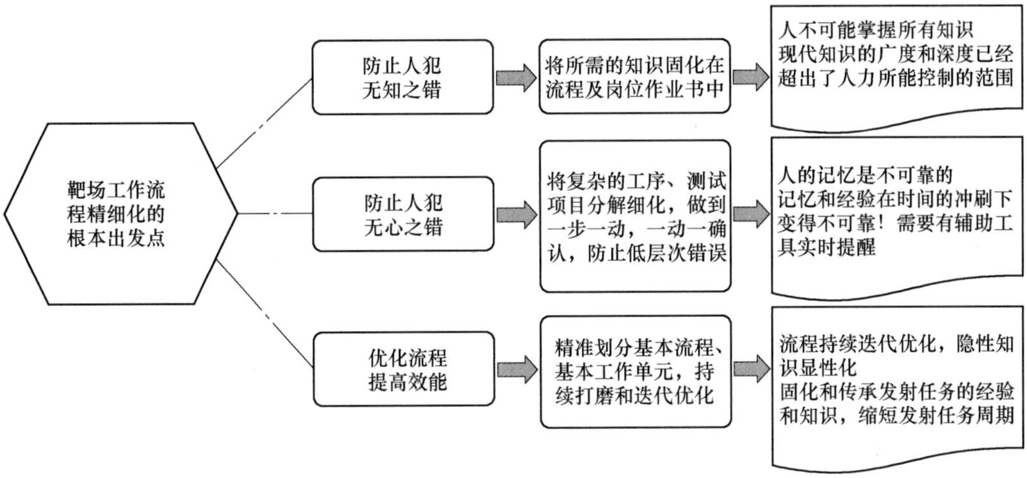

图1　航天发射场工作流程精细化设计及应用的出发点和目标

模块化的发射场工作流程精细化设计思路实质上是一种系统思维，采用模块化的方法进行发射场工作流程精细化设计，融合知识管理设计，通过数字化技术和工具实现精细化流程和岗位作业指导书落地实施。通过合理构建基本模块并实现基本模块的复用、重构，实现流程的快速组合化设计和精细化设计，并且可以快速应对技术状态变更，只要对与技术状态对应的基本模块进行修改即可完成流程的重新设计和生成。

发射场工作流程精细化设计方法的核心是“两维度、四梳理、六模块、八步骤”：

1. 两维度

两维度是指过程维度和岗位维度，从过程维度、岗位维度开展流程精细化设计工作；将流程与岗位有机结合，通过流程精细化设计驱动岗位职责明确细化，同时规范岗位作业指导书，实现岗位现场操作测试与质量管理要求、知识经验、标准规范有机融合。

2. 四梳理

四梳理包括：

1）梳理发射场工作的过程和关键节点，关注开展每项工作项目在整个流程中的逻辑关系、岗位人员和关键设备等内容，形成工作项目细化表，梳理各流程和节点间的逻辑关系，编制工作流程图；

2）梳理每项工作的控制要素，将每项工作的实施细化为工序，针对关键工序编制工序岗位作业指导书，提出具体工作内容和控制要求；

3）梳理参与每项工作的岗位人员，关注岗位设置，为每个工作岗位制定代号，并将岗位梳理与工作项目细化表的梳理做到相互结合；

4）梳理出每项工作需要花费的具体时间和串并行关系，结合工作流程图的逻辑关系，开展工作流程优化。

3. 六模块

六模块包括三个基本工作流程模块、一个基本工作单元模块、一个基本技术状态模块和一个岗位作业指导书模块。模块化的发射场工作流程设计的底层最小单元为基本工作单元模块。基本工作单元模块是流程与岗位的结合点，基本工作单元模块是开展流程精细化设计与优化的切入点和抓手，是设计的主要对象、岗位职责要求明确的主要载体。基本工作单元向上对接流程，进行流程的组装；向下与岗位、岗位作业要求进行一体化融合，指导参试岗位人员开展具体工作。将岗位作业指导书标准化，是岗位人员开展现场工作的唯一依据，打造形成各岗位的数字知识资产。将精细化靶场工作流程、设计要求、标准规范、质量要求以及前人的知识经验等融合进岗位作业指导书中，通过数字化技术和工具，使知识和数据招之即来、来之即用、用之即对，做到对现场操作测试岗位人员的全面支撑和保障，真正实现知识产品对接生产一线现场。

4. 八步骤

靶场工作流程精细化设计工作分为流程梳理分解、流程问题分析、流程优化完善、流程有效控制、流程效果评价、流程要素固化、流程配套设计、流程迭代改进等 8 个主要步骤。通过反复迭代设计，最终构建发射场工作流程规范优化、岗位要求清楚明晰、过程管控精细量化、整体运转高效通畅的航天产品精细化发射场工作流程。基本工作流程以“可交付成果”为导向对工作项目进行分解得到，符合 SMART 原则，检验每级流程是否分解到位、定义是否准确，主要依据以下 6 条标准：

1）每级流程都有一个可交付的成果；

2）明确定义流程的开始和结束，输入和输出的参数或状态；

3）每级流程的工期易于估算且在合理的期限内；

4）每级流程所需要的资源是明确的；

5）和其他流程的分工界面是清晰的；

6）每级流程的操作、测试、检查要求是明确的，满足可检测的要求，并配套有可按步实施的岗位作业指导书。

为确保精细化流程成果能落地实施，结合数字化、信息化技术，开发了发射场工作流程精细化设计及应用平台系统。以模块的复用、重构为核心，将发射场工作流程进行模块化构造，实现流程快速和精细化设计，并与岗位作业指导书、质量控制要点一体化设计，流程驱动任务进展和划分岗位职责，岗位作业指导书确保岗位人员按要求和标准作业；开发现场操作信息化应用终端 C－PAD（Operation _ Check 操作检查、Process Result Confirm 过程结果确认、Quality _ Control 质量控制、Closed _ Loop Manage 闭环管控），利用“一本通式”C－PAD 应用终端打通发射场工作的所有应用场景，与靶场调度会结合，实现流程的落地实施、现场确认、及时反馈、闭环控制，岗位现场使用 C－PAD 终端，依据精细化流程，按岗位作业指导书中明确的要求和标准，一步一动，一动一确认，实现做事有依据、做事按记录、做事留记录，确保精细化流程、质量管理要求、标准规范成果能真正在科研生产一线落地实施，如图 2 所示。

将精细化流程与发射场过程质量确认制结合，对关键流程、操作测试结果进行现场的过程质量确认，多岗把关，形成操作测试与检查确认的闭环，强化过程操作责任落实、过程质量精细化管控，推动质量管理由事后总结向过程质量控制转变，确保过程质量控制的

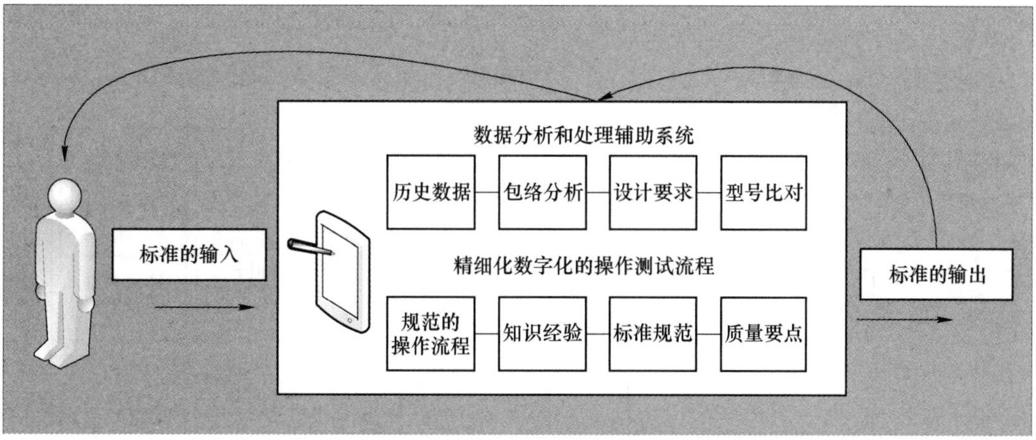

图 2　岗位人员使用 C—PAD 系统在发射场实施标准化作业

及时性和有效性，实现过程质量受控。

三、在实践应用过程中的典型做法

严格依据“两维度、四梳理、六模块、八步骤”的设计方法，开展发射场工作流程精细化设计及应用工作。为确保流程的精细化设计的目标不跑偏，过程不反复，工作不剧增，效果不浮地，要求按“五个标准化”开展工作：流程设计过程标准化、流程设计结果标准化、岗位作业指导书标准化、执行过程标准化、优化迭代标准化。

通过编制《发射场工作流程精细化设计方法研究及其应用要求》《基于模块化的发射场工作流程精细化设计平台的应用要求》《航天发射场岗位作业指导书编写规范》等文件，明确开展发射场工作流程和岗位作业指导书精细化设计的方法、步骤、标准和要求等。

采用两条线并行开展流程设计和优化，同步迭代：即自上而下进行流程分解，自下而上进行流程组合及优化，加快发射场工作流程的设计和优化过程。依据基本工作流程编制岗位作业指导书，覆盖靶场 3 类岗位作业指导书需求：操作类、测试类、检查类，如图 3 所示。

将精细化流程与过程质量确认制的结合。将精细化的操作岗位作业指导书、多媒体记录等直接作为过程质量确认制的见证材料，实现“数同源、变同知”。强化质量责任落实，推动质量管理由事后总结向过程质量控制转变。

四、实际应用场景和产生成效

流程精细化设计及数字化应用是解决当前发射场操作质量问题、促使航天事业走向“三高”发展的有效途径。

（一）流程精细化设计

全面梳理一级流程、二级流程和基本工作单元。按照基本工作单元开展岗位人员的岗

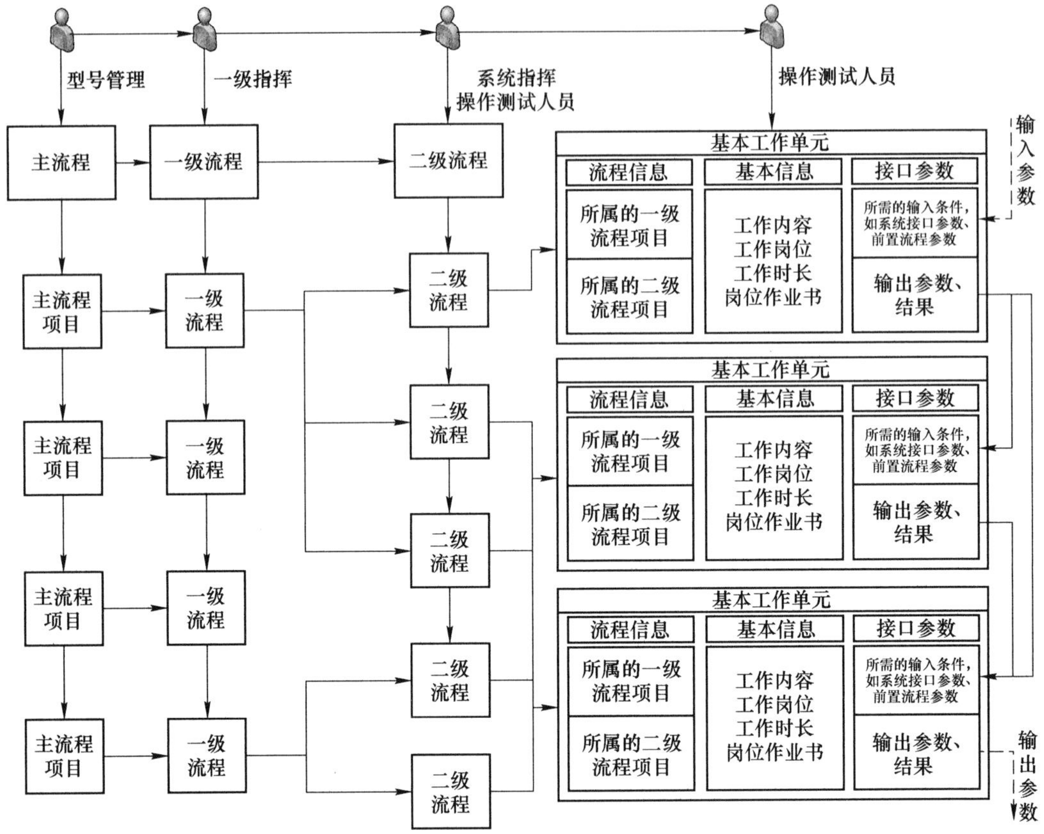

图 3　按流程、岗位进行流程的分解细化

位作业指导书的规划和编写，全面覆盖靶场的所有操作、测试、检查工作项目及所有的参试岗位人员。

（二）岗位作业指导书设计和应用

按岗位作业指导书的设计要素和设计模板要求开展设计，岗位作业指导书的设计要素主要包括岗位作业指导书的基本信息、操作测试项目设计、多媒体记录要素设计、质量特性要素设计、产品要素设计以及装配生产类要素设计。

在发射场各操作现场，各岗位人员使用专用的 C－PAD 终端按设计的表格进行数据记录，操作要求、状态检查的状态确认，现场记录，现场确认，现场签署。C－PAD 中提供历史数据包络，供现场操作、检查时参考，超包络值给出预警提示。由于全部采用了结构化的数据记录，实现了不同岗位之间的“数同源、变同知”，即所有的岗位共享源头数据，数据来源一致，源头数据发生变化，所有岗位均能知悉，减少数据的记录和传导错误。

（三）发射场闭环管理

在应用端设计工作调度和工作汇报模块，实现发射场工作流程的精细化实施。在发射场直接由产品调度人员使用该系统进行工作调度安排和汇报，形成工作布置、过程控制、工作反馈的闭环，使发射场精细化流程能真正实现落地实施，如图 4 所示。

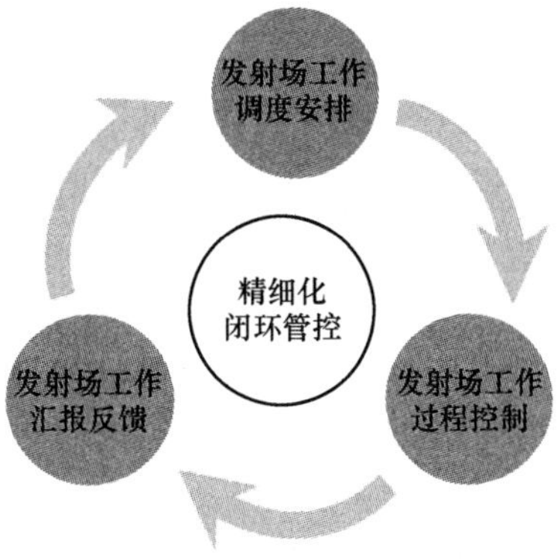

图 4　精细化成果的落地实施和闭环管控

（四）发射场实际应用

目前，该流程设计方法和系统在 CZ－2C、CZ－3A 系列、CZ－5、CZ－7 系列和 CZ－8 等火箭产品进行了全面应用，按“两维度、四梳理、六模块、八步骤”的方法，开展发射场工作流程精细化设计和应用，利用软件平台和 PAD 应用端，完成现场工作、过程质量确认、故障预案处理、工作汇报等，有效杜绝了发射场工作的低层次错误，应用效果较好。2020 年，通过发射场工作流程精细化的应用，首次实现了发射场操作质量问题为零的目标，见表 1。

表 1　各产品流程及岗位作业指导书的设计和梳理情况统计

应用产品	一级流程数量	二级流程数量	基本工作单元数量	岗位作业指导书数量
CZ－2C	17	74	266	451
CZ－2F	25	96	356	563
CZ－3A 系列	20	86	291	550
CZ－7 系列	45	155	486	1 236
CZ－8	45	125	435	1 125

（五）质量管理要求全面落地

对航天质量要求进行分解细化，形成一条条可落地检查的项目，对操作、测试所涉及的质量特性要求，利用 C－PAD 进行现场提醒并进行多媒体记录。由系统对各维度的质量特性完成情况进行汇总、统计、分析，一本账管到底，见表 2。

表 2　质量要求分解细化并在 PAD 中进行表格化落实

是否Ⅰ类单点	是否Ⅱ类单点	是否易错操作	是否难操作	是否属关键操作	是否有拧紧力矩要求	是否最后一次动作	是否多媒体项	是否属于结果汇报数据
是	是	是	是	是	是	是	否	否
是	是	是	是	是	是	是	否	否
是	是	是	是	是	是	是	否	否

（六）发射场数据形成数据资产

形成数字化的知识资产，让知识资产化“无形”为“有形”，化“隐性”为“显性”，成为真正落地应用的知识。流程精细化与知识管理相辅相成，通过流程精细化的设计和应用，逐步累积，每一次操作、测试和检查确认有记录、可追溯。并对记录的数据进行挖掘，对重要的数据形成数据包络，可以进行产品不同任务、不同产品之间的数据比对分析，并根据生产场景的不同，向不同的岗位推送相关知识，从而真正赋能一线工作人员。

五、方法的创新性和推广价值

该方法和系统在发射场的数字化应用在航天系统内属于首创，已在CZ－2C系列、CZ－3A系列、CZ－2F、CZ－5系列、CZ－7系列、CZ－8等多个产品进行了全面的实践和应用，作为2021年保障空间站任务的一项重要举措，在执行空间站任务的宇航产品得到了全面的应用，有效防止了发射场操作质量问题的发生，并逐步形成产品的靶场岗位知识资产，效果较好。具备较好的全行业复制和推广应用的基础和价值。

流程精细化设计和应用，本质是一次组织和个人的工作方法和理念的变革，把从依靠个人能力转变为依靠系统和组织能力，通过与数字化手段结合，解决两个基本问题：“做正确的事”和“正确地做事”：

1）让组织“做正确的事”，采用系统思维，系统性地解决航天发射中的质量问题，从而实现高质量的保证成功。基于模块化的发射场工作流程精细化设计及数字化应用方法，核心思想是要建立一个简单高效的质量管控和实施模型，把航天发射的质量管控从依靠个人能力转变为依靠系统和组织能力，使航天发射不再是“努力保成功”，而是“让成功迭代”，成功不再是“如履薄冰”，而是“自然而然”，成功是一个自我迭代、自我进化的简洁高效模式下产生的自然结果。让组织“做正确的事”，通过组织开展流程精细化设计，把复杂的事情交给组织，由组织持续打磨标准的操作、测试、检查确认流程，将质量管理要求、标准规范、设计准则、设计禁忌、个人隐性知识和经验等，分解转化为一条条具体的、明确的、可检可测、可落地的措施，通过数字化技术手段和工具，制定规章制度保障流程精细化设计成果和措施可有效落地，并持续迭代优化，从而让航天质量管控在“持续有效的模式”中自我进化。

2）让岗位人员“正确地做事”，通过制度要求岗位人员“按章办事”，做事有依据、做事按依据、做事留记录，依照精细化流程和精细化岗位作业指导书的规定和标准进行操作、测试和检查确认，确保一次就把事情做对；并将记录的结果和现场的操作经验反馈给系统，促使系统进行知识设计和形成数字资产，使每一次操作、测试和检查确认都是有记录、可追溯、可比对的，让现场操作是按设计状态进行的、严格受控的。

航空工业集团产品质量先期策划方法

一、方法介绍

产品质量先期策划（Advanced Product Quality Planning，APQP）是国际航空航天行业最新倡导用于新研和改型产品研制过程的质量策划技术，是一项与产品研制特点和组织管理特点紧密结合、贯穿产品研制生产全流程的质量管理方法。APQP 是以策划、产品设计与开发、过程设计与开发、产品与过程确认、生产使用与交付后服务等 5 个阶段（见图 1），对产品从方案、设计、制造到生产服务阶段的与质量相关的业务活动进行策划，并在产品研制过程中对关键业务活动交付物进行跟踪、监控预警、持续改进，以实现对于产品研制过程的质量保证。2016 年，波音公司、空中客车公司、洛克希德·马丁公司等 20 余家航空航天企业推动国际航空航天质量组织（以下简称“IAQG”）发布了 IAQG 9145 标准《产品质量先期策划与生产件批准程序要求》，2021 年启动 IAQG 9145 标准的修订工作。与此同时，IAQG 组织开发支撑标准落地的指导材料，并不断完善。

航空工业产品质量先期策划（以下简称“AVIC－APQP”）是在 IAQG 的 APQP 方法的基础上，结合航空工业的产品研制特点、组织管理特点和国军标要求，所构建的涵盖 AVIC－APQP 技术框架、文件体系、支撑工具以及组织管理机制，以风险预防和过程管控为主的航空产品质量保证模式，旨在确保质量活动前移并与业务深度融合，实现一次做对，缺陷为零。

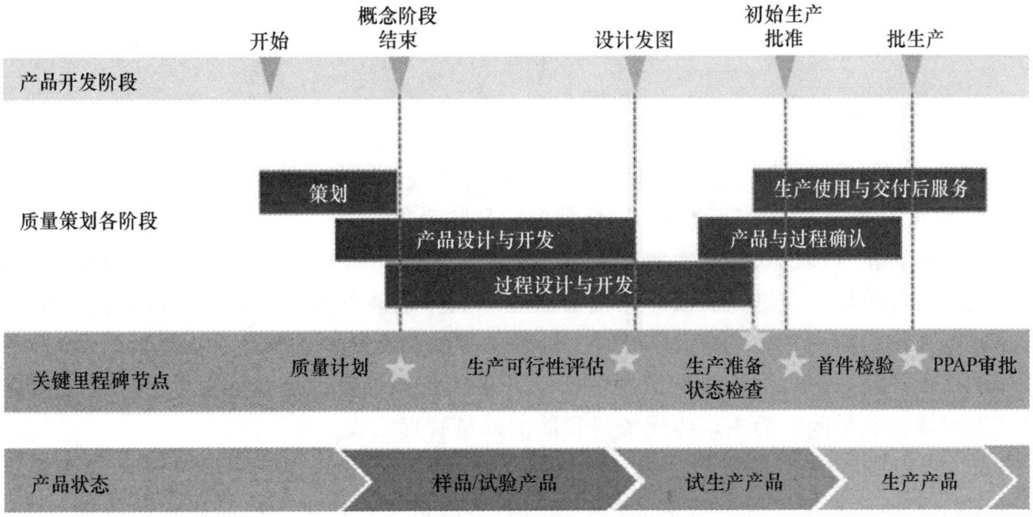

图 1　IAQG 的 APQP 基本结构框架

（一）AVIC－APQP 构建的总体思路

中国航空工业集团有限公司成立由多专业构成的专家队伍，分析汽车行业、IAQG、空中客车公司等国内外 APQP 的研究与应用情况，总结航空工业产品的研制现状和特点，开展实施 APQP 可行性分析，明确 AVIC－APQP 的主要阶段、关键业务活动及其交付物，形成满足航空工业产品研制流程和要求的 AVIC－APQP 技术框架；提出适应新研、改型、改进等各类应用场景下的结构框架应用技术，构建关键业务活动之间的逻辑关系，开发实施规范性文件，形成 AVIC－APQP 技术体系；结合技术框架和技术体系的要求，构建 AVIC－APQP 的组织机制、工作模式、应用流程和奖惩机制，形成 AVIC－APQP 运行体系；以技术体系和运行体系为输入，开展专业人才队伍建设和软件平台构建，形成 AVIC－APQP 保障体系，如图 2 所示。

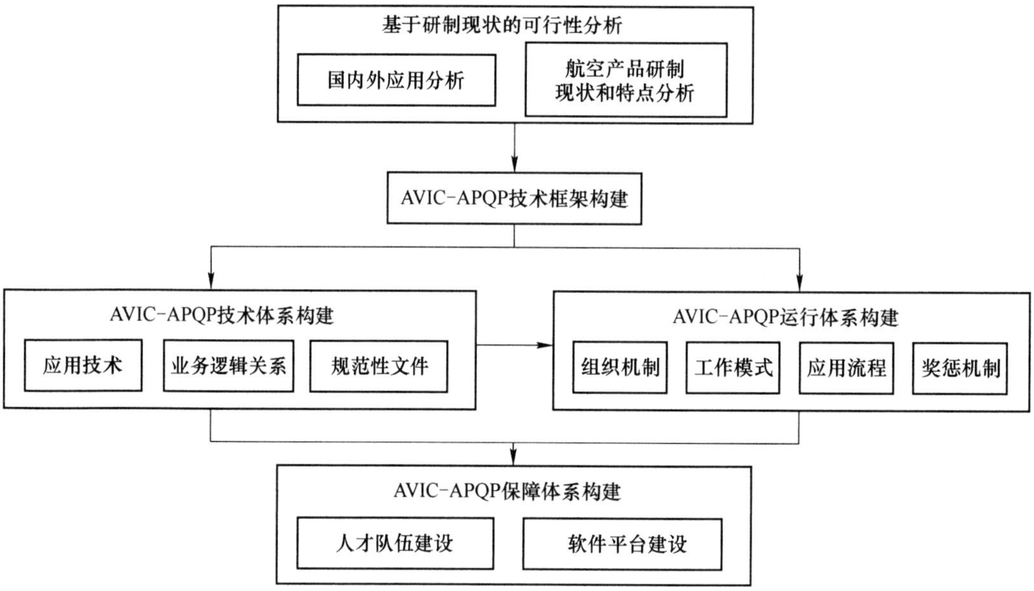

图 2　AVIC－APQP 构建总体思路

（二）基本特点

AVIC－APQP 在管理模式和推进方法上，呈现以下特点：

1. 质量资源投入向早期倾斜，以质量管控预防为主

传统的质量管理模式以“控制和消除不合格”为主，质量活动的资源大部分集中在制造、交付后等阶段，在这些阶段产品质量已经形成，结果不可逆转，问题解决流程烦琐、修复成本高昂；而 AVIC－APQP 提倡在研制早期投入较多的资源开展质量策划，充分考虑研制生产风险，同时围绕质量策划的活动开展质量控制和改进。因此，AVIC－APQP 以“控制和消除风险”为主，体现的是预防的质量管理模式。

2. 质量工作融入产品研制主线，质量职责全员共担

AVIC－APQP 将质量目标和质量要求进行分解传递，转化为产品研制关键业务活动的工作要求，通过对关键业务活动的监控，达到对于产品研制过程的质量管控，通过关键业务活动达成要求，来最终实现产品的质量目标和要求，将质量工作融入了产品研制主

线。在计划上，AVIC－APQP的时间计划在产品研制计划的框架下制定，实现质量计划融入产品研制计划。在职责上，AVIC－APQP针对产品项目负责人、研制业务人员、质量人员等提出了质量工作要求，切实地将质量职责分解落实到项目全员。

3. 采用跨职能团队的工作模式，各类需求充分识别

AVIC－APQP倡导跨职能团队的工作模式，以充分利用多学科、多专业的知识和经验，实现跨职能的协作和达成共识，并保证质量要求在产品实现各个环节的有效传递、各类需求充分识别。

4. 凡事有依据、有方法、可检查，各项要求有效落实

AVIC－APQP的文件体系涵盖顶层应用要求、关键业务活动的细化操作规范、质量工具的应用手册及关键业务活动检查表单，使得各项工作可实施、可管控。

二、应用情况

中国航空工业集团有限公司从顶层组织推进AVIC－APQP工作，工程应用遵循“点－线－面”的总体推进思路，从简单、影响小的产品“点”上做起，进而拓展到产品“线”上应用，技术方法和人员队伍逐步成熟后，拓展到“面”，实现AVIC－APQP的推广应用。

2019年，中国航空工业集团有限公司选定成都飞机工业有限责任公司、成都生物制品研究所、西安飞机工业有限责任公司、力源液压公司4家单位的10个产品开展“点”上应用，与类似产品对比，实现产品一次交付合格率的大幅提升以及拒收单的大幅降低。

2020年，在部分重点产品线上开展工程应用，涉及23个项目、实施单位14家，取得以下成效：

1）厂所联动效应初显。有效促进设计制造并行协同，实现在研制早期进行风险防控，为跨组织推进APQP提供了示范。

2）有效识别研制风险，提高质量水平。2020年开展工程应用的23个项目，共识别出514项潜在失效模式，制订改进措施130项，多项产品实现故障率大幅下降和生产装配周期的大幅缩短。

3）建强人才队伍，质量管控能力不断提升。培养出核心专家16名、内训师116名、实施人员3 115名。

三、形成的技术成果

中国航空工业集团有限公司通过近3年的研究和工程应用推进，已形成并正式发布《AVIC－APQP应用指南》《AVIC－APQP实施指南及检查单》《AVIC－APQP推进实施方案》，并开展多项关键业务活动实施指南的编制。具体技术内容包括：

1）建立了与航空产品研制流程相集成的AVIC－APQP技术框架。梳理出覆盖航空产品论证、工程研制、列装定型、批产与服务保障各阶段的44项关键业务活动，以“阶段－关键业务活动－交付物”的结构对44项关键业务活动进行结构化质量策划。

2）建立了AVIC－APQP的技术体系。包括：新研、改型等场景下的关键业务活动

选择方案，44 项关键业务活动的逻辑关系和流程，44 项关键业务活动的实施指南、检查单、交付物模板，11 项关键业务活动实施指南。

3）构建 AVIC－APQP 的应用要求。明确了 AVIC－APQP 推进的组织机制、工作流程和职责分工。

4）建立了 AVIC－APQP 保障体系。开发了 AVIC－APQP 导入班、提升班、师资班培训课程及教材，开发了 APQP 项目管理软件。

四、典型案例

2020 年，中国航空工业集团有限公司策划推动 AVIC－APQP 在“产品线”上的应用，其中某型机 3 个项目为重点应用对象。这三项产品改进程度比较大，且采用新材料、新技术、新工艺，研制风险较高。该项目由某主机所和主机厂联合承担，为应对跨组织工作分离的情况，构建了跨组织联动机制。两家单位的项目组有效贯彻了 AVIC－APQP 各项要求，实现了设计、工艺并行协作。

主机所的项目团队和主机厂的项目团队按照 AVIC－APQP 的联动要求，在设计方案还未最终确定的情形下，主机厂项目团队就启动了阶段三“过程设计与开发”的工作，并随设计工作同步更新，实现了阶段二“产品设计开发”与阶段三“过程设计与开发”并行协同开展，有效推进了面向制造和装配的设计，有效提升了设计质量、制造和装配的合理性与可行性，取得了良好的应用效果和示范效应。

某产品项目积极开展厂所联动，厂所全年召开跨组织、跨职能 APQP 例会达 16 次以上，在设计发图滞后的情形下，同步开展了工艺风险分析与流程设计，提升了研制效率，厂所联合在设计阶段对产品数模进行了先期优化，优化重大问题 8 项，将质量控制工作前移。该项目通过开展风险分析，梳理了制造、装配过程的风险，制定了 1 项基础研究、3 套技术方案、3 项设计准则等措施，指导面向制造和装配的设计。

三项重点产品项目，通过 DFMEA（设计故障模式及影响分析）、过程流程图、PFMEA（过程故障模式及影响分析）、控制计划等质量技术在产品设计和制造过程的集成应用，共识别潜在风险 162 项、高风险 48 项，制定改进措施 48 项，有效提升了质量风险管控水平。

五、方法的创新点及推广价值

AVIC－APQP 的创新点包括：在管理理念上，倡导基于风险的主动预防，改变以往被动救火的质量管理模式。在技术框架上，在军品的研制框架下构建了 AVIC－APQP 的技术框架，实现了 AVIC－APQP 与航空工业产品研制流程相集成，真正实现质量要素融入设计生产流程。在流程上，厘清了 44 项关键业务活动的逻辑关联关系，构建了覆盖航空产品研制生产全过程的逻辑连贯的质量工作链。在保障上，构建了适应航空工业的推进组织和机制，包括管理机制、推进流程、组织架构和职责要求等。

AVIC－APQP 适用于新研、改型产品的质量策划与保证，能够切实将质量要求融入产品研制流程，提升产品质量风险管控能力，推动以预防为主的质量管理模式形成，系统提升组织的质量管理能力和实物质量水平。

基于模型的系统工程通用质量特性设计方法

一、方法介绍

随着航空产品能力需求的不断提高和作战环境的日趋复杂化，传统研制手段在处理复杂的需求关联和需求冲突，平衡功能、性能、可靠性、安全性、维修性等多专业设计要求方面显得越来越力不从心，产品的研制手段和研制模式迫切需要革新。基于模型的系统工程（Model Based System Engineering，MBSE）是近年来兴起的一种全新的系统设计方法，在国内外航空企业中得到了广泛的应用和认可，波音公司、空中客车公司、洛克希德·马丁公司等国外先进航空企业的实践已经证明，MBSE是应对复杂多变的需求环境，实现复杂系统多专业综合权衡设计的有效手段，主要作用体现如下：

1）有利于实现通用质量特性设计与功能设计过程的融合。系统工程、MBSE的应用使得产品设计的技术过程规范化程度大幅提高，在MBSE研制模式下，以MBSE模型为"纽带"，有利于实现通用质量特性设计与功能设计的过程融合、技术方法融合、技术工具融合和数据融合。

2）有利于实现研制过程中通用质量特性需求的体系化和设计控制点的明确。通用质量特性需求的不明确、不可设计是老问题，依托产品MBSE的需求识别、分析与分解过程，以关键故障的识别和控制为目标，可以逐级细化通用质量特性设计需求和设计控制点，实现面向"使用要求—功能故障控制要求—物理故障控制要求"的正向设计过程，改变原先单纯以指标为导向的设计思路。

3）有利于实现全过程的通用质量特性验证与设计控制。传统的通用质量特性控制偏后端，早期的验证和设计控制力度偏弱。借助MBSE方案阶段形成的设计模型为基础，可以在研制早期实施系统方案的通用质量特性仿真验证和评价，促进系统架构方案的改进和优化；在研制末期借助半物理仿真、物理试验手段进行需求的验证，从而打造出面向全过程的验证和评价体系。

基于MBSE的通用质量特性设计总体思路如图1所示，MBSE过程主要按照双V模式反复迭代开展，主要包括左侧方案设计阶段各层次产品的V模型迭代，其技术过程为"需求分析—功能分析—设计综合"，其中，需求分析主要是对各级产品的使用要求和技术要求进行分析，最终形成各级产品的规范要求、验证方式等设计基线，功能分析与设计综合的目的是将技术要求转化为系统架构和方案；右侧为设计实现的V模型迭代，主要针对方案阶段形成的设计要求，基于验证计划采用分析、仿真、试验、评审等方式进行验证和确认。

在MBSE研制模式下，通用质量特性设计在V模型左侧各技术过程中要同步完成通用质量特性要求的分析、通用质量特性方案设计以及通用质量特性方案的设计评价，在开展下一产品设计前进行上级产品需求的确认；在V模型的右侧伴随系统工程的验证过程，同步进行通用质量特性要求的回归验证。该V模型在论证、方案、工程研制、设计定型阶段反复迭代开展。

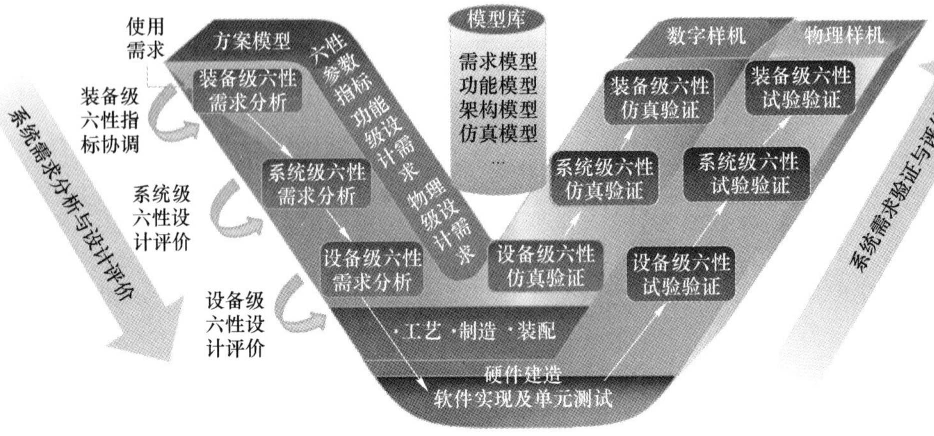

图1　基于MBSE的通用质量特性设计总体思路

在论证阶段，通用质量特性工作是针对产品的通用质量特性要求，形成初步总体技术方案，发现关键的通用质量特性设计难点和风险，提出相应的解决措施和途径，具体实施程序如图2所示。

在方案阶段，通用质量特性工作是针对各级产品设计方案，以MBSE形成的功能清单为输入，开展功能危险性分析（FHA）、故障树分析（FTA）、功能失效模式及影响分析（功能FMEA）、硬件失效模式及影响分析（硬件FMEA）等，根据故障影响的严重程度确定关键故障，生成通用质量特性设计需求，细化不同产品层次的功能控制项，指导通用质量特性设计方案的生成。同时，以各级产品MBSE架构模型为输入，开展基于架构的安全性、可靠性、测试性设计分析，进一步开展维修性、保障性设计分析，基于通用质量特性设计分析结果对架构设计进行改进，具体实施程序如图3所示。

在工程研制和定型阶段，通用质量特性工作是进一步将功能控制要求转化为软硬件物理失效的控制要求，根据软硬件的功能设计、物理设计方案，开展详细的通用质量特性设计、验证和评估，具体实施程序如图4所示。

二、应用情况

中国航空工业集团有限公司以航空产品数字化正向设计研制模式革新要求为抓手，组织主机研制单位共同组建数字化、专业设计、质量工程等多专业技术团队，协同开展基于MBSE的通用质量特性协同设计技术体系构建与工程示范应用，细化产品数字化建模准则与模型审查要点，攻克产品正向研制与通用质量特性在工作活动协同、模型数据集成等方面的应用技术壁垒，在某型飞机机电管理系统、某型飞机通信数据链系统、某型飞机任务处理系统、某型飞机通信导航敌我识别系统、某型飞机通信导航识别系统、某型飞机飞控

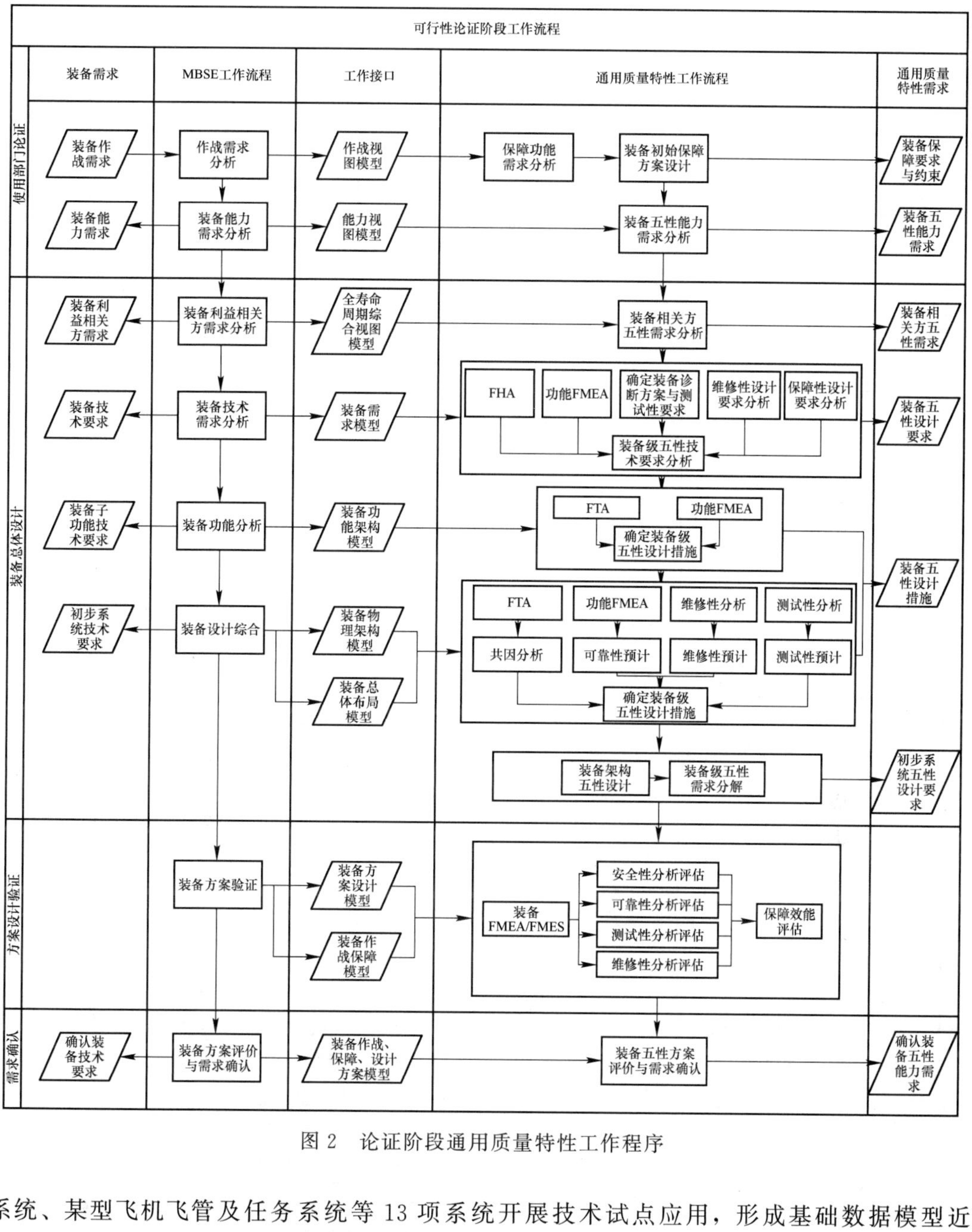

图 2　论证阶段通用质量特性工作程序

系统、某型飞机飞管及任务系统等 13 项系统开展技术试点应用，形成基础数据模型近 200 项，基于模型完成系统通用质量特性设计分析与评估工作，有效指导设计改进措施的提出与落实；同时，推进国产化软件工具体系建设与产品研发配套，截至 2020 年 12 月已形成 6 级以上成熟度软件工具 11 项，形成以数字化模型为驱动的通用质量特性与正向设计协同工作能力，对产品的系统工程实践与通用质量特性水平提升起到了关键的促进作用。

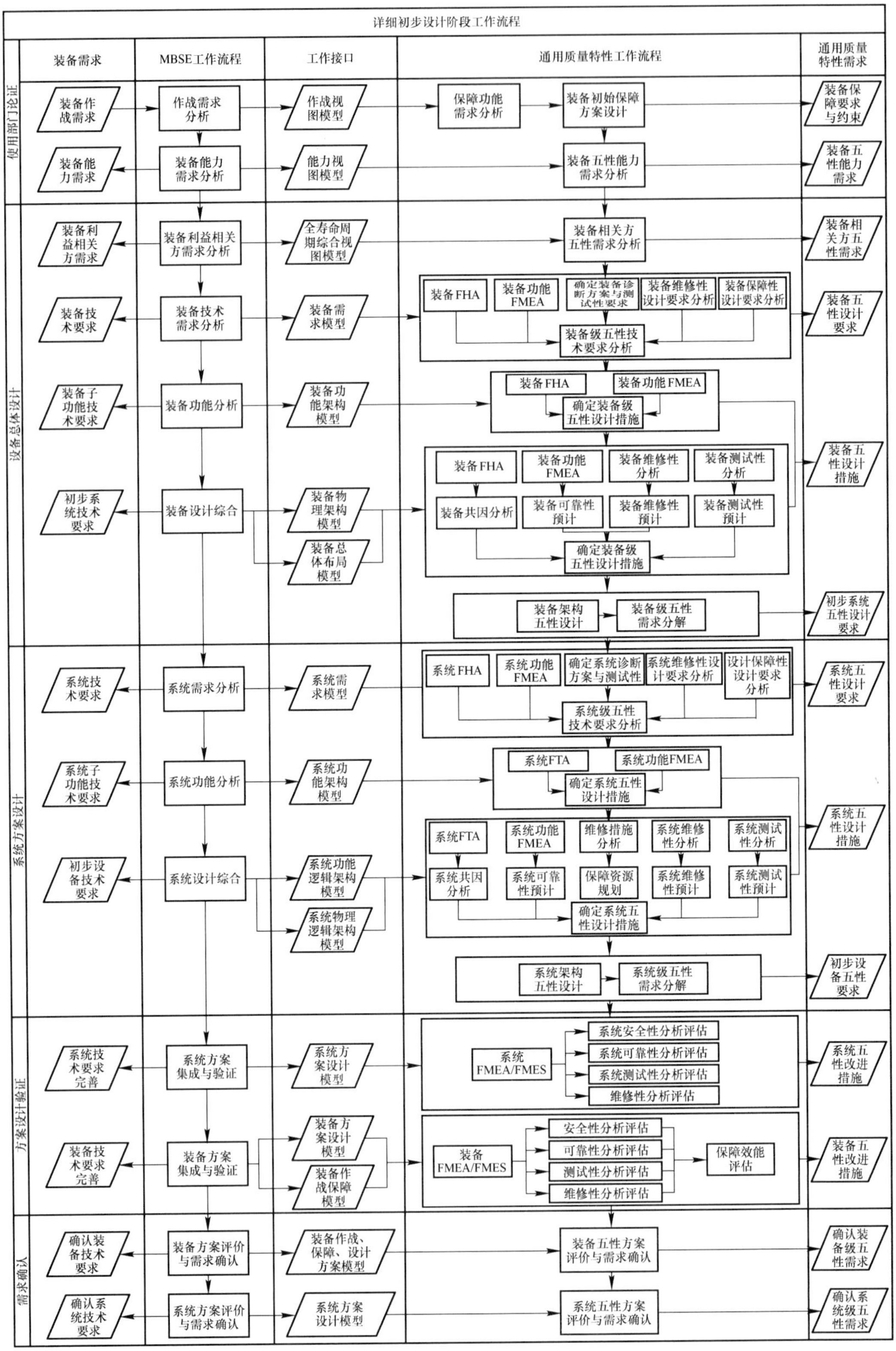

图3　方案设计阶段通用质量特性工作程序

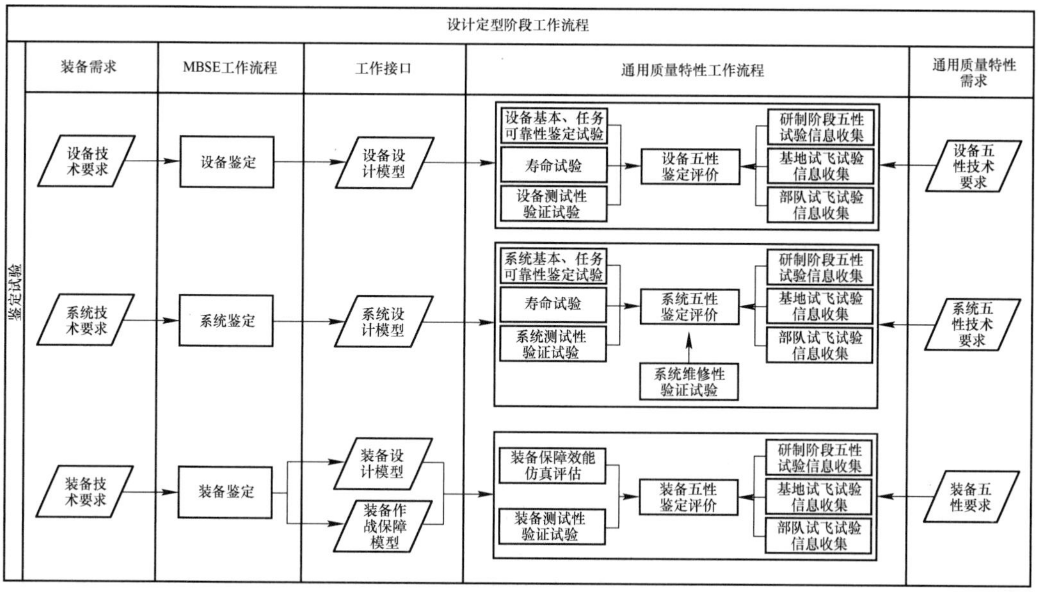

图 4　工程研制和定型阶段通用质量特性工作程序

三、形成的技术成果

该方法在应用中形成的技术成果包括：

1. 标准规范（集团 MBSE 标准 4 项）

编制《基于模型的航空产品安全性分析方法》《基于模型的航空产品可靠性分析流程与方法》等 4 项集团公司标准。

2. 实施指南（应用指南 4 项）

结合工程应用经验形成《基于模型的系统安全性分析评估应用指南》《基于模型的系统测试性分析评估应用指南》等 4 项实施指南。

3. 软件工具（自主研制软件 11 套）

自主研制基于模型的五性综合设计软件（RAMIDS. RelLab）、基于模型的 FMEA 集成软件（RAMIDS. FMEA）等 11 套软件工具，为系统级通用质量特性相关技术工作开展提供支撑。

4. 专利论文

发表相关论文 5 篇，专利 2 项。

四、方法的创新点及推广价值

该方法主要创新点体现在以下 3 个方面：

1）需求牵引，以产品功能需求、架构设计为输入，将通用质量特性设计要求落实到产品功能、架构、物理设计上；

2）模型驱动，实现 MBSE 设计模型与通用质量特性模型的集成，提高分析效率和准确性；

3）过程控制，与 MBSE 研制过程相协调，支持全过程设计评价。

目前，航空工业开展 MBSE 技术研究与应用的单位已经扩展到 36 家，范围覆盖飞机、航电系统、机电管理系统等。该方法可推动落实关于全面推进产品通用质量特性论证、研制与管理工作的相关要求，促进航空产品研制单位将通用质量特性设计工作落实到产品设计工作中，提升产品固有的通用质量特性水平，降低设计反复次数，提高设计效率。

五、典型案例

面向航空产品基于 MBSE 的正向设计与通用质量特性数字化技术手段革新要求，针对目前 MBSE 研制模式下通用质量特性与正向设计过程脱节、数字化模型应用成效不高、缺乏有效技术方法等问题，联合产品总体、专业工程等多部门，以产品 MBSE 研制过程为抓手并行开展相关技术的应用研究，并以某型飞机为对象全面开展工程实践应用，完成 22 项分系统故障传播模型构建、6 项关键分系统安全性、任务可靠性分析评估，形成指南文件 8 项，研发配套软件支撑工具 3 项，为后续全面开展基于 MBSE 的产品通用质量特性工作提供支撑。主要工作应用与技术过程如下：

1）面向任务场景的整机级通用质量特性需求分析。基于 MBSE 用例与活动场景模型，以影响产品飞行安全、任务执行的关键风险为目标，细化识别整机级关键功能故障模式、特殊风险事件、环境影响要素等，并进一步开展基于风险系数（RPN）的风险控制权衡决策，明确各风险因素的控制措施，形成整机级通用质量特性需求分析，如图 5 所示。

2）面向系统架构的故障综合建模与 FTA 分析。以机载系统 MBSE 架构模型为输入，通过关键模型要素解析与提取、故障模式与传播路径综合建模、模型转换与集成等一系列技术过程形成典型机载系统故障逻辑模型，并以武器发射过程为对象开展基于模型的 FTA 集成分析应用，全面识别并定位导致武器意外掉落、武器无法发射等典型安全、任务关键功能失效的故障原因，如图 6 所示。

3）基于模型的典型机载系统安全性、任务可靠性分析评估。在航电系统方面，针对其功能优先级配置、通用资源调度等动态重构特性，开展基于 AltaRica 语言的系统动静态集成建模，在有效表征系统动态重构策略的基础上实现对故障序列、任务可靠度的分析与评估；在机电系统方面，针对弹射起飞、着舰过程中由于性能降级或环境影响导致的着舰点偏差等安全性性能要求，开展关键系统性能与故障集成建模，通过性能仿真分析关键设计参数改变（弹射力、摩擦力、推力、控制参数、油液压力等）、敏感参数变化（传感器增益等）及环境变化（甲板运动、风速等）等对飞机下沉量、姿态、着舰轨迹、着舰点偏差等性能精度的影响，评估舰载机弹射起飞、着舰安全性，如图 7 所示。

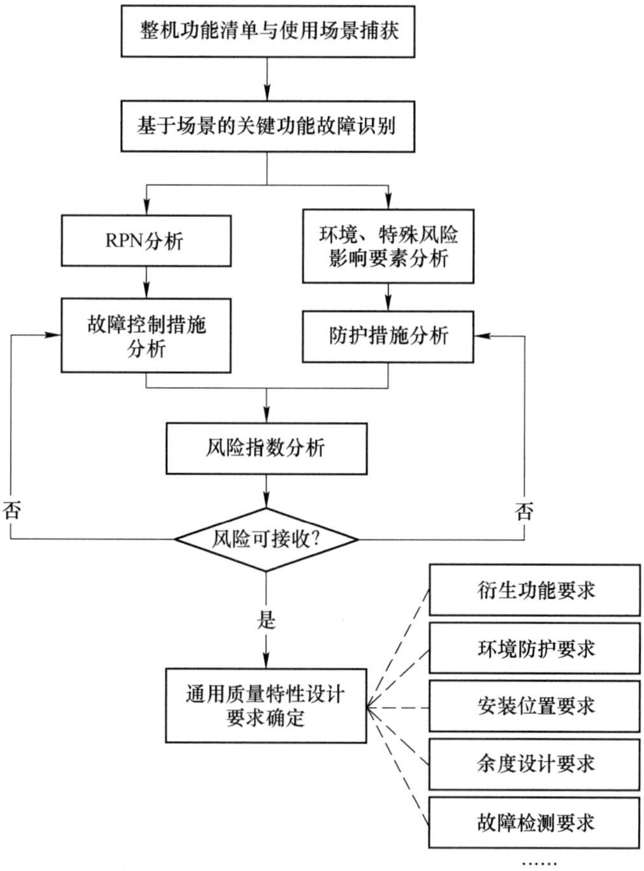

图 5　面向功能故障的通用质量特性需求分析实施路径

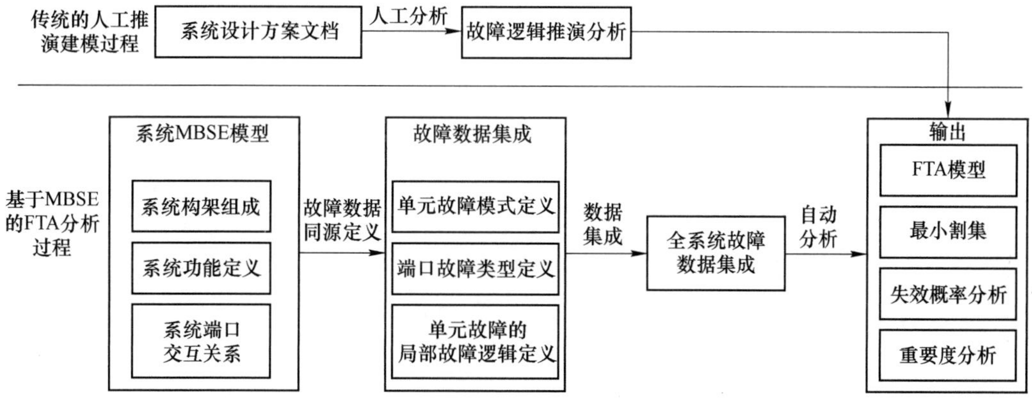

图 6　基于 MBSE 的 FTA 集成分析实施路径

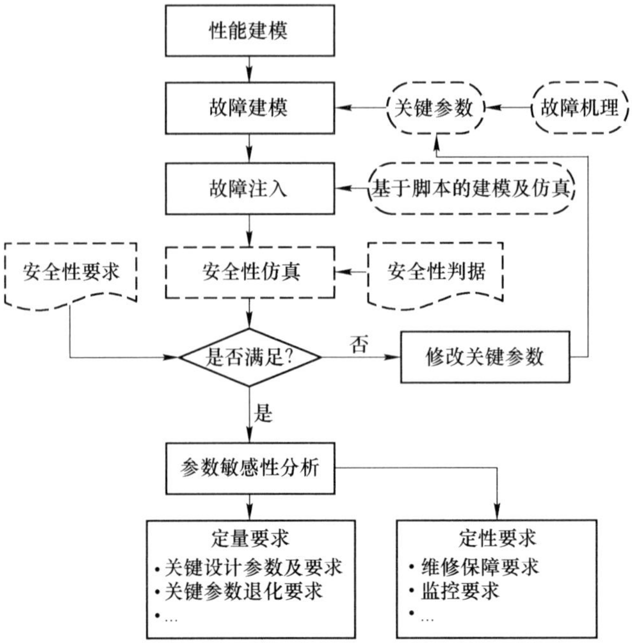

图 7　基于性能模型的安全性分析评估实施路径

基于“逐次近似法”的舰船施工设计质量管理方法

一、背景情况

近年来，在积极推进中国特色军事变革的深刻背景下，海军主战产品正朝着大型化、复杂化和高度集成的方向飞速发展。新的舰船产品在设计周期、设计质量、技术先进性等方面都有了更高的要求，传统的舰船设计程序及管理模式已不能适应现实的需求。

在专项工程施工设计任务中，七〇一研究所因工程特殊性而面临着重重困难：

1）专项工程施工设计图样量巨大，是常规水面舰船的 7～10 倍，而实际完成周期和常规舰船相当，其设计周期极其紧张。

2）设备资料提交严重滞后，总体施工设计输入不足。

3）总体施工设计与船厂生产设计同步开展，导致施工设计过程中有大量的技术问题需要协调。

4）总体、系统、设备间接口关系复杂，部分系统、设备在研制过程中技术状态调整频繁，导致总体施工设计技术状态控制难度大。

为了按时保质地完成任务，七〇一研究所积极探索在施工设计工程管理模式上的创新，提出了基于“逐次近似法”的施工设计质量管理模式，即以“逐次近似法”为贯穿施工设计的主线，并以此为基础对传统的舰船施工设计管理模式进行改造、重构，形成全新的、全局性的施工设计质量管理模式，为大型水面舰船施工设计质量管理探索出一条崭新的道路。

二、主要内容

逐次近似法是将复杂的设计任务分解成若干近似步骤，初次近似时抓住主要因素，简化设计问题，而再次近似设计时，则计入更多的因素，后一次近似所得的结果是前一次近似的补充、修正和发展，获得更符合要求的结果。如此进行若干次近似，直到获得比较精确的，满足相关设计要求的设计输出。

在专项工程的总体施工设计中，为了满足向总装厂提前提供部分施工设计图样的需求，采取了逐次近似法将施工设计划分为初步施工设计和正常施工设计两个阶段。在初步施工设计阶段，设计单位以初步施工设计工作图作为施工设计输出的近似，向总装厂供图，总装厂根据工作图开展综合放样工作和施工设计生产准备工作。在正常施工设计阶段，设计单位对初步施工设计工作图进行修改、补充和完善，转换为施工设计蓝图，作为最终的施工设计输出提供给总装厂。

具体而言，基于“逐次近似法”产品施工设计质量管理流程如下：

1）提前开展了施工设计策划工作，主要指导思想为：以总装厂建造工作需求为牵引，以分阶段连续供图为目标，协调确定施工设计项目及供图计划；根据续建不同阶段需求和“修造结合”的原则，分期分批设计并发放施工设计图样。施工设计工作计划逐次推进，确保施工设计各节点质量控制充分，过程质量控制有效。

2）初步施工设计中主要考虑总装厂综合生产设计所需的因素，正常施工设计则对初步施工设计进行修改、完善，完整考虑施工设计的所有因素。施工设计图样深度逐次近似，确保最终提供的施工设计蓝图要素完整，施工设计图样的质量满足总装厂需求。

3）初步施工设计工作图的修改采取版本更替的方式，工作图的设计深度可随版本升级而不断加深；正常施工设计蓝图的修改则采取设计更改的方式控制。施工设计图样版本逐次更新，有利于施工设计过程中技术状态的控制，确保文图一致、图物一致。

4）按照既定计划，在总装厂完成相应的综合生产设计后，单份施工设计工作图如满足设计深度要求，即可转换为正常施工设计蓝图。各建造分段、总段生产设计完成后，完成该部分施工设计图样转换，满足生产准备和建造需求。施工设计和生产建造阶段逐次递进，施工设计与生产设计交互，设计质量信息及时传递，能有效减少建造过程的返工，提高生产建造的质量和效率。

基于“逐次近似法”的舰船施工设计质量管理流程如图1所示。

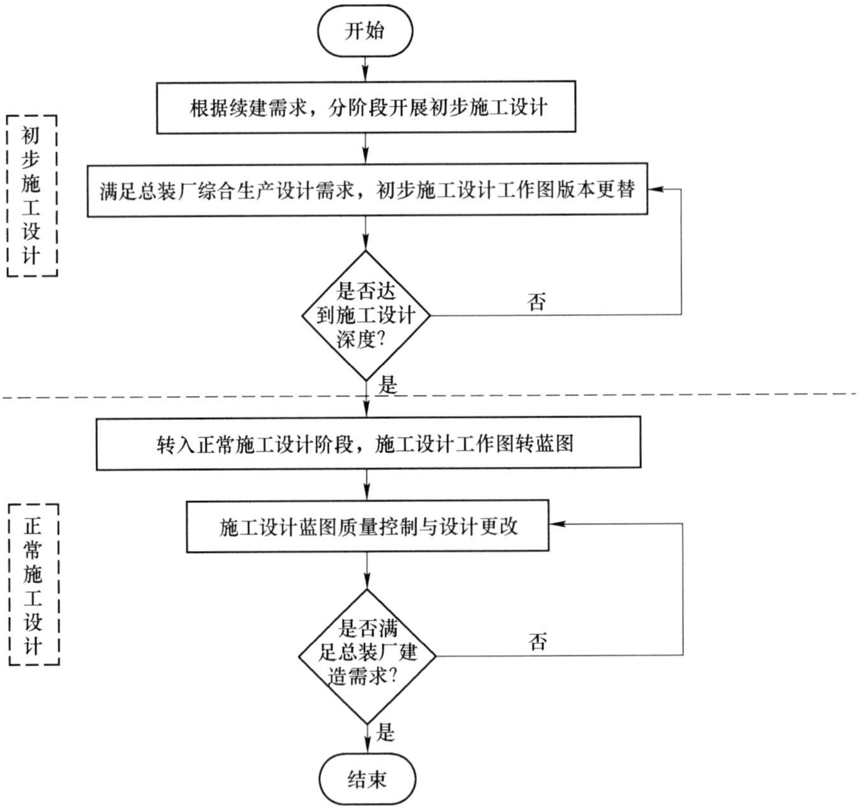

图1　基于“逐次近似法”的舰船施工设计质量管理流程

三、在实践应用过程中的典型做法

专项工程施工设计质量管理的全过程中都贯彻了逐次近似法的思想，借助产品数据管理（PDM）系统实现了复杂的施工设计计划管理，通过管理文件、版本控制等措施，加强不同阶段转换过程中的技术管理，以军、厂、所协调机制为基础，实现施工设计与配建工作并行，有效地保证了施工设计的质量，实现了逐次近似法与施工设计质量管理工作的良好结合。

具体而言，在专项工程施工设计过程中实施“逐次近似法”的质量管理，主要采取了以下典型做法：

（一）以顾客需求为牵引，协调确定施工设计项目及供图计划

按时保质连续供图、保障总装厂生产建造是顾客在施工设计阶段的核心需求。七〇一研究所通过军、厂、所三方协调机制，根据总装厂各阶段提出的现场建造工作需求（包括综合放样、生产设计和具体施工项目及节点等），研究提出续建施工设计和正常施工设计的主要项目及供图计划。在所内借助 PDM 系统，实现了供图计划的细化落实及动态管理，做到了区分轻重缓急确定供图计划，既满足各阶段主要建造工作的需要，又考虑到施工设计进度的具体情况。

（二）灵活运作厂所协同设计，在满足现场建造急需的同时保障施工设计质量

专项工程续建的特点和进度要求，决定了不能按新研舰船的研制程序开展现场放样、生产设计和建造等工作，为此，七〇一研究所联合总装厂开展了厂所协同设计工作。前期，总装厂启动了机舱、电站等区域的放样和生产设计等工作，七〇一研究所也协同启动了续建施工设计；转入施工设计阶段后，需针对总装厂的现场急需，有效利用军、厂、所已充分认可的续建施工设计形式，积极向总装厂发放续建施工设计图样，并根据现场反馈情况及时修改、换版。这样，一方面能满足现场区域综合放样、设备返舱或安装等需求；另一方面按照“成熟一批，转换一批”的原则，将换版后基本固化的续建施工设计图样转换为施工设计蓝图，保障施工设计的整体质量。

（三）深入贯彻“修造结合”的研制思想，灵活采用多种设计出图方式及深度

针对专项工作续建与自主施工结合的特点，七〇一研究所对施工策略不同的项目，由厂、所协调确定不同的出图方式和深度，做到设计深度与图样类型精确匹配，从而保证施工设计图样的质量。

根据现场续建和自主施工结合的程度，经厂所协同设计，将施工设计出图方式及深度按照供图重点划分为以下 3 种类型：

1）根据出舱修复设备返舱回装及上层建筑换装等工作的需求，重点开展相关区域修复续建施工图样、文件的设计工作；

2）根据封舱件、水下设备以及有特殊安装精度要求的设备安装需求，开展相关的施工图样设计工作；

3）其他无特殊需求的图样设计工作。

四、实践应用场景和产生成效

在专项工程施工设计应用“逐次近似法”的过程中，采取了一系列的管理措施，以确保专项工程的质量。

（一）阶段转换与技术管理

施工设计划分为初步施工设计和正常施工设计两个阶段进行管理，每个阶段需要针对不同的目标开展管理。要做好质量工作，需要严格节点控制，严格技术状态管理，增强过程控制的有效性。具体采取了以下技术管理措施：

1. 制定施工设计的第三层次管理规定

为规范管理过程，七〇一研究所编制了第三层次管理规定，针对可能出现的管理问题提出了控制措施，确保设计质量。第三层次管理规定主要为对白图的质量控制、白转蓝的质量控制、蓝图的质量控制，初步施工设计主要为白图的质量控制，正常施工设计主要为蓝图的质量控制。

2. 初步施工设计工作图版本控制

在工作图提交建造厂进行综合生产设计的同时，初步施工设计工作仍在深入开展，设计状态不断更新，为保证设计状态的一致性，有必要对工作图实施严格的版本控制。采取图号固定、版本更替的管理模式，一方面通过图号的固定，保持了同一份工作图在整个设计阶段的延续性，另一方面通过版本的更替，保证了工作图在初步施工设计的任何时刻都能准确反映最新的设计状态，技术状态的一致性得到了保证。

3. 阶段转换管理

初步施工设计向正常施工设计转换过程的控制是施工设计质量管理的关键。工作图转换条件主要包括已经完成了配合建造厂综合放样及生产设计的功能；经过初步施工设计的逐步近似，设计要素完整性和设计深度方面已经基本达到了正常施工设计的要求。

（二）施工设计与配建工作并行

专项工程施工设计的目标是在技术设计审查所确定的总体及系统主要技术状态基础上，结合对原设计的进一步解读、必要的关键技术研究以及试验验证等科研工作，根据总装厂综合放样、生产设计和建造工作内容及进度需求，通过续建施工设计图或正常施工设计图的形式，分期、分批向总装厂提供施工设计图样、文件，满足总装厂现场工作需求。这决定了专项工程的施工设计和配件工作必须同步进行。

七〇一研究所针对专项工程施工设计的特点，为实现施工设计和配建工作并行，根据军、厂、所协调好的施工设计项目及供图计划，提前统筹安排本部和现场的设计计划和人员配备，从人力资源上保障了工作质量。

（三）质量检查与监督

根据专项工程施工设计逐次递进的特点，七〇一研究所采取了常规质量检查、施工设计蓝图专项检查、施工设计蓝图修改问题检查和现场质量检查相结合的方式，有效地履行了质量监督的职能。

1. 常规质量检查

针对专项工程施工设计图样量巨大的特点，在每月的例行质量检查中，重点加强了对专项工程的检查力度。检查期间，共计抽查图样约 3 500 份，处理质量问题 47 处，其中，抽查专项工程图样约 2 500 余份，处理质量问题 19 处。

在常规质量检查中，重点检查并发现了图样文件的图面、画法、幅面、计算等多方面的问题，有效地提高了设计质量。

2. 施工设计蓝图专项检查

施工设计蓝图专项检查是结合白转蓝质量竞优活动开展的，具体包括“蓝图转换信息表”填写情况检查、白转蓝图样质量检查和直接蓝图质量检查。施工设计蓝图专项检查除常规检查的要点以外，还重点关注了图样与有关管理规定的符合情况、设计深度、接口一致性等方面的问题，提高了施工设计阶段转换过程中蓝图的设计质量。

3. 施工设计蓝图修改问题检查

施工设计蓝图修改问题，关系到施工设计蓝图的最终质量以及总装厂的施工建造，七〇一研究所始终把减少蓝图的修改、防止颠覆性错误的出现、严控技术状态，作为工作的重中之重。对涉及图样修改的联系单、修改通知单等进行了全面的清理，对修改原因进行了详细的分类分析，为采取相关的控制措施提供了有力的依据。

4. 现场质量检查

针对配建现场的日常技术管理、总装厂反映的问题以及施工设计图样状态等问题，七〇一研究所在施工设计期间开展了现场质量检查，检查的要点主要包括初步施工设计工作图的管理情况，现场联系单、传真编制及管理情况，修改通知单的管理及施工设计蓝图的修改情况等方面。

常规质量检查、施工设计蓝图专项检查、施工设计蓝图修改问题检查和现场质量检查，在检查重点上各有侧重，又适度交叉，检查范围覆盖了专项工程施工设计的各个方面，三者结合，形成了较为完整的专项工程施工设计质量监督体系，也取得了显著的工作成效。

1. 缩短了施工设计的周期，极大地提高了设计效率

首次采用“逐次近似法”开展舰船施工设计管理，以总装厂建造工作需求为牵引，将施工设计划分为初步施工设计和正常施工设计两个阶段进行管理，用 15 个月完成了传统施工需要 21 个月完成的施工设计任务，极大地提高了设计效率。

2. 提高了施工设计的质量

将“逐次近似法”与质量管理体系有效结合，严格节点控制，严格技术状态管理，增强过程控制的有效性。为了达到每个阶段实施的目标，制定了相关管理规定，明确各阶段目标，开展常规质量检查、施工设计蓝图专项检查等，有效提高了施工设计的质量。

3. 实现了施工设计管理模式的创新，为后续工程提供了借鉴

采取基于“逐次近似法”的舰船施工设计管理模式，克服了专项工程施工设计面临的重重困难，保证了工作任务的完成。“逐次近似法”的理论在管理中的成功应用，为复杂的系统工程提供了有效的管理方法，取得了巨大的经济效益和政治效益，实现了施工设计

管理模式的创新，为后续工程提供了借鉴。

五、方法的创新性和推广价值

专项工程的实践表明“逐次近似法”具有一定的先进性和独特性，主要体现在以下几个方面：

1. 总体施工设计、设备研制与总装建造并行

鉴于专项工程为我国开创性的舰船产品工作，部分设备为首次研制或首次产品，因此，存在部分设备的研制工作周期与工程施工设计、总装建造并行的问题，应用基于“逐次近似法”的总体施工设计管理，实现了总体施工设计、设备研制与总装建造并行开展，有效化解了工程研制的进度风险，在工程顶层规划、计划网络节点安排等方面具有一定的先进性。

2. 技术状态逐步固化、动态管理

在专项工程施工设计初期，由于部分设备的研制工作未最终完成，相关系统及总体技术状态无法一次固化，基于“逐次近似法”的施工设计，采取了总体技术状态随着设备的研制进展逐步固化、动态管理的方式，保证了技术状态的一致性，开创了巨系统工程技术状态管理的新模式。

3. 工程质量逐步形成

由于总体技术状态逐步固化，在施工设计初期无法向总装厂提供有效的施工设计蓝图，为保证施工设计质量，在工程实际实施过程中，采取了施工设计白图、“白转蓝”过程、施工设计蓝图、配建现场全流程施工设计质量管理，创造了舰船工程施工设计质量管理新模式。

随着后续舰船工程的开展，必然会出现大量新技术应用和新产品装舰，在施工设计过程中，技术状态逐步固化和重大调整也将成为常态，基于“逐次近似法”的施工设计管理在后续舰船产品研制、工程总承包项目中均具备较好的推广价值。

提升发动机正向研发能力的需求管理方法

一、背景情况

航空发动机产品的研制过程是一项跨地域、跨企业、跨学科高度协同的复杂系统工程，具有技术难度高、研制周期长、资金投入大等特点。需求是产品设计的源头，据相关统计数据分析，约48%的项目超期/超支或功能不完整是由需求问题引起的，约70%～85%的项目重做是由需求问题引起的。

我国航空发动机的研制方式从引进消化向自主研发全面转变，积累了一定的技术和管理基础，但是尚未全面树立起以需求为源头的设计研发理念，没有充分掌握相关技术管理方法，研发过程中故障和问题频发。正向研发面临的许多基本问题（例如，产品研制要实现多少项需求，有多少项需求尚未达成一致，承接的需求验证方法是什么，目前需求已符合多少项，后续规划多少需求验证项目、试验台及试验件资源等），尚缺少清晰的回答。某型发动机采用了许多新材料、新工艺与新结构，具有高性能、高推力等特点，参研单位较多，各单位之间，甚至同一单位的各项目团队之间的管理流程、要求都不一致，水平参差不齐，管理因人而异。研制中需求向下层的传递欠缺追溯和跟踪，需求分解与分配关系不清晰，对需求缺乏文件体系管理，难以检查下层产品对需求的验证满足情况等，导致发动机在整机级试验时发生故障较多。

以上种种因素，导致产品设计、制造、试验的质量、进度、经费存在较大的失控风险。因此，迫切需要基于系统工程管理、面向产品研制实际，建立航空发动机正向研发需求管理体系，从源头加强航空发动机正向研发需求管理，保证航空发动机重点产品研制质量，确保航空发动机和军用燃气轮机“两机”国家重大科技专项工程顺利实施。

二、主要内容

针对需求管理薄弱、制约正向研发能力提升等问题，中国航发沈阳发动机研究所（以下简称“中国航发动力所”）坚持“需求是产品设计源头”的理念，在中国航发航空发动机运营体系（AEOS）建设总体框架下，将产品实践与研发体系建设紧密融合，边建设、边验证、边应用、边完善，遵循航空发动机研发客观规律，构建提升发动机正向研发能力的需求管理方法框架（见图1），聚焦产品研制需求管理水平和正向研发能力双提升目标，建立并实施航空发动机研制过程的需求管理体系，为独立自主研制出先进可靠的航空发动机夯实基础。

中国航发动力所某航空发动机研制中，通过完善需求管理流程、规范运行规则、健全需求文档体系、打造矩阵化融合型组织、利用信息化平台和建立长效机制等手段，

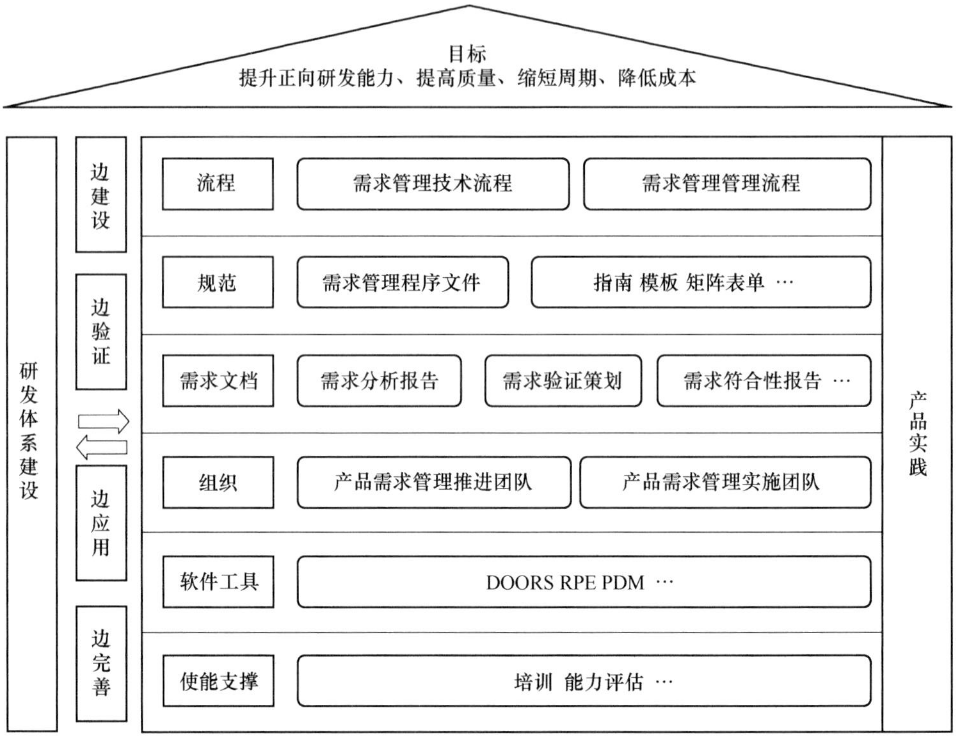

图 1　提升发动机正向研发能力的需求管理方法框架

构建与实施了航空发动机正向研发需求管理方法，主要内容包括：

1）将系统工程方法与产品研制实际结合，审视并调整需求架构层级，使需求在层级间的传递与追溯更清晰、顺畅；

2）将需求管理融入研发流程，规范流程运行规则；

3）完善需求文档类型，形成以需求为源头的研制规划，建立需求管理文件体系；

4）建立矩阵化融合型组织，穿透参研单位和部门间壁垒，压实需求实现责任；

5）培养设计师的系统工程思维，塑造正向设计文化氛围，使研发以问题为导向转变为以需求为导向；

6）充分利用信息化平台，提升需求管理效率；

7）建立长效机制，通过培训、评估和检查等，推动需求管理持续迭代。

三、在实践应用过程中的典型做法

中国航发动力所建立航空发动机正向研发需求管理方法和工程实践中的典型做法具体如下：

（一）建立程序，规范需求管理运行规则

针对同一产品研制各参研单位需求管理工作不统一、语言不统一、动作不统一的问题，中国航发动力所重点解决标准不齐全、指导书不完整、可操作性不强等问题，通过固

化需求管理流程活动，制定程序文件来指导和约束工作。总结、吸收、继承前期研究成果，结合产品研制实际，建立一套需求管理体系文件，形成程序文件 1 份、指南 3 份、模板 10 余份，如图 2 所示。该套程序文件贯彻了“边用边建、以用促建”的“建用结合”原则，保证良好的落地实施。

层级	清单
程序	EP0101A00需求管理程序
规则指南	EP0101B01需求编码规则 EP0101B02需求编写指南 EP0101B03需求属性内容编写指南
模板表单	EP0101C01需求分析编制模板 EP0101C02需求符合性编制模板 EP0101C03零部件/系统研制要求编制模板 EP0101C04零部件/系统需求分析编制模板 EP0101C05零部件/系统需求符合性编制模板 EP0101C06成附件需求分析编制模板 EP0101C07成附件需求符合性编制模板 ……

图 2　需求管理程序文件

程序文件内容以流程活动为牵引，规定了需求管理各个步骤，以及每个步骤的输入、活动要求、输出物、完成标准和调用的模板等，提升程序文件的可读性和可用性。程序文件针对流程活动分层建立，上层为总程序及细分的规范、指南，底层为表单、模板，上层引用底层，底层支撑上层，层次清晰。针对具体模板和表单的设置，贯彻了“精细化”思想，模板表单填写说明细致，方便管理和工程技术人员应用。

（二）建立评估模型，评估参研单位的需求管理能力

面对各参研单位对需求管理的认识、应用深度及水平参差不齐的状况，中国航发动力所牵头建立“三维”需求管理能力评估模型（见图 3），组织专家基于“广度、深度、证据”3 个维度的评估细则，对各单位开展产品需求管理能力评估，实现“以评促建、以评促用、以评促改”。评估优秀实践并进行推广，寻找薄弱项进行问题的闭环管控，提升了研制全线需求管理能力。

（三）建立信息化平台，提高需求管理效率

在未引入需求管理信息化工具之前，产品团队主要基于电子表格（EXCEL）文档开展需求管理工作，主要缺点为项目团队无法实时协同工作、无法记录需求变更过程、需求追踪链接困难等，这些问题直接导致需求管理效率较低，工作质量也难以保证。为解决以上问题，引入并应用面向动态对象的需求系统（DOORS）、文档生成解决方案（RPE）需求管理工具，并结合产品数据管理系统（PDM）功能，组建成满足产品应用需求的信息化平台，如图 4 所示。通过充分发挥信息化工具优势，为实现全寿命周期需求管理提供系

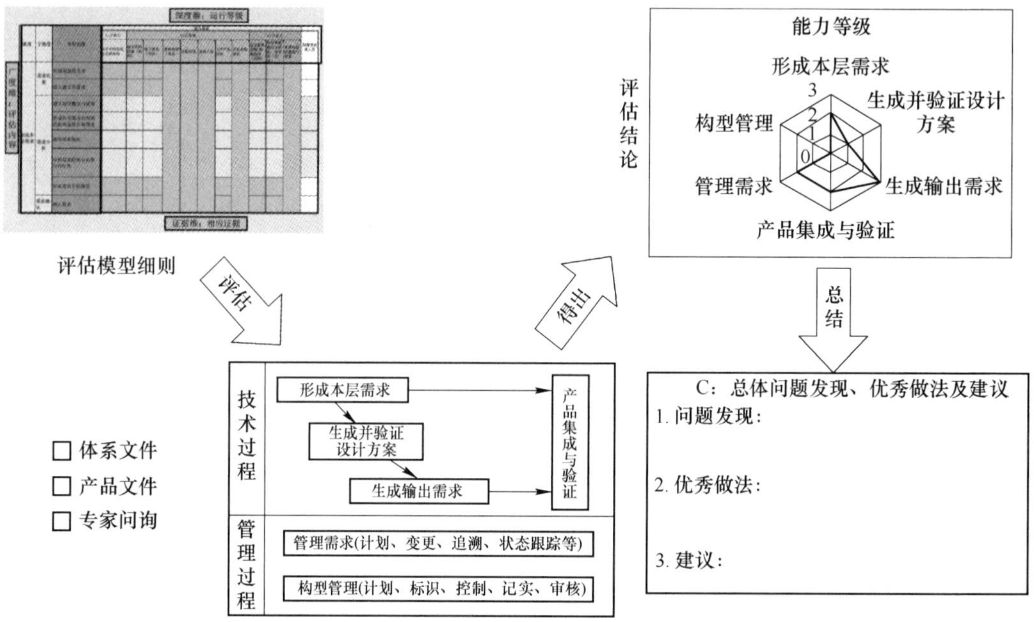

图 3　需求管理能力评估模型简图

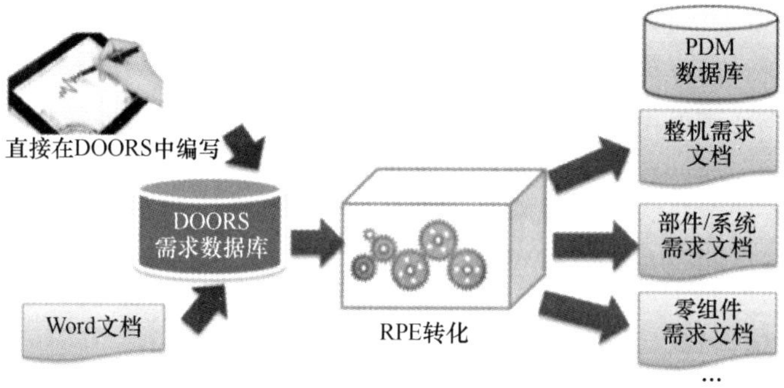

图 4　需求管理系统工具的组成

统保障。

四、实践应用场景和产生成效

（一）实践应用场景

1）贯彻程序制度，结合产品特点划分需求层级。研发中需求的特点是自顶向下传递，既然传递则需要分层，需求层级如何划分成为首要问题。按照传统的单位部门组织和工作方式，用户层下面总体部作为产品层，由于总体部的总体专业不全，将需求继续传递给具有总体专业的部门，即整机层，这两个层级存在较多需求重复、冗余现象。在总体的需求继续往下传递过程中，总体各专业分别发出部件和系统研制要求文件，文件之间协调性较差，存在需求冗余，甚至矛盾。同时，原有总体各专业提出研制要求的形式，需要每个部件和系统专业都要到各总体专业的十余本研制要求文件中查找本专业相关的需求，很容易造成需求遗漏，进而引发设计考虑不足，形成隐患。对此，将需求层级划分由以专业为导向调整为以产品为导向。产品层与整机层整合为一层来对应整机，即总体性能、总体结构、强度、六性等专业联合为整机层，共同对整机需求负责，同时在整机层面将分解后的研制要求协调一致后下发到各部件和系统等。需求的传递从“多—多”优化为“端—端”，从而解决上述问题，如图 5 所示。

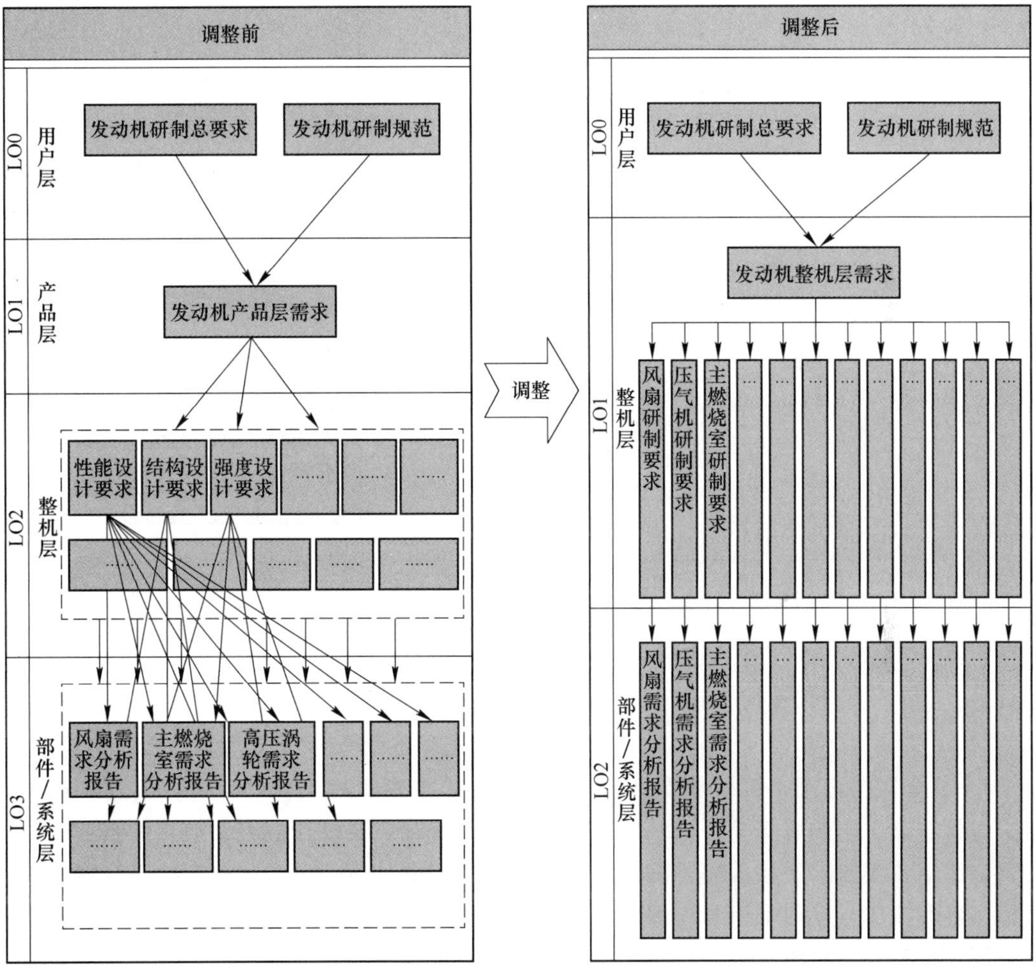

图 5　需求层级划分整合优化前后对比

2）将需求融入研发流程，发挥需求牵引作用。需求在各层级间的传递仅是发动机研发过程的一部分，如何将需求有机融入研发流程，是需求工程深入应用的关键。联系系统工程方法与产品实践，将基于需求的设计和验证等活动补充与细化到研发流程，如图 6 所示。完善流程主要的特点及作用：明确需求确认，规范上下层级间“握手”，保证对需求达成一致；突出需求正向分解，显性化需求分解过程和依据，促进需求自顶向下的正向设计能力提升；强化设计验证，降低实物验证周期和成本；牵引验证策划，减少试验安排的人为主观性，形成源于需求的闭环研制规划。

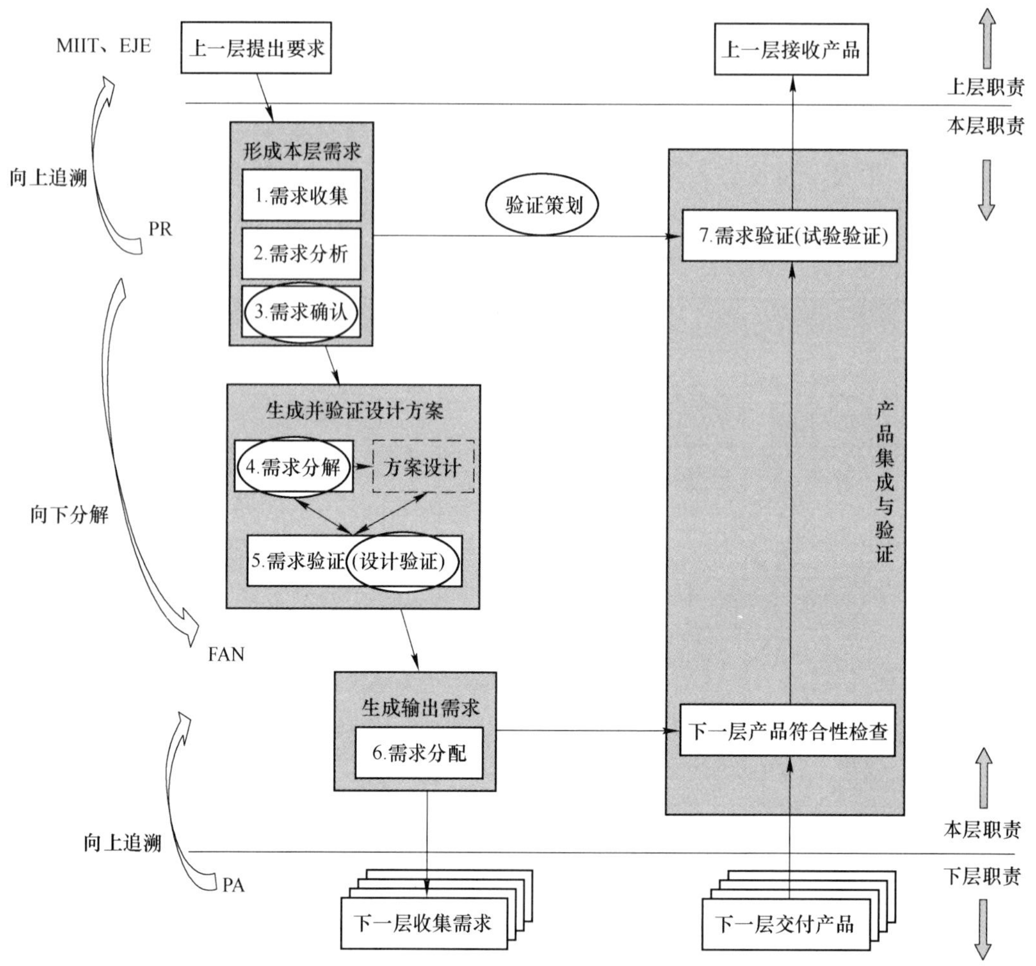

图 6　需求管理活动

3）健全文档记录，策划试验验证项目和资源。需求管理工作的质量，重点体现在输出交付物需求文档的质量上。需求文档是否健全，直观反映设计能力水平。按照程序文件要求，编制各类需求文档并提升编制质量，形成“需求分析—需求分解—验证策划—验证结果”各类报告，互相牵引与支撑，完善研发过程的文档体系，如图 7 所示。以需求为源头策划试验和规划资源，建立“需求—试验项目—试验资源”对应矩阵，逻辑关系如图 8 所示，梳理其“多对多、跨层级”的对应关系。通过可追溯的矩阵记录，形成需求的试验验证项目及资源策划。

4）构建矩阵化融合型组织，推进需求管理逐步深入。需求管理的重要特点是分层级，而团队组织是否合理决定着各层级需求管理能否有效实施。如果团队组织建设和调整不到位，按老的组织模式，需求传递和需求实现责任不清，难以开展。优化需求传递调整了需求层级后，探索并建立了“需求层级—产品结构—组织职责之间互相协调对应”的原则，进行团队建设，建立与需求层级对应的团队组织（见图 9）。通过对应关系组建矩阵化融合型组织，发挥了“纵向到底”和“横向贯穿”的矩阵式管理作用，责任明确，每层需求

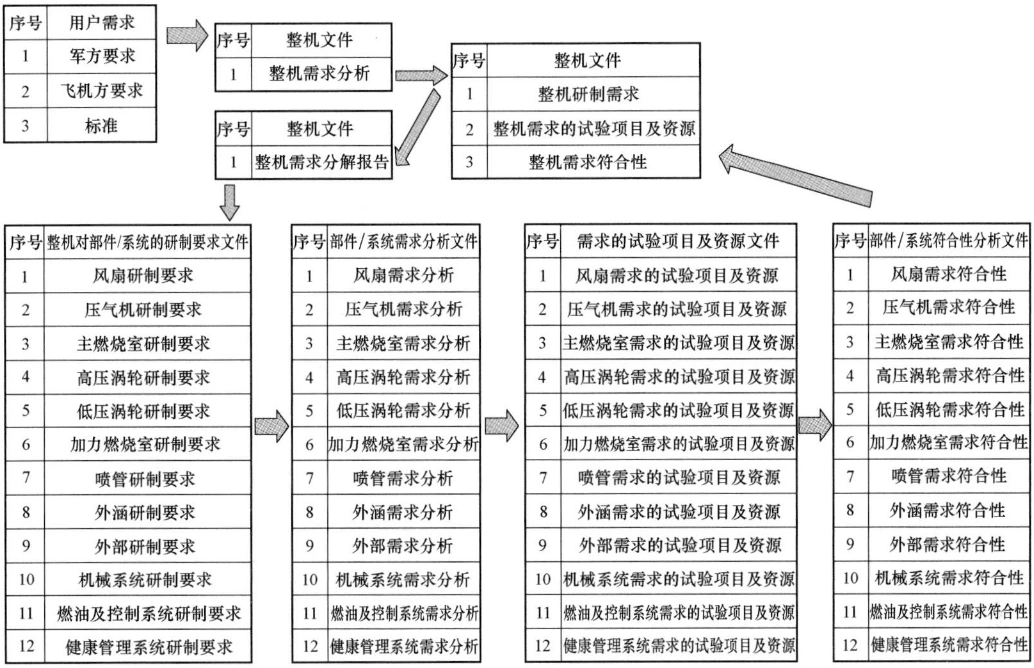

图 7　整机层与部件/系统层需求文档示例

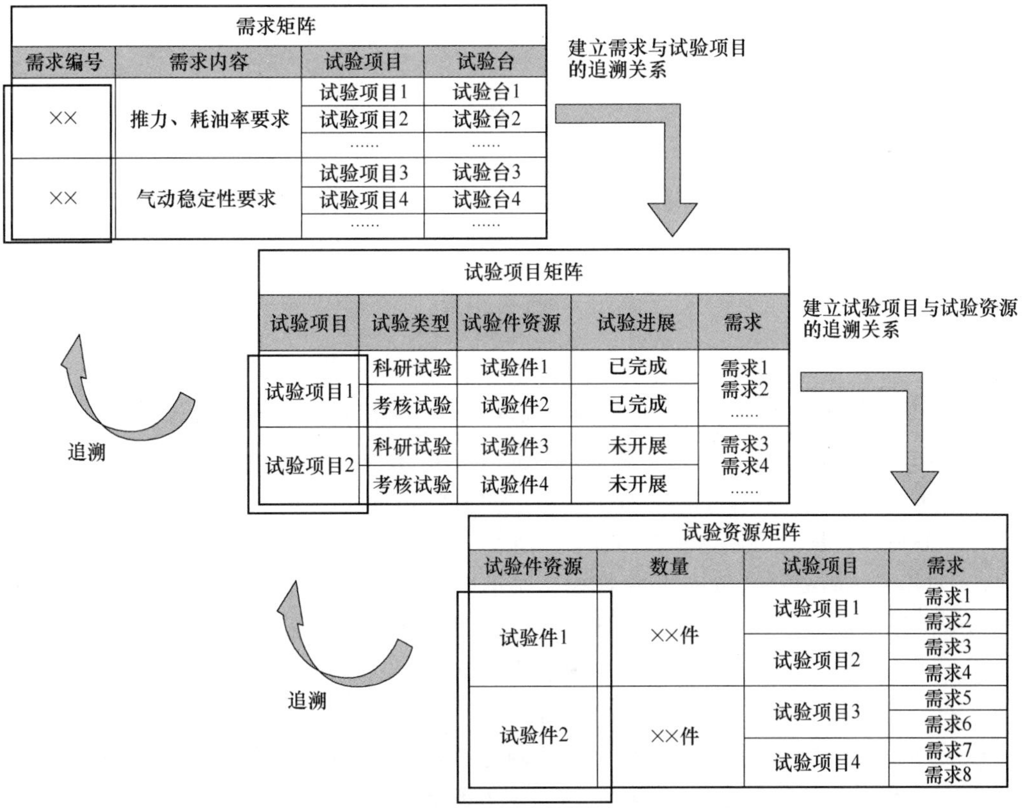

图 8　“需求—试验项目—试验资源”追溯关系

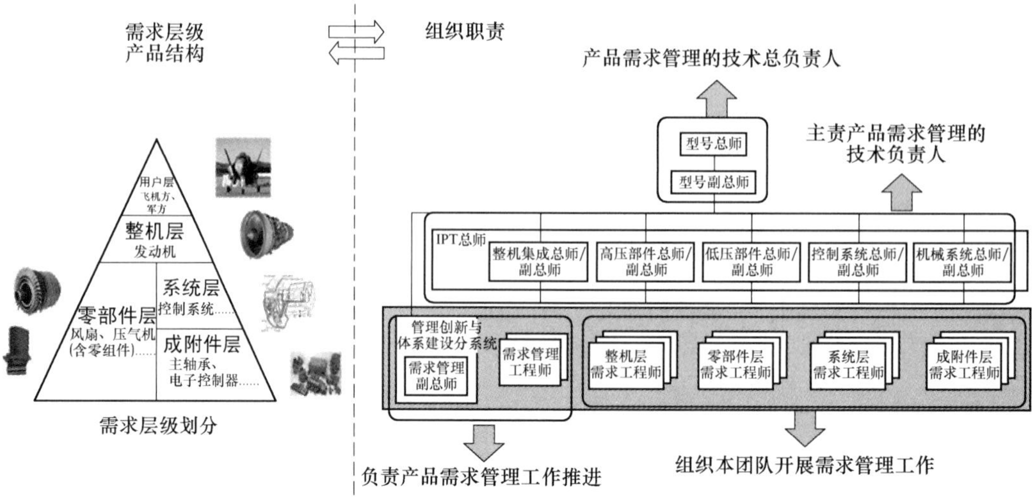

图 9　需求管理团队组织

分到团队成员，每条需求都有人负责跟踪与实现，同时实现有机融合协作，使职责更好落地。通过以需求为驱动的正向设计过程，培养设计师从“以问题导向为主”向“以需求导向为主”设计思维模式的转变。通过对需求验证策划以及持续的符合性检查，跟踪产品在整个研制过程中对客户需求的满足程度，提升设计迭代能力。产品设计人员掌握了需求工程理论、需求管理工具、需求分析方法，培养一批“懂需求、懂设计、懂验证”的综合人才，有效支撑需求管理能力的构建。

5）需求验证纳入产品计划管理，通过计划的执行又进一步推动需求的实现。以需求为牵引制订产品年度研制计划，发布的年度计划中需求的设计和验证工作为主要内容之一；需求验证项目基于 20 000 多个需求项，分到零部件、系统、核心机、整机试验和试飞中；以需求验证进展为主要内容制订研制工作月报，提交月份工作总结；将需求管理融入计划管理，深化执行。

（二）产生成效

1）实现各层级需求全部条目化管理和需求符合性进展量化监控。通过实施需求管理，某产品从用户需求开始，自顶向下形成整机需求 600 余项，部件和系统需求 2 300 余项，成附件需求 17 000 余项，如图 10 所示。需求符合性情况示例如图 11 所示，根据符合性情况规划好后续与用户协调以及需求验证工作。

2）对需求进行各层级动态跟踪管控，便于直观掌握研制进展和决策重点工作方向。主要效果如下：需求不被遗漏，有利于需求被全面地承接和实现；将每条需求分到个人，每条需求都有人跟踪实现，责任更加明确；在需求分析、符合性分析过程对发现的需求不明确、待协调、不符合项及时与用户方沟通协调，提升了协调效率；产品总师、项目主管等可以通过需求状态统计情况，了解需求实现进展，对项目进展进行监控；可跟踪记录验证结果，输出需求符合性报告，在项目转段时为评审活动等提供重要依据。

3）发挥需求管理正向牵引作用，缩短研制周期，降低研制成本。根据产品需要补充

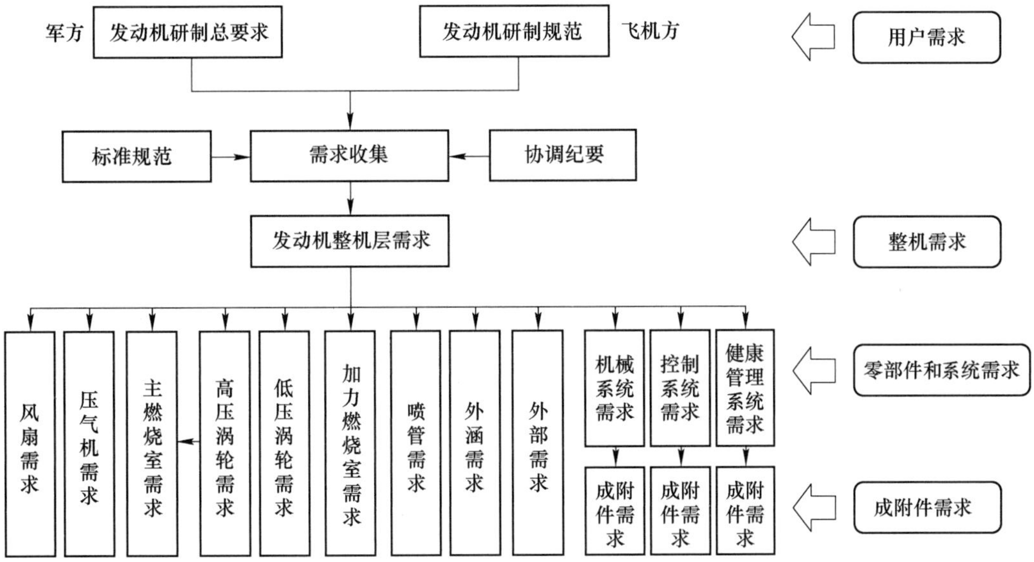

图 10　需求项条目

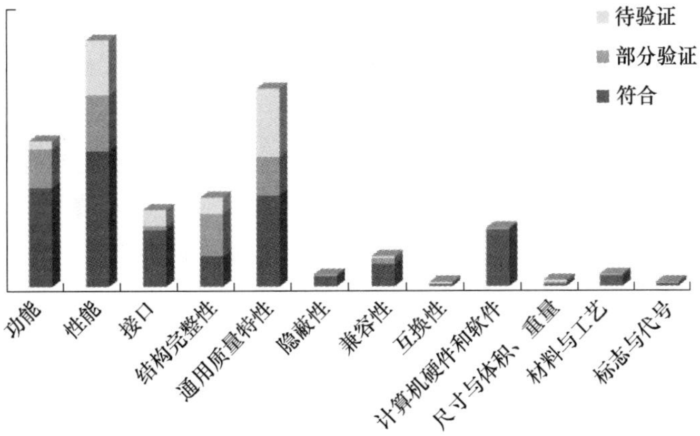

图 11　需求符合性进展量化监控

需求属性，每条需求的属性扩展到 40 余项，涵盖了需求类别、来源、变更、可行性分析、验证方法、符合标准、符合性分析、试验规划和资源等各方面，使研发工作得到正向牵引。提升了以需求为驱动的设计和验证能力，提高了产品质量和研制效率，研制取得如期进展。据统计，某型发动机整机需求不符合项逐批降低，从最初批次到目前最新状态，设计不符合项下降了 96.5%（见图 12）；设计更改大幅下降，更改次数下降 87.2%（见图 13），因需求问题更改减少占 1/4。需求的问题减少了，减少设计反复，从而缩短研制周期。源于需求规划验证项目和资源，投产等安排更合理，从而节约成本。

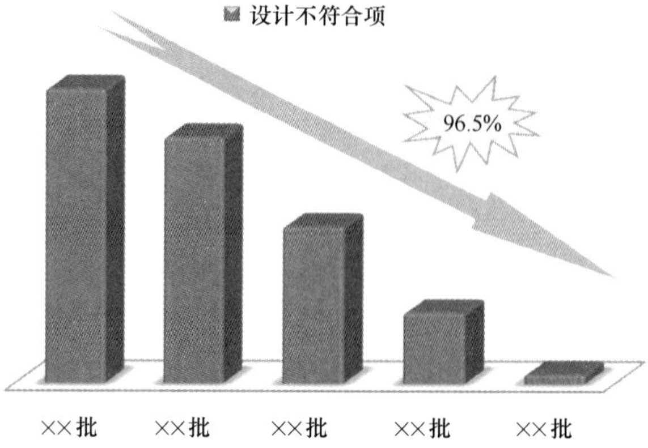

图 12　各批次符合性数据对比

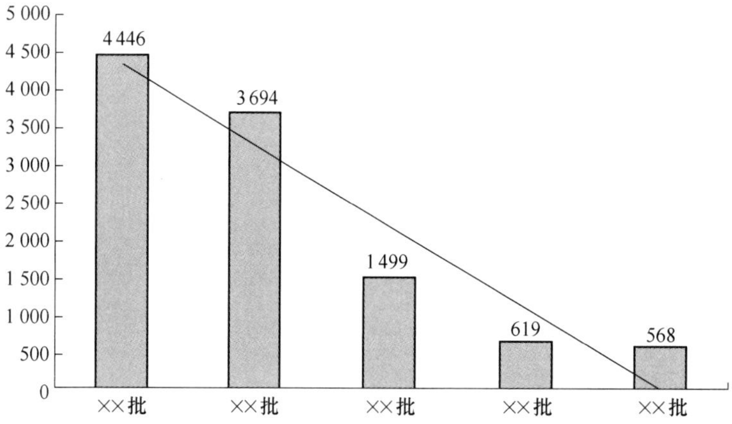

图 13　各批次设计更改数据对比

五、方法的创新性和推广价值

(一) 创新性

该方法的创新性主要有以下 4 个方面：

1) 建立“需求层级—产品结构—组织职责”三维度对应理念，确保每条需求得到落实。需求层级与产品结构相对应，使需求传递对象更明确，传递路径更清晰。需求管理团队组织与需求层级相对匹配，进一步保证职责落地，各层级需求管理有效实施。按此对应原则建立矩阵化融合型组织，穿透单位和部门壁垒，以端到端的流程为核心，设置角色职责，压实了需求分层实现的责任，使需求分层级管理的作用得到有效发挥。

2) 基于系统工程方法建立需求管理流程活动，充分发挥需求的正向设计牵引作用。结合研制实际将需求融入研发过程：明确需求确认，保证做“正确”的事；突出需求分解，促进正向设计落地；强化设计验证，降低实物验证周期和成本；牵引验证策划，减少试验安排的人为主观性。针对 20 000 余项需求，每项需求的属性根据研制需要建立 40 余项，涵盖了需求类别、来源、变更、可行性分析、验证方法和符合标准、符合性分析、试验规划和资源等方面，正向牵引指标协调、技术攻关、设计和试验验证、研制规划和资源安排等。

3）创立“需求—试验项目—试验资源”之间“多对多、跨层级”的追溯矩阵，形成研制策划。“多对多”指一条需求可能对应多项试验，一项试验可能对应多个试验件，反之亦然。“跨层级”指验证层级，例如某部件需求除了部件试验，还需要在整机试验验证。以需求为源头，对应验证层级、试验台、试验件资源和验证阶段等信息，对这些信息进行关联，通过可追溯的矩阵记录，形成需求的试验验证项目及资源策划。

4）引入并应用 DOORS、RPE 需求管理工具，并结合 PDM 功能，组建成满足产品应用需求的信息化平台。创建需求管理流程活动、PDM 数据管理、DOORS 数据管理间逻辑架构，基于 DOORS 工具跟踪管理需求内容和需求属性，建立各层级需求追溯关系，利用 RPE 工具将 DOORS 中存储的需求信息按照定制格式自动化导出需求文档报告，利用 PDM 的签署功能将需求相关文件归档进行版本管控。通过充分发挥信息化工具优势，实现需求信息化追踪管理。

（二）推广价值

该航空发动机需求管理方法涵盖组织架构、流程规范、文件体系、信息化应用以及培训和监督执行等方面，相应程序文件经由中国航发集团发布，目前推广到某项目、某新一代发动机研制工作中。该方法可推广到航空发动机设计单位，用于各产品层级的需求收集、分析、确认、分解和分配、验证策划和验证等过程。

第三章　面向生产过程的先进质量方法

航天生产现场管理星级建设及评价

一、方法介绍

2015年中国航天科技集团有限公司（以下简称“集团公司”）产品科研生产任务面临新形势，三高两重成为新常态，现场质量问题非常突出，质量提升工程决定开展航天星级现场建设和评价活动，以质量为核心，以评促建，树立标杆，规范现场管理，切实减少低层次质量问题的发生，确保产品质量保证能力。集团公司确定的目标为：到2017年年底，要确保所有生产现场达到三星级以上水平，完成“示范形成一批管理规范、质量受控的星级现场”总体目标。

航天生产现场是航天产品形成的场所，生产现场的管理水平决定了航天产品形成的质量。2015年，成立了中国航天科技集团生产现场管理星级评价中心，依托集团公司质量管理委员会成立了领导机构，将集团公司质量技术部确定为归口管理部门。2015年，集团公司先后编制并发布了《航天生产现场管理实施指南（试行）》，各单位的生产现场依据该文件开展了生产现场管理的改进实施；2016年，集团公司发布了《中国航天科技集团公司生产现场管理星级评价手册（修订版）》，并开展了集团公司内部的专家培训，成立了评价专家组，组织并开展了生产现场管理星级评价工作。

集团公司研制生产单位按照“严肃认真、周到细致、稳妥可靠、万无一失”的指导思想，秉承“一次成功、预防为主、精细管理、持续改进、顾客满意、追求卓越”的航天质量方针，贯彻精细化管理理念，培育零缺陷质量管理意识，稳妥推动现场管理建设工作。

集团公司研制生产单位高层领导充分重视生产现场建设，按照继承、完善、创新的总体思路，坚持“领导推动、落实责任、配置资源、发动群众”的原则，将现场管理建设作为本单位的战略核心内容，加以系统策划和全面推进，按照严、慎、细、实的行为准则，贯彻“构建质量法规、质量工程技术、质量保障条件和质量技术监督四个体系”要求，落实现场管理的高层领导和管理部门质量责任制和质量激励制度，提升质量保证能力、产品保证能力和基础保障能力，确保用户满意。

集团公司的生产现场以“精心策划、有效实施、严格监督、持续改进、一次成功”作为生产现场管理目标，建设具有航天特色的规范有序、优质高效、安全文明的生产现场，确保产品质量，塑造航天精品工程。

航天生产现场管理星级评价工作流程如图1所示。流程包括评价准备、现场评价、结果发布、改进提高共4个阶段。

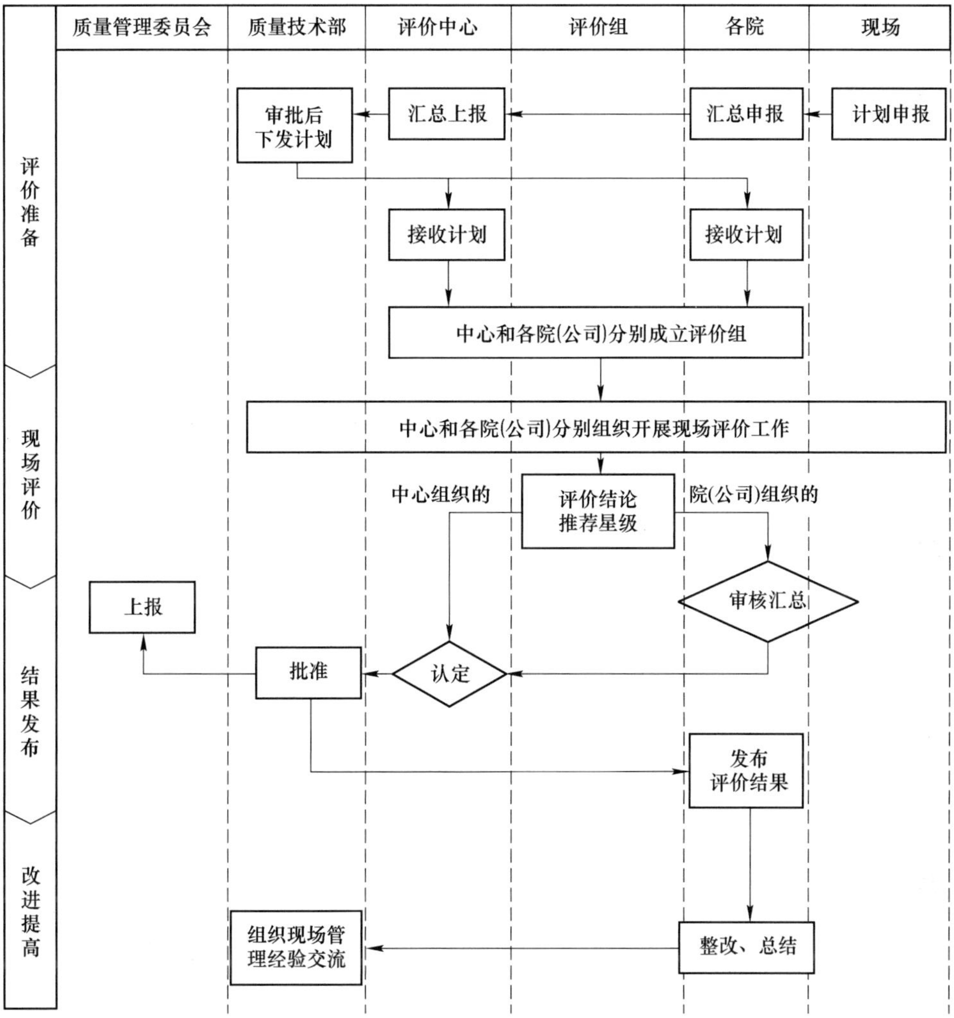

图 1　航天生产现场管理星级评价工作流程

航天生产现场管理星级评价内容分为 3 个模块，包括组织推进要素模块、过程模块和结果模块。组织推进要素模块包括“领导作用”“战略秉承”“组织保证”“员工素质”4 个评价指标，设定总分值 150 分。过程模块包括过程要求的确定、生产模式及现场布局、现场作业组织与管理、现场作业标准等 31 个具体的评价指标，设定总分值 850 分。结果模块是对结果指标的检查，可以结合对应的过程检查一并进行结果确认，同时对产品质量设定扣分项，发生重大质量事故不得申请星级，对人为责任质量问题、重复性质量问题、批次性质量问题情况进行扣分。航天生产现场管理星级评价指标体系及权重分值见表 1。

表 1　航天生产现场管理星级评价指标体系及权重分值

模块	序号	评价指标	权重分值
推进要素（150 分）	1	领导作用	50
	2	战略秉承	30
	3	组织保证	20
	4	员工素质	50
过程（850 分）	5	过程要求的确定	50
	6	生产模式及现场布局	50
	7	现场作业组织与管理	25
	8	现场作业标准	25
	9	信息管理系统	50
	10	风险识别与预防	25
	11	6S 和目视化管理	20
	12	现场作业人员管理	40
	13	现场文件管理	20
	14	设备管理	40
	15	产品检验控制	20
	16	关键过程控制	20
	17	特殊过程控制	20
	18	现场作业环境控制	25
	19	静电防控	25
	20	多余物控制	25
	21	试验控制	20
	22	产品标识与批次管理	25
	23	不合格品及归零管理	20
	24	质量监督与改进	20
	25	技术状态控制	20
	26	记录管理	20
	27	现场物料和在制品管理	20
	28	生产计划管理	40
	29	安全管理	20

续表

模块	序号	评价指标	权重分值
过程（850分）	30	环保与资源利用	10
	31	成本管控	15
	32	过程测量与监控	50
	33	过程异常处理	25
	34	纠正与预防	25
	35	过程改进与创新	40
结果	年内发生重大质量事故和重大质量问题的不得申请星级评价 年内发生重复性质量问题或批次性质量问题或人为责任质量问题，每个扣100分		

二、应用情况

自2015年以来，集团公司各研制生产单位的生产现场，按照《航天生产现场管理实施指南（试行）》开展了生产现场星级建设活动。自2017年以来，在集团公司质量管理委员会的领导下，集团公司生产现场管理星级评价中心组织开展了各生产现场的星级评价工作。

通过为期3年的星级现场建设与评价工作，集团公司各单位有效提升了生产现场管理水平，截至2018年年底评价工作结束，全集团共411个生产现场全部达到三星级以上，覆盖了全部军品生产现场，其中授牌五星现场33个，形成了一批具有示范带动作用的星级现场，集团公司各研制生产单位的现场管控能力、管理水平大幅提升，全集团的生产制造环节（工艺、操作、设备和现场管理问题）的质量问题比例逐年下降，2015年为41.7%，2016年为37%，2017年为28.3%，生产现场星级建设工作成效显著。

三、形成的技术成果

形成了配套的实施指南、评价手册和管理要求，主要包括：

1）《航天生产现场管理实施指南（试行）》；

2）《中国航天科技集团公司生产现场管理星级评价手册》（修订版）；

3）《中国航天科技集团公司生产现场管理星级评价工作管理要求（试行）》。

四、方法的创新点及推广价值

航天生产现场管理星级评价工作的主要创新点如下：

1）促进航天精细化质量管理要求在生产现场的深入实施。航天生产现场管理实施活动，全面贯彻精细化管理理念，为生产现场员工培育零缺陷质量管理意识，以领导作用强化质量责任制在生产现场的落实，明确了生产过程风险识别、技术状态控制、关键过程控制等在生产现场的实施要求，进一步深入推进了航天精细化质量管理要求在生产现场的落实实施。

2）促进航天生产质量规章在生产现场的落地应用。围绕航天生产质量管理要求、航天行业标准或航天科技集团标准、航天质量法规制度等，经过总结提炼，编制形成了用于开展航天生产现场星级建设的航天生产现场管理实施指南，促进了航天生产质量规章深入应用。

3）促进生产现场管理能力的持续提升。航天各生产现场通过星级建设的实施，减少了生产环节的低层次问题发生，有效提升了生产过程的质量控制能力和生产现场的管理水平。

航天生产现场管理星级建设及评价可以在航天领域进行推广应用，拓展了生产过程的质量管理方法，通过有效实施、科学评价和系统改进，充分提升生产现场的管理水平和产品的生产质量水平。

五、典型案例

航天科技集团八院 812 所卫星总装现场主要承担卫星结构及部组件装配、管路焊接、卫星机电热总装集成、精度测量、质量特性测试、太阳电池阵等活动部组件及整星展开实验等任务。812 所卫星总装现场在星级现场建设推进过程中，从面向产品、面向流程的角度，聚焦产品质量，运用风险控制思维，提高事先预防能力；聚焦产品生产过程，加强对外单位人员涉星操作管控，提升信息化手段，改善现场作业环境，强化现场状态控制，不断提升现场管理精细化水平。

运用风险控制思维，提升事先预防能力。为规范产品研制生产过程管理，降低操作风险，812 所采取编制基于卫星总装集成测试（AIT）流程的风险控制手册、制定风险防范措施、班前会风险交底等措施，从所级和部门级两个层面实现 AIT 全过程风险管控，提高事先预防能力。

应用数字化管控平台，提升总装信息化水平。812 所卫星总装现场集成产品数据管理系统（PDM）、企业资源计划系统（ERP）、卫星装配过程管控平台、总装二级库管理系统等软件，实现电子化作业排产、数字化生产准备、电子化跟踪卡、结构化检验记录表、在线影像数据采集、技术问题在线协同处理等，构建卫星总装数字化信息中心，逐步形成完整的总装过程产品数据包。

严控外单位人员涉星操作，降低涉星操作风险。为避免外单位涉星操作时技术交底不彻底、过程管控不到位等安全隐患，组织梳理外单位涉星操作项目，制定管理制度，严格控制外单位涉星操作，最大限度降低涉星操作的风险。

建设以智能化设备为核心的卫星总装现场保障系统。围绕卫星 AIT 智慧车间总体规划，开展数字化库房、厂房环境集成监控系统、“三合一”智能闸机建设，实现车间物料统一管理与配送、温湿度/电磁辐射在线监控与报警、静电防护实时监控等，数字化装备集成与智能化监控水平不断提高。

调整厂房工艺布局，建设总装标准数字化工位。卫星总装现场通过对空间、设备、人员等资源的合理规划来制定最优工艺布局方案，建设总装标准数字化工位，进而提升卫星总装总测标准工位能力建设，提升车间生产能力，降低研制过程中的冗余成本，最终实现卫星总装现场精细化、通用自主化管理的目标。

在集团公司和八院的大力支持下，812 所卫星总装现场依托星级现场平台，对标五星级标准，在现场管理上坚持规范化、标准化、信息化和人性化原则，营造精细管理、执行有力、严格制度、确保成功的精细文化，确保产品质量和效率的提升，全员劳动生产率提升 56%，靶场发射成功率 100%。后续，812 所卫星总装现场将进一步提升卫星总装现场管理水平，同时发挥五星级辐射作用，将五星级现场管理模式推广至其他生产现场，形成星级现场管理长效机制。

现场质量管控中的可视化管理方法

一、方法介绍

（一）背景介绍

航空发动机大修、排故任务集发动机总装、修理、化学清洗、喷漆以及机械加工为一体，生产流程涉及发动机分解、零件化洗、零件周转修理、零件故障检查、发动机整机装配、试车等多个生产环节。

中国航发西安航空发动机有限公司（以下简称“中国航发西航”）大修中心在生产实践过程中，一方面受制于修理发动机生产特点，零件需长期存储、周转、运输，而长期的存储造成生产现场零组件无序存放，加剧零件批次管理、混台等质量风险；同时，高频次的周转运输，造成过程中零组件磕碰伤高发，给质量管理带来极大挑战。另一方面，受制于早期工艺规程管理方式，工艺标准以文字描述为主，缺乏直观的展示，对于一些特殊故障用文字描述起来难以理解，容易产生歧义，给现场质量管控工作带来严重挑战。

在此背景下，大修中心以质量管控为切入点，借助可视化质量管理思路开展生产过程质量管理改进提升工作，通过透明化管理的方式，将生产过程中质量管控要求显性化展示，着力打造“看得见的管理、抓得住的质量”生产方式，促进生产过程质量提升。

（二）适用范围

可视化管理的生产管理模式可广泛地应用至生产制造一线生产单位中，通过质量要素、关键控制点实施透明化管理，规避各类质量隐患，达到提升过程质量的目的。

（三）总体思路

在推进现场可视化管理的过程中，制定“1234”战略，即“一个目标、两条主线、三大路径、四类工具方法”开展现场可视化推进管理工作。其中，一个目标：生产过程质量提升；两条主线：工艺可视化改进、现场可视化改进；三大路径：强化工艺文件指导性、物料全流程管控、变革过程管理方式；四类工具方法：“三示”（指示、提示、警示）管理方法、防错应用、行迹化管理、色标管理。

（四）实施程序

在实践过程中，围绕“1234”战略，实施“变”“建”“亮”三部曲，将质量管理工具方法融入日常改进工作中，促进过程质量管理工作的提升。

1）“变”——以“三示”管理为指引，强化工艺文件指导。全面梳理发动机装配、故障检测、零附件防护等关键操作过程，拍照成册，明晰相关操作要求及操作注意事项，指导生产过程开展。按照工艺流程及工作性质编制了“零件油封、成附件油封、堵头堵具使用、故障检测、装配、锁片/保险丝装配”等六类可视化工艺规范共计 121 册，有效地指导了生产现场业务工作的开展。此外，依托三维扫描技术，制作发动机部件装配动画引导，对于各部件装配关系、重点注意事项进行逐一演示，进一步明确员工“干什么、怎么干”，从而确保产品装配质量可控。

2）“建”——以防错理念贯穿始终，实施物料全流程管控。依据按照零件形状，按照发动机部件类型、发动机装配阶段建立发动机零件全过程防护模式，按照“定品、定量、定置”的“三定”原则建立零件专用周转箱，过程中贯穿防错设计、行迹化管理等方式，在对零件起到防护作用的同时能有效预防多余物的产生、零组件混台风险等问题。

3）“亮”——以色标管理为手段，促进过程质量显性化管理。优化生产现场工艺布局，明确生产区域存储位置，明晰物流界面流动，杜绝混台风险的产生。建立零件周转箱、小零件周转箱标识，明确周转箱内物料信息及物流去向。建立生产过程按灯系统，对异常问题实施按灯管理，促进过程质量问题快速发现、快速处理。

（五）实践作用

通过大修中心现场可视化管理工作的推进，将日常行为标准、过程管理以显性化的方式进行展示，有力地规范了员工的行为要求，避免质量隐患的产生，实现问题的快速暴露，促进质量管理高效闭环，有力推动了生产过程质量管理工作的开展。

二、应用情况

中国航发西航大修中心目前已在生产全过程中应用可视化管理的方式对质量状况实施监控，取得了良好的实践效果，主要体现在以下几个方面：

（一）试车成功度提升

自可视化管理工作推进以来，中国航发西航大修中心试车成功度稳步提升，2021 年度试车成功度达到 100%，如图 1 所示。

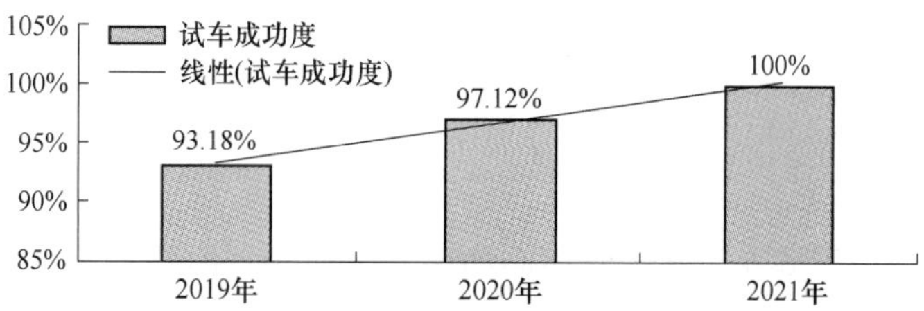

图 1　近 3 年试车成功度改进情况

（二）低层次质量问题大幅减少

可视化管理工作的实施对员工日常操作标准进行了有效的规范，极大地避免了生产过程中低层次质量问题的发生，2021 年发生低层次质量问题 0 起。

（三）质量意识有效改善

通过项目实施工作的推进，员工质量意识有效得到提升。2021 年度，员工发现上游质量问题 13 项，有效避免了质量问题传递，保障了发动机修理质量。

三、形成的技术成果

在项目实施过程中，为指导生产现场使用，形成了相关技术标准、管理要求，具体如下：基于某型发动机技术标准，形成各类可视化工艺指导手册 121 份；为强化生产现场管控，建立二级管理制度 4 份；项目在实施过程中心形成典型总结案例，获得中国航发首届质量典型案例一等奖，在中国航发集团进行交流汇报，在行业内进行推广；该项目入选《中国航空发动机优秀质量管理实践》案例选集，在行业内进行推广。

四、方法的创新点及推广价值

在实施过程中，将三示管理、防错应用、行迹化管理、色标管理等典型管理方法与日常业务工作开展相融合，指导现场管理工作开展。一是充分发挥“三示”管理作用功效，将烦琐的文字叙述转化为直观的图片、动画，加强员工直观认识与理解，同时对重点内容进行“指示、提示、警示”，促进员工理解与认识；二是引入防错应用、形迹化管理构建全流程产品防护管理模式，集产品防护、周转存储于一体，实现发动机物料精准管理，在强化过程管控的同时加强了产品防护要求；三是拓展色标应用途径，一方面将色标管理与零组件状态相关联，时时掌握产品状态；另一方面将色标管理与问题反馈项结合，拉动问题快速解决，真正将现场状态说得清、看得见、管得着，促进过程管理提升。

本实践依托生产实际需求、以质量管理工具方法为根基开展可视化管理探索道路，摸索出一条较为成熟的现场质量管理道路，可视化管理的方式一方面通用性强，可广泛地应用至各类生产一线单位中，另一方面实效强，可有效地促进现场质量管理的提升，推广价值显著。

五、典型案例

以实践中的物料管理为例，进行以下具体介绍：

（一）案例背景

在应用之前，中国航发西航大修中心物料管理的难点问题主要体现在“两多一长”，对过程质量管理提出严重挑战，零件数量“多”：由于修理发动机单台主机零件几千件、螺钉螺母一万多件，物料如何管理是历年来质量管理的薄弱环节；运输次数“多”：修理发动机零部件需按照修理流程，往返于不同部门进行修理工作，运输频次极高，对于过程中物料的监控更是难上加难，磕碰划伤经常发生；存储时间“长”：在发动机修理过程中，零部件返修周期不同，造成大量零部件存储于总装生产现场，大量在制品积压，零部件混台风险加剧。

(二) 使用情况

在此背景下，可视化项目在实施过程中面向发动机零部件、小零件、堵头堵具、工装、工具、辅材等建立起全过程物料管理模式，破解过程管控质量难题，促进质量管理工作全面提升。

1）零件管理。按照“定品、定量、定置”的“三定”原则建立零件专用周转箱，在对零件起到防护作用的同时能有效预防多余物的产生。按装配阶段进行分箱，并根据工步依次分箱摆放，以箱体的形式进行交接，严格控制小零件去向，从源头上控制多余物的产生，如图 2 所示。

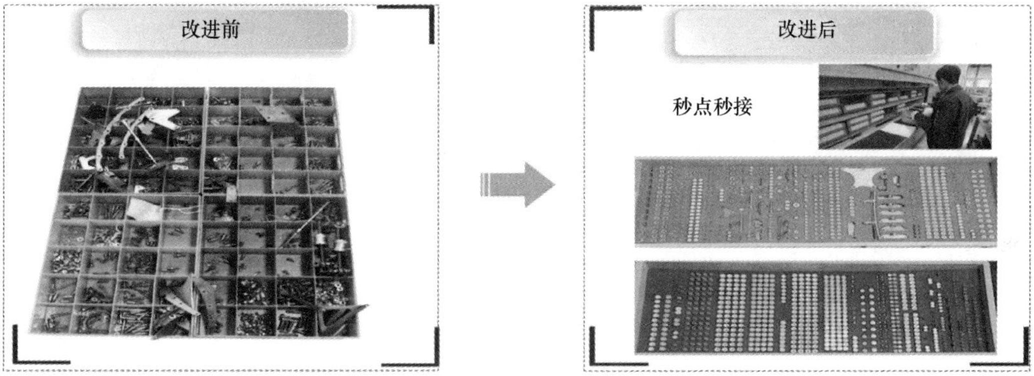

图 2　小零件管理

2）堵头、堵具管理。对堵头堵具及固定螺钉划分区域，并在模板上按形状和数量进行定置，实行“形迹化”管理，严格控制多余物产生，如图 3 所示。

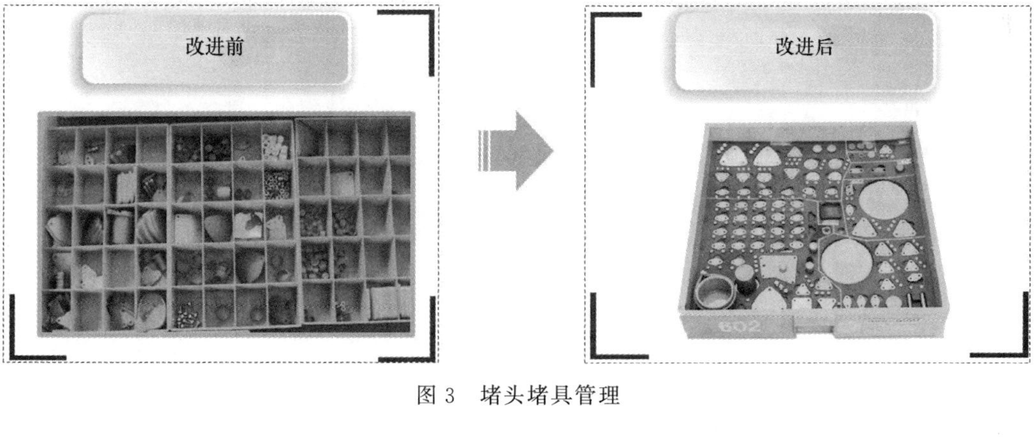

图 3　堵头堵具管理

3）工装、工具管理。实行工具配送管理，进行定置、定量管控，装配小组每天从中心工具材料室领取，当日返还，确保工具的有效性，如图 4 所示。

4）辅材管理。明晰各部件辅材种类、辅材用量，形成辅材配送清单，建立“定品、定量、定置”化辅材专用配送箱。

5）存储管理。建立零组件库位存储机制，与色标管理相结合，利用颜色区分存储区域，用数字标识存储库位，对物料实施集中管理，如图 5 所示。

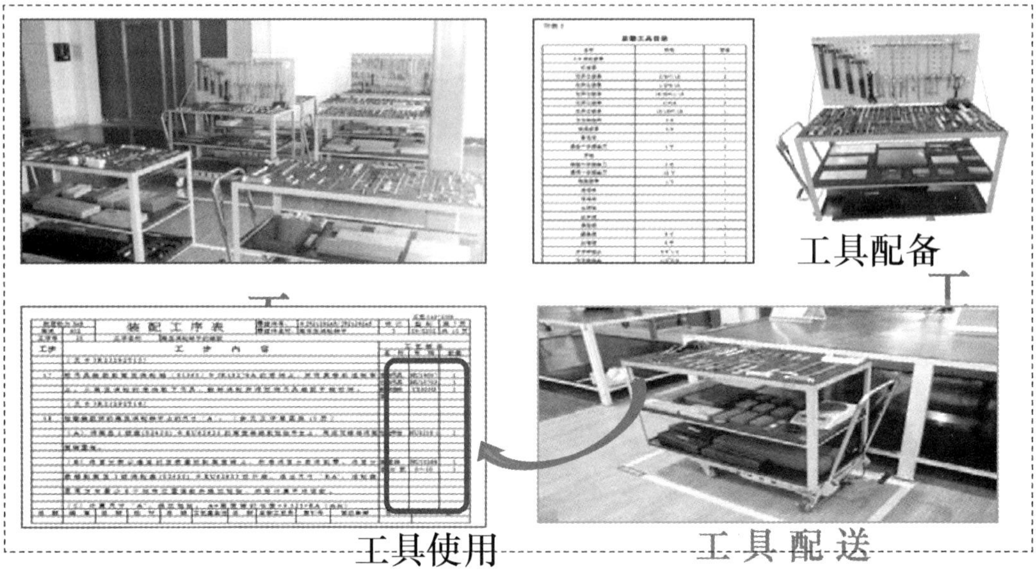

图 4　工装、工具管理

图 5　库位管理

（三）实施效果

通过可视化管理项目实施，对生产过程物料管理达到精准管控，实现了“看得见”“说得清”，有效地提升了过程物料管理工作，体现在以下几个方面：

1）自项目实施以来，生产过程中物料得到有效管控，前期因多余物等造成的质量问题杜绝；

2）零件混台风险大大降低，近年来因物料管理不当造成的混台问题 0 起；

3）零件磕碰伤故障问题明显得到缓解，问题次数同比下降 60%左右。

产品研制工作中的制造成熟度方法

一、背景情况

当前，产品研制任务的风险越来越高，特别是设计缺陷引发制造问题，制造工艺不稳定引起质量问题，供应链断裂造成生产停滞等，给产品研制生产带来了巨大的风险。

针对制造风险管理，美国联合国防制造委员会（JDMTP）于 2001 年提出了制造成熟度（MRL）的概念，用于识别、控制制造风险，我国也于 2015 年发布了制造成熟度评价相关标准。利用制造成熟度评价这一管理工具，通过制定评价计划、确定参评产品、编写评价准则、自评价及专家评价等过程，既能够系统性地分析制造全过程，找到制造全链条中的薄弱环节，又可以建立统一标准，解决由于经验不足导致的制造风险，同时还可以在一定程度上解决设计与工艺协同问题，这对于有效提升产品质量、完善产品质量管理水平有着积极的作用和意义。

二、主要内容

（一）制造成熟度评价总体情况

为规范制造成熟度评价工作，中国工程物理研究院化工材料研究所（以下简称中物院三所）制定了制造成熟度评价流程，其表单见表 1。

表 1　制造成熟度评价流程信息表

类别	内　　容
适用范围	可行性研究阶段、方案研制阶段、工程研制阶段、鉴定定型阶段、生产阶段
输入	研制总结、工艺总结、中物院制造成熟度评价要求
输出	评价工作计划、参评产品清单报告、制造成熟度评价准则、制造成熟度评价报告
相关制度	评审管理办法、GJB 8345—2015、GJB 8346—2015、制造成熟度等级判定流程
文件模板	制造成熟度评价计划表、参评产品清单报告模板、评价准则模板、制造成熟度评价报告模板

（二）评价组织及流程

制造成熟度的评价组织主要有中物院专家组、三所主管部门及参评产品单位等，具体流程见表 2。

表 2　制造成熟度评价流程

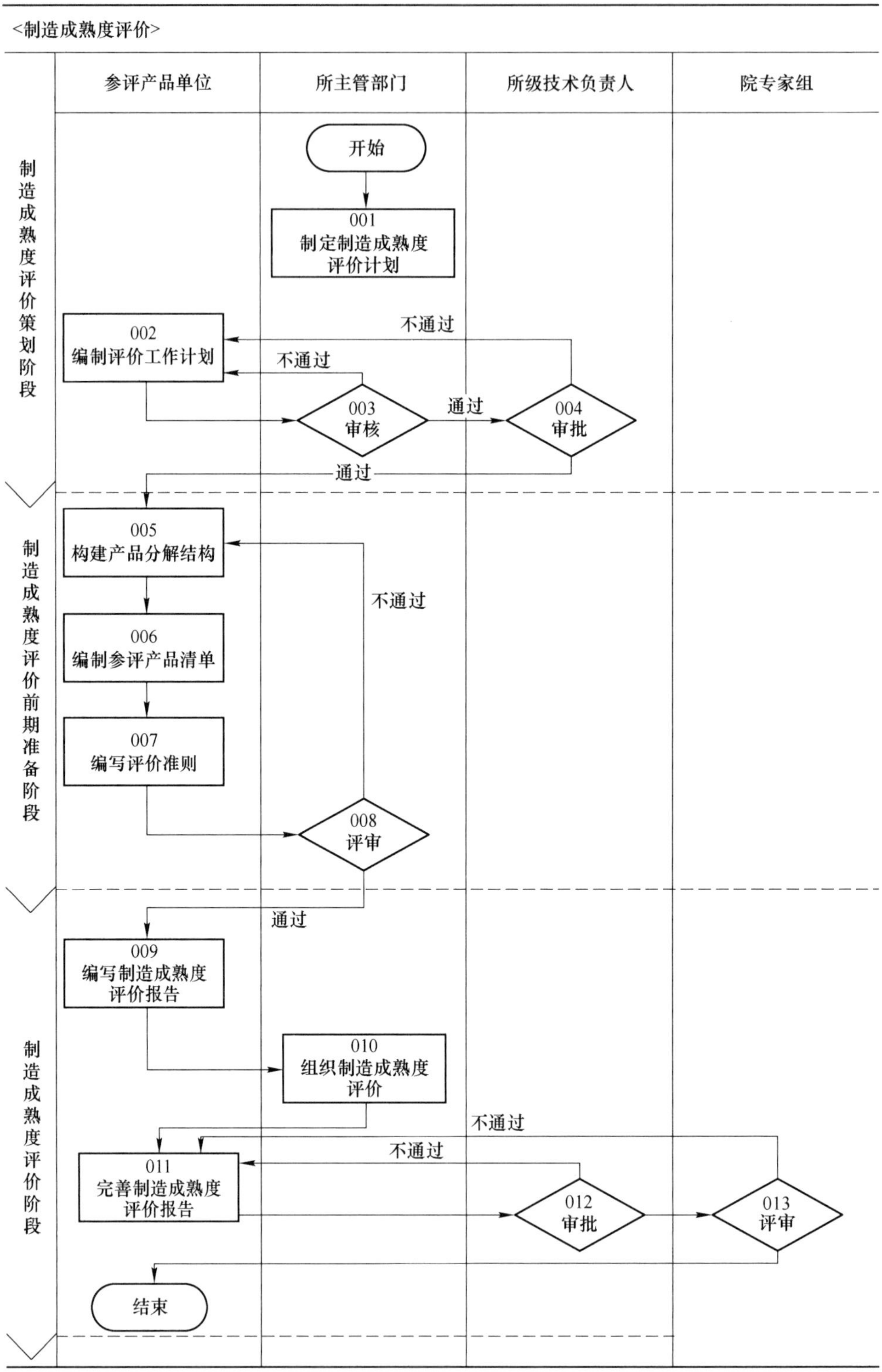

（三）制造成熟度评价流程要点

将制造成熟度评价过程分解为13个步骤，各步骤的活动内容、输入、输出及管理要点见表3。

表3　制造成熟度评价流程操作要点表

活动编号	活动名称	活动描述	输入	输出	管理要点
001	制定制造成熟度评价计划	根据技术方案、院制造成熟度评价要求，策划产品的制造成熟度评价工作，制定并下发评价计划	技术方案、院制造成熟度评价要求	制造成熟度评价计划表	明确评价的目的和各相关方的组成及责任、组建评审专家组等
002	编制评价工作计划	根据下发的评价计划表，编制产品成熟度评价工作计划	制造成熟度评价计划表	制造成熟度评价工作计划表	明确被评方承担的工作任务、进度安排、责任人等
003	审核	对制造成熟度评价工作计划进行审查	制造成熟度评价工作计划表	审核意见	计划节点、负责人、工作内容的合理性
004	审批	对制造成熟度评价工作计划进行审查	制造成熟度评价工作计划表	审批意见	计划节点、负责人、工作内容的合理性
005	构建产品分解结构	围绕评价需求，确定成品组成单元，明确产品构成	制造成熟度评价工作计划表	产品分解结构	产品分解结构的合理性
006	编写参评产品清单	根据产品分解结构，选择并确定参评产品（包含评审项目）	制造成熟度评价工作计划表、产品分解结构	参评产品清单报告	关键件、重要件、涉及新技术、新方案等
007	编写评价准则	针对产品特点，编写制造成熟度评价准则，给出产品的具体化制造成熟度等级定义以及各项关键技术的具体化成熟度等级条件	参评产品清单	制造成熟度评价准则	—
008	评审	组织专家组对参评产品清单、制造成熟度评价准则进行评审	产品分解结构、参评产品清单、评价准则	评审意见	参评产品清单的合理性、评价准确的有效性
009	编写制造成熟度评价报告	根据评价工作计划、评价准则、技术总结等，针对性地收集、整理支撑材料，编写制造成熟度评价报告	研制总结报告、工艺总结、评价准则	制造成熟度评价报告	支撑评价材料完整、真实

续表

活动编号	活动名称	活动描述	输入	输出	管理要点
010	组织制造成熟度评价	组织专家组对产品制造成熟度进行评价	制造成熟度评价准则、制造成熟度评价报告	制造成熟度评价结论	必要时可进行实地实物调查、抽查或审查
011	完善制造成熟度评价报告	根据评审专家意见和结论，完善评价报告	制造成熟度评价意见和结论	制造成熟度评价报告	—
012	审批	对修改完善的制造成熟度评价报告进行审批	制造成熟度评价报告	审批意见	—
013	评审	对产品制造成熟度评价报告进行评审	制造成熟度评价报告	评审意见	—

三、在实践应用过程中的典型做法

为更好地满足某型产品研制要求，控制技术研制风险，推进关键技术研发，进一步提高产品质量管理水平，降低制造风险，明确制造过程的优化改进方向，保证生产工艺科学合理，并具有较强的可操作性和质量一致性，结合三所产品具体研制情况，开展了制造成熟度评价工作，主要分为以下几个步骤：

（一）建立评价组织

根据评价需求，三所依托研制网络成立了制造成熟度管理领导小组，并设立了3个承担具体任务的项目组。

（二）制定评价计划

为更好地完成评价工作，下发了《三所相关产品评价计划》，确定了评价工作分工、进度等内容。

（三）确定参评产品

根据《装备制造成熟度评价程序》要求，编写参评产品清单，并组织所内专家进行评审确认。

（四）编写评价准则

根据《装备制造成熟度等级划分及定义》的规定，结合研制的具体阶段和产品制造成熟度等级符合情况，确定按照7级的要求对3个产品开展评价，并明确每种产品的等级条件。

（五）评审评价准则

组织所内相关领域专家对参评产品清单、制造成熟度评价准则进行评审。

（六）编写制造成熟度评价报告

依据评价工作计划、评价准则，针对性地收集、整理支撑材料，编写制造成熟度评价报告。

（七）所内评审自评价报告

组织所内相关领域专家对 3 个自评价报告进行评审。

（八）院内评审

根据中物院任务安排，参加院制造成熟度评价并顺利通过。

（九）改进工作

根据制造成熟度评价发现的工业基础、物料等方面的薄弱环节，制订改进计划并圆满完成。

四、实践应用场景和产生成效

（一）识别了某产品的制造风险

通过对某型产品 3 种产品制造成熟度的评价工作，围绕评价项目的工业基础支撑、设计、技术成熟度、工艺、物料、设备设施、人员、计划管理、质量管理、成本管理（剪裁了工艺建模仿真和成本管理）这 10 大类进行了识别及梳理，发现了诸多薄弱环节，为今后的改进工作指明了方向，具体评价情况见表 4。

表 4　某产品参评产品制造成熟度评价情况

序号	评价项目大类	自评价结论		
		产品 1	产品 2	产品 3
1	工业基础支撑	●	★	★
2	设计	☆	★	★
3	技术成熟度	☆	★	★
4	工艺	☆	★	☆
5	物料	☆	★	★
6	设备设施	★	★	★
7	人员	★	★	★

续表

序号	评价项目大类	自评价结论		
		产品 1	产品 2	产品 3
8	计划管理	★	★	★
9	质量管理	★	★	★
10	成本管理	—	—	—

注：★—强，超出 7 级要求的能力；

☆—较强，已具备 7 级要求的能力；

●—较弱，但采用一定措施能够具备 7 级要求的能力。

根据自评价结果，目前三所参评产品的制造风险主要集中在工业基础支撑及物料两大类情况，具体情况如下：

产品 1 的突出风险为工业基础支撑和物料。工业基础支撑的风险表现在其主工艺设备无法获取。物料风险表现在某主要物料为单一来源。尽管供货单位供货能力较强，产品成熟度较好，能够为批量生产稳定供货，对照标准可以达到 8 级要求，但由于是单一来源，无其他供货渠道，所以需更加关注原材料的供应能力和生产过程，既要确保原材料可获取，又要确保技术状态受控。

产品 2 的突出风险为物料，表现在某主要原材料为单一来源，已经有配套项目支持。因此，正在培育第二供货厂家，已可以实现小批量供应，因此认为其风险可控。

产品 3 无突出风险，能够达到 7 级的要求，目前还需进一步研究产品的贮存性能及工艺控制优化的工作，预计达到 8 级要求。

（二）提出了降低风险的措施

由于产品 2 和产品 3 制造成熟度等级较高，无显著风险，因此针对产品 1 的薄弱环节提出了降低风险的举措。

降低“工业基础支撑”风险：

1）采用设备零部件提前备份的方式，增强设备的保障能力；

2）已联合国内厂家掌握了能够制造满足使用要求的设备制造技术，须加快联合制造厂商实现备份设备制造，同时考虑在国内相关行业推广，推动设备制造技术的提升及保障能力。

降低“物料”风险：

1）针对主要原材料，根据任务需求按年度进行物料提前储备，同时建立库存量的反馈机制；

2）针对直接供货厂家，做实产品生产过程的质量监督，对厂家满足技术要求进行符合性确认，同时及时掌握可能对生产造成影响的信息，以便提前发现问题并采取措施；

3）深化工艺研究的深度，提升原材料技术要求的科学性；

4）设立了原材料特性与工艺参数相关性的专项课题。

（三）制造成熟度评价产生的成效

在某型产品工程研制阶段末期开展的制造成熟度评价，系统地梳理了制造全要素，及时发现了风险环节，制定了降低风险的举措。由于降低风险的举措已顺利实施，因此有力确保了首件生产任务的圆满完成。

五、方法的创新性和推广价值

通过制造成熟度评价，取得了一定效果，可为其他产品研制评价提供参考，具有推广价值，具体表现在：

1）促进形成从“能生产”到“好生产”的思想转变。以往更关注产品是否能生产出来，而对可生产性、过程能力指数等要素关注不够，“产品交付合格率”基本上是100%，但是过程合格率不高，甚至比较低。

2）制造全链条的系统性风险预判。制造成熟度评价实现了制造全要素全流程的风险预判，不局限于单位内部（从外部资源的支撑到内部产品实现），更关注整个过程的成熟度（从设计成熟度，到技术成熟度，再到工艺成熟度），体现了体系化管理思想（从物质基础到人力资源再到管理体系）。

3）搭建了工艺人员与设计人员沟通的桥梁。针对设计与工艺分别在不同单位的情况，通过制造成熟度评价，促进了设计与工艺的交流。

4）强化了对供应商的关注。供应商是制造系统中的重要环节，既要关注供应商的技术是否过时，增强对先进制造技术应用的调研，又要关注供应商的技术状态是否发生改变，及时掌握可能对生产造成影响的信息。

第四章　面向试验过程的先进质量方法

基于精益六西格玛的控制系统综合试验流程改进方法

一、方法介绍

航天科技工业的探索性、复杂性和高风险性，决定了航天质量工作的重要性和紧迫性，党的十九大报告明确提出“质量强国”“航天强国”的国家战略。在我国从航天大国向航天强国迈进的关键历史时期，面对以载人航天工程空间站任务为代表的航天重大工程任务的挑战，质量能力与当前常态化高强密度发射和科研生产任务需求已不相适应。在此背景下，集团公司提出了3年质量能力提升工程，航天一院提出了精细化质量管理。北京航天自动控制研究所作为控制系统研制的总体单位结合精益六西格玛等先进的质量管理方法和航天产品科研生产特点，探索出一套控制系统综合试验流程优化方法，为综合试验质量管理从“精细”到“精益”再到“卓越”的转型奠定了基础。

本方法基于精益六西格玛质量管理理论，用于指导控制系统综合试验流程改进。通过定义、测量、分析改进、控制4个阶段对综合试验流程进行梳理。采用顾客需求分析、宏观流程图（SIPOC图）、价值流分析、质量屋、控制图等质量管理方法，结合传统航天质量管理和产品科研生产特点，构建适用于综合试验流程优化和控制的理论方法体系，系统性地提升质量管理能力。

（一）定义阶段

定义阶段首先识别综合试验的顾客，对不同类型的顾客采用针对性的方法调查、分析需求。使用SIPOC图确定项目范围，进一步使用关键质量特性（CTQ）树图等方法明确关键质量特性，确定过程输出变量（Y）的关键测量项，最终输出项目立项表。一般在定义阶段分为识别顾客并获取顾客需求、界定项目范围、寻找关键质量特性、确定优化目标并制定项目立项表4个步骤。常用定义阶段主要质量方法见表1。

（二）测量阶段

测量阶段首先分析综合试验过程，通过流程图梳理综合试验步骤；随后通过检查表收集流程中的重点参数，并采用抽样法更准确地收集数据，通过各类图表对数据进行直观展示；进一步通过对测量系统线性、重复性等性能的分析，确保测量系统可靠有效；最后通过价值流程图分析，识别改进机会，确定项目实施方向。一般在测量阶段分为过程分析、数据收集整理评估、测量系统分析、过程能力分析4个步骤。常用测量阶段主要质量方法见表2。

表 1　常用定义阶段主要质量方法

阶段	步骤	常用方法	作用
定义阶段	识别顾客并获取顾客需求	顾客细分、调查问卷 针对性调研、重点座谈	系统性地识别顾客，通过多种调研渠道和量化评估的方法识别关键顾客需求
	界定项目范围	宏观流程图 排列图	将内部流程与顾客需求联系起来，识别项目重点关注的流程，确定项目优化范围
	寻找关键质量特性	排列图、CTQ 树图 细化测量评估	比较不同缺陷类型导致的结果，利用量化评估方法识别关键顾客需求（CCR）
	确定优化目标并制定项目立项表	甘特图	根据关键需求明确可量化的项目目标，并制定项目立项表

表 2　常用测量阶段主要质量方法

阶段	步骤	常用方法	作用
测量阶段	过程分析	流程图、因果图 因果矩阵	对产生问题或缺陷区域进行定位，识别非增值步骤，以便改进
	数据收集整理评估	检查表、抽样法 描述性统计法 图示法（直方图、茎叶图、箱线图等）	将实际问题转化为可测量和定量描述的问题，以图表的方式总结数据指标
	测量系统分析	测量系统线性分析 测量系统重复性分析	确保测量系统可靠有效
	过程能力分析	价值流分析 过程能力指数分析	根据采集数据指标，完成现状价值流分析，识别试验过程中的改进机会

（三）分析改进阶段

分析改进阶段的主要分为流程改进和工序分析改进两个阶段，流程改进主要是优化综合试验流程，分析得到最优路径。工序分析改进阶段主要是针对最优路径中的工序进一步优化改进，实现工序的精益管理。

1. 流程改进阶段

流程改进阶段的主要工作是根据对控制系统各项数据的初步分析，通过工序价值流程图识别浪费种类，确定改进可能性，针对明显不合理的工序流程开展优化。一般在流程改进阶段分为确定明显缺陷问题和问题优化两个步骤。常用流程改进阶段主要质量方法见表 3。

表 3　常用流程改进阶段主要质量方法

阶段	步骤	常用方法	作用
流程改进阶段	确定明显缺陷问题	浪费分析 工序价值流程图	确定不需要过多分析就能得到明显改善的问题，确定浪费种类与改进可能性
	问题优化	ECRS 法（消除、合并、重排、简化）	确定更有效能、浪费更少的试验工序流程，确定优化方法，并完成流程优化

工序价值流程分析图是流程改进重要的方法，重点针对各流程的价值进行分析，分析浪费种类，确定改进可能性。根据工序价值流程分析，采取消除、合并、重排等方法优化工序。

2. 工序分析改进阶段

工序分析改进首先通过未来价值流程图确定关键改进项目，以精益思想为指导，确定重点的改进点，集中力量优化重点项目；进一步分析问题产生的根本原因，通过假设检验、回归分析等方法，对 X 变量与 Y 变量之间的关系进行统计、分析；针对质量特性，完成质量功能展开，通过功能分析最终得到过程改进的技术方案。工序分析改进阶段一般分为确定关键改进项目、分析问题产生的根本原因、确定最佳方案 3 个步骤，常用分析改进阶段主要质量方法见表 4。

表 4　常用分析改进阶段主要质量方法

阶段	步骤	常用方法	作用
分析改进阶段	确定关键改进项目	未来价值流程图	以精益思想为指导，为未来的运作模式指明方向，确定重点的改进点，集中力量优化重点项目
	分析问题产生的根本原因	假设检验 回归分析 方差分析	对 X 变量与 Y 变量之间的关系进行统计分析，展示 X 与 Y 因果关系
	确定最佳方案	试验设计 精益工具	通过专业知识、认知和经验等制定最佳方案

（四）控制阶段

控制阶段的主要工作是验证改进效果持续有效并实施控制，实现过程改进结果的制度化，建立过程控制计划，对过程持续测量和控制。将改进过程进行固化，将成功经验制度化、标准化、文档化，纳入现有管理体系，建立过程控制系统。控制阶段一般分为改进结果制度化、标准化、文档化，建立过程控制计划，持续测量和控制 3 个步骤。常用控制阶段主要质量方法见表 5。

表 5　常用控制阶段主要质量方法

阶段	步骤	常用方法	作用
控制阶段	改进结果制度化、标准化、文档化	制定相关标准 制定工艺文件	将改进成果详细记录在册，形成操作文件及过程程序
	建立过程控制计划	控制图	建立系统的过程控制计划，对过程实施有效监督控制
	持续测量和控制	自动化工装设计 控制图 PFMEA	采用 PFMEA 监控运行风险，使用控制图把波动限制在允许范围内，超出范围采用工装设计进行纠偏

通过精益六西格玛管理方法结合航天传统质量管理方法，构建了控制系统综合试验流程精益管理系统，综合试验流程优化理论方法体系如图 1 所示。首先通过精益六西格玛完成综合试验精益流程优化设计，并形成质量跟踪卡“一本通”，工艺流程图、周期甘特图“两张图”，计划表、齐套表、产保表“三张表”等重点工序质量控制方法；接着通过以“一本通”“两张图”“三张表”为代表的“试验三有”质量管理方法，即有明确的岗位、有有效的细则、有完善的记录，实现试验过程精益管理；为保证“试验三有”落实到位，基于移动终端研发了控制系统综合试验全流程精益管理系统。通过工艺文件、计划任务、试验过程等模块，试验人员可以随时查询工艺文件，获取试验计划并实时对试验过程进行记录，有效地将试验过程优化成果落实到一线员工。然后通过质量巡查与“PFMEA（过程失效模式及影响分析）”实现对优化效果的监控，并持续关注运行过程中存在的风险；进一步通过测试工装设计，用自动化与数字化的方法，提升试验过程质量。

二、应用情况

目前，基于精益六西格玛的综合试验流程改进方法已在多个航天产品应用。2015 年，首次对某产品采用 ECRS 法消除了传统试验过程中的浪费，通过优化使得单套集成测试效率提升了 30%。2018 年，在某产品系统性地开展了精益六西格玛项目，通过综合试验现状价值流程图识别测试过程的改进机会，进行了有针对性的优化设计，使得误操作率降低 56%，试验时间再次缩短 23%。2019 年、2020 年构建了综合试验流程优化和控制的理论方法体系，该方法成功应用于多个武器产品批产综合试验中，平均综合试验时间缩短 40%，测试平均一次合格率由 90%提升至 99%，使得控制系统产品批产交付能力可以满足“十四五”期间大幅增长的批产需求。

三、形成的技术成果

2015 年至今，本方法持续在综合试验流程优化及精益管理中应用，推广效果显著，并先后荣获国际 ICQCC 协会国际金奖 1 项、中国国防科技工业企业管理创新成果 1 项、

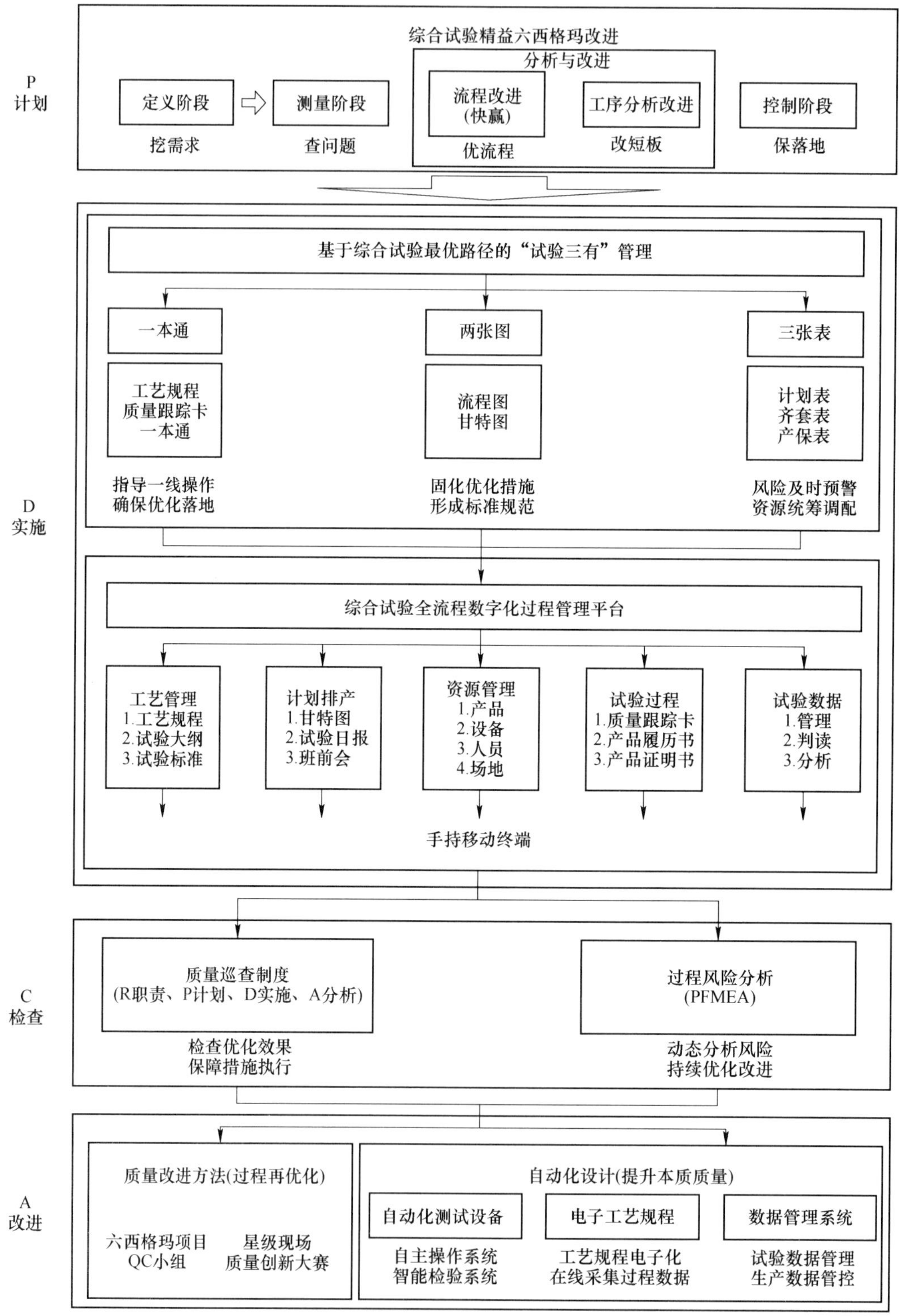

图 1　综合试验流程优化理论方法体系

中国质量技术奖（六西格玛国优）3 项、全国级优秀 QC 项目 5 项、全国质量信得过班组 1 项、全国星级现场 2 项、北京市质量奖励 3 项、集团内质量管理奖励 3 项，并申报发明专利 6 项（其中已授权 2 项）。

四、方法的创新点及推广价值

1）提出了一种控制系统综合试验流程优化的方法，首先创新性地使用现状价值流程图（VSM）完成对各工序价值的分析，初步确定改进方向，进一步采用工序价值流程分析图对明显缺陷问题通过 ECRS 法完成优化，对于深层次问题，采用未来价值流程图分析出具体改进点，采用试验设计、防错设计等精益六西格玛的方法对问题重点突破，形成改进方案，最终实现对全流程的优化改进。

2）构建了基于戴明环（PDCA）的综合试验流程优化和控制的理论方法体系框架。P 阶段：通过精益六西格玛方法优化试验流程，完成综合试验最优路径设计；D 阶段：形成了以“一本通、两张图、三张表”为代表的“试验三有”质量控制方法，并基于该方法开发了“综合试验全流程数字化过程管控平台”，实现综合试验全流程的精细化和数字化管理；C 阶段：形成了以“质量巡查”保障措施执行，以 PFMEA 动态风险监测，识别改进机会的过程检查控制机制；A 阶段：以 QC 小组、六西格玛等群众性质量活动为抓手不断自我改进，积极推进无人值守自主操作系统、智能检验系统、基于 PAD 的试验全流程信息管理系统等自动化工装的研制，提升试验过程本质质量。

该方法已在多个航天产品控制系统综合试验过程中应用，过程质量控制能力和试验效率显著提升，大力推进了试验质量管理从“精细”到“精益”再到“卓越”的发展，并为“十四五”数字化智慧综合实验室建设奠定了坚实的基础。

五、典型案例

某项目应用精益六西格玛管理方法实现了控制系统综合试验时间优化，解决了冗余、重复、低效的工作问题，实现了单套平均试验时间从 3 950 min 下降至 2 650 min 的突破性改进。

（一）定义阶段

首先根据综合试验特点组建项目团队，项目成员专业满足各方面要求。采用调查问卷、企业交流等方法获取顾客需求，确定改进方向。顾客需求确定见表 6。

然后系统分析顾客需求，根据关键需求利用 SIPOC 图从供方、输入、过程、输出、顾客 5 个方面对综合试验过程进行分析，找出项目涉及的范围。

通过排列图筛选出“综合试验”是重点优化过程，顾客的关键需求为保证控制系统产品按时交付，由此确定本项目的输出变量 Y 为单套综合试验所需时间。通过 CTQ 树图展开，进一步明确项目的测量。

通过调研试验现状，制定优化目标。当前单套综合试验所需时间平均为 3 950 min。通过对当前各项能力的估算，可将时间缩短至 2 700 min，并进行可行性分析，制订项目计划。

表 6　顾客需求确定

序号	顾客类型	顾客	调查方法	顾客需求
1	外部顾客	1. 总装厂	调查问卷	1. 提升控制系统产品交付能力 2. 保证有足够产品交付总装厂进行总装； 3. 降低控制系统产品返修率，提升产品保障能力
		1. 军方	企业交流	
			体验交流	
2	内部顾客	1. 计划调度 2. 产品设计师 3. 产品检验员 4. 特装库房 5. 相关机关 6. 所领导 7. 部门领导 8. 产品两总 9. 测试人员	调查问卷 班组交流 工会沟通	1. 综合试验过程测试周期过长 2. 综合试验环境自动化程度不高 3. 设备流转时间长 4. 缩短实验室测试设备准备时长 5. 部分测试设备故障频发 6. 被测产品展开时间长 7. 减少人因差错次数 8. 降低设备故障率 9. 避免测试过程中产品损伤

（二）测量阶段

确定目标之后，根据 SIPOC 图梳理出所有试验流程，绘制工艺流程图，综合试验工艺流程如图 2 所示，并完成流程指标数据的收集，数据收集计划见表 7。

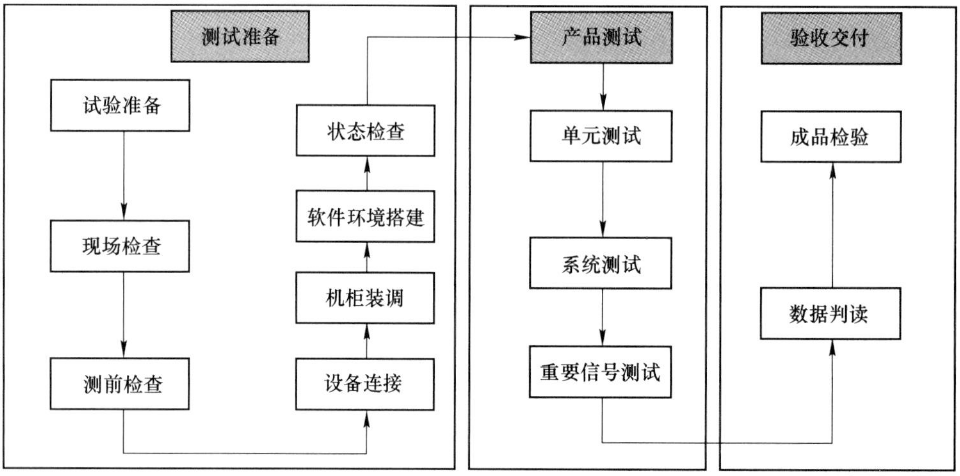

图 2　综合试验工艺流程

表 7　数据收集计划

序号	计量指标	指标定义	数据来源	收集方式	责任人	完成时间
1	检验周期	完成所有产品出所检验	试验记录	数据调查	霍燃	2020.9

续表

序号	计量指标	指标定义	数据来源	收集方式	责任人	完成时间
2	换型时间	从前一批次最后一件产品生产完成到后一批次第一件合格产品按规定的速度正常地生产出来，期间消耗的时间	试验记录	数据分析	赵月	2020.9
3	一次合格率	一次提交合格数量/总生产数量	验收记录	数据分析	刘星扬	2020.9
4	设备正常运行率	实际运行时间/可用净生产时间	故障记录	数据分析	刘毅轩	2020.9
5	搬运距离	完成一项作业（加工、操作、处置等）移动的距离	现场统计	现场调查	赵月	2020.9

根据指标数据，完成现状价值流分析，绘制现状价值流图。根据工艺流程识别试验过程中的改进机会，分析出快赢改进和重点改进项目。

（三）分析改进阶段

首先针对搬运距离长的问题进行快赢改进，设计合理的工艺路径，采取消除、合并、重排等方法将流程中明显的浪费与不足进行优化。

根据优化后的流程，开展现场布局优化。重点规划影响因子关注区域，减少设备搬运距离，消除功能复用区域，易错难操作位置。

完成流程与场地优化后，开展未来价值流分析。通过对流程各项数据的初步分析，结合流程改进内容与项目组成员的头脑风暴，设计未来价值流图。通过头脑风暴法对影响试验时间的原因进行梳理，确定影响因素。影响因素汇总见表 8。

表 8　影响因素汇总

序号	问题描述	序号	问题描述
1	X1 设备一次成功率低	5	X5 现场不满足 6S 标准
2	X2 试验台操作不合理	6	X6 测试操作难度大
3	X3 测试误操作率高	7	X7 重复测试次数多
4	X4 测试状态不易观察	8	X8 设备插头未定置定位

将影响因素转换成技术特性，再进行分析、提取，形成初步可量化的关键质量特性，利用质量屋的方法对质量特性与功能进行分析得出技术方案：立体测试平台、自动化设备、智能检验设备的关键质量特性到功能质量屋见表 9。

表 9　关键质量特性到功能质量屋

产品功能 质量特性	K	电缆网定置定位功能	检验功能	操作功能	工艺规程可视化功能	测试人员沟通功能
一次展开成功率	7.7	5		3	1	
一次连接成功率	6.5	3	3	3		
检验时间	5.6		5			3
一次测试成功率	6.7	3	5	1	3	
减少测试场地占地面积	5.0	3		5		
视觉环境指数	6.3	1	1	3		
测试最低操作人数	4.9		3			3
测试隐患点	5.0	1	3	1	3	1
产品功能重要程度		99.4	102	93.2	27.8	31.5
技术难易度		3	5	1	3	3

立体测试平台满足测试环境和需求，实现单机、电缆等设备的定置定位管理，减少重复性技术和管理工作，缩短换型时间；自动化测试设备采用“机器换人”的技术手段，利用机器视觉、机械臂等方法代替人工操作提升一次合格率；智能检验设备利用图像识别技术实现图像自动采集和智能化瑕疵检测，降低人因差错等低层次质量问题风险，提升检验效率。

（四）控制阶段

各项措施落实后，单套平均试验时间从 3 950 min 下降至 2 650 min。利用控制图对相关试验流程进行实时监测，验证优化措施的有效性。

各项措施逐步固化为标准，形成工艺文件。编制“一本通、两张图、三张表”，将优化后工艺流程与排产模式进行固化，形成工艺流程图与排产甘特图，纳入单位标准化管理。

为保证“一本通、两张图、三张表”落实到位，设计控制系统综合试验全流程精益管理系统。通过文件工艺管理系统、计划任务管理系统、任务资源管理系统、试验过程管理系统和试验数据分析管理系统涵盖整个综合试验流程，实现工艺规程设计、质量跟踪卡设计、试验任务管理、试验信息在线填写、试验数据的整理归档等功能。一线试验人员通过便携式终端查询工艺文件，获取试验计划并实时对试验过程进行记录，有效地将试验过程优化成果落实到基层员工。

进一步通过质量巡查制度和 PFMEA 的方法对运行过程中的风险进行动态识别，加强对优化执行过程的质量控制能力。

基于质量零缺陷的飞行试验风险管控方法

一、背景情况

党的十九大报告中明确提出，力争到2035年基本实现国防和军队现代化，到21世纪中叶把人民军队全面建成世界一流军队。中国航天科工防御技术研究院（以下简称“二院”）为国家空天防御技术总体研究院，是具有雄厚技术实力和整体优势的综合性研究院。

（一）重大工程意义重大、影响深远，压力极大

近年来，日新月异的技术发展、紧张复杂的国际形势，对当前二院质量管理提出了更高要求，重点项目研制周期缩短、重点试验任务要求一次成功，传统质量管理模式、质量管理手段、质量管理方法已难以适应当前任务快速研制、交付的要求。

（二）竞争择优全面实施，成败直接决定竞标胜负

当前，产品采购模式由传统的分工定点全面转向公开招标，在项目全方位竞争择优过程中，重大试验任务是产品竞争的最终考核项目，对竞争结果起到决定性的作用。试验失败轻则导致项目竞标出局，带来巨大的经济损失，重则对企业在该领域的地位产生深远负面影响。确保重大试验任务“一次成功”成为今后一段时间内二院质量管理的重要课题，也是难点所在。

（三）重大试验任务难度显著提高，控制风险成为主要措施

为确保重大试验任务贴近实战的飞行试验“一次成功”，必须探索一套风险管控方法，做到识别全面、分析准确、措施有效，风险受控，使风险事件能够做到事先已知和事中控制。

二、主要内容

为适应新时期工业蓬勃发展、产品竞争择优的形势，二院基于重大试验任务“一次成功”强烈的内部、外部需求，针对技术风险、质量控制、质量责任分解传递等风险环节，开创性、系统性地提出了管理控制要求，形成一套行之有效的风险管控机制，使质量问题大幅下降，质量故障成本显著降低，研制进程得到有效保证。

三、在实践应用过程中的典型做法

基于重大试验任务“一次成功”的关键时序风险管控机制为主线，突出系统工作流程的关键时序和影响控制因素，践行风险管理思想，对试验流程、参试产品、陪试产品、内外部条件等影响因素开展系统分析，识别风险项目并采取相应的风险管控措施，能够全面消除、化解风险。

（一）实施“一个序号一个案”，开展关键时序风险分析，将过程风险转化为产品风险，实现风险分解、量化可控

针对每一个试验项目单独开展关键时序、关键环节风险分析，按照时序，聚焦试验过程最关键环节，将风险分析重点聚焦于“最初时刻”和“最后时刻”，分解关键时序过程中影响成败的关键事项、关键动作，识别相关设备、产品的影响因素，进一步转化、分解为可量化、可测量的产品功能、性能指标，通过对功能、性能指标的符合性、覆盖性检查，确认风险是否可控、受控。

（二）实施“三个吃透”分析，开展试验过程不确定性的风险控制

“三个吃透”以本项目成功的试验任务状态、数据、环境为参考基准，对当前试验项目进行对比分析，聚焦试验的过程不确定性，按照“吃透变化、吃透环境、吃透成功”的工作要求，着重分析技术状态、重要供方，测试数据变化情况，对气象及电磁条件等因素进行评估。以变化的内外部因素为切入点，开展试验风险控制。

（三）开展关键节点风险量化管控

在产品质量评审、飞行试验前，针对参试的每一发导弹及各级产品，将每一项表征产品质量受控的“质量记录、工艺参数、试验数据”等内容表格化、数据化，填写质量控制点前移的 30 张表格（Q/WE1246－2017 二院产品质量评审要求），高度关注关重件（关键特性）、关键工序等风险控制情况，在参试产品出厂前、交付前、试验前，以提前发现问题、解决问题为导向，对产品质量进行全面复查和确认。

飞行试验前武器系统按照风险分类和项目（Q/WE3003－2016 产品实现风险管理要求），组织分析和识别飞行试验存在的关键技术风险、设计质量风险、产品质量风险、操作质量风险，形成产品风险项目清单，针对风险项目制定并组织落实风险规避措施。

（四）开展数据量化与复核确认控制

质量与可靠性数据包是各级产品在设计、生产、试验和交付等研制生产环节中形成的与产品质量与可靠性有关的各项要求及其实现过程和实现结果的客观记录集合，能为评价产品质量与可靠性提供客观证据。

通过各级产品质量与可靠性数据包的采集，根据以往经过各项试验验证成功子样的产品数据开展成功数据包络分析。重点对关键时序中的各级产品总体进行产品质量可靠性数据排查，实施横向、纵向一致性分析，找出实测参数的离散、偏差情况，对临界和跳变参

数进行专题分析，并充分利用以往成功子样以及其他数据明确偏差的多少和影响程度，确保参试产品质量可靠性符合要求。

（五）树立零缺陷质量观实施质量承诺，开展质量风险与责任分解

落实各级质量责任，通过质量承诺明晰单位负责人是本单位承制产品质量第一负责人，促进承制单位管理、技术链条各环节执行者分解落实质量责任，确保风险分析做实、见底。

四、实践应用场景和产生成效

近年来，应用该方法有效实施风险管控，产品飞行试验成功率显著提升。2021 年数十个重点产品有效实施飞行试验管控，飞行试验成功率保持 100%。

（一）开展实施“一个序号一个案”，开展关键时序风险分析，将过程风险转化为产品风险，实现风险分解、量化可控

以试验任务成功为时间零点，按照流程时序逆向分析、识别影响成败的关键环节，确保各设备在试验关键时刻做出正确的动作、完成规定的功能，确保试验成功。在确定了关键环节后，针对每一项关键环节开展 3 个方面的逆向风险分析和检查：

1）关键动作涉及产品因素：从外部提供的输入条件、自身完成任务涉及动作的设计逻辑、试验验证情况、异常处理情况、风险及控制措施等方面逆向风险分析和检查，形成关键动作产品逆向风险分析检查表。

2）关键动作的信息交互因素：从设备之间的信息交互符合性和影响彼此运行的环节进行逆向风险分析和检查，形成关键动作信息交互逆向风险分析检查表。

3）关键动作的外部设备因素：分析时序上所有相关的外部设备是否满足要求，试验验证是否充分，是否存在风险，并有明确结论。

经分析确定的关键环节应明确涉及产品、责任单位和责任人。由项目系统负责审查确认关键环节，各关键环节负责人对所属的关键环节进行分析和检查确认，查找存在风险的薄弱环节，采取必要的规避措施，形成分析报告，对存在风险和需要重点关注的问题进行总结，并针对风险从风险描述、风险分析、应对措施和分析结论等角度进行阐述。在重大试验任务开展前以评审形式进行把关确认。

（二）实施“三个吃透”分析，开展试验过程不确定性的风险控制

1. 吃透变化

着重从产品技术状态、主要供方、测试数据等方面对试验内部影响因素进行风险分析。

1）分析本项目参试产品技术状态与以往成功项目相比是否发生变化，技术状态变化是否经过充分验证。其中，对参试软件的更改影响域分析要做到充分、全面。

2）分析本项目参试产品重要供方是否发生变化，供方变化是否经过审批确认，变更手续是否符合要求。

3）分析试验现场测试数据与以往测试数据对比是否有明显变化，变化趋势是否存在不合格隐患或系统性偏离。

4）在上述重点分析工作的基础上，针对新指挥操作人员的培训、考核情况，新增加设备测试、匹配试验情况。

2. 吃透环境

1）分析地面试验无法模拟的真实环境应经过仿真和风险评估。本项目相关参数是否会产生超出系统工作指标的环境条件（压力、温度等）。

2）分析试验当日气象、电磁等环境是否有影响试验成败的要素，相关要素是否采取了风险防控措施。

3）分析地面产品等是否处于良好状态，各系统间数据接口及传输是否正常，相关风险应采取风险防控措施并制定工作预案。

3. 吃透成功

1）分析以往成功的试验考核科目在本次试验中是否有状态和环境变化，如有，是否进行了风险分析并有具体应对措施。

2）复查本项目出现的问题归零措施是否落实到位，其他项目出现的问题是否在本项目、本试验有关联性、相似性，是否进行了举一反三。

在以上“三个吃透”的基础上，形成试验风险清单。根据风险清单中列出的风险因素，结合自身和外部环境的特点，对每类风险因素的不确定性和潜在的危害进行分析，对风险等级、风险概率进行评估，按照风险分类和重要性进行排序，提出应对措施和处理预案，确保试验内、外部影响因素均处于可控状态。

（三）量化关键节点风险管控

飞行试验前，针对参试的每一发导弹及各级产品，将每一项表征产品质量受控的“质量记录、工艺参数、试验数据”等内容表格化、数据化，填写质量控制点前移的30张表格。高度关注关重件（关键特性）、关键工序等风险控制情况，在参试产品出厂前、交付前、试验前，以提前发现问题、解决问题为导向，对产品质量进行全面复查和确认，开展质量与可靠性数据确认。

武器系统按照风险分类和项目（见表1），组织分析和识别飞行试验存在的关键技术风险、设计质量风险、生产质量风险、操作质量风险，形成本产品风险项目清单，针对风险项目制定并组织落实风险规避措施。

表1　风险分类和项目表

序号	风险类别	风险项目
1	关键技术风险	首次上天考核的新技术项目
2		技术方法或算法模型不成熟的项目
3		虽曾参与上天飞行，但飞行过程中未执行到的功能分析项目
4		一旦发生，将对飞行、研制产生重大影响的其他项目

续表

序号	风险类别	风险项目
5	设计质量风险	技术状态变化项目
6		经飞行时序动作分析与确认，查找出的风险项目
7		质量归零措施带来新的风险项目
8		技术指标要求或者方案未确定的项目
9		FME（C）A分析出的Ⅰ、Ⅱ类故障模式识别确定的项目
10		复核复算结果复查情况辨识的项目
11		“新技术、新状态、新材料、新环境”分析确定的项目
12		软件验证不充分的项目
13		其他产品质量问题的举一反三情况确定的项目
14		性能成功数据包络分析确定的、数据分析不全的项目
15		历史上发生过影响成败问题的项目
16		环境条件和地面试验还未能完全覆盖飞行实际环境的项目
17		地面试验无法考核或考核不充分，又无法进行仿真模拟、理论计算等的项目，或虽进行了仿真模拟和理论分析，但仿真模拟和理论分析不能真实仿真实际飞行状态、飞行边界条件或飞行动态环境的项目
18		降额设计或元器件选型等级不满足产品大纲要求，且无冗余措施的项目
19		环境适应性分析（力、热、电磁）难以满足要求的项目
20	生产质量风险	关键件、重要件和关键工序
21		测试覆盖性分析难以满足的项目
22		产品超差、代料后，致使产品状态处于临界的项目
23		产品质量有前科的、状态有变化的（应用新技术的）、测试未覆盖、单点失效4个方面，出现1个交集或多个交集以上的项目
24		工艺难以满足设计指标的项目
25		工艺攻关不彻底、工艺不稳定，对此出现问题，影响关键产品质量的项目
26		新材料、新工艺、新状态、新环境、新单位、新岗位、新设备等项目
27		检验点设置充分性和控制有效性有欠缺的项目
28		工艺参数、性能成功数据包络分析确定的项目
29		元器件质量风险项目（超目录、代料、不可筛测等）
30		质量问题归零和举一反三的检查与分析确定的项目
31		曾经发生过影响成败问题的产品
32		接插件、活动部件复查确定的项目
33		使用时间长、存在寿命或和使用时间相关导致性能会下降的项目

续表

序号	风险类别	风险项目
34	操作质量风险	“易错”“难操作/盲操作”和“难检测/不可检测”项目
35		“新人员”“新岗位”分析确定的项目
36		查多媒体操作记录确定的项目

（四）实施“一个单位一份质量承诺”

在以上风险识别、管理控制的基础上，实施风险与责任的分解，由各产品承制单位按照主管设计师、主任设计师、副总师、副总指挥、单位负责人的顺序逐级对承制产品设计正确性、质量稳定性、研制生产过程受控情况做出质量承诺。实施“一个单位一份质量承诺”，通过质量承诺明晰单位负责人是本单位承制产品质量第一负责人，促进承制单位管理、技术链条各环节执行者分解落实质量责任，确保风险分析做实、见底。

管控方法应用实效显著，主要业绩如下：

1. 重大项目任务成功率显著提升

自该风险管控机制实施以来，各项目积极实践，依据项目特点组织开展了项目风险分析，对每一个项目及流程进行正向、逆向分析，识别关键环节风险，落实风险预案。飞行试验成功率连续4年大于95%，圆满完成质量目标要求。

2. 产品质量问题大幅下降，质量故障成本显著降低

通过落实该风险管控措施，在产品试验前提前分析产品异常数据，发现并处理产品质量隐患，真正做到了不留问题进入试验现场，各级产品平均质量问题数量同比下降。

质量问题的下降带来人力物力成本及试验资源消耗大幅减少，二院试验直接故障成本下降。二院产品质量受到了用户方和上级机关的一致赞誉，取得了良好的经济效益和社会影响。

3. 创新质量管理方法，提升质量管理水平

现代企业质量管理以全面质量管理为主要标志。全面质量管理不仅是质量管理新阶段的统称，也是一系列先进理论和方法的总和，用以应对愈加复杂的各种质量环境，是企业解决各种质量问题的工具包。丰富而适用的质量管理工具是企业质量管理水平的重要体现。

关键时序风险管控机制构建与实施以“一次成功”技术保障分析为基础，结合现阶段试验技术特点，发展完善了试验质量管理工具，完善了产品风险管理要求，自主创新质量管理方法，有效提升了二院质量管理水平。

4. “零缺陷”质量意识深入人心

“零缺陷”质量文化要求我们必须第一次就把事情做对，工作标准零缺陷。实施基于“一次成功”的重大试验任务关键时序风险管控机制就是将质量问题和隐患消灭在前期。

在各项目实施风险分析过程中，各层级设计人员、管理人员广泛参与，制定具体风险管控措施，查找产品问题和隐患，真正做到了“全员参与”，使“零缺陷”理念入心入脑。

5. 项目研制进程得到有效保证

产品质量是任务顺利开展的压舱石。实施关键时序风险管控机制以来，二院某重大项目工作走出低谷，最终顺利完成重大试验任务；其他多个重点项目试验均取得重大突破，研制进度得到切实保障，助力二院转型升级战略顺利实施。

五、方法的创新性和推广价值

当前，以重点项目为代表的重大试验任务逐年增加，复杂科目考核日益增多，试验任务技术与质量风险极高，给项目研制管理带来极大挑战，确保“一次成功”成为重要课题。其主要创新点包括一次成功的技术风险精细化管控、基于过程的技术与管理风险识别与量化管控、坚持零缺陷的质量责任分解与落实。编制形成了 Z101/20—2020《产品飞行试验关键环节风险分析工作要求》，在二院产品研制飞行试验中推广实施。

针对重大项目试验时序、环节多以及过程复杂且存在高度不确定性的风险，二院坚决贯彻“强军首责”、积极践行“零缺陷”质量理念，聚焦关键时序、关键环节，聚焦过程的不确定性，探索基于“一次成功”的重大试验任务风险管控机制，总结提炼了以上风险管理措施，为重大试验任务“一次成功”保驾护航。该方法可以直接推广应用至高风险任务质量管控。

航空发动机试验“成功树”分析方法

一、背景情况

航空发动机具有复杂的气动、热力和结构特征，其设计难度大、涉及学科多、研制周期长、经费投入高，西方强国将其视为“保持空中优势和商业竞争力”的重要手段，严禁相关技术出口。当前，我国正处在实现中华民族伟大复兴中国梦的关键时期，面临“百年未有之大变局”，对先进航空发动机的需求十分迫切，必须进一步加快产品研制进程。航空发动机研制是一项复杂的系统工程，需要开展大量的试验验证工作，试验周期长、内容多、频次高，部分试验（比如低认知试验、考核试验、持久试车、装机试飞等）安全风险高，必须采取有效措施，预防和控制试验风险，降低问题的发生率，加快研制进程，保障研制成功。

“成功树”概念源自可靠性理论，通常与“目标树”共同构成“目标树一成功树”理论（GTST），主要用来分层描述复杂系统的深度知识，是一种自顶向下的系统建模方法。2019 年，中国航发四川燃气涡轮研究院在中国航天经验基础上，在航空发动机研制中引入“成功树”分析方法，围绕“目标实现”，充分利用已有研制经验和教训，按照正向设计思路，通过对设计、生产、试验、技术准备等全过程中的每个子系统进行深入细致的分析和检查，通过对分析和检查中发现的薄弱环节采取针对性措施，确保全系统中的每个环节均得到有效管控，从而降低问题发生率，有效控制技术风险、提升产品研制效率、提高正向研发能力，取得良好效果。

二、主要内容

航空发动机研制追求“设计一步到位、试制一次做对、试验一次成功”。中国航发四川燃气涡轮研究院在总结前人经验的基础上，建立并运用以“关键环节一影响因素一控制因素一控制因素过程保障一薄弱环节和技术对策”为主要内容的“成功树”分析模型和工作思路（见图 1），结合航空发动机的研制特点，立足正向研发，以“提升研制效率、保障研制成功”为总目标，以需求验证为核心，以功能危险性分析（FHA）、故障树分析（FTA）、故障模式影响与危害性分析（FMECA）等分析结果为基础，以试验“成功树”分析和过程保障为抓手，以保障低认知试验、考核试验、持久试车、装机试飞等“一次成功”为重点，拉动研制全线全过程减少设计、试制和试验工作反复，提升研制效率，加快研制进程，保障研制成功。同时，通过不断的“回头看”复盘设计工作是否全面、准确、到位，不断补充完善，不断提高工作的覆盖性和准确性，实现知识积累和技术认知的螺旋提升。

航空发动机试验“成功树”分析的技术途径（见图 2）包括：

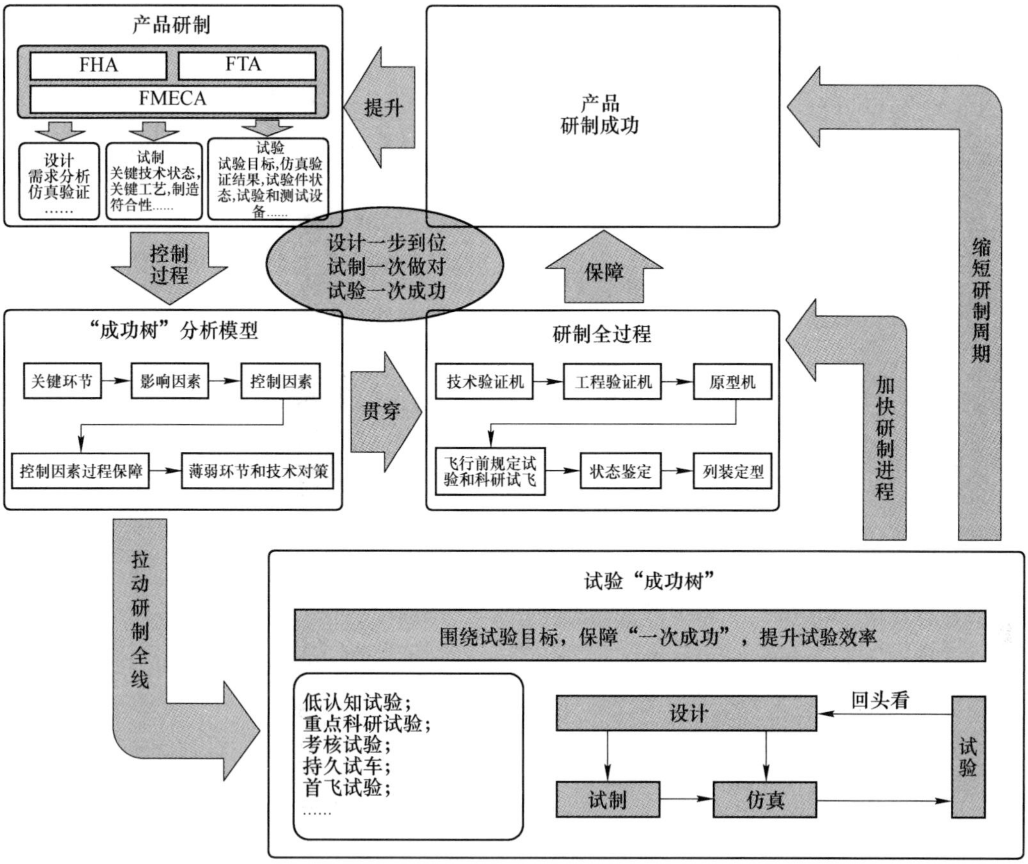

图 1　航空发动机试验"成功树"分析思路

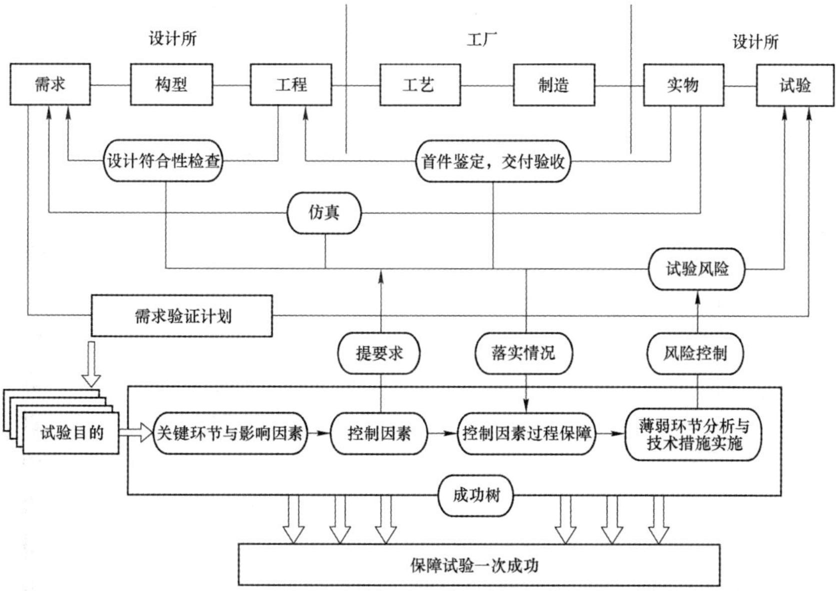

图 2　航空发动机试验"成功树"分析技术途径

1）围绕每次试验的目的和内容，以保障试验一次成功为目标，识别关键环节、影响因素和控制因素；

2）以确保控制因素全面保障到位为目的，从设计、试制、试验、技术准备全流程对控制因素进行过程保障分析，提出需要开展、检查的具体工作项和工作内容；

3）检查工作落实情况，实现对控制因素的过程保障，并讨论检查结果，确定薄弱环节；

4）针对薄弱环节制定预防措施，降低试验风险，保障一次成功；

5）开展“回头看”工作，复盘“成功树”分析工作是否全面、准确、到位，不断改进完善，实现能力渐进提升。

三、在实践应用过程中的典型做法

航空发动机试验“成功树”分析的工作流程见表1，典型做法如下：

表 1　航空发动机试验“成功树”分析的工作流程

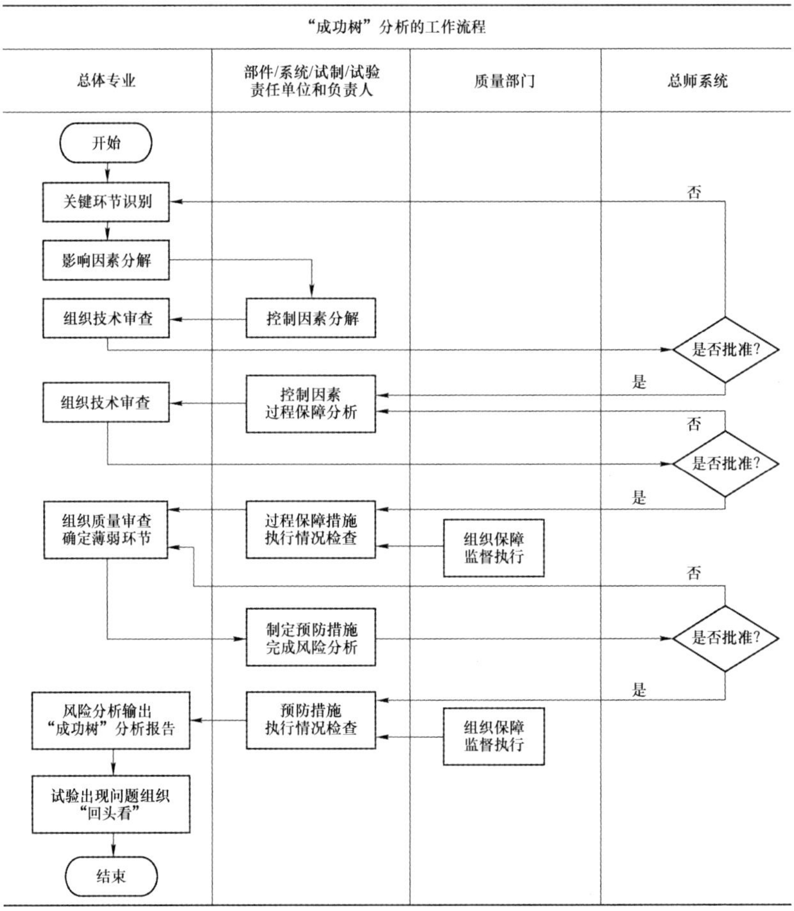

1）首先由总体专业牵头，组织各部件、系统分解和识别影响试验成败的关键环节、影响因素和控制因素，并组织技术审查。其中，关键环节定义为所有影响试验成败的关键工作项目，影响因素定义为确保每一个关键环节正常可靠的相关设备、成件级因素，控制

因素定义为影响因素再进一步分解需要控制的因素。关键环节、影响因素、控制因素的分解和识别以需求验证为核心，以 FHA、FTA 和 FMECA 等分析结果为基础，从设计、试制、试验和技术准备全方面着手，自顶向下分层展开和系统识别，并确定影响因素的责任单位和控制因素的责任人，结果形成“关键环节与影响因素分解表”“控制因素分解表”（示例见表 2），并报总师系统批准，然后作为试验“成功树”分析的基础结构树。

表 2　关键环节与影响因素分解表

序号	关键环节	编号	影响因素	责任单位
1	按设计要求完成发动机分解检查和问题处理，发动机主机部件技术状态满足设计要求	1.1	整机、核心机、联合单元体分解过程控制和检测结果满足设计要求	
		…	…	…
		1.10	中介机匣、外涵机匣、管路技术状态满足设计要求	
2	发动机主机部件试制技术状态复查，结果满足设计要求	2.1	风扇部件技术状态满足设计要求	
		…	…	…
		2.8	中介、外涵、管路技术状态满足设计要求	
3	装配集件满足设计要求	3.1	装配集件满足设计要求	
4	发动机部组件、单元体装配技术状态满足设计要求	4.1	风扇转子装配技术状态满足设计要求	
		…	…	…
		4.9	加力及轴对称矢量喷管单元体技术状态满足设计要求	
5	发动机核心机、整机装配技术状态满足设计要求	5.1	发动机核心机、整机装配技术状态满足设计要求	
6	燃油与控制系统技术状态满足设计要求	6.1	成附件技术状态满足设计要求	
		…	…	…
		6.5	燃油系统使用维护满足设计要求	
7	测试系统技术状态满足设计要求	7.1	测试探针技术状态满足设计要求	
		7.2	测温热电偶、应变片技术状态满足设计要求	
		7.3	测试系统装配技术状态满足设计要求	
8	70 h累积试车，发动机工作正常	8.1	验收试车发动机功能、性能满足设计要求	
		…	…	…
		8.12	转子轴向力正常	

2）针对分解识别的每条控制因素，各系统、各部件分别组织开展控制因素过程保障分析。控制因素过程保障分析指针对每条控制因素，从设计、试制、装配、试验准备等方面全范围进行分析，目的是使控制因素全过程处于正常状态，从而确保试验正常、安全。控制因素过程保障分析表示例见表 3，其中“设计保障措施”指设计提出的关键的、具体的技术要求，包括对技术分析、试制装配、试验验证、试验准备等各方面的要求；“整机/零部件/工艺试验验证”指需要开展的重要试验验证要求；“生产质量控制”指试制、装配过程中采取的具体的工艺保障方法、措施等，包括对生产过程量和结果的检验和检查要求；“生产检查试验”指试制、装配过程中必须完成的重要检查性、检验性试验，比如打压试验、流量调试试验、磨合试验等；“发动机出厂检查”指在发动机出厂交付验收时需要重点检查的内容，比如对发动机的外观检查、流道孔探检查等内容，还包括对随机文件和资料的检查，重点检查不合格品审理单的内容；“试验前调试检查”指在发动机试验准备期间的重点检查内

容；“开车前检查”指在试验开车前现场需要重点检查的内容。控制因素过程保障分析的关键在于找出各环节影响控制因素的关键点、重要点和技术薄弱点，并有针对性地确定过程控制措施（针对具体的控制因素，若各环节中无过程控制内容，可不填写），形成“控制因素过程保障分析表”，由总体专业组织完成技术审查后报总师系统批准，作为后续开展“成功树”分析过程保障质量和检查工作的输入。

表 3　试验“成功树”分析控制因素过程保障分析表示例

<table>
<tr><td colspan="2" rowspan="2">8.2.3</td><td colspan="4">控制因素：风扇叶片振动应力可接受</td></tr>
<tr><td>隶属环节</td><td>8.2</td><td colspan="2">影响因素：风扇部件设计及验证满足整机试验要求</td></tr>
<tr><td colspan="2">隶属系统</td><td>强度专业</td><td>责任单位</td><td>责任人</td><td>×××</td></tr>
<tr><td>序号</td><td>环节</td><td colspan="2">过程控制</td><td>责任单位</td><td>责任人</td></tr>
<tr><td>1</td><td>设计保障措施</td><td colspan="2">完成叶片振动分析，识别振动风险点</td><td></td><td>×××</td></tr>
<tr><td rowspan="2">2</td><td rowspan="2">整机/零部件/工艺试验验证</td><td colspan="2">分批次在整机/核心机状态下、在不同进口温度、压力条件下开展叶片振动应力测试试验，且转速低压需达到1.03，高压需达到1.04</td><td></td><td>×××</td></tr>
<tr><td colspan="2">发动机前期整机试验</td><td></td><td>×××</td></tr>
<tr><td>3</td><td>生产质量控制</td><td colspan="2">—</td><td></td><td></td></tr>
<tr><td>4</td><td>生产检查试验</td><td colspan="2">—</td><td></td><td></td></tr>
<tr><td>5</td><td>发动机出厂检查</td><td colspan="2">—</td><td></td><td></td></tr>
<tr><td>6</td><td>试验前调试检查</td><td colspan="2">—</td><td></td><td></td></tr>
<tr><td>7</td><td>开车前检查</td><td colspan="2">—</td><td></td><td></td></tr>
</table>

3）完成控制因素过程保障分析后，总体专业基于“控制因素过程保障分析表”整理形成“控制因素过程保障质量检查单”（示例见表 4），并确定控制因素及每条过程控制措施的责任单位和责任人，然后由各系统、各部件协同试制、试验单位按照控制因素过程

表 4　试验“成功树”分析控制因素过程保障质量检查单示例

<table>
<tr><td colspan="2" rowspan="2">8.2.2</td><td colspan="4">控制因素：风扇转子强度满足试验要求</td><td>责任人签名</td><td>×××</td><td>日期</td><td>2019.××</td></tr>
<tr><td>隶属环节</td><td>8.2</td><td colspan="2">影响因素：风扇部件设计及验证满足整机试验要求</td><td>检查人签名</td><td>×××</td><td>日期</td><td>2019.××</td></tr>
<tr><td colspan="2">隶属系统</td><td>强度专业</td><td>责任单位</td><td>责任人</td><td>×××</td><td>质量主管签名</td><td>×××</td><td>日期</td><td>2019.××</td></tr>
<tr><td>序号</td><td>环节</td><td colspan="2">过程控制</td><td>责任单位</td><td>责任人</td><td colspan="2">证明材料</td><td>检查结果（√/×）</td><td>检查日期</td></tr>
<tr><td>1</td><td>设计保障措施</td><td colspan="2">完成转子静强度储备计算</td><td></td><td>×××</td><td colspan="2">经计算，风扇转子静强度储备满足设计要求（径向及周向破裂储备均大于1.22，鼓筒壁厚中线的名义周向应力的最大值小于$0.9\sigma_{0.2}$，鼓筒周向应力平均值小于$0.75\sigma_{0.2}$，轮盘屈服强度储备均大于1.33），详见报告××.JS.1435</td><td>√</td><td>2019.××</td></tr>
<tr><td>2</td><td>整机/零部件/工艺试验验证</td><td colspan="2">完成风扇转子超转破裂试验</td><td></td><td>×××</td><td colspan="2">完成第三级转子超转破裂试验，试验结果表明转子破裂储备满足设计要求，详见报告××.JB.2984</td><td>√</td><td>2019.××</td></tr>
<tr><td>3</td><td>生产质量控制</td><td colspan="2">—</td><td></td><td></td><td colspan="2"></td><td></td><td></td></tr>
<tr><td>4</td><td>生产检查试验</td><td colspan="2">—</td><td></td><td></td><td colspan="2"></td><td></td><td></td></tr>
<tr><td>5</td><td>发动机出厂检查</td><td colspan="2">—</td><td></td><td></td><td colspan="2"></td><td></td><td></td></tr>
<tr><td>6</td><td>试验前调试检查</td><td colspan="2">—</td><td></td><td></td><td colspan="2"></td><td></td><td></td></tr>
<tr><td>7</td><td>开车前检查</td><td colspan="2">—</td><td></td><td></td><td colspan="2"></td><td></td><td></td></tr>
<tr><td colspan="2">发现问题及处理</td><td colspan="4">—</td><td colspan="2">检查结论</td><td colspan="2">通过</td></tr>
</table>

保障质量检查单开展过程保障和质量检查工作。控制因素过程保障和质量检查工作的重点是检查工作项的落实情况，核实工作结果是否满足设计要求，并记录相关的证明材料信息。在过程中发现不符合项时，需按照“问题描述、原因分析、处理措施、影响分析、评估结论”的“五步分析法”逐个完成技术分析和评估工作。在重要部组件和单元体交付、发动机整机交付、发动机试验开始前等预置节点，由总体专业组织质量审查会，审查控制因素过程保障和质量检查的结果，并围绕本次试验目标讨论确定影响试验成败的薄弱环节（即在过程保障质量检查中出现超差或偏离且难以保证试验正常、安全完成的控制因素），完成试验风险分析工作，制定针对性的预防措施，然后报总师系统批准。“成功树”分析质量审查结论将作为总师系统决策试验前评审是否开展的前置条件。同时，质量部门将全程参与控制因素过程保障和质量检查工作，主要负责组织保障和监督执行工作。

4）总师系统批准“成功树”分析质量审查的结果和结论后，由总体专业牵头针对识别出的影响试验成败的薄弱环节，整理形成“薄弱环节与技术措施质量检查单”（示例见表 5），并组织各系统、各部件和试验单位在试验评审前将全部预防技术措施落实到位；由质量部门全程监督执行情况和完成检查确认工作，以保证试验正常、安全开展，保障试验一次成功。同时，总体专业整理完成试验“成功树”分析报告，并向“发动机试验前技术状态评审报告”输出试验风险分析和评估结果，作为试验前评审的上会材料参与试验前评审。

表 5　试验“成功树”分析薄弱环节与技术措施质量检查单示例

<table>
<tr><td colspan="2" rowspan="2">8.2.3</td><td colspan="3">控制因素：风扇叶片振动应力可接受</td><td>责任人签名</td><td>×××</td><td>日期</td><td>2019.××</td></tr>
<tr><td>隶属环节</td><td>8.2</td><td>影响因素：风扇部件设计及验证满足整机试验要求</td><td>检查人签名</td><td>×××</td><td>日期</td><td>2019.××</td></tr>
<tr><td colspan="2">隶属系统</td><td>强度专业</td><td>责任单位</td><td></td><td>责任人</td><td>×××</td><td>质量主管签名</td><td>×××</td><td>日期</td><td>2019.××</td></tr>
<tr><td>序号</td><td>项目</td><td>内容</td><td>责任单位</td><td>责任人</td><td>证明材料</td><td>检查结果（√/×）</td><td>检查日期</td></tr>
<tr><td>1</td><td>薄弱环节</td><td>结合前期部件和整机试验动测结果，发动机风扇部件第1级转子叶片存在进气支板数激起的第6阶振动应力偏大问题，试验过程中存在叶片高周疲劳风险</td><td></td><td>×××</td><td>过程保障分析表8.2.3</td><td>√</td><td>2019.××</td></tr>
<tr><td>2</td><td>采取措施</td><td>试验中考虑超过5%的转速裕度避开此共振转速带，校准试车、初始阶梯/遭遇试车以及与飞行任务有关的试车均不在危险共振转速带停留</td><td></td><td>×××</td><td>试车技术要求××.JT.2540
试车工艺卡片</td><td>√</td><td>2019.××</td></tr>
<tr><td>3</td><td>风险分析</td><td>措施有效，风险可控</td><td></td><td>×××</td><td>—</td><td>√</td><td>2019.××</td></tr>
<tr><td>4</td><td>遗留问题</td><td>—</td><td></td><td></td><td></td><td></td><td></td></tr>
<tr><td colspan="2">发现问题及处理</td><td colspan="3">—</td><td>检查结论</td><td colspan="2">通过</td></tr>
</table>

5）试验完成后，由总体专业牵头组织各系统、各部件开展“回头看”工作，梳理“成功树”分析和过程保障工作是否全面、准确、到位，特别是针对试验过程中出现的问题，要根据问题排查情况在“成功树”分析表单中补充和完善相应内容，不断进行知识积累，提升技术认知，完善“成功树”分析工作。试验“成功树”分析“回头看”问题梳理

表单示例见表6。

表6 试验“成功树”分析“回头看”问题梳理表单示例

序号	问题类别	问题	原因	表格序号	承制厂	专业	处理
1	一、质量检查单内容修改	1.“整机/零部件/工艺试验验证”栏中，部分内容已在前序批次中充分验证，建议删除	已在前序批次中充分验证	支点密封组件装配质量满足设计要求(1.1.5)	××	机械	删除“整机/零部件/工艺试验验证”栏的“1支点石墨密封组件性能及耐久性试验”
2		2.出现Ⅱ类不合格审理单，需要增加控制内容	附件机匣壳体采用3D打印快速成型熔模，熔模尺寸不稳定，导致铸件局部尺寸偏差	附件机匣壳体加工质量满足设计要求(1.22.8)	××	机械	表单中增加对附加件机匣壳体铸造过程的控制内容
3		3.……	……	……	……	……	……
4	二、规范填写格式	“发现问题及处理”栏中，处理措施填成“让步应用”“同意原样使用”等	工作指南说明不细	—	—	—	细化工作要求和指南，对“处理措施”增加定义
5	三、出现问题的归零情况	1.传动杆花键磨损问题	管路装配应力大，引起传动杆偏斜量偏大	外部管路装配质量满足设计要求(3.3.15)	××	机械	增加管路装配顺序的控制内容，减小装配应力
6		2.……	……	……	……	……	……

四、实践应用场景和产生成效

（一）实践应用场景——发动机70 h持久试车摸底试验“成功树”分析实践案例

针对某次70 h持久试车摸底试验，组织开展了试验“成功树”分析，以保障此次70 h持久试车摸底试验“一次成功”为目标，将其确定为此次试验“成功树”分析的顶事件，工作思路如图3所示。

基于当前的技术认知和设计经验，首先由总体专业牵头，组织各系统、各部件开展关键环节、影响因素和控制因素的分解和识别工作。按照自顶向下的建模思路，从“发动机分解检查、部组件试制技术状态、发动机装配技术状态、数控和测试系统技术状态、保证发动机工作正常的技术准备”5个方面共识别关键环节8项、影响因素49项、控制因素231项，并明确了每条影响因素的责任单位、每条控制因素的责任人，经技术审查后形成了此次试验“成功树”分析的“关键环节与影响因素分解表”（见表2）和“控制因素分解表”（见表3），并报总师系统获得批准，从而完成了此次试验“成功树”分析基础结构树构建。

各系统、各部件对231项控制因素逐条进行过程保障分析（此次试验控制因素过程保障分析表示例见表3），对应设计保障措施、整机/零部件/工艺试验验证、生产质量控制、生产检查试验、发动机出厂检查、试验前调试检查、开车前检查7个环节识别“过程控制”内容，形成231份控制因素过程保障质量检查单，报总师系统批准后作为开展此次“成功树”分析过程保障和质量检查工作的输入。

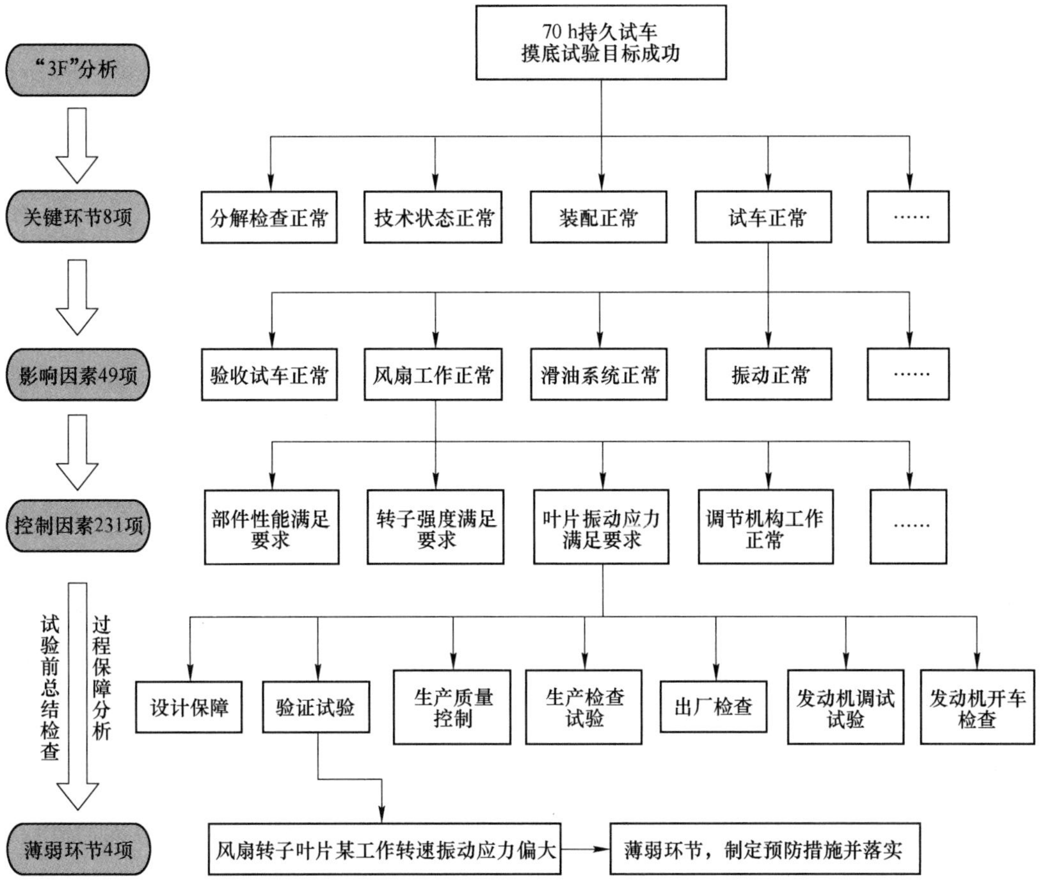

图 3　70 h 持久试车摸底试验"成功树"分析思路

总体专业在 231 份"控制因素过程保障分析表"的基础上整理形成 231 份"控制因素过程保障质量检查单"（见表 4），并确定控制因素及每条过程控制措施的责任单位和责任人，然后各系统、各部件协同试制、试验单位，在质量部门的保障和监督下，按照控制因素过程保障质量检查单上的内容，开展控制因素过程保障和质量检查工作，完成 231 份表单的填报和问题分析评估工作。总体专业在试验评审前的预置节点，组织召开了"某发动机 70 h 持久试车摸底试验成功树分析审查会"，对分析、过程保障和质量检查的结果，以及过程中发现的问题等进行了专题讨论和审查。根据讨论和审查结果，将过程保障措施未完全落实到位，难以保证试验正常、安全的 4 条控制因素列为薄弱环节，分别讨论并制定了预防技术措施。比如，针对对应控制因素 8.2.3 的风扇第 1 级转子叶片振动风险，结合前期部件试验和整机试验动测结果，以及考虑本次试验的主要目的，决定在试验策划中考虑超过 5%的转速裕度避开共振转速带，试验时不在该危险共振转速带内停留。通过分析任务并制定针对性的预防技术措施，4 项薄弱环节得到有效管控，不影响本次试验安全和试验目标的达成，试验风险可控，审查和风险分析结果报总师系统后得到批准，要求立即组织落实预防措施，同意按程序开展试验前评审的准备工作。

根据质量审查结果，总体专业编写了"薄弱环节与技术措施质量检查单"（示例见表

5），由各系统、各部件和试验单位将预防技术措施分别落实到了试验技术要求、试验准备工卡、试车任务卡片等文件中，并由质量部门完成执行跟踪和结果的检查确认。同时，总体专业编写此次试验“成功树”分析的总结报告，并向“发动机试验前技术状态评审报告”输出试验风险分析和评估结果。

通过试验“成功树”分析工作，此次 70 h 持久试车摸底试验的风险得到了有效管控。根据试验结果，发动机工作正常，功能、性能指标满足要求，发动机分解检查未发现有危及飞行安全的零件损坏，达到了此次摸底试验的目的，初步验证了发动机功能、性能以及结构完整性，实现了试验一次成功的既定目标。

试验完成后，总体专业牵头组织各系统、各部件开展了“回头看”工作（“回头看”问题梳理表单示例见表 6），梳理出了部分Ⅱ类不合格品审理单超差内容未提前分析到、管路装配应力控制要求不细导致出现传动杆花键磨损等问题，针对梳理出的问题分别进行了原因分析并确定了后续措施，在“成功树”分析表单中补充和完善了相应内容，实现了知识积累和技术认知的提升。

（二）产生成效

自 2019 年以来，按照“局部试点、渐进深入、及时总结”的工作原则，中国航发四川燃气涡轮研究院在某重点产品中持续开展了“成功树”分析方法应用创新和试点工作，先后在发动机首装后调试试验、进气畸变试验、高空台试验、70 h 持久试车摸底试验、超温摸底试验、飞行台试飞等 9 类 15 项重点试验中完成了“成功树”分析和过程保障工作，共梳理控制因素 700 余条，落实质量检查表单 900 余张，提前发现并处置薄弱环节 60 余个，工作覆盖了发动机设计、仿真、试制、试验准备、试验实施的全流程范围，有效管控了技术风险，有力保障了每次试验目标的顺利达成，实现了试验“一次成功”的既定目标。

在试验“成功树”试点成效的基础上，2020 年将分析保障工作继续向试制环节深度延伸，由设计师系统与中国航发黎阳、黎明两家主要承制单位联合开展了发动机试制和装配“成功树”分析，共同确定试制环节的控制因素和过程保障要点，整理形成“控制因素过程保障质量检查单”188 份，并按照《发动机主机试制、装配“成功树”分析过程保障工作实施方案》在 4 台整机、1 台核心机的试制过程中完成了过程保障工作，共发现和分析问题 176 项，提前识别并有效处置影响“试验一次成功”的薄弱环节 3 项，装机件超差率从前序批次的 5%下降到了 3.8%，有效提高了发动机的试制和装配质量，有力保障了发动机试验的“一次成功”。

试点工作团队注重在每一次分析仿真、问题处理、质量审查等具体工作中积累认识和经验，通过技术交流、质量审查、“回头看”等方式接受各方意见建议，客观面对产品研制工作中存在的问题和不足，不断补充、改进和完善设计工作。通过在重点试验、试制任务上应用“成功树”分析方法，建立了适宜航空发动机特点的“成功树”分析工作思路、方法和流程，形成了一批可供参考的实践案例，总结了《发动机试验“成功树”分析工作要求和指南》《发动机主机试制、装配“成功树”分析过程保障工作实施方案》等标准性文件，为后续“成功树”分析方法的继续推广奠定了良好基础。同时，试点工作团队积极将“成功树”分析方法融入航空发动机研发体系和设计流程中，通过“成功树”分析、过程保障和质量审查工作不断总结和沉淀研制经验，将“关键环节、影响因素、控制因素”的识别融入研制策划工作中，将“过程保障质量检查”融入质量管理工作中，将“薄弱环节”控制融入风险控制工作中，将“流程和步骤”融入设计流程中，将“工具、方法、知识积累”融入知识积累库中，不断充实和丰富航空发动机研发体系的内容，推进研发体系的不断完善和成熟。

五、方法的创新性和推广价值

试验“成功树”分析以保障试验一次成功为目标，按照自顶向下的思路开展技术分析和过程保障工作，强调过程控制，强调全员参与，分析覆盖全系统，工作贯穿全过程，相比故障树的逆向改进是典型的正向规范。开展试验“成功树”分析，有利于管控发动机试制、试验的技术和过程风险，保障发动机试制质量、试验安全和试验一次成功，同时也能够加快设计经验的积累和沉淀，加速设计标准、规范等的完善，增强研发体系的实用性和可操作性，提升航空发动机的自主研发能力。因此，建立了适宜航空发动机特点的试验“成功树”分析工作思路、方法和流程，形成了工作要求和指南，并在航空发动机研制的全供应链推广应用，可增强与发动机零部件、系统、成附件以及各级供应商的对接和协同力度，充分发挥“小核心、大协作”的集群优势和力量，提前化解产品研制过程中的潜在风险，确保产品质量，提高研制效率，加快研制进程。

下篇　面向组织的先进质量方法

本篇是面向组织的先进质量方法，主要针对各集团、企业，总结凝练质量管理实践中的质量管理制度、模式和方法。本章按照企业配套层级，划分为总装集成类组织、单机设备类组织两个部分。总装集成类组织先进质量方法主要是承担重大工程抓总、重点产品总装生产和系统集成任务的企业在组织质量管理工作中积累形成的方法，单机设备类组织先进质量方法主要是承担分系统或设备及以下产品研制生产任务的企业在组织质量管理工作中积累形成的方法。

本章旨在集中展现“十三五”时期中国科学院、中国工程物理研究院、各集团及相关企业针对组织质量管理需求进行的有益探索和模式创新，为各行业质量管理人员提供方法参考和学习标杆，促进工业组织质量管理的科学性水平。

第五章　总装集成类组织先进质量方法

“611”质量管理模式实践

一、背景情况

传统航空产品研发模式具有历时周期长、技术风险高、投资强度大、参研单位多、协作配套关系复杂、质量管控效率低等特点，难以适应新一代战斗机的研制管理要求。新一代战斗机的特点主要体现在以下几个方面：

（一）新一代战斗机在技术上实现了跨代提升，但周期显著缩短，质量和可靠性大幅提高

新一代战斗机与前代产品相比，新技术占比在60%以上，周期缩短50%以上，可靠性指标要求翻倍。面对技术、管理和质量保证的巨大挑战，如何有效识别用户需求，实现新技术的工程转化和新技术应用风险控制；如何策划和开展复杂系统工程管理，以精益流程应对提高研发效率的强劲需求；如何将质量管理融入研发过程，发挥质量监督作用，实现又好又快研发，需要面向复杂系统工程，用系统工程的思路和方法开展产品质量保证体系建设和实践。

（二）新一代战斗机研发过程复杂，涉及面广

新一代战斗机涉及机械、电子、电气、软件和可靠性等120余项学科及专业协同、交叉及融合，循环迭代优化，100余家单位协同的系统工程，系统复杂性高，系统功能和架构不断演进，系统和外界交互关系错综。适应此研发模式，如何开展需求管理、架构设计、优化迭代和验证确认等技术流程构建；如何开展技术计划管理、风险管理、技术性能管理和技术状态管理等技术管理流程构建；如何开展供应商管理和评价流程构建，需要在质量保证体系中着力解决。

一代项目、一代技术、一代管理，如何对项目研制实施有效的质量管理，确保项目实现又好又快的研制，是研发体系建设和管理创新的重要目标。

二、主要内容

面向新一代战斗机研发，以问题为导向分析能力现状。统计分析产品研制全线质量保证能力调研中发现的问题，以及试验、试飞过程中发生的质量问题。从表象上看，这些问题可以归结到质量意识、设计水平、设计过程、设计验证、工艺控制、生产加工、质量控制等原因，但从本质上、从“原因背后的原因”上分析，则归结到研发质量保证能力成熟度不足上。从“质量”的概念和以实现项目研制质量目标出发，构建面向新一代战斗机的

复杂系统工程研发质量保证体系的基本构架，6＋1＋1 共 8 个要素，如图 1 所示。

图 1　“611”质量管理模式

6：六大研发质量要素，包括超越质量文化、实战化质量需求、V 型设计质量流程、数字化质量设计、全寿命周期质量保障和精细化质量管控。

1：一套质量创新方法驱动。

1：一支卓越质量团队推动。

“611”质量管理模式是在超越质量文化的环境下，以实战化的质量需求为牵引，充分获取、分析和理解用户需求，并开展需求条目化及动态管理及传递；将全寿命周期的质量要素精细化、建立 V 型设计质量流程，形成组织和项目两方面、技术和管理两维度的精益流程建设，保证用户需求以高质、高效的方式得到分解、实现和验证；以精细化质量管控为抓手，以全数字化的飞机设计平台为工具，通过一套实用的质量创新方法，打造一支卓越的质量管理团队，实现对飞机研制全过程有效的质量保证。

三、实践应用过程中的典型做法

（一）需求管理

聚焦“能打仗、打胜仗”的要求，秉承“设计装备就是设计战争”的理念，将作战需求落实到产品系统研发过程。基于战场环境虚拟仿真和体系化对抗仿真，分析战场威胁，构建作战想定，通过精细推演设计作战能力，由“研发能力推动”转变为“实战需求牵引”，将研发流程前伸到实战化需求论证。

开展全寿命周期条目化需求管理。建立覆盖全寿命周期的需求管理流程，保证用户需求得到获取、识别、分解、贯彻和验证、实现。分析系统运行场景，从源文件和用户沟通中，识别系统利益相关者并收集需求，梳理分析系统逻辑，确定系统架构（组成、接口、功能分配），形成完善的系统需求，建立模型确认系统功能需求满足用户需求，并生成下级子系统、产品需求。

（二）V 型设计流程

在自顶向下设计、自下而上综合的研发流程框架下，强力推进系统工程管理。重点开展系统工程 4 个技术子流程和 4 个管理子流程的建设和应用，如图 2 所示。管理子流程包括技术计划管理、技术风险管理、技术性能评估、技术状态管理，技术子流程包括系统需求管理、系统架构定义、系统优化评估、系统验证鉴定。

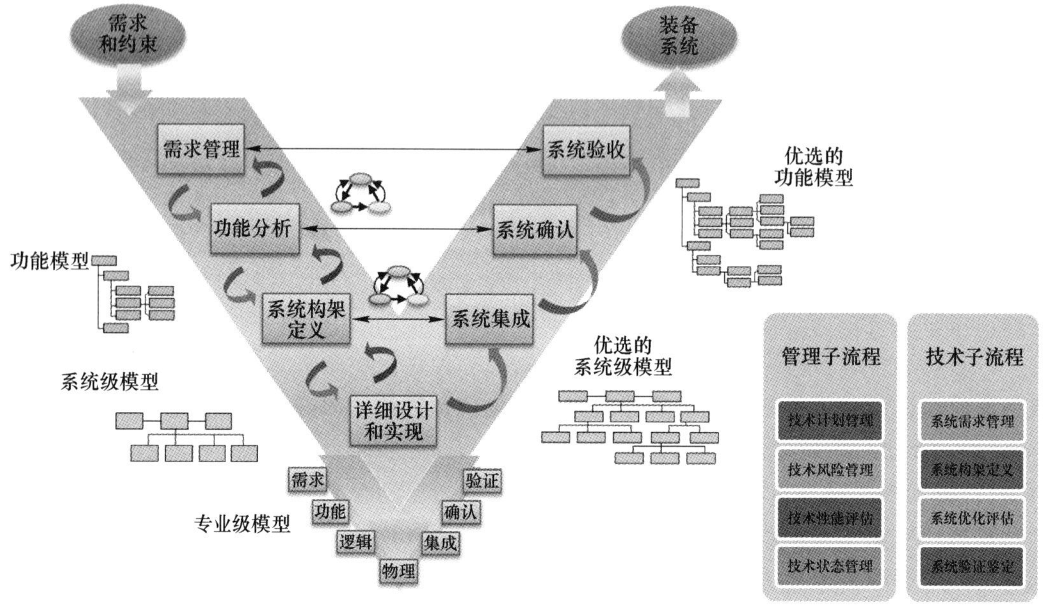

图 2　复杂系统工程管理

（三）过程质量管控

从组织体系、规范体系、流程体系和审查体系 4 个维度开展质量管理提升，从传统质量管控向精细化质量管控转变。构建研发过程精细化质量管控指标体系，实现由定性管理到定量管理的转变。将质量管控点融入产品研发，通过程序和流程来确保质量受控，如图 3 所示。

（四）数字化设计质量保证

适应新机全数字化建模协调、协同设计和数据传递的研发特点，开展基于模型的数字化设计质量保证，基于模型的数字化设计规范体系和基础数据库，同时将质量检查工具、方法嵌入数字化研发平台。

（五）全寿命周期保障

飞机系统包括飞机和自主保障系统，研发之初就开展飞机自主保障系统设计，确保产品交付后快速形成作战能力和保障能力，由交付产品向交付能力转变。调整优化组织机

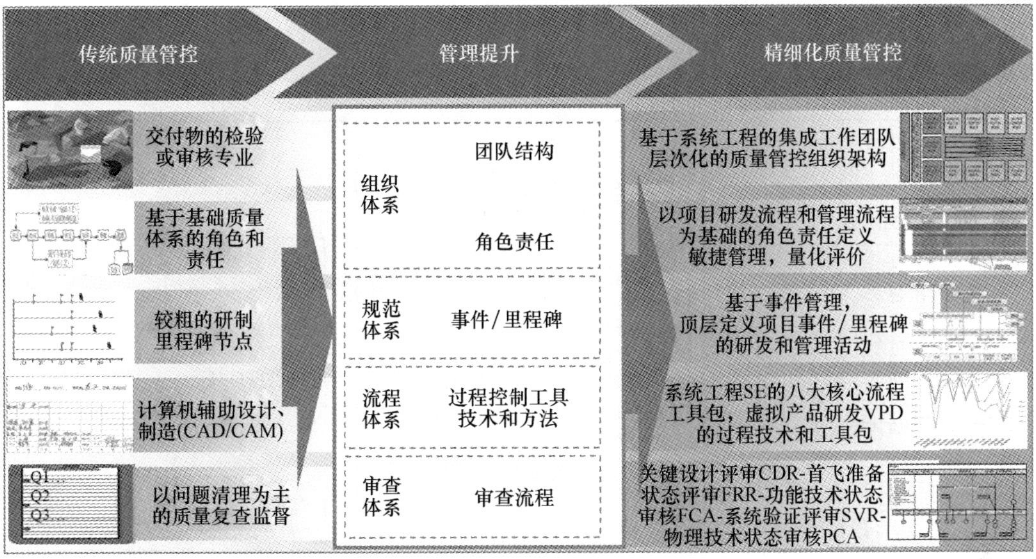

图 3　精细化过程质量管控能力提升

构，打造更高效的售后服务保障和客户培训组织机构，建立平时和战时技术支援保障工作体系。构建综合保障信息化系统，实现故障远程排除引导、不离岗网络化培训以及一体化自主保障。

（六）培育质量文化

践行具有产品特色研发质量行为准则，基于 PDCA 过程方法，建设“超越自我现状、超越用户期待和超越对手先进水平”的“超越”质量文化。

（七）建立质量团队

融入卓越质量要求，建立追求卓越质量的研发团队。建立研究所独立的质量专家团队，各部门设立质量主管部领导、部质量员，各室/办设立室质量员，结合所科研生产 WBS（工作分解结构）的逐级分解，构建“所—部—室”为横向、“产品—项目—单元”为纵向的矩阵式质量管理组织模式，实现网格化的质量管理，确保产品总体研发质量管理要求和质量信息得到快速、有序传递和落实。同时，加强与产品质量师系统的业务结合和流程融合，提高管控效力和效率。

四、实践应用场景和产生效应

（一）以实战化需求为牵引，确保研发需求质量

在需求管理系统平台（DOORS）中建立系统需求数据库，包括利益相关者、系统及子系统、产品各级条目化需求，每一条需求定义需求来源、重要度、验证方式、验证结果

等属性，建立需求之间，以及需求与模型之间的关联，实现需求的条目化、结构化、关联化管理。通过需求追溯矩阵、需求验证追溯矩阵等工具，追踪需求在整个研发过程中的分解、贯彻和验证、实现及确认，如图 4 所示。

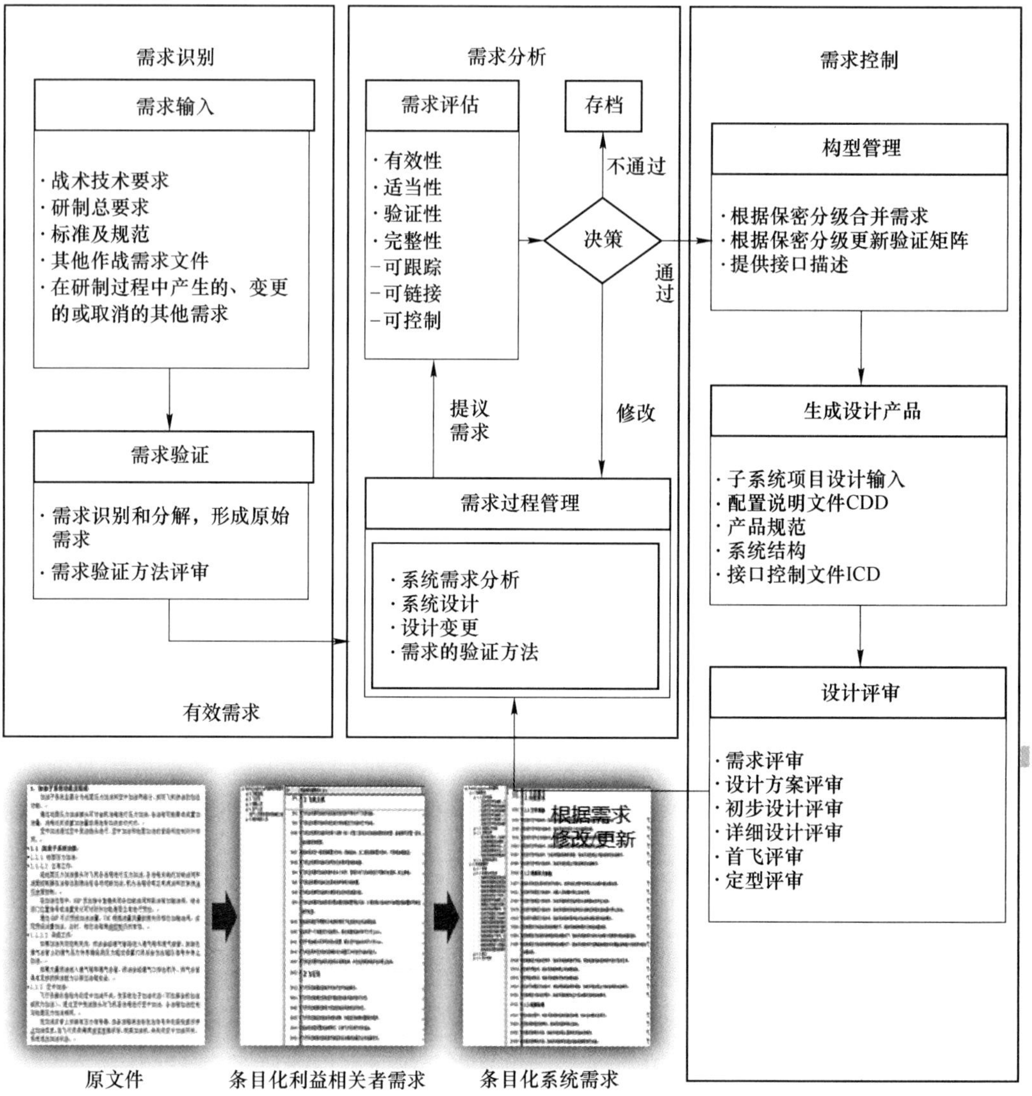

图 4　条目化需求管理示意图

（二）深化研发系统工程管理，确保项目技术实现的成功

重点开展系统工程 4 个技术子流程和 4 个管理子流程的建设和应用。

1. 系统工程管理特色工具包

建立和配置与“611”质量管理模式相适应的工具包，如表 1 所示。基于业务、流程、方法、工具和 IT 部署，实现有效的系统工程管理。

表 1　系统工程特色工具包开发

管理子流程				
流程	技术计划管理	技术风险管理	设计性能评估	技术状态管理
典型工具运用	IMP/IMS（综合主计划/综合主时间表） P6（计划管理系统平台） WBS（工作分解结构） SOW（工作说明书） RQCDP分析（风险、质量、成本、交付物、人力资源分析）	SWOT分析（优势、劣势、机遇、威胁） KPP分析（关键绩效指标分析） FMECA（故障模式、影响及危害性分析） FTA（故障树分析）	TIM（技术集成会议） PMR（项目管理评审） KSDI（关键系统开发与综合） 控制图 成熟度管理	PDM（产品数据管理系统） CM（技术状态管理系统平台） ECR-ECP-ECO/ECN（工程更改请求-工程更改建议-工程更改指令/工程更改通知） PLM（产品生命周期管理） CDR-FRR-FCA-SVR-PCA（关键设计评审-飞行准备状态评审-功能技术状态审核-系统验证评审-物理技术状态审核）

技术子流程				
流程	系统需求管理	系统架构定义	系统优化评估	系统验证鉴定
典型工具运用	Doors（需求管理系统平台） QFD（质量功能展开） MBSE（基于模型的系统工程）	MBSE（基于模型的系统工程） RDM（IBM系统工程工具） Rhapsody（IBM SysML建模工具） Simulink（动态系统建模、仿真和综合分析集成环境） Rhapsody和Simulink集成仿真	MBSE（基于模型的系统工程） M&S（建模和仿真） VPD（虚拟产品开发） MBE（基于模型的工程） CAD/CAE/CAT/CAM（计算机辅助设计/分析/试验/制造）	SVP（系统验证计划） TDM（工程数据管理平台） VV&A（校核、验证和确认） O&E（测试和评估）

2. 基于研制事件/里程碑驱动的计划管理

按照综合主计划/综合主时间表（IMP/IMS）的方法，基于研制事件/里程碑节点来分解制订研制计划。明确完成工作项、完成准则、项目活动。面向活动，按照项目策划→专业计划→资源计划的路线，明确项目在不同研发阶段的工作范围，需要开展的技术活动及技术活动之间的关系。面向要求，按照产品分解结构（PBS）→工作分解结构（WBS）→具体交付物的路线，定义科研活动应产生的必要交付物，形成重点突出的交付物清单。将项目质量控制的技术评审和审查、问题处理等工作项目融入主计划。

3. 全数字化研发技术状态管理

深化项目技术状态管理体系建设，组建技术状态管理专业团队，建立技术状态管理平台和工具集，全面推进三维全数字化研发的技术状态管理。建立基于事件驱动的技术状态控制流程，集成在产品数据管理系统（PDM）内，以“工程更改请求（ECR）—工程更改建议（ECP）—工程更改指令（ECO）”为基本流程，创新网页式、条目化表单，结合路径设计、防错设计、在线学习等保证措施，纳入数字化协同设计、生产平台，开展技术状态更改控制。基于 CI 功能、性能审查，结合里程碑技术质量审查分期分层次完成技术状态审核，实现了基于数字化产品定义的技术状态标识、控制和审核。

（三）精细化过程质量管控，提升基于质量目标的量化管理水平

1. 航空产品研发动态化里程碑技术质量审查

传统的里程碑评审存在的“要求不够明确”“活动不够充分”和“程序不够完善”等问题，通过精细化质量控制，构建以“条目化表单”“动态化审查”和“前置性控制”为特点，以方案设计审查（SFR）、初步设计审查（PDR）、关键设计审查（CDR）、首飞准

备状态审查（FRR）、功能技术状态审查（FCA）/系统验证审查（SVR）和物理技术状态审查（PCA）为主线的审查模型和详细的审查表单（Checklist）。

2. 基于目标化质量审查“大数据”，实施全机配套成品研发质量成熟度管理

对全机配套成品实施动态化里程碑技术质量审查结果“大数据”的汇总、统计和分析，建立各指标成熟度模型，形成随研制进程的质量成熟度增长图。同时，可以进一步分解检查某一项指标在各个单位的成熟度水平，及其各项产品的成熟度水平，为研发质量管理提供量化的、精确的依据性输入，有效控制成品的装机质量。

3. 对配套新成品研发单位的质量保证能力实施量化评价

系统分析配套新成品质量影响因素和要求，从研发质量工作完成情况、质量保证能力和实物质量 3 个层次，开展配套新成品研发质量量化评价。构建包括 92 项评价指标的评价模型，以评分值（共 700 分分值以及加分、扣分项）实施，明确了构建并持续完善产品质量师系统及信息沟通的相关机制，以获得质量信息数据支持和管理途径，为成品研发单位的质量保证能力的量化评价提供条件。

（四）数字化设计质量保证，将质量管理要素融入数字化研发流程

1. 基于模型的数字化设计规范体系和基础数据库

归纳、整理、总结飞机产品设计知识、设计经验及建模方法，制定基于模型的三维数字化产品定义（MBD）的飞机产品设计规范及建模指南；建立数字化设计模板库，机械、管路连接、电气、标准件模型数据库，技术注释库等规范数据库；总结提炼行业专家的设计知识及经验、工艺知识和建模知识等，并与设计平台进行集成，保障基于模型的数字化规范定义。

2. 将质量检查工具、方法嵌入数字化研发平台

建立数字化设计质量控制和审查流程，将质量管控要点融入设计流程，纳入协同设计 VPM & Windchill 和虚拟产品数据管理工具平台，运用数字化的设计质量评价工具，实现在线质量控制与设计输出质量审查。

（五）全寿命周期保障

以信息化为支撑，建立完善的用户沟通及服务保障机制和流程，保证用户需求得到有效获取和确认，需求变更得到有效沟通，以及需求不符合问题得到及时处置和解决。开发远程技术保障支持系统，打造故障诊断专家平台、维修保障信息支持系统，以便携式维修辅助设备、空地勤培训系统、交互式电子手册为支撑，实现远程维修保障信息电子化处理、典型故障排除引导、不离岗网络化技术培训、数据信息综合分析萃取和飞机技术状态电子化监控等功能，提高问题处理准确度和效率，大幅降低用户保障资源投入，保障外场完好率和顾客满意率持续提升。

（六）培育“超越”质量文化

建立“三个务必、八个牢记”的特色研发质量行为准则，如图 5 所示。

（七）一套质量创新方法驱动

创新质量管理方法应用于项目研制，主要包括：项目立项和方案论证的质量功能展开

图 5　“三个务必、八个牢记”的特色研发质量行为准则

（QFD）技术运用、分层次的产品研制专用技术规范体系构建、基于过程方法的研究所流程体系建设、分层次的研究所质量管控组织架构和质量角色职责定义、全数字化设计质量控制、基于 PDCA 方法的航空产品主机所特色质量文化建设、基于流程库的研制流程和过程控制要求体系构建、适应航空产品研制特点的系统工程工具包开发、基于模型的系统工程（MBSE）在航空装备研发中的应用、基于策划与监控的精益计划管理、精益研发管理看板建设、全数字化研发技术状态管理、Checklist 结构化 CDR－FRR－FCA－SVR－PCA 技术质量审查、基于审查“大数据”的全机研制质量成熟度管理、配套研制技术评审质量预审查、配套新成品研制质量量化评价、适应航空产品研制特点的试飞问题归零管理等。

（八）一支卓越质量团队推动

建立了研究所独立的质量专家团队，各部门设立质量主管部领导、部质量员，各室/办设立室质量员，构建“所—部—室”为横向的质量管理团队。同时，建立“产品—项目—单元”为纵向的矩阵式质量管理团队，如图 6 所示。

在研究所质量体系文件的基础上编制《员工质量手册》，分解各部门质量职责；各部门围绕部门质量职责编制《部门技术质量工作制度》，细化各专业、岗位质量责任、通用质量要求和质量监督考核，形成“所—部门/室办—岗位”三级层次的质量角色责任定义。

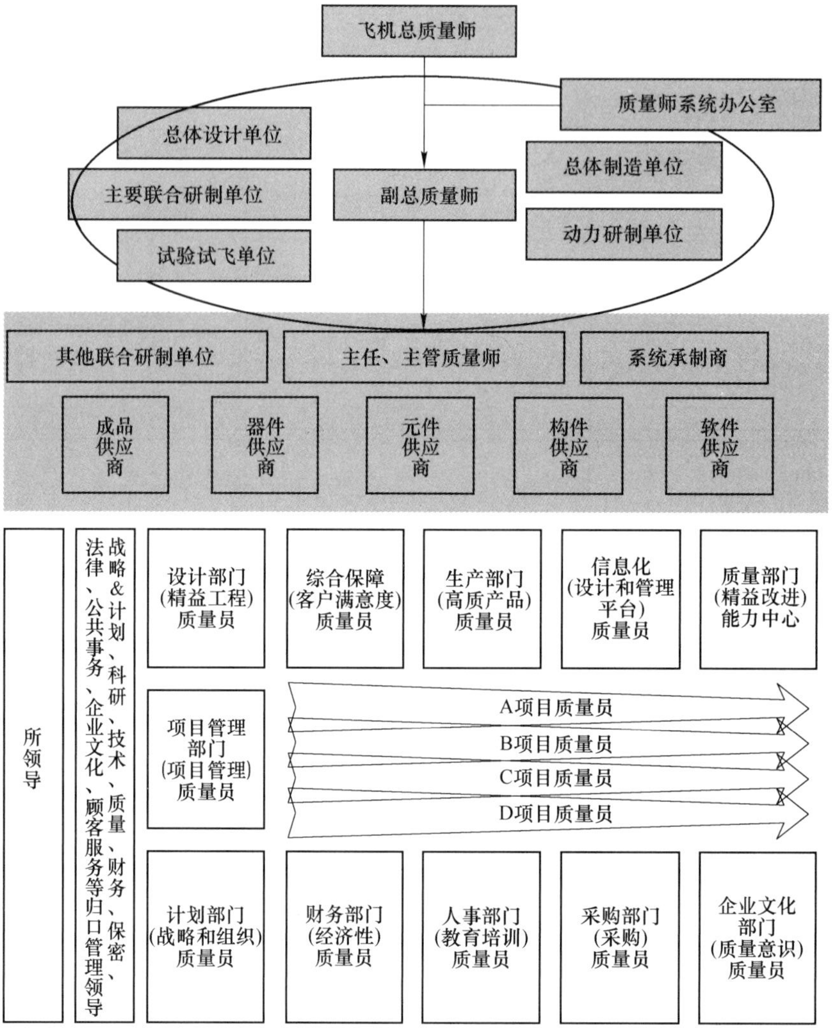

图 6　层次化质量管控组织架构

建立战略性的覆盖研发全过程的质量专家团队，配套完善的培养与管理体系，组织针对本专业研发过程质量管控问题，积极研究、创新和实践，提升总体研发质量保证能力。

“611”质量管理模式的实践，提升了研制质量和效率，确保了新一代战斗机研制过程质量受控，实物质量和研制效率稳步提高。目前，新一代战斗机已经列装并得到了用户的高度评价，军事效益和经济效益显著。数字化研发和质量管理的创新实践，推动了航空产品研发模式的“三个转变”：由串行设计模式向并行设计模式转变、由经验主导模式向开放创新模式转变、由部门工作模式向协同工作模式转变。

五、方法创新性和推广价值

(一) 在国防科技等领域推广示范效果显著

2018 年，国防科工局组织的专家组对成都飞机设计研究所质量工作进行了专项检查，专家组给出的报告指出：成都飞机设计研究所具有完善的管理制度，从组织、职责、流程、工具和方法等方面开展了大量的研究与实践工作，形成了独特的“6＋1＋1”质量管理模式，该管理模式代表了国防科技工业的最新成果，科学适用，在国防科技领域具有很高的借鉴和推广价值。“611”质量管理模式形成了一系列可复制推广的方法、工具。多项最佳实践在航空工业集团公司推广运用，同时与其他集团兄弟单位也进行了广泛交流。

（二）获得中国质量奖

“611”质量管理模式及其质量工具方法的建设与实践，丰富了航空武器产品项目质量管理理论和方法，实现了成都飞机设计研究所飞机研制质量管理能力跨代提升，得到了军方用户和政府的高度肯定，获得第三届中国质量奖。

基于诚信敬畏的自主式质量管理模式

一、背景情况

习近平总书记提出“质量就是生命，质量就是胜算”，直升机产品因其特殊用途决定了质量的极端重要性，然而直升机产品结构复杂、精度高、工序多、加工周期长，过程质量管控难度大，急需企业提升管理水平，做好产品的自主管控，生产出质量可靠、性能优越的航空产品。

诚信是社会主义核心价值观的重要组成部分，国务院印发的《关于建立完善守信联合激励和失信联合惩戒制度加快推进社会诚信建设的指导意见》，从国家层面对诚信建设提出规范要求；GJB 9001C 也明确规定了建立诚信管理制度，确保组织的质量诚信。这些为企业推行诚信体系建设提供依据。

敬畏是指在面对权威、庄严或崇高的事物时所产生的情绪，既敬重又害怕。军工文化是融诚信敬畏于一体的作风和精神。

国际航空航天标准 AS 9162 航空航天操作者自我验证程序，规定了操作者自主检查、自我验证的程序，为企业实施操作者自主检查、自我验证工作提供了标准依据。

因此，为适应发展新态势，更好地满足顾客需求，实现向高质量发展转变，从 2013 年开始，昌河飞机工业有限责任公司通过技术创新、管理创新和文化创新，积极探索构建基于诚信敬畏的自主式管理模式，全面激发员工的内生动力，激励员工由“要我干精品”到“我要干精品”“要干好精品”的转变，推动企业产品质量快速提升。

二、主要内容

诚信体现的是内在信仰、价值观和外在行为的统一，诚信敬畏是一种发自内心、无处不在的责任意识。

“自主”是“与自主式神经系统或其效应或行为有关，或受其影响或控制的不知不觉的行为或发生的事情”。“自主”（Autonomic）是“Auto”和“Nomic”的组合，“Auto”的意思是“自己”，“Nomic”的意思是“属于习惯或规律”。“自主”主要表现在主动、自动、动态、自学习、信息化等 5 个方面。

公司基于诚信敬畏的自主式管理模式的内涵主要包含：通过构建实施诚信敬畏责任体系，树立员工诚信敬畏之心，打造自主管理的诚信基础；同时，建立基于信息编码（BARCODE）的自主式工作流程和基于“大数据”分析的评估改进机制，打通自主管理的实施途径；再通过推进以面向自主式的管理创新，促进自主管理真正落地并“开花结果”（见图 1）。

诚信敬畏责任体系是自主式管理的运行基础，主要包括确立员工行为准则和行为底

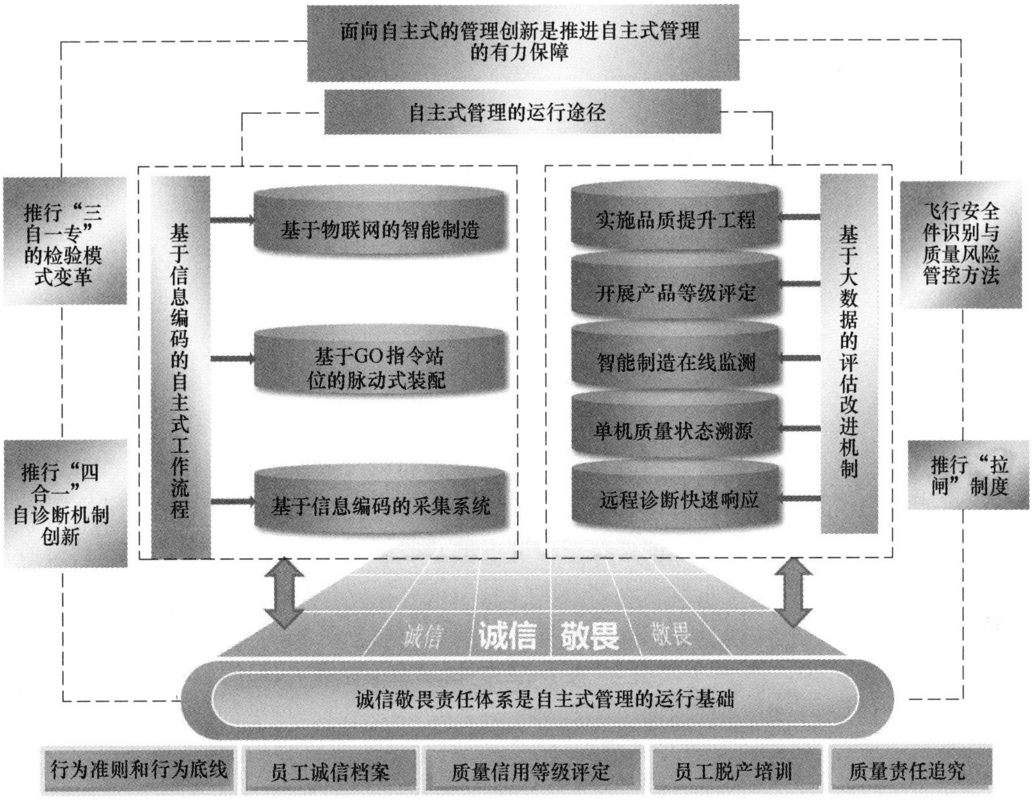

图 1 基于诚信敬畏的自主式管理模式逻辑图

线、建立员工诚信档案、开展质量信用等级评定、建立员工脱产培训机制、实施质量责任追究。

基于信息编码的自主式工作流程和基于“大数据”分析的评估改进机制是自主式管理的运行途径。基于信息编码的自主式工作流程主要包括构建基于信息编码的元数据(META—DATA)采集系统、基于物联网的智能制造系统、基于GO指令站位的脉动式装配；基于“大数据”分析的评估改进机制主要包括实施以产品为主线的品质提升工程、产品等级评定、数字化智能制造在线监测、基于专业化管控的单机质量状态溯源、基于远程诊断的快速响应保障模式。

面向自主式的管理创新是推进自主式管理的有力保障，主要包括推行“三自一专”的检验模式变革、“四合一”自诊断机制创新、飞行安全件识别与质量风险管控方法以及“拉闸”制度等，促进自主式管理的落地。

三、在实践应用过程中的典型做法

（一）构建诚信敬畏责任体系

确立行为准则和行为底线，围绕诚信敬畏体系建设，确立了“执行第一、表单办事、问题透明、日清日毕、数据说话、持续改善”的岗位行为准则，划定了 7 类 20 条岗位行为底线。建立员工诚信档案，从忠诚于岗位、忠诚于企业、取信于同事、取信于客户和员工岗位行为底线 5 个方面，明确了 14 种不诚信表现。开展质量信用等级评定，对一线员工从质量诚信、产品实物质量等多维度建立评价标准，开展质量信得过个人（QT）暨 QT 等级评定，对基层班组开展以 QT 等级为主线的“质量信得过班组”评定。建立员工脱产培训机制，根据员工年度内违纪次数和严重性，对员工开展强制自费脱产培训。实施质量责任追究，按照“业务谁主管、质量谁负责、责任谁承担”的原则，实施质量责任终身追究和“质量一票否决”。

（二）开发基于信息编码的自主式工作流程

建立基于信息编码的元数据采集系统，依托昌飞制造系统（CPS）开发产品科研批产数字化管理流程。以设计数据为源头，实现生产制造和设计数据同源，每个零件都用唯一的条码进行标识，各类元数据都以零件条码为索引存入 CPS。实现基于物联网的制造智能化，建立一套智能化旋翼系统部件生产及装配的智能制造生产线执行系统。根据科研生产需求计划，自动进行库存匹配和资源分配，自主决策形成配送计划，完成分拣后，实现物流配送智能化。按照生产节拍建立了脉动式总装生产线，将装配工序、工步过程按先后顺序划分到每个站位，严格实施日计划编排和计划配送制度，强化装配的准时化和精益化。

（三）建立基于“大数据”分析的评估改进机制

实施以产品为主线的品质提升工程，以产品为主线，以客户为中心，对内外场质量问题开展“大数据”分析，实施品质提升项目攻关；针对重难点问题实施“悬赏制”，激发全员集智攻关的内在动力。开展产品等级评定，在产品符合设计要求的基础上，提高标准，建立质量分级制度，倡导优质优酬。开发建立基于 CPS 的旋翼系统数字化集成检测系统，打通在线“加工—检测—反馈”的全闭环技术路线，实时采集产品加工过程中的检测数据。构建基于专业化管控的单机质量状态管控看板，将直升机生产过程中的数据按架次进行关联和集成，实现单机质量数据快速检索和追溯。构建基于远程诊断的快速响应保障模式，通过远程视频诊断系统，专家团队实时了解现场故障详细情况，对问题部位进行直观检查，准确快速给出处理方案。

（四）推进面向自主式的管理创新

推行“三自一专”（操作者自加工、自检验、自记录以及检验员专检）的质量检验模式，分离自检、专检记录，提升操作者发现问题的能力。推行“四合一”（改革与管理体系、质量内部审核、工艺纪律检查、企业文化）自诊断机制，对各单位自主管理进行诊断和分级认证，强化职能部门履职，拉动各业务领域建立“可管、可控、可追溯”的管理体系。推行飞行安全件识别与质量风险管控方法，应用过程故障模式及影响分析（PFMEA）工具，科学识别出影响飞行安全的风险点，并建立完整的飞行安全制造及装配过程控制体系。推行“拉闸”制度，将条码零件折算成统一标准的指数，车间每验收一道工序即产生相应的执行指数；利用执行指数、目标指数、年度剩余指数、年历剩余天数等考核要素的对比情况，形成一套信息化日计划管控评价体系。

四、实践应用场景和产生成效

公司大胆创新管理，构建了基于诚信敬畏的自主式管理模式，通过文化引领，数字化智能化手段的辅助，运行基于“大数据”分析的评估改进机制，提升了自主管控能力，为用户提供优质产品奠定了坚实的基础。

（一）实践应用场景

针对员工质量诚信意识不强、自主式管控能力较弱等问题，公司通过具体案例实施，展示如何运用“大数据”分析开展精准改进，实现自主式管理模式的落地。

1）通过开展质量信得过个人及班组评定，全面激发每位职工提升质量和效率的潜能，培育员工诚信敬畏意识，形成了一套完善的评价机制，具体如表 1 和表 2 所示。目前，共评定出质量信得过个人 1 292 人（其中，QT 级 711 人，QT1 级 391 人，QT2 级 190 人），质量信得过班组 70 个，其中 1 个获得全国质量信得过班组，7 个荣获省级质量信得过班组，形成“先进带后进、后进求上进”的良性机制，促进班组成员共同成长。

表 1　质量信得过个人考核标准

类别	指标名称	考核内容及范围	计算公式	评分标准	权重
实物质量	II/III级审理	审理系统中记录人为原因导致审理的次数	按审理次数	0次=100 2次=60 ≥3次=0	5%
	报废损失	报废系统中记录的人为原因导致报废的金额，报废扣分方式如下：每1 500元扣10分	100−报废总金额/1 500	100=100 ≥0=0	10%
	报废次数	报废系统中记录人为原因导致报废的次数	按报废次数	0次=100 2次=60 ≥3次=0	10%
品质提升	等级品	考核个人加工或参与加工的优良品率，以系统统计数据为准，计分方式如下：等级品基础值=车间二级品、一级品、特级品的总工时/被评价零件的总工时，再根据个人所获得等级品的工时/个人总工时与等级品基础值的比值进行打分	个人等级品率/等级品基础值	≥1.2=100 ≥1=60 <1=0	20%
	质量改进	考核个人参与品质提升的数量，计分方式如下： 一～三等奖主负责人加24分，参与人加8分 优秀奖：第1名加4分 内部质量改进按内部评审计分(实效2~4分，总结5~8分)	一等奖积分+二等奖积分+三等奖积分+优秀奖积分	≥6=100 ≥2=0	15%
过程控制	工序自检不符合	错漏检系统录入的不符合条数(含检验记录问题)	按工序自检不符合条数	0条=100 4条=60 ≥5条=0	10%
	周巡检 工艺纪律检查 外部审核	周巡检、工艺纪律检查、厂内/外部审核问题条数： 1.周巡检、工艺纪律检查按5分/条进行扣减 2.厂内/外部审核问题按10分/条进行扣减	100−5×周巡检、工艺纪律检查问题条数-10×内外部审核问题条数	≥100=100 ≥80=60 <80=0	15%
价值创造	工时得分	根据个人工时与车间平均工时的比值进行打分	个人工时/车间平均工时	≥1.2=100 ≥0.8=60	15%
……	……	……			

表 2 质量信得过个人及班组激励标准

级别	基线	晋级要求	质量津贴
QT	80分	—	200元/月
QT1	85分	QT级满1年	300元/月
QT2	90分	QT1级满1年	500元/月

班组内个人QT等级比率	个人QT等级津贴提升比例	班组长额外津贴
≥60%	1.3倍	300元/月
≥70%	1.5倍	400元/月
≥80%	2倍	600元/月
100%	3倍	1 000元/月

2）通过开展大数据分析、评估，对影响产品质量的痛点、难点问题，列为以产品为主线的品质提升项目开展精准改进。每季度开展成果评定，根据评定等级给予 800 元～10 万元不等的奖励，同时每年质量月期间召开成果发布会，由公司主要领导现场颁奖，进一步提升员工质量改进的荣誉感，营造全员参与品质提升的浓厚氛围。

3）通过开展产品等级品评定，建立零部件和整机等级品评定标准及相关图册，实行质量分级制度，在合格品的基础上，将产品评定为特级品、一级品、二级品 3 个等级，按相应等级给予质量激励，倡导优质优酬，促使各单位稳定工艺方法，提升员工自主改进意识，最大限度发挥一线职工“工匠”精神，持续加工出优良品。同时，针对产品等级品评定过程中发现的低等级产品，通过质量改进、固化改进成果以获取高等级产品，从而形成良性循环机制。自 2018 年以来，零组件、部件、整机优良品率逐年提升，目前整机优良品率达 83.91%。

4）通过建立基于信息编码的元数据采集系统，自主开发了基于单一数据源、具有完全自主知识产权的 CPS，实现了科研批产从设计、生产准备、零部件加工、铆装、总装、试飞交付、服务保障全过程的数字化管理。

系统自动实时抓取质量数据，大幅提高了质量管理工作效率和质量数据的准确性；通过对数据开展监控与分析，更能精准施策，对质量薄弱环节开展针对性的改进；信息化系统如实记录了产品从原材料入厂、生产制造、装机试飞等全部质量信息，并通过条码号实现串联，保证了产品技术状态清晰、质量状态受控，方便追根溯源，产品质量的可追溯性得到进一步加强。

5）通过开发建立基于 CPS 的旋翼系统数字化集成检测系统，与 CPS 的信息交互，自动采集生产线产品加工过程中的检测数据，实时生成动态控制图，对关键特性的制造过程进行动态监控。目前，已实现 5 条动部件生产线的在线检测、多项关键螺栓类零件数字化检测，检测效率提升 100%。

（二）取得的成效

公司通过实施基于诚信敬畏的自主式管理模式，产品质量、生产效率、经营业绩、社会影响力等方面得到了快速的提升，主要成效如下：

1. 产品质量和服务质量快速提升

公司质量管理由“被动”向“自主”转变，实现了质量管理体系的良性运行和自我完善，产品质量和服务质量快速提升，其中单机故障数连续 5 年保持下降（较 2015 年下降 42.9%），单机不合格品审理数逐年下降（较 2015 年下降 50.9%），保证了科研生产任务顺利完成，产品质量水平和顾客满意度处于行业领先。公司先后获得“全国工业企业质量标杆”“全国实施卓越绩效模式先进企业”“全国质量管理小组优秀企业”“第二届江西省井冈质量奖”等多项质量荣誉。

2. 科研能力和生产效率快速提升

在人员没有明显增加的情况下，新产品研制周期、重大改进改型周期缩短一半，较2015年生产能力提升了近1.45倍，产值提升了近1.52倍。

3. 企业经营业绩快速提升

公司经济指标持续增长，较2015年，销售收入增长了1.38倍，利润增长了1.44倍，EVA（经济附加值）增长了1.72倍，实现了国有资产的保值增值。

4. 行业和社会影响力快速提升

公司直升机事业的快速发展得到了党和国家的高度认可和充分肯定。公司荣获中共中央、国务院、中央军委授予的“高新技术××发展建设工程重大贡献奖”。直－10型机荣获国家科技进步一等奖、国防科技进步特等奖，直－11型机大修项目获得中央军委装备发展部的质量综合激励。

近5年来，新华社、中央电视台、人民日报等主流媒体对公司产品及企业形象进行了多次报道，引起社会广泛关注，公司企业形象和直升机产品形象、品牌美誉度大增。

五、方法的创新性和推广价值

与同行业其他企业相比较，公司构建的基于诚信敬畏的自主式管理模式，真正体现以人为本，实现了全面质量管理的升华，使质量管理由“要我管理”向“我要管理”转变，在同行业具有一定的先进性、创新性和可推广性。

先进性体现在：

1）通过诚信敬畏责任体系和员工信用等级评定，形成了具有昌河飞机工业有限责任公司特色的诚信文化；

2）通过建立基于信息编码的自主式工作流程和基于“大数据”分析的评估改进机制，形成了具有昌河飞机工业有限责任公司特色的自主管理流程和机制；

3）基于CPS实现了自主管理的流程信息化、数据显性化和过程可视化，使各单位在阳光下开展自主管理。

独特性体现在：

1）推行“拉闸”制度，通过“拉闸”让车间一线工人休息，倒逼生产车间提升自主管理水平，向管理要效益、要休息时间、要幸福指数；

2）推行“三自一专”的质量检验模式，倒逼操作人员自主管理，提高加工质量；

3）推行“四合一”自诊断机制创新，实现对自主管理的综合评价和持续改进；

4）创新提出了飞行安全件概念，梳理出各产品飞行安全件清单，并形成了一套飞行安全件管控方法，保证直升机飞行安全。

可推广性体现在：

1）公司构建的基于诚信敬畏的自主式管理模式，已经形成了具体的制度、标准、规范，具有一定的科学性、适应性；

2）这套自主式管理模式的基础是全面质量管理，同行业其他企业都有一定基础；手段方法是信息化和智能化，目前同行业其他企业正在大力推行。

“三级”质量问题管控模式构建与实践

一、背景情况

航空工业成都飞机工业有限责任公司贯彻落实习总书记“建设世界一流军队”的指示，积极响应航空工业集团“主机主责”的要求，围绕“向部队交付战斗力”的核心目标，在推行预防式质量管理模式的同时，紧盯用户需求，聚焦部队问题，坚持以问题为导向，持续开展产品质量改进。随着三代机、四代机的研制和大批量产品使用，产品质量问题成为影响部队战斗力的重要因素。质量问题归零管理需要成本和周期，会影响生产交付计划，但归零不彻底又会导致问题重复出现，为此，成都飞机工业有限责任公司构建了“三级”质量问题管控模式，通过建立三级质量问题台账，以及配套的管理机制，将质量问题分级处理，既实现了用户问题快速处置，以保证战斗力，同时通过归零管理大幅减少了重复质量问题，提高了产品质量。

二、主要内容

（一）总体思路

梳理质量问题的信息收集、传递、处置或归零管理流程，建立完善质量问题管控、质量奖惩等机制，并运用信息化手段保证所有的质量问题信息能够全面、及时、准确地收集并传递到管理部门和责任单位，按问题的分级给予处置闭环或归零管理。

（二）质量问题分级管理方案

参照《中国航空工业集团公司武器装备质量问题判定导则》《武器装备质量问题处置通用要求》等文件，结合公司的实际情况，成都飞机工业有限责任公司将产品质量问题按其性质的严重程度、产生影响或造成损失的大小分为三级：一级是按国军标定义的重大质量问题、严重质量问题、一般质量问题；二级是典型质量问题，指达不到一级问题标准，但属于批次性、系统性或重复性的质量问题，包括引起用户代表强烈不满的质量问题；三级是轻微质量问题，指影响不大的偶发性质量问题。

对于一级质量问题，要求实施技术和管理归零（即双五归零）；对于典型质量问题，根据问题发生的原因，视情实施技术或管理五归零；对于轻微质量问题，按要求快速处置，进行原因分析、纠正措施后即可闭环，对应关系见表1。

表 1　各类型质量问题与质量问题管控方式对应关系

<table>
<tr><th></th><th>重大质量问题</th><th>严重质量问题</th><th>一般质量问题</th><th>典型质量问题</th><th>典型以下质量问题</th></tr>
<tr><td>技术归零</td><td>★</td><td>★</td><td rowspan="2">★</td><td></td><td></td></tr>
<tr><td>管理归零</td><td>★</td><td>★</td><td></td><td></td></tr>
<tr><td>典型归零</td><td></td><td></td><td></td><td>★</td><td></td></tr>
<tr><td>问题闭环</td><td></td><td></td><td></td><td></td><td>★</td></tr>
</table>

（三）质量问题的收集、传递、归零及督办管理方案

根据质量问题的发生时机，成都飞机工业有限责任公司将质量问题分为科研生产过程质量问题、交付过程发生质量问题、售后服务过程发生质量问题。针对不同时机发生的质量问题，制定不同的问题收集及处置要求。

科研生产过程质量问题指在科研生产过程中（铅封前）发生的质量问题，交付过程发生的质量问题指在交付用户过程中（飞机未落地交付用户前）发生的质量问题，售后服务过程发生的质量问题指交付给使用用户发生的质量问题。

1）科研生产过程质量问题收集及处置：由现场检验人员收集，录入 ERP（企业资源计划）3.0 系统，并按图 1 的流程进行问题处置，处置信息在 ERP3.0 系统中记录。

2）交付过程发生的质量问题收集及处置：由现场交装人员收集，录入 ERP3.0 系统，并按图 2 的流程进行问题处置，处置信息在 ERP3.0 系统中记录。

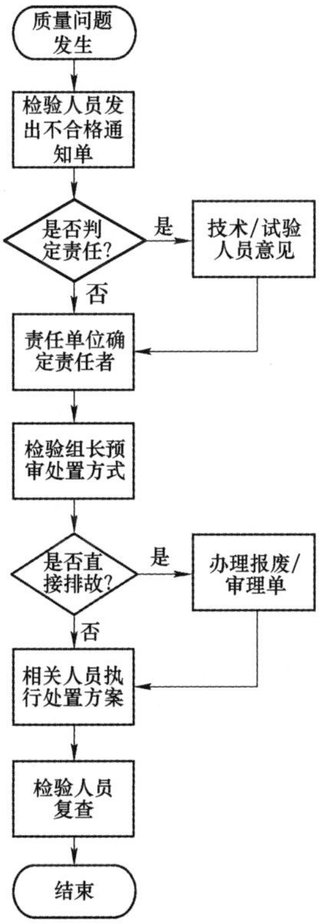

图 1　科研生产过程质量问题处置流程

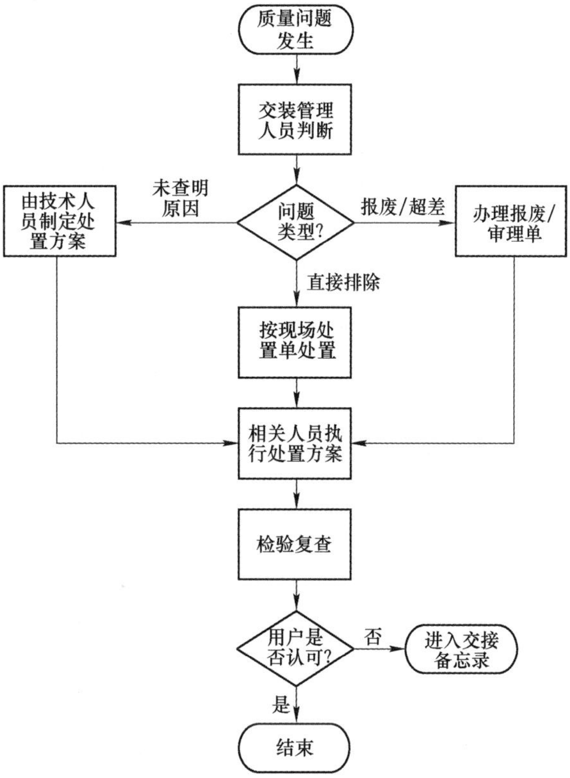

图 2　交付过程发生的质量问题处置流程

3）售后服务过程发生的质量问题收集及处置：由驻服务点人员收集，录入质量问题处置平台 ALIS 系统，并按图 3 的流程进行问题处置，处置信息在 ALIS 系统中记录。

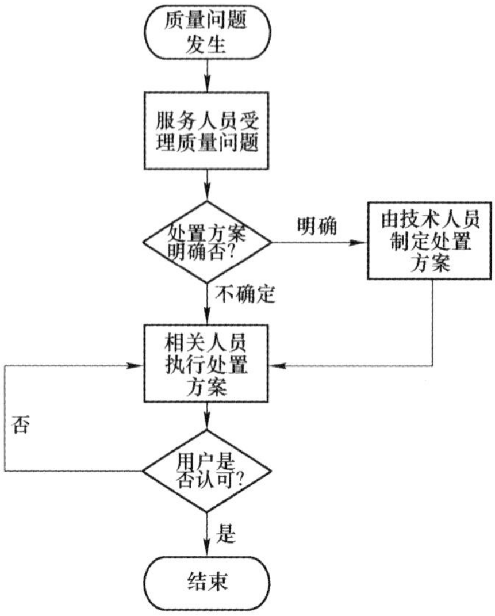

图 3　售后服务过程发生的质量问题处置流程

4）质量问题信息传递管理。质量问题信息按问题性质等级分为重要质量信息和一般质量信息（重要质量信息指上级单位、顾客关注的质量信息，特别是影响飞行安全的问题）。根据信息的重要度，对问题实施分级传递。质量问题信息传递流程如图 4 所示。

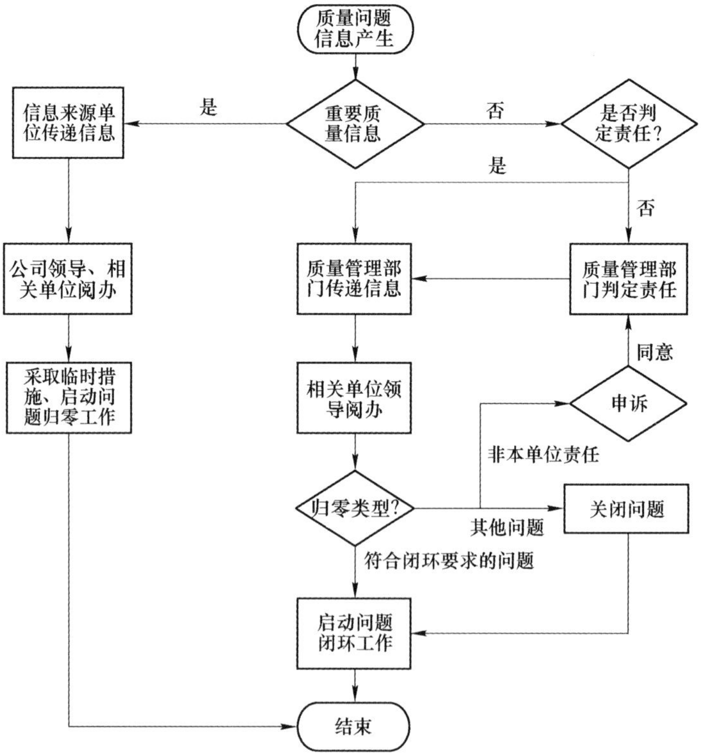

图 4　质量问题信息传递流程

5）质量问题的归零管理。公司将质量问题归零分为技术归零、管理归零、典型归零和问题闭环，且制定归零要求和流程。技术归零要求定位准确、机理清楚、问题复现、措施有效、举一反三；管理归零要求过程清楚、责任明确、措施落实、严肃处理、完善规章；典型归零要求过程清楚、定位准确、机理清楚、措施有效、责任明确；问题闭环要求原因清楚、措施有效。质量问题归零流程如图 5 所示。

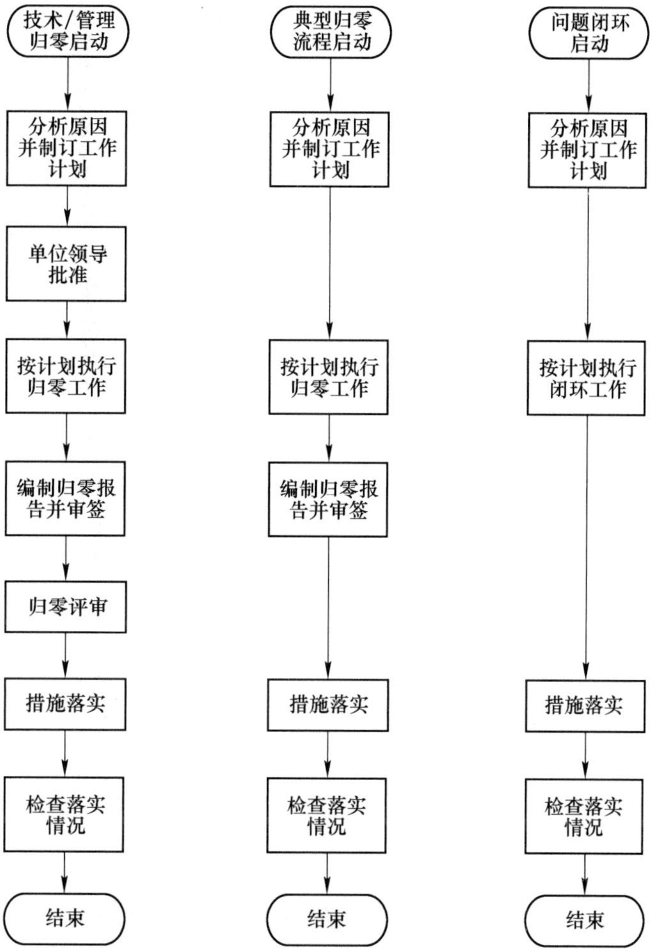

图 5　质量问题归零流程

6）质量问题督办管理。公司制定三级建账模式：公司级、行管级（按问题来源分类，由不同行管部门负责）和部门级（负责问题处置的专业厂）质量问题台账，分别由不同的机构督办问题的归零。

公司级（一级台账），由公司董事长、总经理每月召开例会督办归零；

行管级（二级台账），由问题来源单位正职每月督办归零；

部门级（三级台账），由责任单位正职每周督办归零。

质量问题督办流程如图 6 所示。

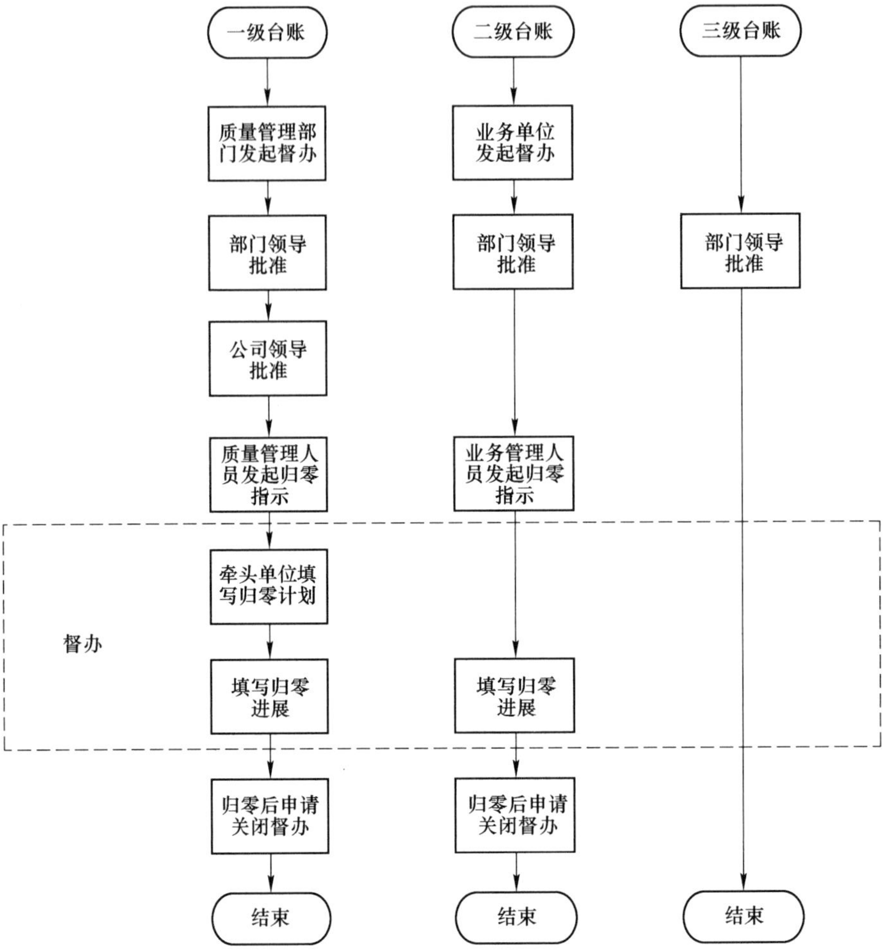

图 6　质量问题督办流程

（四）信息化方案

开发集成质量管理平台（QDM 系统），依托现有的 ERP3.0 系统和 ALIS 系统，统一管理质量问题，实现质量问题“一本账”并完成质量问题的传递、归零和督办管理。

质量问题“一本账”的来源及质量问题信息传递如图 7 所示。

三、在实践应用过程中的典型做法

（一）建立质量问题管理相关制度

针对质量问题的性质判定和归零：建立了《质量信息管理程序》《质量问题性质判定准则》《质量问题管理程序》《典型质量问题归零要求》《质量问题拉条挂账管理程序》，实现针对不同的质量问题性质确定归零方式和管理要求。

针对质量问题的处置：建立了《用户问题处置程序》《现场工艺技术问题处理管理规

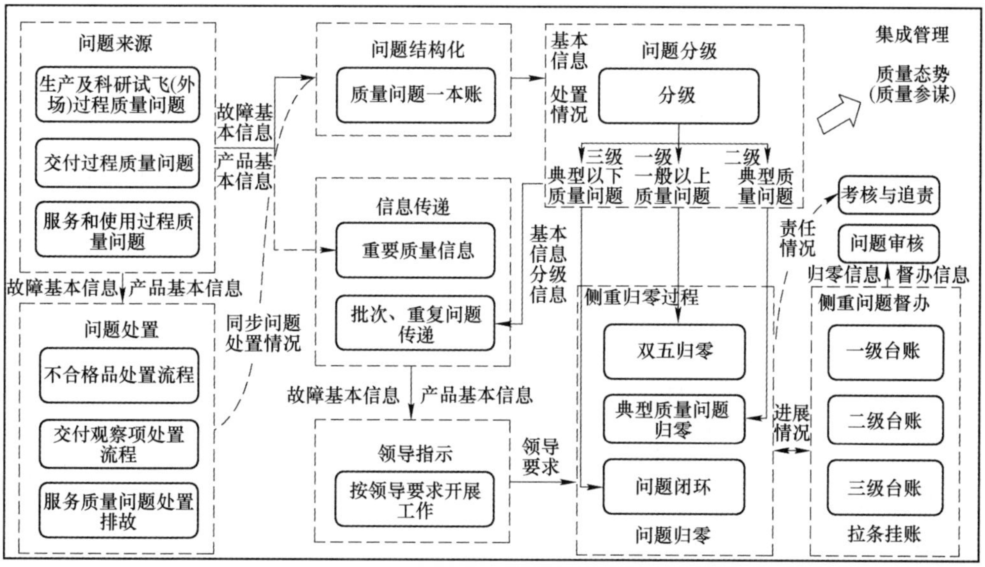

图 7　质量问题“一本账”的来源及质量问题信息传递

定》《不合格品控制程序》《军机外场试验管理程序》《供应商质量问题处理流程说明文件》，明确了质量问题快速处置的管理要求及供应商质量问题的管理要求。

(二) 构建标准化的质量问题描述的语言

质量问题基础数据的准确、有效，是提高数据利用率的最佳体现。针对目前质量问题的来源分布在两个不同平台（3 个不同的模块），公司对数据构成的要素进行统一，形成标准化的质量问题描述语言，如图 8 所示。

必要信息	时间	发现人员	问题架次	发生舱位	执行工作	发现方式
补充说明	默认当日(可修改)	默认账户人员(可修改)	下拉选择	下拉选择	下拉选择	下拉选择
示意	2021年8月2日	操作人员张三	CX0001	左机翼	AO:CX-190-94-2014	人工自检
产品信息	产品名称	产品图号	质量编号			
补充说明	搜索选择	搜索选择	手动输入			
示意	螺母	C232110800-005-001	6P001			
故障信息	类型一级	类型二级	类型三级	理论值	实际值	
补充说明	按类型三级自动	按类型三级自动	搜索选择	手动输入	手动输入	
示意	表面质量	标识/标记问题	标识/标记不完整	≥2 mm	1 mm	

图 8　标准化质量问题描述语言

（三）实施质量问题传递与闭环

根据《质量信息管理程序》，明确对于重要质量问题信息，传递给公司领导，由其发表意见并开展质量问题归零工作；对于能明确主责单位的质量问题，传递给相关单位进行阅悉和质量问题闭环工作；对于系统性等复杂的质量问题，由技术人员进行分析后再进行质量问题信息传递工作。主责单位根据收到的质量问题开展质量问题归零及闭环工作。质量问题传递与闭环流程如图 9 所示。

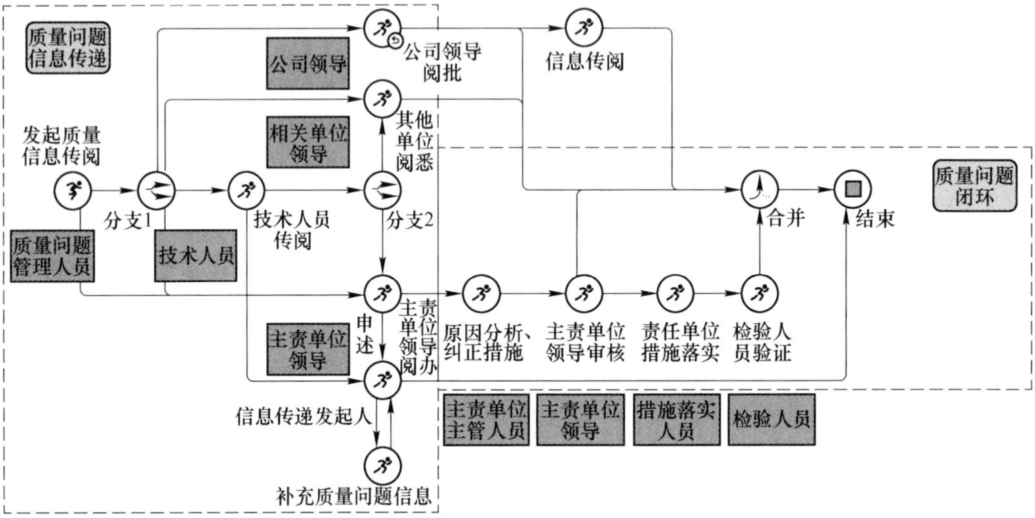

图 9　质量问题传递与闭环流程

（四）实施质量问题归零与督办

建立三级拉条挂账质量问题台账，一级拉条挂账质量问题由董事长/总经理每月主持外场、接装例会，督办一级拉条挂账质量问题的归零情况，各单位行政正职参会；针对归零后的问题由质量安全部开展归零有效性的专项审核。一级拉条挂账的质量问题督办流程如图 10 所示。

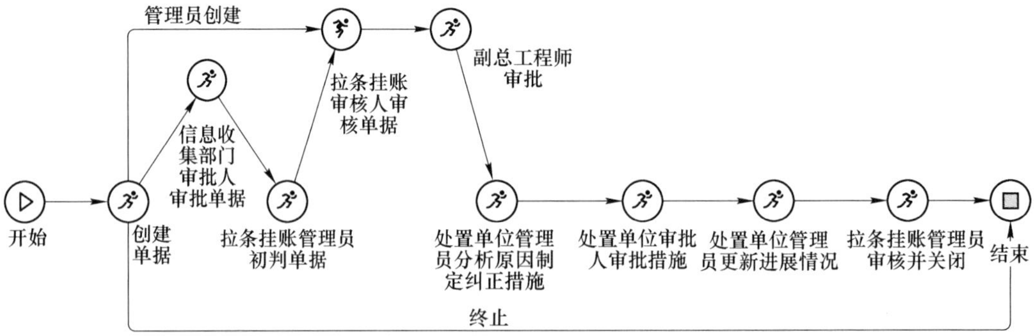

图 10　质量问题督办流程

二级拉条挂账质量问题由问题来源单位的行政正职组织月例会，督促质量问题的归零，相关单位二级管理者代表参会。

三级拉条挂账质量问题由责任单位的行政正职组织周例会，督促本部门质量问题的归零。

为强化质量管理的实效性，成都飞机工业有限责任公司在专业厂构建了部门级质量体系，设置了专职的二级质量管理者代表和质量主任师、主管师等管理岗位，在质量问题管理中分工协作，各负其责，保证了问题归零质量，图 11 所示为二级质量体系人员分工图。

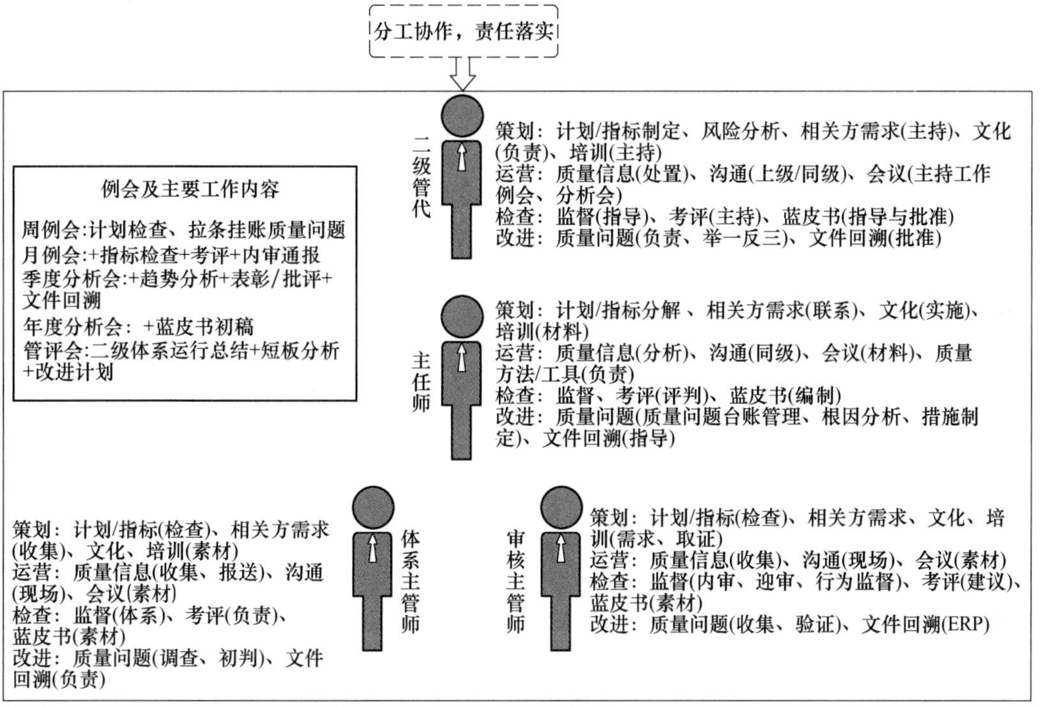

图 11　二级质量体系人员分工图

四、实践应用场景和产生成效

（一）建立质量管理平台，整合质量管理业务数据资源

建设企业级的质量管理系统，借助先进的信息化技术，打通客户、机关、集团、企业、供应商及所属企业的质量数据通道，整合企业质量管理业务数据资源，对质量信息数据进行分析、研究与应用，实现以工作业务流程为驱动的自动化的项目管理；实现对整个管理过程中各个活动以及涉及的技术和相关工具的完美整合；实现对质量管理过程活动以及相关系统产生的质量信息数据一体化的管理和监控，有效解决当前质量管理过程中面临的一系列问题，质量管理平台框架图如图 12 所示。

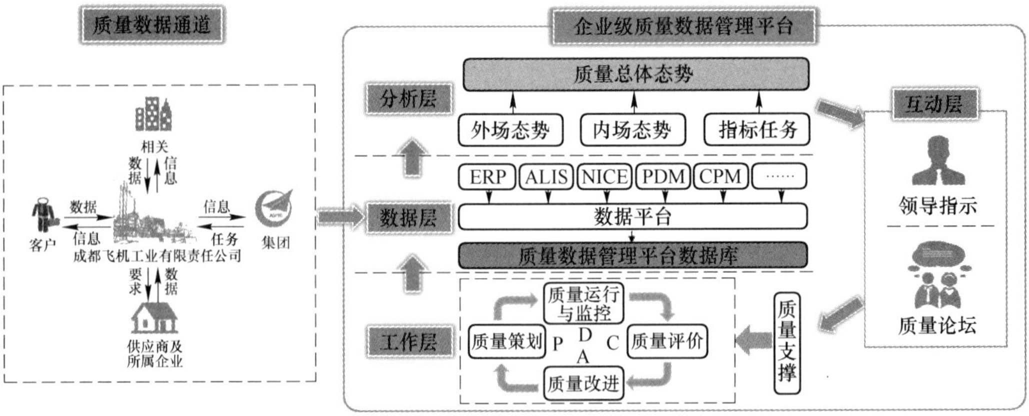

图 12　质量管理平台框架图

（二）建立质量问题传递与闭环管理机制，实现质量问题“一本账”和分级管控

由质量问题传阅团队识别质量问题后，传递给相关人员，部分内容由系统识别后自动分发。对于重要质量问题信息，按“重要质量问题”信息管控要求传递给公司领导和相关部门，按问题类型等级开展质量问题“分级”归零工作；对于能明确主责单位的质量问题，传递给相关单位进行阅悉和质量问题闭环工作；对于系统性等复杂的质量问题，由技术人员进行分析后再进行质量问题信息传递工作。主责单位根据收到的质量问题开展质量问题闭环工作。质量问题传递与闭环流程如图 9 所示。

（三）构建质量态势动态界面，实现实时传递质量态势

通过质量问题管理平台，可实现质量问题分级式管控信息化。同时，通过对质量问题数据各字段进行查询统计，可以清楚地知道各质量问题等级、处置方式、归零形式和督办形式等信息，通过对质量问题数据统计，形成质量态势，实时展示质量情况。展示效果如图 13 所示。

五、方法的创新性和推广价值

（一）建立集成质量问题管理平台，实现分级式督办与归零模式

通过搭建集成质量管理平台，实现了质量问题“一本账”管理和分级式督办、归零工作。同时，质量问题管理平台促进归零工作按计划进行，规范化质量问题归零过程，促进质量问题归零工作措施有效落地。

（二）构建故障类型 BOM，实现故障定位精准和故障描述标准

通过构建三级故障类型 BOM 和七层级产品轴 BOM，运用信息化，实现故障定位精准、故障描述标准。此方法可用于全行业推广应用。详见产品图号、产品层级和故障类型

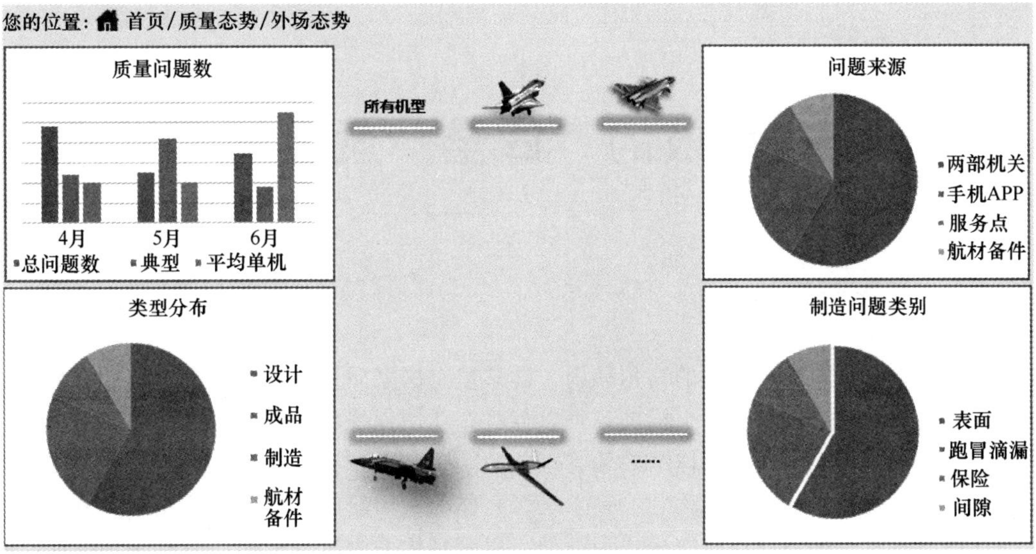

图 13　质量态势效果图

相关联的产品—类型矩阵图，部分矩阵图如图 14 所示。

产品一级			导管										
产品二级			导管										
产品三级				管体	导管连接端						螺母	管接头、管嘴、管套	法兰盘
产品四级					扩口端	无扩口端	胀口端	滚波端	焊接端	敞口端			
产品五级													
产品六级													
产品七级													
类型一级	类型二级	类型三级											
表面质量	标识/标记问题	无标识/标记/标线	★	★						★	★	★	
		标识/标记不完整	★	★						★	★	★	★
		标识/标记方法不正确	★	★						★	★	★	★
		标识/标记位置不正确	★	★						★	★	★	★
		标识不清晰	★	★						★	★	★	★
		标识/标线错误	★	★						★	★	★	★
		标识/标线遮挡	★	★						★	★	★	
		标识/标线不规范	★	★						★	★	★	
		表面印章不清晰	★	★						★	★	★	
		标识要求不明确											
		涂漆后未盖表面印章	★	★						★	★	★	

图 14　产品—类型矩阵图

基于卓越绩效的“四全”质量管理模式

一、方法介绍

卓越绩效模式起源于美国的马尔科姆·波多里奇国家质量奖评审标准，是一种世界级企业成功的管理模式。实施这个标准，可以促进企业增强战略执行力，改善产品、服务和管理质量，持续提高企业的整体绩效和管理能力。自“十一五”以来，中国船舶重工集团公司第七一六研究所（以下简称“七一六所”）作为中国船舶集团公司的先进代表，大力推进卓越绩效模式，以卓越绩效模式为框架，以管理体系为运行模式，以自评、内审、外审、管理评审等为问题识别手段，以精益管理、6S 管理、QC 小组等为改进手段，持续开展管理创新与改进，管理水平不断提升，为按时高质完成军品科研任务、提高发展质量水平发挥了积极的促进作用。

在推进卓越绩效模式过程中，七一六所在 GJB 9001 质量管理体系的基础上，创造性地将卓越绩效的管理理念融入了产品质量管理，构建了基于卓越绩效的“四全”质量管理模式（见图 1），实施全方位、全系统、全特性、全寿命的质量管理，建立了以所长负责制为主体的质量责任体系并层层分解落实，在元器件、零部件、原材料、配套产品、分系统、系统各层级提出了多层次、系统性的质量保证要求，在产品研制的全过程制定了各项功能性能和通用质量特性控制措施，在产品形成的全生命周期建立了各阶段质量管理的任务和要求，规范了文件制度体系，强化了过程监督管理，严肃了质量工作纪律，有效提升了产品质量。

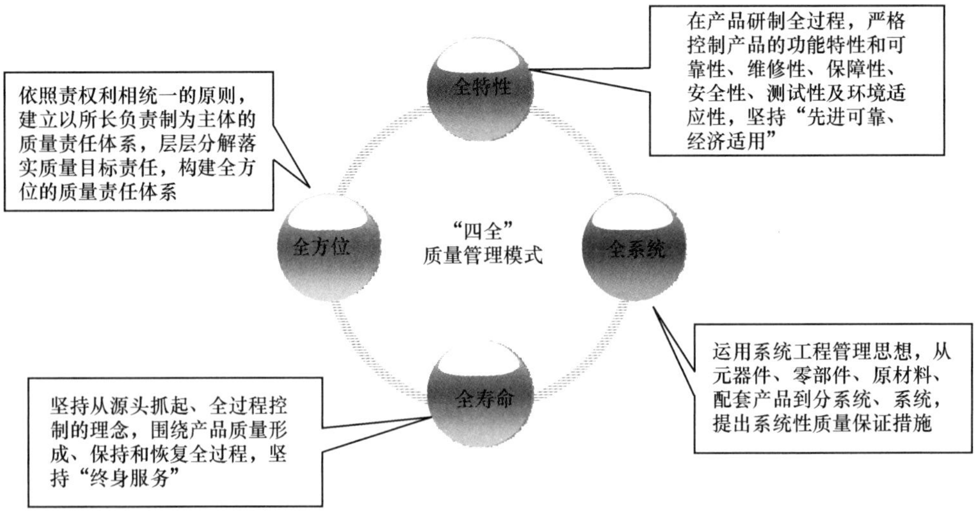

图 1 “四全”质量管理模式

（一）全方位构建质量责任体系

依照责权利相统一的原则，建立全方位的质量责任体系。领导率先垂范，高度重视质量管理工作，构建质量文化，制定全方位质量战略目标和质量工作计划，层层分解落实质量责任，加强质量保证能力。切实将质量管理与科研任务有机结合，积极引导全员参与，形成良好的质量氛围，如图 2 所示。

图 2　全方位质量责任体系

（二）全系统落实质量保证

运用系统工程的管理理念，根据产品的不同层级，细化产品层级颗粒度质量管理模式，从系统、分系统、设备到元器件、零部件、原材料，从硬件到软件，实施层级化质量管理；构建系统级产品质量管理体系，从订购方、承制方到分包方、配套厂商形成端到端的供应链保障体系，确保产品各层级的质量可控性和可追溯性，最终提出系统性质量保证措施，如图 3 所示。

（三）全特性提升研发质量

在产品研制全过程，以及持续深化的功能特性和通用质量特性的一体化设计中，运用先进的管理工具方法，坚持“先进可靠、经济适用”。深入开展产品通用质量特性的研究，依托通用质量特性协同工作平台，成立全所通用质量特性攻关团队，加强与可靠性院校合作，系统开展通用质量特性技术培训，构建典型产品故障模式库，有力提升了产品全特性研发质量，如图 4 所示。

（四）全寿命严格过程管控

深化实施产品的论证、研发、制造、检验、试验和保障的全寿命周期管理模式，形成科研生产全过程质量管控体系，对科研生产过程进行全过程、全系统的过程质量控制。以

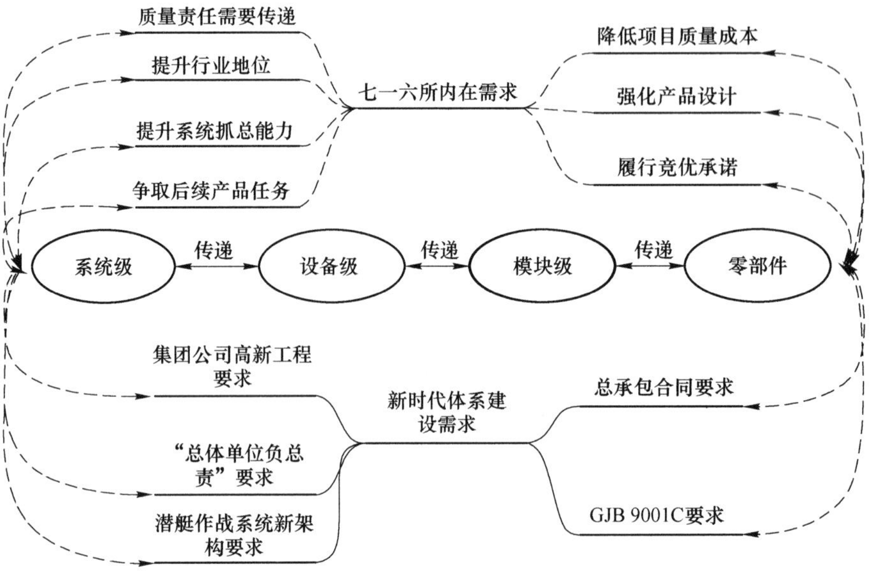

图 3　全系统质量保证

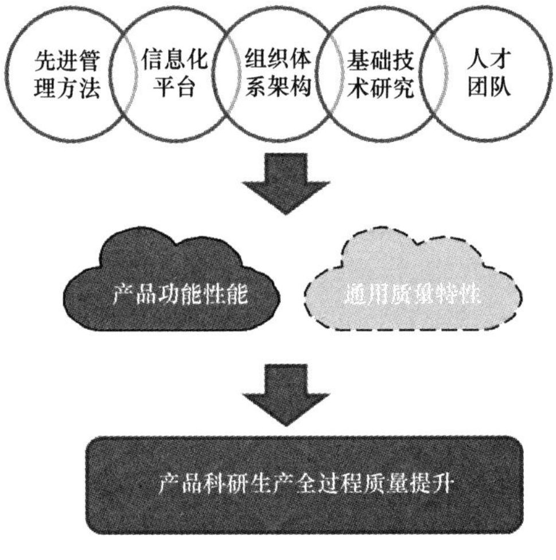

图 4　全特性研发质量控制

顾客需求为牵引，对形成和影响科研产品质量的各个环节和因素进行监控，在每个研制阶段设立质量控制点，分阶段实施控制，紧紧围绕科研产品的研制过程，确保一次成功。围绕产品质量形成、保持和恢复全过程，构建科研生产监视测量系统，确保全过程质量管控、持续改进，如图 5 所示。

二、应用情况

自 2013 年以来，七一六所积极探索、应用并持续深化完善基于卓越绩效的“四全”

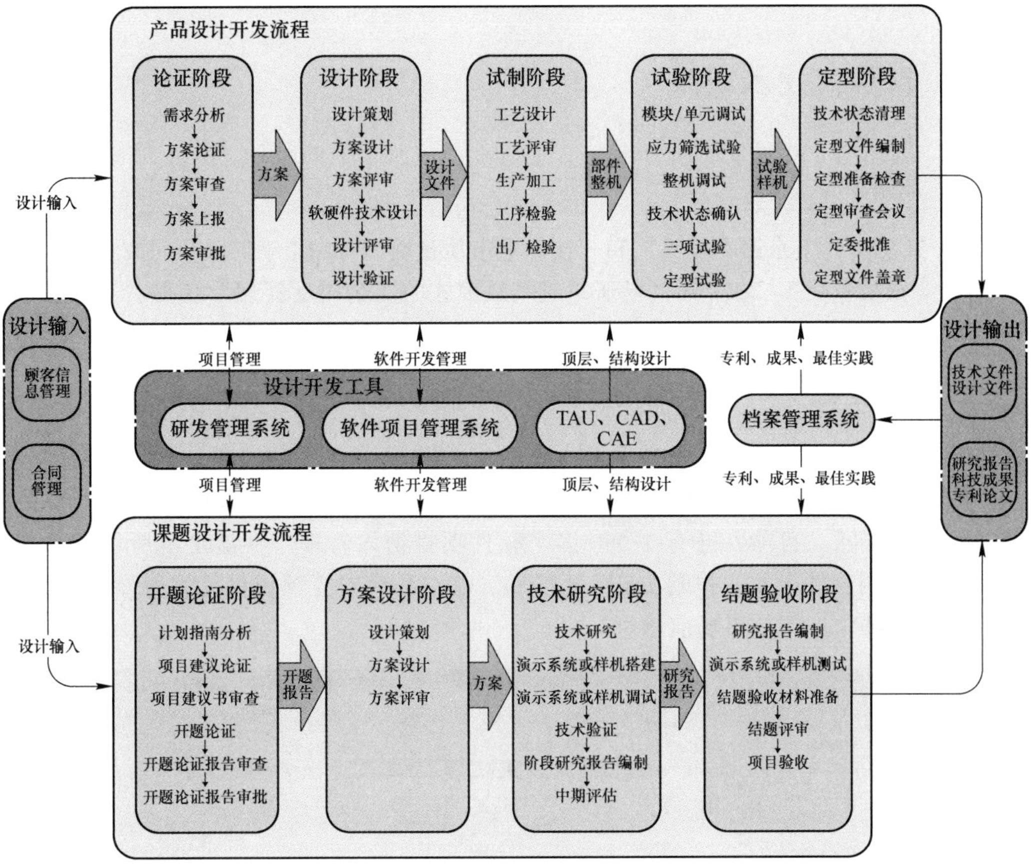

图 5　全寿命过程管控

质量管理，构建了具有七一六所特色的质量管理模式，取得了显著的成效。

（一）产品质量持续提升

建立了包括 2 个主库和 8 个分库在内的可靠性基础数据库，形成典型案例 305 条，故障模式 164 种；标准显控设备可靠性指标大幅提升，平均无故障工作时间（MTBF）由 3 000 h上升至 4 500 h；软件产品质量和研发效率大幅提升，三方测试缺陷率下降 83%，人均生产效率提升近 7 倍，积累优秀样例、经验教训、重用模块等软件资产 1 000 余项，软件重用率达到 85%以上；产品一次交验合格率始终保持在 99%以上，大型试验成功率达到 100%。先后受到了地方政府以及顾客的高度评价，曾被海军装备部授予“质量信得过单位”。

（二）全员改进成果丰厚

累计登记注册 QC 小组 265 个，10 个小组荣获“全国优秀 QC 成果”，49 个小组荣获“集团地市优秀 QC 成果”，3 个班组荣获“全国质量信得过班组”，5 个班组荣获“集团地市质量信得过班组”；全所科研、生产、办公、后勤等累计 84 个现场开展了现场管理星级评价，创建全国级五星级现场 1 个、四星级现场 4 个，江苏省五星级现场 5 个、四星级现场 6 个。

三、形成的技术成果

（一）成果荣誉

2013 年荣获“江苏省质量奖”和“连云港市质量奖”，2016 年集团公司成员单位中首家获得“全国质量奖”，2017 年“基于卓越绩效模式的四全质量管理”获得“全国质量标杆”，2018 年集团公司成员单位中首家且唯一一家获得首届“中船重工质量奖”。

（二）软件工具

自主研发了杰瑞软件项目管理平台（见图 6），提供可视化的组织软件过程管理、精细化的软件项目管理以及流程可定制的软件配置管理等先进适用的管理功能，支持高成熟度等级的管理需求。目前，已有 1 000 多个软件项目纳入管理。在满足本所使用的基础上，形成了商用软件产品，并成功推广至船舶、航空和兵器等领域，已签所外合同 2 000 多万元，有着非常广阔的市场前景。

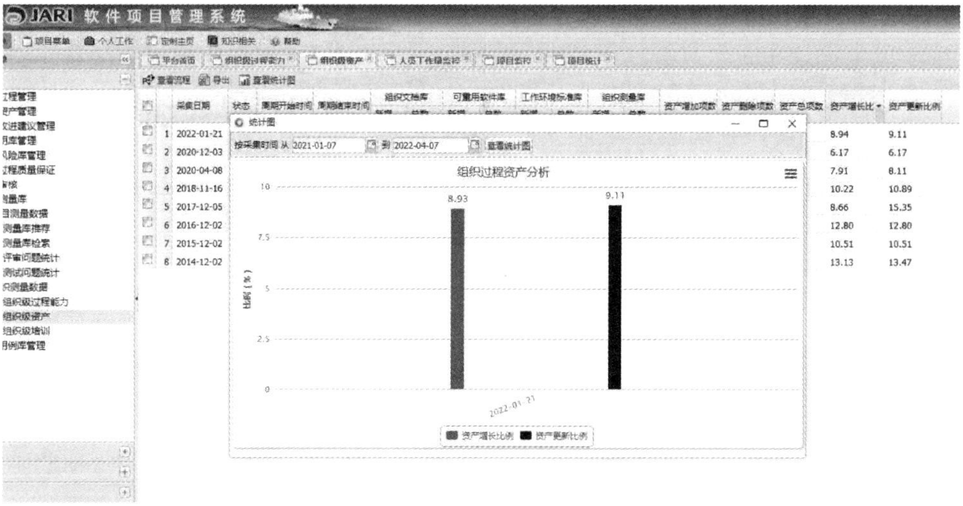

图 6　杰瑞软件项目管理平台

四、方法的创新点及推广价值

七一六所基于卓越绩效的“四全”质量管理模式，创造性地将卓越绩效管理模式的 9 条基本理念与产品质量管理融为一体，提出了全方位、全系统、全特性、全寿命的质量管理举措，是建立在大质量观概念下对质量内涵的拓展，是对全面质量管理实施过程的标准化、条理化和具体化，从关注产品和服务质量拓展到过程、体系和产品战斗力保障，从关注满足顾客要求拓展到超越顾客期望，促进了支撑新一代产品发展、覆盖产品全系统全寿命各环节的产品质量工作体系的建设，如图 7 所示。

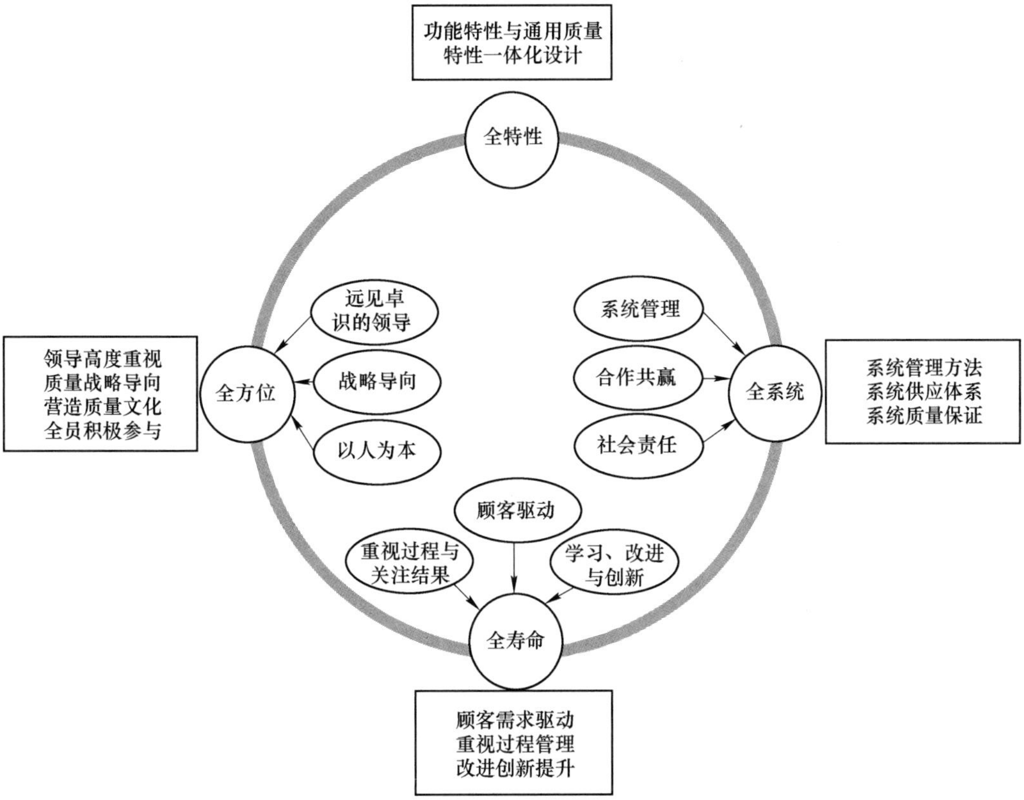

图 7 “四全”质量管理模式与卓越绩效核心理念的融合

五、典型案例

七一六所建立基于卓越绩效的“四全”质量管理模式，最终的目的依然是聚焦部队战斗力形成，持续提升产品质量。自 2019 年以来，通过某产品大系统总包项目的实践，取得了明显的成效，有力保障了产品的研制。

（一）构建产品全方位质量责任体系

产品项目构建了全方位的质量岗位责任体系（见图 8），层层分解落实质量责任，组织成立了项目研制的行政指挥线和技术指挥线，组建了产品项目办和总师办，明确和细化了 4 个层级、18 类人员的质量职责，形成了质量责任清单与负面清单，将质量责任与岗位职责密切关联，有效落实了产品“两总”的有关要求，确保了项目的有序开展。

（二）落实产品全系统质量保证措施

运用系统管理的理念，针对典型大系统项目科研生产全过程，构建了“1＋N”质量管理制度体系，以“系统研制质量管理要求”为纲领文件，建立了 6 级产品分类、3 种研

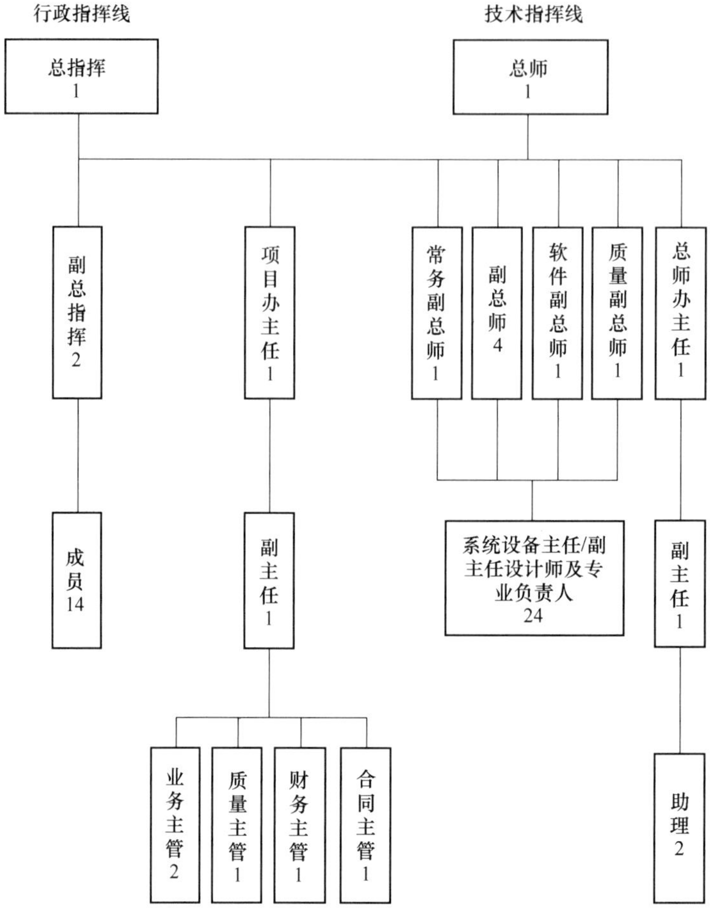

图 8　某产品项目质量责任体系

制类型、15 个工程模型，将大系统需求的细化分解到各分系统设备单位，建立了产品全系统的管理机制，确保质量要求层层传递，如图 9 所示。

自 2021 年开始，项目还首次推行基于模型的系统设计（MBSE）模式下的开发过程，以系统架构模型和系统设计为核心，开展了系统作战需求运行分析建模、系统逻辑架构设计建模，梳理形成了 MBSE 模式下的系统设计开发流程，初步建立了复杂大系统的核心模型库，如图 10 所示。

（三）提升产品全特性研发质量

在项目研制过程中，运用先进的设计工具方法，进一步强力推进功能特性和通用质量特性的一体化设计，有力提升了研发质量。

建立了产品项目可靠性工作管理体系（见图 11），从可靠性工作需求管理、可靠性专业人员管理等 8 个维度，系统推进可靠性研究与工作实施；制定了可靠性工作目标，组织开展了人才培养、模板编制、标准研究等工作；首次采用 Carmes 六性协同设计软件，在可靠性建模、分配与预计，故障模式、影响及危害性分析（FMECA）以及故障树分析（FTA）等方面开展了深化设计工作，并作为系统技术责任单位组织在各分系统承研单位

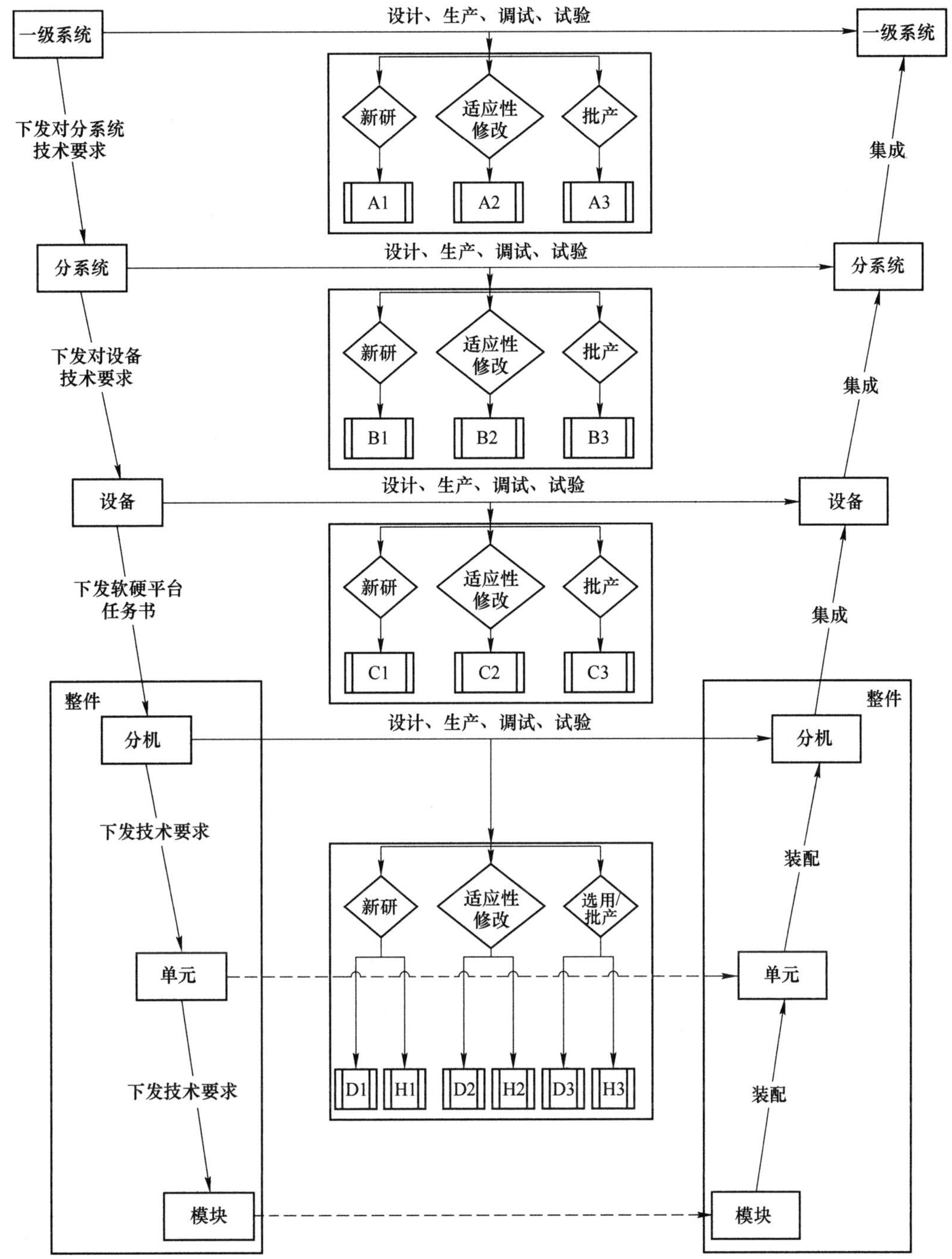

图 9　某产品项目系统工程模型

中进行了培训与推广，相关成果在技术设计评审阶段获得了项目管理机关及产品专家的肯定与表扬。

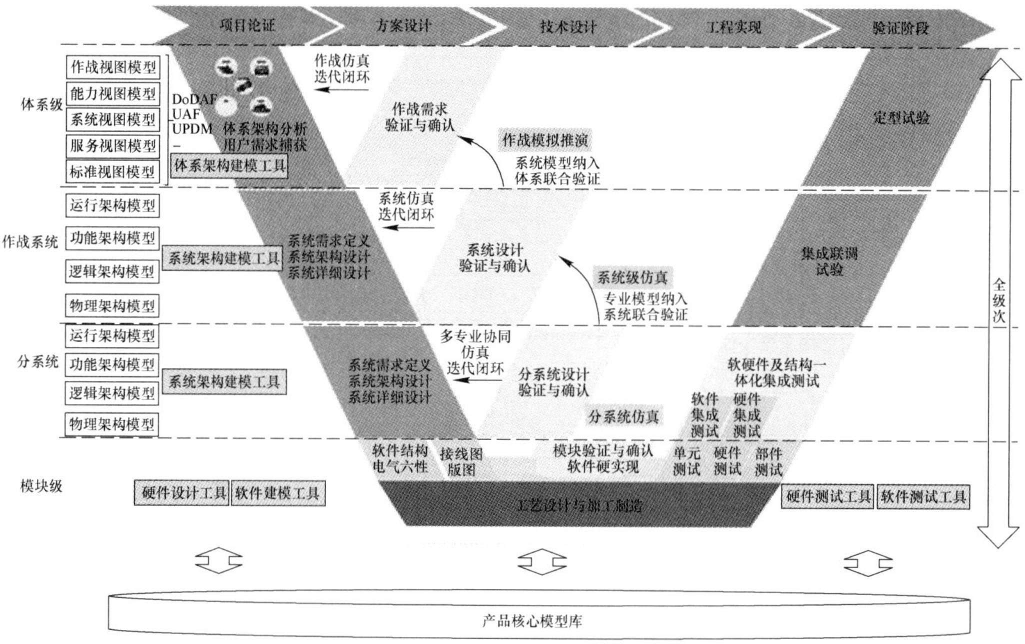

图 10 某产品项目基于 MBSE 的设计开发

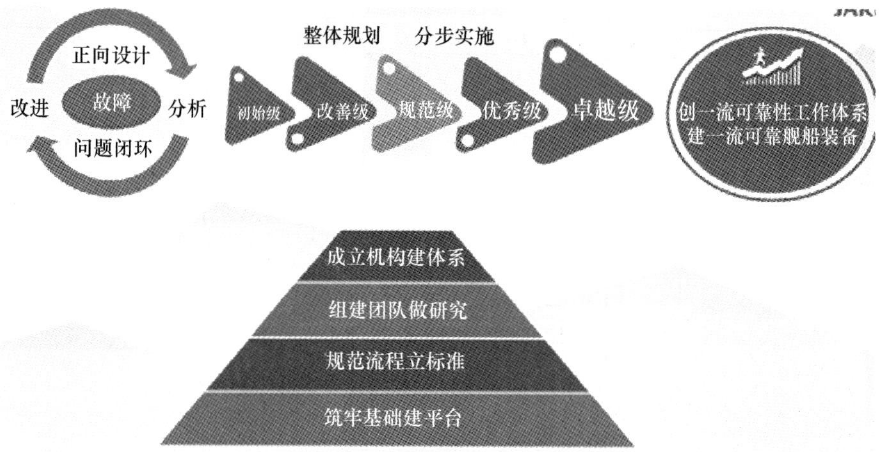

图 11 某产品项目可靠性工作体系

（四）严格产品全寿命质量保证

以顾客需求为牵引，深化实施产品的论证、研发、制造、检验、试验和保障的全寿命周期管理模式，对形成和影响大系统质量的各个环节和因素进行监控，全面构建了系统总包项目的体系架构和关键控制点，对研制过程涉及的 33 个子过程提出了全面的质量控制要求，在每个研制阶段设立了质量控制点，分阶段实施控制，紧紧围绕科研产品的研制过程，确保一次成功，如图 12 所示。目前，项目顺利通过了方案设计和技术设计，已进入系统集成联调试验阶段。

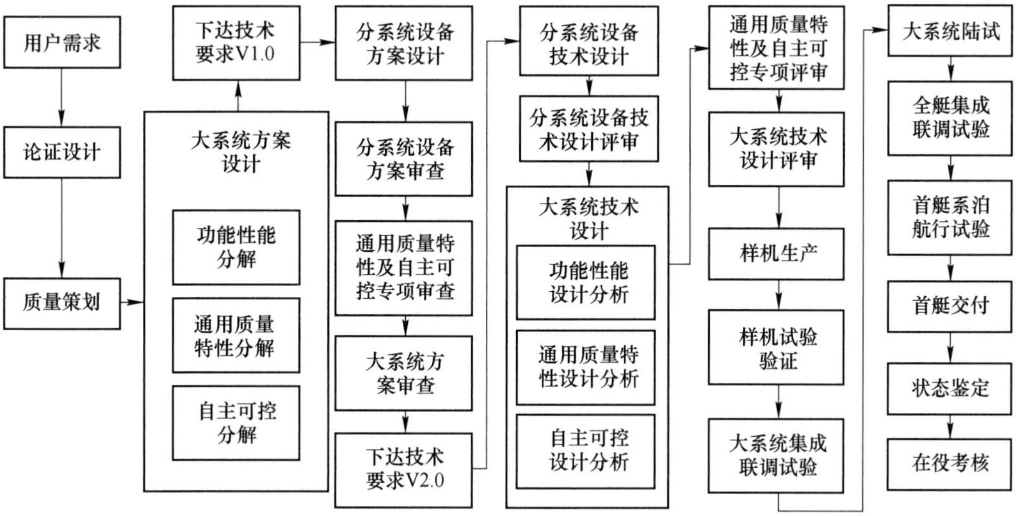

图 12　某产品项目质量关键控制点

大船“426”质量管理模式

一、背景情况

伴随着对卓越管理的不断追求，同时也为满足“一总部、四基地”的集团化管理要求和航母建造复杂的巨系统工程质量控制要求，针对航母工程高质量、高安全、进度紧张、系统复杂等特点，大连船舶重工集团有限公司（以下简称“大船集团”）更新质量理念，质量工作必须由全面质量管理的“四全”（全系统、全寿命、全特性、全员）向更全面，具备更新要求的“六全”（全员、全系统、全特性、全链条、全寿命、全要素）转变，同时针对航母复杂系统的设计、生产、服务的过程管理，也需要向更加精心、精细、精工、精诚转变，全面加强质量管控和质量保证。以“航母精神”为引领，不断完善和深化技术创新和管理创新，大船集团形成了大船“426”质量管理模式，推动大船集团向实现创建中国海军水面舰船最强最大制造基地和国内领先世界一流船舶总装企业的目标不断迈进。

二、主要内容

（一）大船模式内容和要素

大船“426”质量管理模式，以“航母精神”为引领，以“双创”为驱动力，实施“四精”过程管控，推行“六全”卓越管理模式（见图1），建设中国海军水面舰船最强最大制造基地和国内领先世界一流船舶总装企业。

（二）大船模式各要素解读

“4”：是指精心设计、精工建造、精诚服务、精细管理。

1）精心设计——“设计”是保证产品质量的基础，“精心”是保证设计质量的前提，只有精心，才能出精品。

2）精工建造——“建造”质量的累加形成产品质量，“精工”程度的高低决定建造质量。只有工作的精心化、工艺的精细化，才能达到建造质量的精品。

3）精诚服务——“服务”决定着顾客要求的最终实现程度，“精诚”决定着顾客的最终满意程度。

4）精细管理——“管理”是产品质量形成的基本保证，“精细”是现代造船管理的必然要求。

“2”：是指技术创新和管理创新，是大船集团能够不断发展的技术驱动力，确保大船

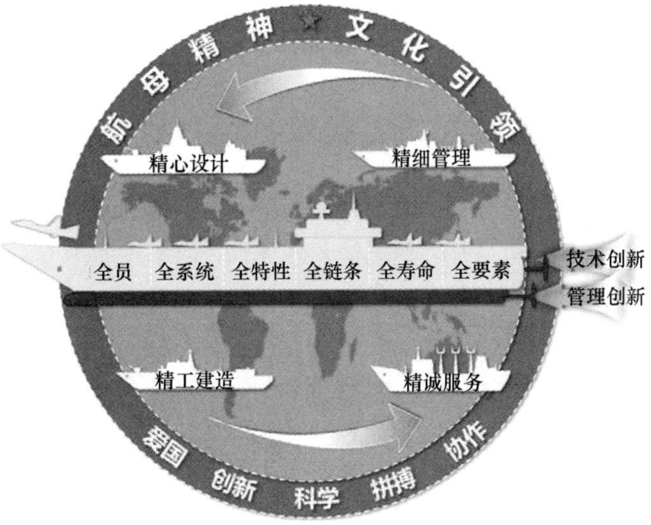

图1　大船“426”质量管理模式

集团持续地适应时代潮流，不断卓越发展。

“6”：是指全员、全系统、全特性、全链条、全寿命、全要素。

1）全员质量管理——是指对大船集团从高层到基层人员进行全覆盖管理，营造人人关心质量、人人重视质量、人人创造质量、人人享受质量的良好氛围。

2）全系统质量管理——是指全船舶系统的零缺陷传递管理，包括船体与船舶装置系统、动力系统、电力系统、船舶保障系统和航空保障系统等。

3）全链条质量管理——是指涵盖供应链的上下游相关方的产业链协同，一直到最末端的材料供应商。

4）全特性质量管理——是指产品的通用质量特性，即可靠性、维修性、保障性、测试性、安全性、环境适应性等。

5）全寿命质量管理——是指对产品全寿命周期进行质量管理，包括研制、设计、生产、试验、使用、维修、处置的全寿命周期。

6）全要素质量管理——是保证其他五全有效实施的各项要素，包括财务资源、信息资源、技术资源、标准资源和设施资源等。

（三）大船模式各要素逻辑关系

大船模式的产生基于悠久“文化经营”的不断探索，也是大船集团“追求卓越”的必然需求。“爱国、创新、科学、拼搏、协作”的航母精神是大船模式的文化引领；“精心设计、精工建造、精诚服务、精细管理”的四精方针是大船模式的管控举措；“技术创新”和“管理创新”是大船模式的驱动引擎；“全员、全系统、全特性、全链条、全寿命、全要素”的“六全”是大船模式对全面质量管理的发展和升华，也是追求卓越管理的终极目标。

三、在实践应用过程中的典型做法

（一）基于“航母精神”的百年文化引领

“爱国、创新、科学、拼搏、协作”的航母精神是大船模式的文化引领，以航母精神为精髓，通过开展质量月、质量日、质量形势宣传月、周质量之星等丰富的质量活动，营造良好的质量文化氛围；通过公众号、报纸、新闻媒体、发放《质量文化手册》等手段，对质量文化进行宣传。每年通过卓越绩效自评、员工座谈会、员工满意度调查等方式对质量文化建设成效进行评估和改进。通过一系列从上到下的宣传、弘扬、评价工作的有效开展，确保了以航母精神为代表的军工文化在大船集团的不断传承。

（二）基于“创新体系”的持续创新驱动

建立了以国家级企业技术中心为核心，以管理生产单位为基础，以大连理工大学、702 所等外部技术中心为支撑的创新管理体系，加强科技创新体系建设，梳理创新资源、拓展管理网络、明确产品开发定位和技术创新着力点，覆盖军工、民船、海洋工程、重工、修船 5 大产业的多单位协同的开放性创新体系，进一步推动基础研究、技术研发、成果转化和产业链条的互动。成立创新工作室、开展理论培训、举办创新方法大赛，提高各级人员的创新能力；通过创新成果奖励、特殊人才激励等政策，激发科技人员创新的积极性，稳定科技人才队伍，增强创新的内在动力。

（三）基于“系统工程”的全场景质量管理

“系统工程”是组织管理“系统”的规划、研究、设计、制造、试验和使用的科学方法，大船集团将“系统工程”理论应用于企业的“组织管理”和“项目管理”两个维度。充分利用系统工程理论形成了适用于全场景模式的质量管理体系。多年来，以“双创”为驱动力，通过实施“四精”过程管控、推行“六全”卓越管理，总结了一批成熟的管理方法：实行质量网格化管理，全员落实质量责任；推行质量确认实名制度，全系统实名管理；实行现场三级管理制度、三色牌管理，加强现场施工过程质量控制；建立质量预警管理系统，做好质量预防，强化质量风险管理；为推进自主质量控制，创新性地提出了 1＋2＋3 矩阵式检验管理模式，即一级管理＋二级管理＋三方共管，与矩阵式造船生产管理体系相适应；建立巨系统工程的全过程供应链管控方法，推动全产业链质量协同。各项成熟方法的应用和不断改进，为满足全场景质量管控提供了有力支撑。为建设中国海军水面舰船最强最大制造基地和国内领先世界一流船舶总装企业战略目标奠定了基础。

四、实践应用场景和产生成效

大船模式运用系统工程的理念，实现了从组织管理到项目管理的全过程应用。大船集团通过“大船模式”全力打造以“质量”为核心的船舶行业领军企业，增强船舶行业在国际的市场竞争力，顺应“中国制造向中国创造转变”的历史需求，坚持以建设世界造船强国为己任，积极引导中国造船行业的健康发展。

近年来，随着大船模式的不断成熟和发展，大船集团建立了集团化的管理模式，以全局视角，带动“一总部、四基地”战略布局的全面均衡发展，并取得了可喜的成效。

（一）高质量完成国家重点任务

我国首艘国产航母提前下水，顺利完成多次航海试验，并于 2019 年正式交接入列，向新中国成立 70 周年献礼，扬国威，壮军魂，再次为我国国防建设做出了突出贡献，中国海军进入双航母时代。海军新型产品首次实现“双舰”同时出坞，并顺利交付。大船集团建造的一个个大国重器，创造的一个又一个奇迹，引领“中国速度”，诠释“中国创造”，彰显“中国实力”。

（二）主打船海产品占有率不断提升

船海建造实力雄厚，不断实现新的突破，30 万 t VLCC（超大型油轮）批量达到 117 艘，交付 104 艘，超过世界营运 VLCC 船队的 14%；全球首艘翼型风帆助推 VLCC 项目获得 2020 年中国优秀工业设计奖的产品设计金奖，全球首艘安装风帆 VLCC 扬帆远航，全球首艘超大型智能原油船“凯征”号投入运营，标志着中国书写全球 VLCC 智能航运新篇章。

（三）产品质量维持高位

大船模式的持续推进，有效保证了各型产品的建造质量，未发生重大质量事故和重大质量问题，“十三五”期间质量问题数下降 26.3%，质量损失率下降 20.7%，各型产品质量指标水平维持高位，并稳中有升。大船集团各质量指标完成情况如图 2 所示。

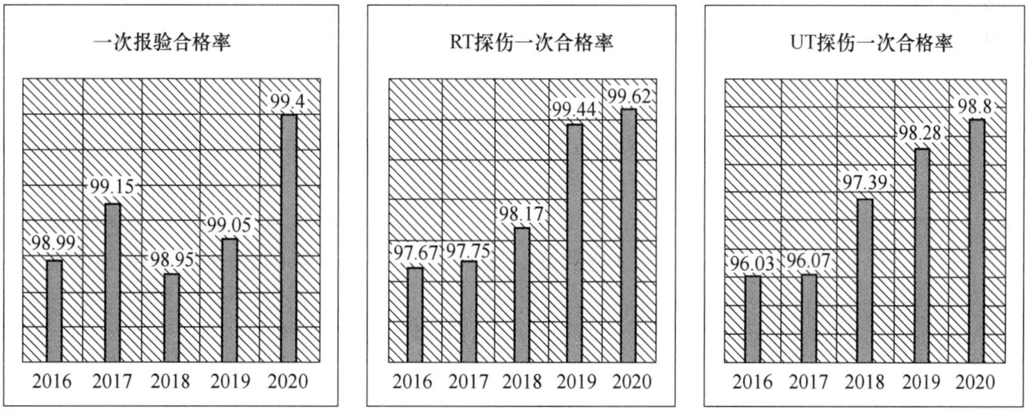

图 2　大船集团各质量指标完成情况

（四）卓越管理理念硕果累累

卓越管理理念深入人心，硕果累累，全面系统提升大船集团的综合素质和竞争能力，质量管理水平不断提高。大船集团荣获中国质量奖提名奖、全国质量奖个人奖、辽宁省省长质量奖、大连市市长质量奖、全国质量奖卓越项目奖等诸多奖项。

（五）各项质量创新举措得到广泛应用

大船集团相控阵超声检测（PAUT）成功通过英国劳氏船级社检测规程和现场模拟实验审核，大船集团成为国内首家取得 PAUT 探伤规程船级社认可的船舶总装厂。完成基于精细化的大型舰船建造质量管理方法与规范体系研究。对舰船建造全部关键、重要环节质量控制要素重新梳理，实现作业流程、作业要求、检验方法等内容的细化、量化控制；充分发挥总装厂抓总的职责，建立巨系统工程的全过程供应链管控方法，推动全产业链质量协同。各项质量创新举措如图 3 所示。

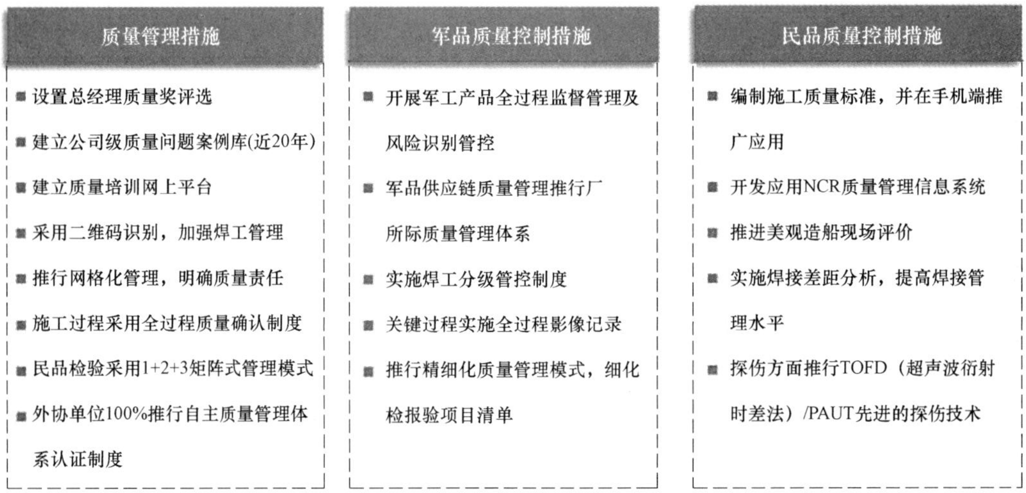

图 3　各项质量创新举措

（六）标准化、信息化、智能化工作稳步推进

大船集团积极推进标准化、信息化、智能化工作。建立施工质量标准移动端 APP，有效指导施工人员现场施工。构建了焊接耗材定额管理体系，使人、耗材和生产物量等数据得到有效关联，实现了耗材的可追溯性。建设了国内首个具有自主知识产权的船舶制造数字化车间，并以此为基地，成功研制了先行小组立机器人工作站智能制造关键产品，制定了《大型船舶分段焊接智能车间参考模型》等船舶智能制造标准，有效推动了我国船舶智能制造发展。

（七）产品建造质量获得顾客高度评价

重视顾客反馈意见，在复杂的市场环境下，在建产品质量获得船东、船检好评，收到顾客感谢信逐年提升，仅 2020 年收到表扬信 130 余封。表扬信分别来自马士基公司、中国远洋海运集团有限公司、招商局能源运输股份有限公司（简称招商局能源）、山东岚桥集团、中海油能源发展股份有限公司、LR（英国劳式船级社）、CCS（中国船级社）、BV（法国船级社）等。

（八）带动周边造船产业，拉动地方经济发展

大船模式的技术创新驱动，推动地方造船产业的发展与技术进步，大船集团员工近5年平均工资涨幅为12%。同时为社会提供了36 000个就业岗位，拉动地方船舶配套产业的发展以及造船专业人才的培养，有力地带动了周边地区200多家地方企业的发展，在大连周边地区形成了100多亿的规模造船产业集群，为发展地方经济，建设新型工业化城市做出了突出贡献。

五、方法的创新性和推广价值

（一）先进性

大船模式是基于百年大船的文化沉淀、多年的生产管理实践经验，以“航母精神”为引领，以“双创”为驱动力，实施“四精”过程管控，推行“六全”卓越管理模式，提高大船集团质量总体水平，全力打造以“质量”为核心的船舶行业领军企业，增强船舶行业在国际的市场竞争力，重塑“中国制造”的国际形象，目前是国内船舶行业最先进的质量管理模式。

（二）独特性

大船模式由大船集团独创性提出，主要的创新点体现如下：在质量方法的创新推广中，“精细化”理念为行业内率先提出，“质量网格化管理”、现场“三级管理制度”等制度为国内船舶行业首创，“质量确认制工作”荣获第十四届“中国企业新纪录奖”，为国内首创，1＋2＋3的检验管理模式为国内独创，军品厂所际质量管理体系的建立为国内军品生产独创等。

（三）可推广性

大船集团与国内外质量管理专家、各行业质量管理专家们共同探讨了大船模式的发展和应用。在与中国船舶重工集团公司第七一六研究所、七二五研究所等企业和院所的对标中获得了充分的肯定，多次进行交流学习。大船集团通过厂所际管理体系，将管理模式向供应链下游传递，并取得了较好的效果，具有较好的推广性。

以融合发展为核心的舰船总装建造质量管理模式

一、背景情况

（一）舰船总装建造质量管理是确保军船“战斗力”标准的需要

中国第一艘导弹护卫舰、第一艘船坞登陆舰等海军多型舰船首舰由沪东中华研制，在业界拥有护卫舰和登陆舰的“摇篮”之美誉。公司高度树立“军品第一”的理念，深入贯彻“全特性、全系统、全寿命、全方位”的舰船建造大质量观，同时强化核心能力建设，建立并实施舰船总装建造质量管理，以此推动实现“交付产品”向“交付战斗力”转变。

（二）舰船总装建造质量管理是保持民船竞争力的需要

近年来，以国家大力发展海洋经济和高端产品制造产业为契机，以结构调整和转型发展为主线，大力发展高端制造业。坚守“为国奉献”的信念，响应国家能源战略需求，历经 10 年研发，沪东中华打破国外垄断，自主研发并建造成功中国第一艘大型 LNG（液化天然气）船，代表中国船企首次摘取世界造船“皇冠上的明珠”。沪东中华建造的南浦大桥、京城大厦、大庆电视塔、上海证券大厦和干式 30 万 m^3 煤气罐等一大批标志性的大型钢结构工程和 23 000 超大型集装箱船等高附加值船舶，均在国内外产生了重大的影响。实施舰船总装建造质量管理是沪东中华突破高端产品建造难关，实现公司舰船建造技术保持行业前列的有力保障。

（三）舰船总装建造质量管理是军船和民船质量管理经验相互借鉴的需要

沪东中华具有交付护卫舰、综合登陆舰、电子侦察船等军品的成功经验，也具有交付超大型集装箱船、滚装集装箱船等高端民船的成功经验。通过大规模管理创新和技术革新，沪东中华在产品设施现代化、先进制造和管理技术、信息化建设、新产品开发等方面均取得了显著的成绩。建立并应用以融合发展为核心的舰船总装建造质量管理，推动效益持续改善，确保质量、效率、管理等指标处在国内领先水平。

二、主要内容及实践过程中的典型做法

以融合发展为核心的舰船总装建造质量管理，是按照沪东中华“精确设计、精细管理、精益生产”的发展战略，倡导“树卓越品质，创一流品牌”的质量理念，以顾客需求

为导向，以产品为载体，围绕总装建造实施以融合发展为核心的质量管理。沪东中华推行以融合发展为核心的舰船总装建造质量管理，利用公司在军民船舶产业链均有涉及的自身优势，围绕总装建造质量管理在质量文化、技术研究、信息化建设、供方管理和服务保障等多个维度开展融合发展，军民相互借鉴、相互补充、相互促进，形成一套先进全面、军民互补的舰船总装建造质量管理模式，如图1所示。

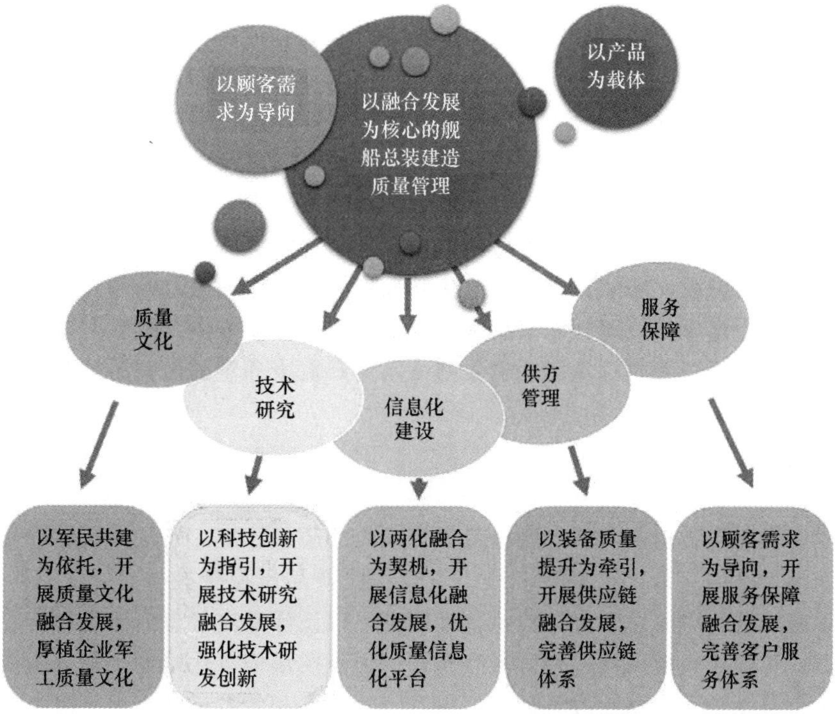

图1　以融合发展为核心的舰船总装建造质量管理模式

一是以军民共建为依托，开展质量文化融合发展，厚植企业军工质量文化。公司总结以顾客为关注焦点的民品质量文化，和产品质量关乎战士生命、战争成败、国家命运的军品质量文化，锤炼出了“严、慎、细、实”的工作作风，凝练出了“树卓越品质，创一流品牌”的质量理念。实施以融合发展为核心的舰船总装建造质量管理，使沪东中华的质量文化建设聚焦于军工历史和军工文化的传承，聚焦于高技术、高品质船舶的经营，聚焦于对工匠精神的追求。企业质量文化建设的目标更加明确，内容更加丰富，建设的载体涵盖了传统媒体和新媒体，更具时代气息和亲和力，接受度和认可度更高。

二是以科技创新为指引，开展技术研究融合发展，强化技术研发创新。民船总装具有批量化建造特点，设计过程覆盖开发设计到生产设计全过程。舰船总装建造具有总体所、总装厂协同设计，总装厂负责生产设计的特点。沪东中华适应民船总装设计建造特点，建立了“正向设计”“MBD（基于模型的定义）”“第三方校核”“设计目标成本控制”等设计控制方法，并将相关设计控制方法引入舰船设计控制过程。

三是以两化融合为契机，开展信息化融合发展，优化质量信息化平台。沪东中华以两化融合为契机，将为满足民品质量信息及时交互而开发设计的采购物资对外检验信息平台、入库开箱验收信息平台、生产过程三级检验信息管理平台、设计修改成本统计平台等质量信息平台，和满足舰船质量控制需要而开发的焊接过程质量实名制管理平台、产品质量信息实名制管理平台进行系统对接融合，实现了船舶设计、采购、生产、检验、售后等全过程的质量信息管理，以满足舰船全寿命周期保障的需要。

四是以产品质量提升为牵引，开展供应链融合发展，完善供应链体系。沪东中华将实力雄厚、产品技术质量可靠性高、各项条件优越的民用供方，吸纳到军品供方，资源共享，不断健全完善公司整体供应链网络。为提高产品质量水平，减少外协外购质量问题，沪东中华推行防务产品质量延伸管控，实施供应链全层级、全链条、全要素的全过程管控，将产品“穿透式”的质量理念应用到民品，有效提升公司供应链整体管控水平。

五是以顾客需求为导向，开展服务保障融合发展，完善客户服务体系。为进一步提高售后服务的响应速度和保障力度，沪东中华先后在巴基斯坦、舟山、湛江、青岛、宁德、阿尔及利亚等地建立了军品售后服务维修站，按照“融合发展、资源共享”的指导思想，吸纳地方优势民用资源，和地方优质企业建立战略合作伙伴关系，构建沪东中华全寿命周期军品服务网络，优质高效地开展军品舰船全寿命周期保障工作。同时，军民结合，寓军于民，沪东中华利用强大的军品售后服务网络，更好地服务于公司民用船舶售后保障。

三、实践应用场景和产生成效

沪东中华围绕总装建造实施以融合发展为核心的质量管理，通过厚植质量文化，强化技术研发创新，推进“数字造船”工程，融合军民产品质量管控方法，推行自主质量管理，并以顾客需求为导向建立客户关系管理体系，以设计成本管理为抓手提高舰船设计质量，完善供方管理模式提高外购外协产品质量，加强质量信息化建设，实行质量实名制管理等措施，为企业全面转型、改革创新、提升经营效率和效益提供有力支撑。

（一）技术创新，严格设计质量管控

1）强化技术研发创新，提升高端产品研制能力。在国家有关方面大力支持下，通过在以 LNG 为代表的高技术船上开展货舱围护系统安装平台制造技术、绝缘箱生产流水线的优化设计及制造技术、高压高温管系制造技术、殷瓦钢焊接设备制造技术、单元模块化制造技术、大线能量板焊接技术等前沿设计、建造技术的研发创新，同时在以护卫舰、综合登陆舰为代表的军品系列船上率先开展高海况条件下贴近实战的试验考核，以检验产品可靠性的关键技术研究，企业的高端产品研制能力不断得到提升。

2）推进“数字造船”工程，提高舰船建造精度。为提高舰船的建造精度，沪东中华在与日本、韩国的先进造船企业交流学习过程中，通过消化吸收“区域造船”“三维设计”、单元模块化建造和高效焊接技术等先进设计理念和造船技术，并率先在国内同行中推进“数字造船、绿色造船”发展理念。在船舶产品设计建造过程中不断消化和吸收先进的设计理念和造船技术，沪东中华成功研发出拥有完全知识产权，并通过国家保密测试的“SPD（船舶产品设计系统）”软件，提升了数字化设计能力和手段。

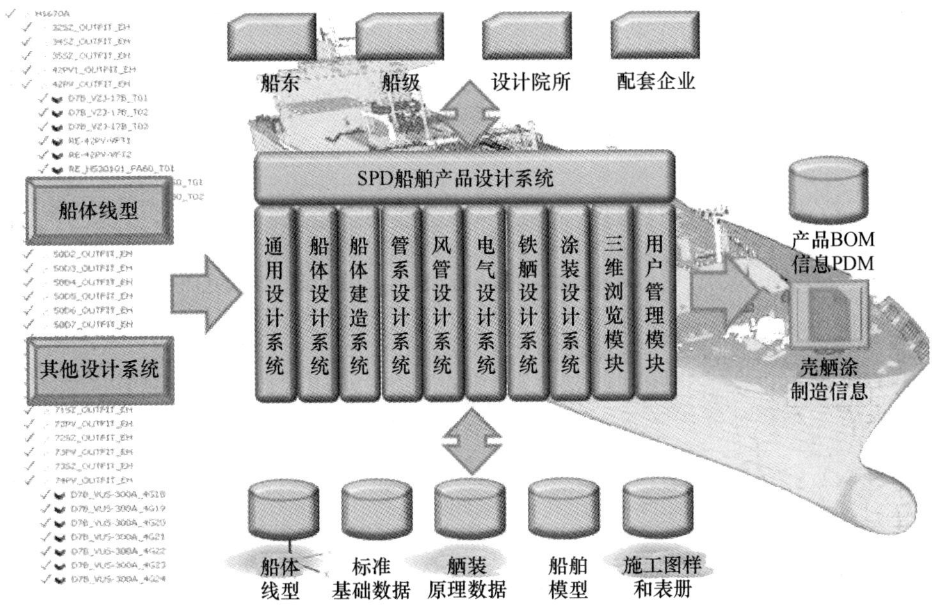

图 2　SPD 示意图

（二）循证决策，构建信息管理平台

1）以两化融合为契机，加强质量信息化建设，提高质量管理手段和水平。为提高质量管控信息数据的收集、传递和分析决策水平，发挥质量管理过程中各个环节信息数据对质量管理提升的作用，并兼顾保密工作的要求，沪东中华加强了民用船舶的质量信息化建设。质量信息化工作的推进，实现了质量数据的实时采集，实时传递，公司及各生产部门的质量分析和质量考核管理逐步以定性为主，转为以定量分析为主，质量管理改进的措施更具体，更有说服力和针对性，权威性更高。

2）以信息化手段为抓手推行质量实名制管理，落实质量责任制。为落实质量责任制，沪东中华推行质量实名制管理。在实名制推进过程中，沪东中华结合产品特点推进的实名制项目有船体装配和焊接质量实名制、管子防护质量实名制、分段预舾装交接质量实名制、主要设备电箱接线实名制等，见表 1。推进质量实名制管理工作，沪东中华的岗位质量责任更加清晰、更加明确。员工特别是管理人员的质量意识、责任意识逐步加强。

表 1　公司实名制网络表

<table>
<tr><td colspan="7">公司质量实名制项目表</td></tr>
<tr><td colspan="6">主体工种实名制项目表</td><td rowspan="3">辅助工种实名制项目表</td></tr>
<tr><td rowspan="2">加工实名制</td><td rowspan="2">船体实名制</td><td colspan="2">轮机实名制项目</td><td rowspan="2">涂装实名制</td><td rowspan="2">过程管理实名制</td></tr>
<tr><td>设备实名制</td><td>管系实名制</td></tr>
<tr><td>钣金下料实名制</td><td>船体装焊实名制</td><td>设备防护实名制</td><td>管系防护实名制</td><td>分段喷砂、打磨实名制</td><td>海绵工装管理实名制</td><td>辅助派工实名制</td></tr>
</table>

续表

公司质量实名制项目表						
主体工种实名制项目表						辅助工种实名制项目表
加工实名制	船体实名制	轮机实名制项目		涂装实名制	过程管理实名制	
		设备实名制	管系实名制			
加工下料切割实名制	殷瓦装焊实名制	设备维修保养实名制	管系密性实名制	分段油漆实名制	加水、加油过程实名制	工具借用实名制
预处理实名制	吊码装焊实名制	电气设备接线实名制	管系安装实名制		绝缘安装实名制	材质跟踪实名制
型材下料实名制	钣金装焊实名制	设备安装实名制	管系预舾装实名制		中间产品完整性实名制	物资出入库实名制
主板切割实名制	重要舾装件装焊质量实名制	设备调试实名制	有色金属管装焊实名制		关重件实名制	物资运输实名制
坡口切割实名制	焊前预热实名制	主要设备动车实名制	低温管装焊实名制		关键过程控制实名制	车辆申请实名制
手工切割实名制	定位实名制		风管安装实名制		改图单管理实名制	起重吊运实名制
火工实名制	划线实名制		管系盲板实名制		分段施工实名制	电工保养实名制
校管实名制	自动焊实名制		合拢管安装实名制		焊材过程实名制	阀件配送实名制
弯管作业实名制	外板切割实名制		管系内部清洁检查		阀件安装实名制	仓储管理实名制
拼板装焊实名制	结构密性实名制		管系投油实名制		报验项目自检互检实名制	
围壁拼板压平实名制	流水线焊接实名制					
拂配实名制	化学品船甲板临时加强实名制					
轴舵系加工实名制						

（三）多措并举，促进军民质量融合

1）融合军民产品质量管控方法，共同促进产品质量提升。近年来，根据军品舰船定型产品进行批量化建造，和 LNG 船、滚装式集装箱船、化学品船质量要求高的特点，沪东中华将军品质量与可靠性工作中的首件鉴定、关键过程控制、关键节点转阶段评审等质量管控方法应用于 LNG 船、超大型集装箱船等高新民品，将区域造船建造质量控制技术、总段建造质量控制技术等应用于某型护卫舰、某型综合登陆舰，将 HSE 健康安全环保理念和对配套产品进行有毒有害物质检测的质量控制方法应用于所有军品，有力地促进了公司多型高技术民船和军用舰船产品质量稳步提升。

2）以顾客需求为导向，完善客户服务体系。为更好满足顾客需求，沪东中华建立了顾客服务管理体系，围绕产品对顾客开展售前、售中、售后服务。在倡导总体单位负总责的形势下，沪东中华发挥信息全、熟悉现场生产工艺的特点，在舰船预研阶段开展售前服务，为机关和总体所开展舰船设计提供支撑；在舰船建造阶段，企业积极开展售中服务，组织接舰部队开展产品保养培训、操作培训；舰船交付后，企业为部队提供全寿命周期保障。民用船舶市场化的特点更加鲜明，沪东中华发挥好3个售后服务站站点分布相对合理、专业售后服务队伍业务精通的优势，就近为回国的民船开展服务；同时，借鉴建立军品售后服务站的工作思路，在中国香港、欧洲等民船航线集中地选取长期合作伙伴，为产品提供全球联保服务，该工作模式赢得了客户的信任。

3）完善供方管理模式，提高外购外协产品质量。为提高外购外协产品的质量，沪东中华完善了供方管理模式。同时，对供方评价的内容和要求进行了改进，如图3所示。除对常规的9个维度进行评价外，还参照承接LNG船项目、国外石油公司对沪东中华进行尽职调查的做法，对向企业重点军民舰船提供服务的关键供方，明确了要从业绩、风险、资信、廉政等方面进行尽职调查，确保尽可能降低供方风险。另外，沪东中华还建立了供方评价有效期管理、供方退出和退出后再进入的制度，建立供方业绩档案，根据取得合格供方资格的单位提供产品的质量、服务等情况，对供方进行动态管理。

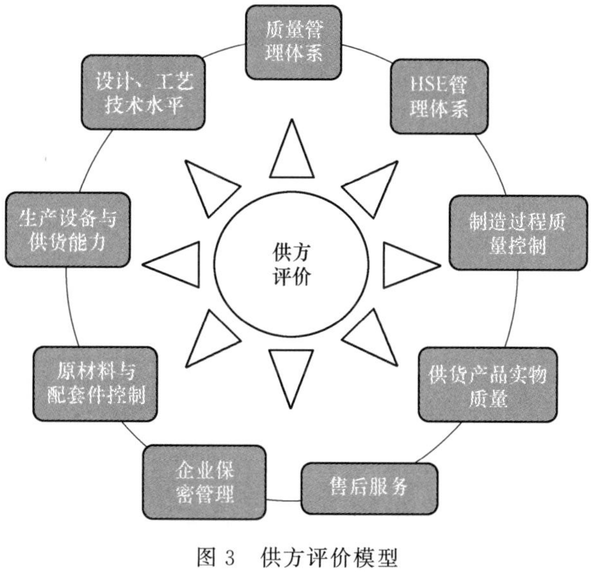

图3　供方评价模型

四、方法的创新性和推广价值

沪东中华建立并应用以融合发展为核心的舰船总装建造质量管理，通过大规模管理创新和技术革新，在产品设施现代化、先进制造和管理技术、信息化建设、新产品开发等方面均取得了显著的成绩，质量、效率、管理等指标长期处在国内领先水平，效益得到持续改善。

沪东中华实施的以融合发展为核心的总装建造质量管理模式，是质量管理体系要求七项基本原则在舰船总装企业质量管理实践的新成果，在实践过程中自主开发的质量信息化系统，不仅实现了业务过程、业务信息、责任人员的信息化管理，落实了质量责任，而且为质量管理业务数据化管理、数据化展示奠定了基础。

以融合发展为核心的舰船总装建造质量管理的主旨是军民相互借鉴、相互补充、相互促进，是一种适应时代发展的先进质量管理模式，可以为企业全面转型、改革创新、提升经营效率和效益提供有力支撑。同时，该质量管理模式具有很强的通用性，不仅适用于船舶建造行业，也可在其他行业领域推广应用，可依据企业特点和组织需求，开展不同维度、不同深度的质量管理融合发展，在各行业的质量管理具有明朗的推广价值和应用场景，其中沪东中华焊接质量控制信息化系统已经推广到中船黄埔文冲船舶有限公司承接的深中通道项目。

“六位一体”质量保证方法

一、背景情况

在国家制造强国和海洋强国的战略指引下，中国船舶工业集团有限公司发布了高质量发展纲要，致力于走质量领先型企业之路。上海外高桥造船有限公司（以下简称“外高桥造船”）积极响应集团要求，从自身出发全面分析企业面临的形势、任务和问题，发现存在制度文件与制度执行“两张皮”的现象，且各部门更多聚焦产品事后检验，缺乏系统策划和建立保证体系的方法和手段，无法真正建立能够适应各自业务领域的质量保证体系，无法夯实质量保证能力。

面对以上问题，外高桥造船积极推进质量管理体系完善工作，要求各级管理人员要深刻思考产品和工作质量保证体系如何建立的问题，建立系统的质量保证方法。为此，外高桥造船提出了“六位一体”质量保证方法（见图 1），具体指意识保证、组织保证、制度保证、技术保证、过程保证和责任保证。经过公司 2 年左右的实践，为管理者提供了开展策划工作的系统解决方案，证明了“六位一体”质量保证方法的科学性和适用性。此方法适用于解决系统性问题和事前质量策划，是在 5M1E 维度的基础上增加另外一种系统思维方式，提高管理人员质量保证能力和面对复杂问题的策划能力，确保工作质量不断提升。

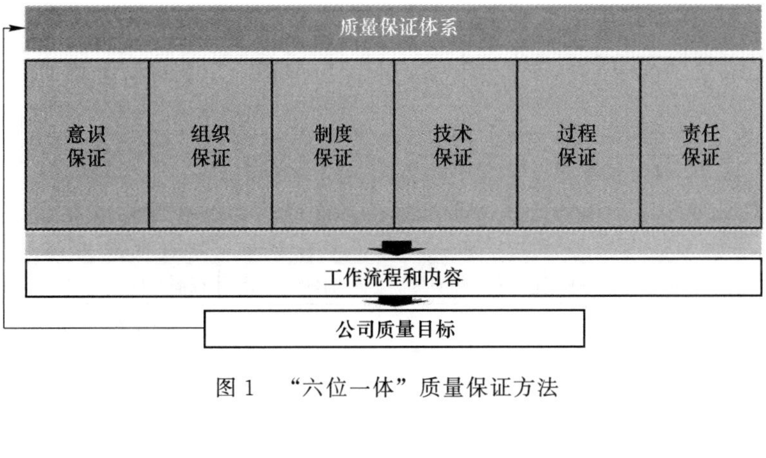

图 1　“六位一体”质量保证方法

二、主要内容

（一）主要内容和要素

“六位一体”质量保证是面向问题解决和管理策划的一种方法，六种保证环环相扣，自成一体。外高桥造船以此方法为指导，建立了公司级质量保证体系架构，如图 2 所示。

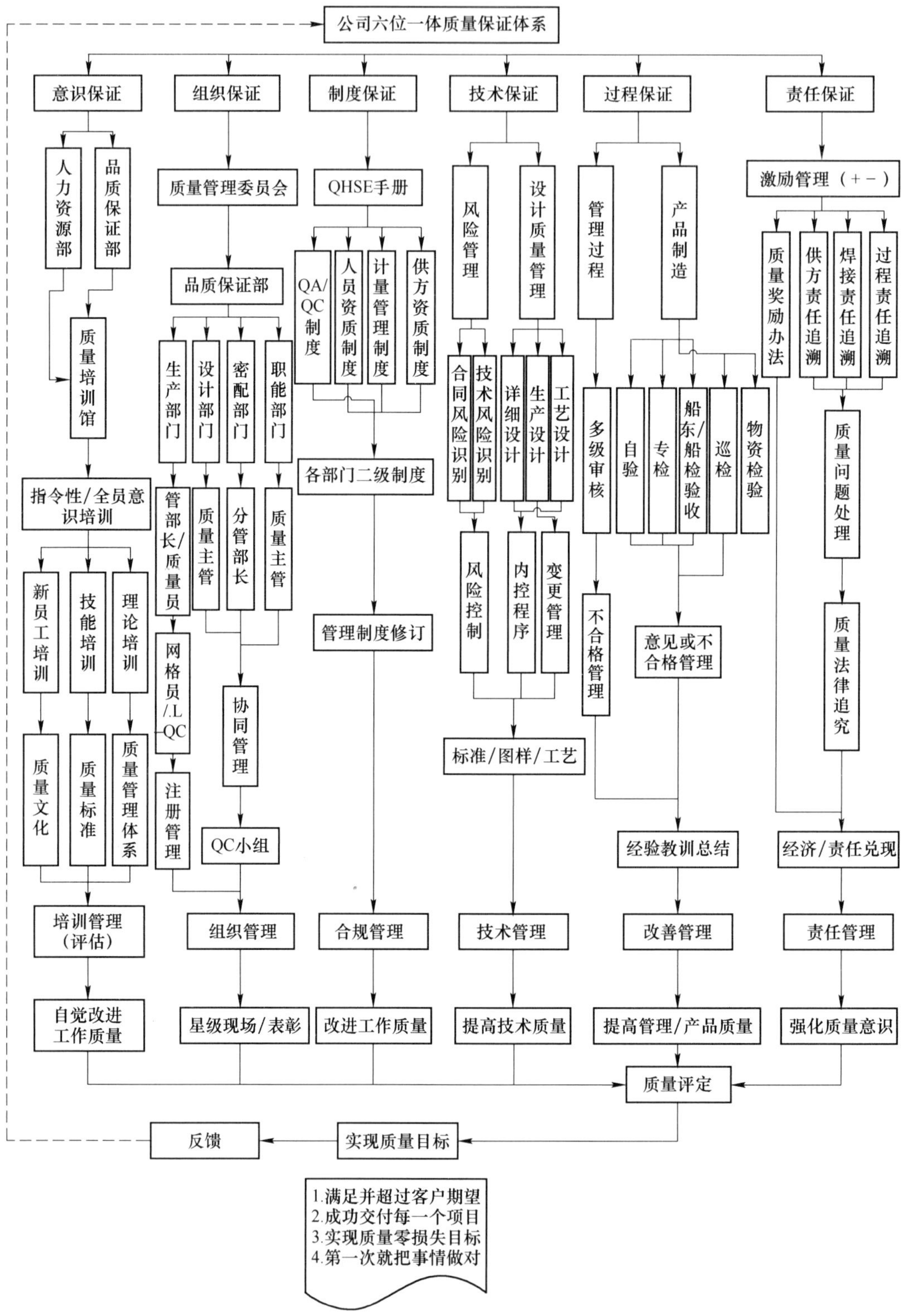

图 2　外高桥造船“六位一体”质量保证体系架构

（二）要素逻辑

1）工作开展的首要要素是人，工作质量好坏的前提是个人的意识，故质量保证方法的第一个要素是意识保证；

2）明确了意识保证方案，管理者需要进一步明确工作所需人力和对应权利、义务以及汇报路径，此谓组织保证；

3）在人力资源、组织架构和意识得到有效保证后，就需要管理者思考如何将业务标准化、流程化和制度化，通过制度的形式固化管理流程和要求，此谓制度保证；

4）制度文件详细描述了权责、流程和标准，但无法详细说明开展工作的工艺流程和技术要求，需要管理者考虑建立工作开展的技术工艺、图样和方法，此谓技术保证；

5）人是有惰性的，管理和技术要求是否得到有效贯彻落实，需要建立过程保证机制，通过工作检查、审核等进一步实现技术和管理要求的落地；

6）对于执行不力的员工应该施以处罚，对于严格落实工作且表现良好的员工应该适当激励，从而进一步提升工作自觉意识，此谓责任保证。

从以上分析可以看出，“六位一体”质量保证方法是浑然一体的整体，缺一不可，事前需要做好意识保证、组织保证、制度保证，这是基础；事中需要通过技术保证、过程保证来监控，事后需要通过责任保证来巩固，故“六位一体”质量保证方法的六个要素逻辑自洽，是一套科学的管理方法。

三、在实践应用中的典型做法

“六位一体”质量保证方法已用于外高桥造船各项管理工作中，以项目质量策划为例，质量经理应用“六位一体”质量保证方法，建立了项目质量保证体系，为项目高效运行打下了坚实基础：

1）针对意识保证，项目质量经理制订了面向全体项目参建人员的质量意识教育方案，在项目开工前完成首轮参建人员的“质量意识之旅”的宣贯教育。

2）针对组织保证，项目质量经理运用 WBS（工作分解结构）、RACI（职责分配矩阵）等工具对项目质量管理活动进行分解和责任分工；通过分析任务范围，识别了各专业人员需求和内外人员沟通管理矩阵，绘制了项目质量组织架构并明确各岗位职能职责。

3）针对制度保证，质量经理充分识别客户技术和管理要求，对照外高桥造船现有管理制度从覆盖面和适用性方面梳理，制定了项目级质量程序文件清单并分配对应专业主管完成编制任务，从而确定项目质量管理要求。

4）针对技术保证，质量经理全面梳理项目执行过程中可能需要的技术文件、工艺文件，明确设计图样分类审批流程和变更流程；识别并确认改单管理流程；制订质量信息化技术的应用培训计划。

5）针对过程保证，项目质量经理制订了面向产品和项目程序文件的三级检验计划和项目审核计划，过程中严格按照检验和试验计划开展计划内检验、巡检，通过 NCR（不合格报告）进行意见管理；同步按计划落实项目质量审核，确保所有制度有效执行。

6）对于责任保证，项目根据制定的《质量问题调查实施细则》和《质量奖励管理办法》要求开展内部责任管理，对审核、检验环节发现的典型问题和良好做法实施奖惩，并且坚持以奖为主、以罚为辅的理念；对外严格按照供应商管理办法和问题供方责任追溯管理办法实施。

四、实践应用场景和产生成效

为了说明“六位一体”质量保证方法在实践中的作用，结合实际工作业务，重点阐述“六位一体”保证方法在供方质量管理策划的应用和实际成效。

（一）对照“六位一体”质量保证方法开展差距分析

我们将“六位一体”质量保证方法应用于供方质量管理，在横轴上罗列供方质量管理主流程，纵轴上放“六位一体”质量保证方法，逐项对照、发现改善问题点，形成了差距识别矩阵图，见表1。

表1　应用“六位一体”质量保证方法开展供方质量管理差距识别矩阵

	供方准入审核	供方质量管控	供方评价及动态管理
意识保证	审核人员培训 现场审核指南培训、宣贯	过程管控的理念培训 供方问题处理及追溯流程的培训 我司质量标准向合同供方的提前传达	评价和动态管理机制的培训
组织保证	具备相应能力的人员组成的审核小组（企划、设计、采购、品保）	检验员 设计人员 采购人员 生产人员	质量项目组 采购人员 使用部门
制度保证	《供方现场审核指南》 《供方管理规定》	《不合格管理规定》 《采购品检验管理规定》 《问题供方质量责任追溯管理办法》 《供方管理规定》	《供方质量评价实施细则》 《供方管理规定》
技术保证	新材料、新设备技术风险评估	参与重要过程的技术验收	技术问题的反馈和改善，即技术闭环管理
过程保证	供方现场审核质量检查表 审核意见跟踪关闭看板	物资管控矩阵 FAT和开箱、开工审核、过程审核 安装、调试过程意见管理 供方问题调查和处理，不合格管理	单船主要设备多阶段供方量化评分和看板管理 季度供方点评会
责任保证	供方分类（合格、不合格、临时）	问题供方责任追溯	供方评级（A/B/C/D级别）

（二）总体供方质量管理方案

围绕识别的差距，分别从供方准入审核、供方过程质量管控和供方评价及动态管理3个环节开展对应保证体系完善工作，如：供方过程质量管控环节存在相关方识别不全的问题，为此在对应管理制度内增加设计人员和生产部门人员参与重要设备的 FAT（工厂验收试验）和开箱环节；针对供方准入审核环节发现缺少供方现场审核的标准化清单，编制了《供方现场审核指南》，详细描述了审核项目、审核标准和打分细则等内容。

归纳起来，基于“六位一体”质量保证方法的供方质量管理体系的内涵是：在供应商准入审核、质量管控、评价及动态管理 3 个方面运用意识保证、组织保证、制度保证、技术保证、过程保证、责任保证，即“六位一体”质量保证分析方法，以搭建组织构架为突破，以评价考核为抓手，以协同管理为基础，以体系制度文件和项目技术要求为依据，以审核检验监控为手段，实现外高桥造船供应商质量管理水平不断提高。

基于供应商质量体系的完善，将有力促进邮轮 TURNKEY（总承包）供应商质量管理模式的建立，并降低因输入性风险带来的对项目质量、成本和进度的影响，实现构建协同创新的先进供应链质量管理体系（见图 3），以达到项目顺利交付，满足顾客期望的目的，助推外高桥造船“邮轮引领，一体两翼”战略目标达成。

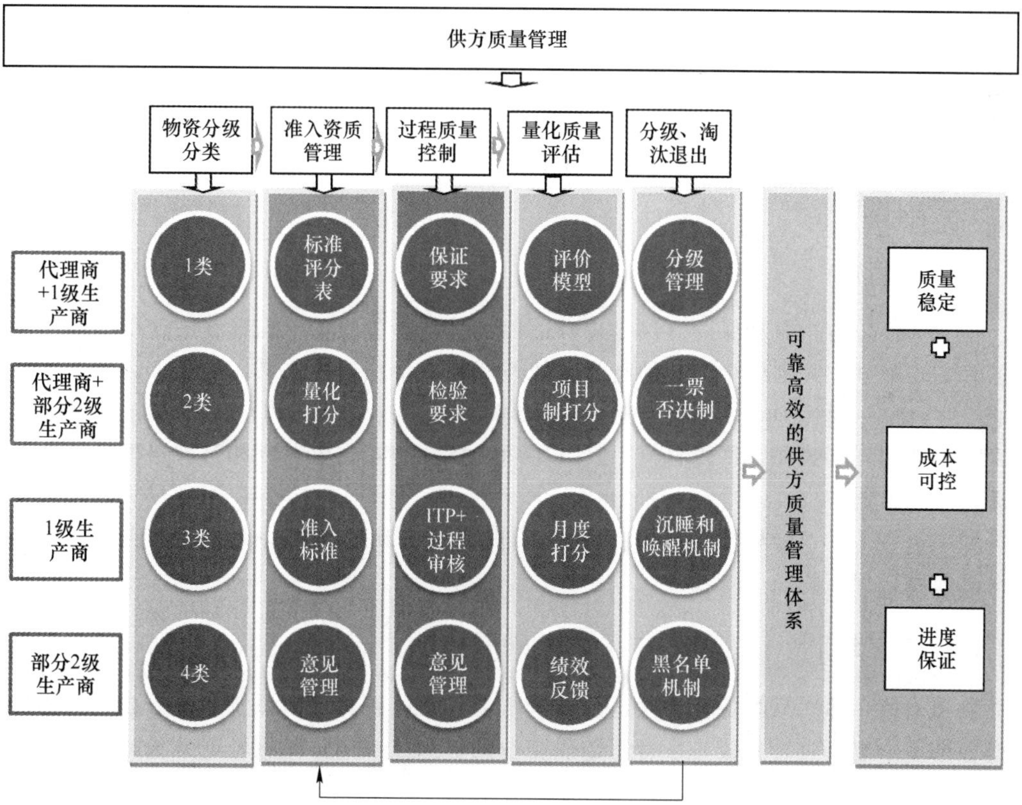

图 3　供方质量管理体系要素和框架

（三）实施成效

1. 经济效益

通过 3 个方面降低供应商质量问题带来的损失成本：一是单船供方质量问题总数下降 20%，且 FAT 和开箱的动态意见关闭率连续稳定在 85%以上；二是加大了供方质量问题损失的追溯力度，近两年累计追溯金额达 50 万元以上，更重要的是提高了供方质量意识；三是大大消除了采购不合格产品带来的进度影响的间接损失。

2. 管理效益

建立健全供应商质量管理体系，通过准入量化管理、基于 ITP（检验试验计划）的过程检验和体系监督检查、过程表现评估和反馈、体系延伸管理等系列措施，培育了供方的质量保证体系，推动了取消机舱整体打磨大工艺工法的落地，提高了分段和总段的舾装完整性水平，从 75%达到了 84%，未出现封舱设备不及时到货影响船坞周期问题。

3. 社会效益

通过管理体系的供应链协同改善，带动供应商质量水平的提升，从而形成协同发展环境良好的船舶产业生态；提高了国产供应商的比例，实现了通过国产首艘大型邮轮建造带动国内产业链整体建设的目标，第二条船将实现采购成本降低 30%的目标；实现了大幅提高高端海洋装备（FPSO）的国产化率，从首制船的 45%到第三条船的 70%；带动上下游企业管理提升和市场影响力，从而走向国际市场。据反馈，全球最大的 FPSO 运营商 SBM 已经通过首制船的建造逐步开发了大批国内供应商，多数为参与过首制船的下游企业。

五、方法的创新性和推广价值

（一）先进性

1）“六位一体”质量保证方法是重点适用于策划环节的系统思维方法，正确运用此方法可以提高策划方案的质量，对提高管理效益起到事半功倍的效果。

2）“六位一体”质量保证方法的 6 个要素具有立法、执法和司法的内部完整逻辑链条，各要素间环环紧扣，逻辑自洽，且首尾两个要素交互，出发点和落脚点都聚焦在人的管理，形成了闭环。

3）与 5M1E 方法结合使用，向管理人员提供了二维思维方法，能够快速提高系统策划水平和质量保证能力。

（二）独特性

1）“六位一体”质量保证方法适用于分析复杂性问题并提供系统解决方案，而船舶建造过程由多个复杂过程构成，孕育于船舶企业的“六位一体”质量保证方法具有船舶行业特点。

2）质量保证是一种能力，更是向客户证明质量管理成效的方法，运用“六位一体”质量保证方法去搭建具有高鲁棒性的质量保证体系，从而提高质量保证能力，三者合为一体，自成体系。

（三）推广价值

管理对象的重点是人，“六位一体”质量保证方法的前端和末端都聚焦人的意识；组织架构可大可小，制度和技术保证可复杂可简单；过程保证是通用概念，适用不同类型的监督检查。通过以上分析可以看出，此质量管理方法能够适应复杂巨系统船舶行业，更具有其他行业适用性和推广价值。

通过上述分析可以看出，外高桥造船厂推行的“六位一体”质量保证方法具有以下特点：

1）“六位一体”质量保证方法的管理对象重点是人，关注质量保证方法的前端和末端都聚焦人的意识；

2）“六位一体”质量保证方法的组织架构依据组织的需求可大、可小，相应的配套制度，以及技术保证可复杂、可简单；

3）“六位一体”质量保证方法的过程保证是通用概念，可以适用不同类型的监督与检查，具有推广的广阔性。

因此，“六位一体”质量保证方法不仅适用于船舶行业的复杂巨系统，也可以在其他行业的质量管理上具有明朗的推广价值与应用前景。

雷达产品“五精”质量管理方法

一、方法介绍

（一）方法背景

近年来，随着国际形势和我国周边环境日益复杂，部队用户立足实战化需求，常态开展备战训练，对产品的使用频次和时间不断增加。西安电子工程研究所在役产品在使用过程中逐渐暴露出诸多问题，不但售后保障压力巨大，还严重影响了部队正常训练，这表明现有的质量体系和管理方法已不能适应新时期发展的需求。为深刻领会习总书记“能打仗、打胜仗”的一系列重要论述，把打造“好用、管用、实用、耐用”的精品装备作为企业义不容辞的政治责任，以着力提升产品质量管理水平、加快实现产品发展“从有到优”的目标，选择典型产品，通过“精心策划”“精细实施”“精益管控”“精确评价”“精准改进”，探索出一套符合雷达产品特点、满足部队实战化需求的行之有效的“五精”质量管理方法（见图 1 和图 2），带动全所产品实物质量和质量管理水平有效提升。

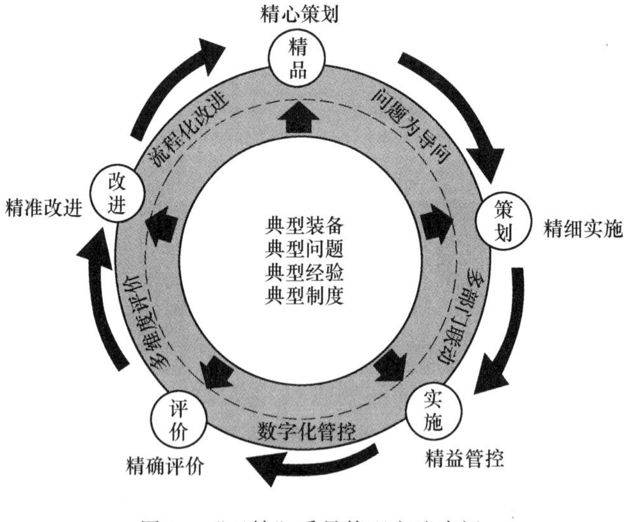

图 1　“五精”质量管理方法内涵

（二）适用范围

雷达产品“五精”质量管理方法涉及选取试点，形成制度，推广开展，成果固化，持续改进等方面，适用范围可以涵盖所有复杂电子装备的军装、军贸产品。

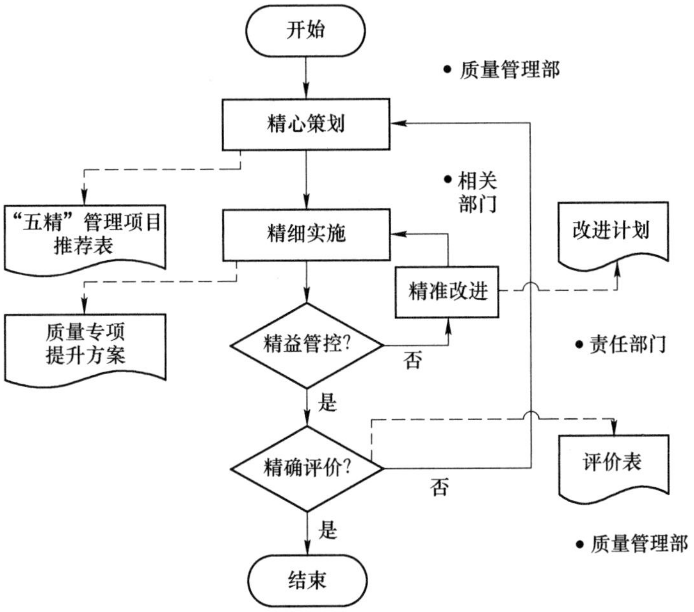

图 2　“五精”质量管理方法实施流程图

(三) 总体思路

坚持产品“四用”原则，利用“PDCA”（策划、实施、检查、处置）质量管理方法，以典型产品的典型问题为牵引，制定科学合理的实施方案，重点抓各项措施的落实和评价工作，确保“五精”质量管理方法取得实效并建立机制，长效开展，突出军品必为精品要求。

(四) 实施程序

1. 探索阶段

2017 年，探索建立了由主管质量的所领导任总指挥，质量管理部门为牵头部门，科研、生产、售后等多部门联合组成的“五精”质量管理组织机构（见图 3），选取了某型防空系统目标搜索雷达和某型机载侦察雷达两型问题最多的典型雷达，试点开展“五精”质量管理方法研究。系统分析研究选取的典型产品问题性质、表现形式、产生原因和解决方法，“精心策划”了为期两年的“质量专项提升方案”。

2. 实施阶段

2018—2019 年，质量管理部门按提升方案，组织各相关部门“精细实施”，建立了分工负责的管理体制，制订了详细的“专项质量提升计划”，提升内容涉及管理、生产过程、检验验收、采购、外协外购、质量问题处理等多方面，逐条分解任务，落实负责人、配合单位、完成节点和完成标志，对采取措施和形成成果都做了精细要求。为保证计划的高效完成，在两年实施期间进行“精益管控”，开发了“数字化质量管理系统”，利用数字化手段收集、统计、分析产品质量数据，实现了数据的动态监控和精准推送，为各级管理人员

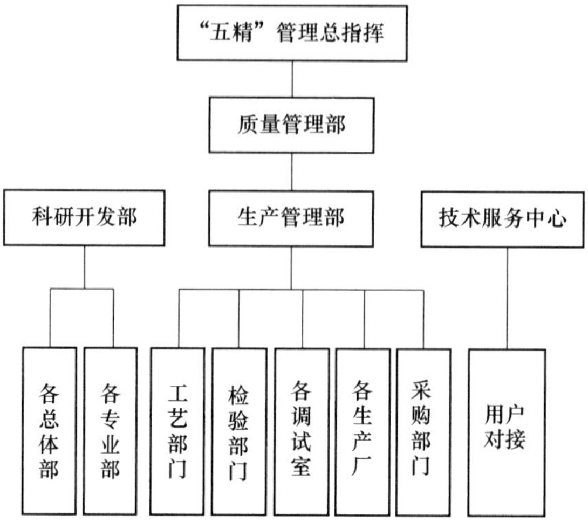

图 3 "五精"质量管理组织架构图

提供决策依据，有力地保证了计划的落实。通过提炼有益经验，固化管理方法创新成果，形成质量管理体系三层次文件《"精品工程"项目质量管理办法》，用以指导后续产品"五精"质量管理的开展。

3. 迭代推进、持续深化阶段

2020 年，利用形成的《"精品工程"项目质量管理办法》，选取某型单兵战场侦察雷达和某导引头两型产品持续深化开展"五精"质量管理，并建立了"精品"评价模型和准则，编制了《"精品工程"项目质量评价表》，对实施效果进行了试评价。通过评价结果，该模型能"精确评价"雷达产品质量状况，真实反映产品薄弱环节，为后续的"精准改进"提供准确依据。

（五）作用

通过在雷达产品实施"五精"质量管理，产品典型质量问题得以消除，生产过程规范、合理，企业全员逐渐形成"打造精品"的质量意识，企业质量管理水平、产品作战适用性和顾客满意度都得到了进一步提升。

二、应用情况

2017—2019 年选取的两型雷达，试点开展"五精"质量管理，通过"精心策划""精细实施""精益管控""精确评价""精准改进"，产品实物质量得到极大提升，设计工艺文件准确，能有效指导生产，生产过程管理规范，检验验收覆盖率达到 100%，各分系统及整机一次交验合格率达到 100%，全生命周期内无低层次问题出现，质量问题闭环率 100%，无重复发生，往年占比最高的外协外购产品质量问题数下降 40%。2020 年，以形成的《"精品工程"项目质量管理办法》为指导，在科研生产交叉状态的两型产品上深入开展"五精"质量管理。评价结果显示，某型产品质量稳定可靠，而另一型产品技术状态不固化，全年发生的设计更改和工艺更改数量均超过 5 个，未达到“精品”要求，需进行针对性的精准改进。

三、形成的技术成果

（一）标准规范类

《可靠性工程手册》《生产现场质量监督检查管理办法》《质量问题“双归零”管理办法》《产品软件测试管理办法》《产品质量与可靠性数据包管理程序》《交付后产品质量改进管理办法》。

（二）实施指南类

《“精品工程”项目质量管理办法》《质量专家队伍管理办法》等。

（三）软件工具类

“数字化质量管理系统”、通用质量特性“CARMES（六性协同工作平台）软件”。

（四）成果奖励类

“军工院所集约型信息化质量管理”获国防科技工业企业 2020 年度管理创新二等奖，“复杂电子产品通用质量特性的数据治理体系构建与实施”获集团公司 2019 年度管理创新二等奖，“全价值链体系化质量综合提升工程建设”获集团公司 2020 年管理创新三等奖，开展“五精”质量管理的在役产品多次受部队用户表彰。

四、方法的创新点及推广价值

1）将雷达产品“五精”质量管理方法形成制度，纳入企业质量体系文件。

2）建立精品装备评价模型和准则，为精准改进提供支撑。

3）利用数字化手段收集、统计和分析产品质量数据，对产品过程实施精益管控。

4）建立质量问题通报和警示机制，对“五精”质量管理的拉条挂账问题编制质量警示案例，并在局域网进行通报，进一步提升员工质量意识。

5）实行质量技术团队终身负责制，使质量责任终身追究制有效落地。

该质量管理方法及创新点具备良好的应用前景，可在产品承研承制单位进行推广，通过“五精”质量管理的开展，以点带面，全面提升实物产品质量和质量管控水平。

五、典型案例

（一）案例背景

某系列防空系统目标搜索雷达已交付用户几十套，目前还在批量生产，在用户使用过程中逐渐暴露出产品在设计、工艺、可靠性等方面诸多问题。对近 4 年该型雷达质量问题统计分析，质量问题共计 78 项，其中外协外购问题数占比 77%，累计造成质量损失约 100 余万元。如何根治质量顽疾，已成为西安电子工程研究所迫在眉睫的质量工作。为提高产品实物质量，有力保障用户，按照“五精”质量管理的思路，实施了整治提升。

(二) 使用情况

1. 系统分析，精心策划

2018 年，选取该型雷达试点开展“五精”质量管控，运用头脑风暴法，系统分析该型产品质量形成和可靠性增长的内在机理和瓶颈短板，并做出因果图（见图 4）。

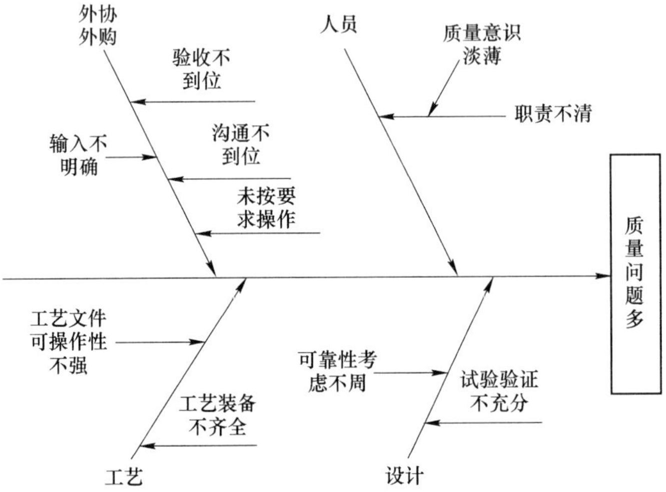

图 4　某型目标搜索雷达问题分析因果图

2. 标本兼治，精细实施

根据分析结果，多部门联合制定了质量专项提升方案，从内部管理提升、生产过程优化、外协配套产品管控、设计改进等方面制定了详细措施。

3. 目标明确，精益管控

一是在内部管理提升方面，按月发布问题通报和警示案例，强化质量警示作用；建立与总体单位和配套单位质量信息双向沟通机制，通畅了沟通渠道；编制了《不合格输出“双归零”管理办法》，提高了质量问题处理的时效性。二是在外协配套产品质量管控方面，细化外协技术协议和验收细则，对问题多发供方进行点对点的监督和指导。三是在产品改进提升方面，组织技术部门对部队反馈较多的 T/R 组件报故、电站溢油等问题进行设计改进，典型质量问题得以彻底解决。四是在生产过程优化方面，利用数字化质量管理系统、MES（制造执行系统）、M3（数据自动采集系统）等进行过程数据自动采集、分析和监控，生产过程受控。

4. 精确评价、精准改进

2018 年，提升计划完成后，组织各部门对整治效果进行量化评价，雷达整体质量水平显著提高，但生产过程中仍存在不少问题，雷达可靠性还有待进一步提高。针对评价中的问题，制订了 2019 年专项改进计划，并监督落实。

（三）实施效果

该型雷达经过两年“五精”质量管理，通过逐个环节的工作落实，逐个问题的整治解决，逐个阶段的成果巩固，产品实物质量显著提升，整机一次交验合格率由90%提升至99%，各分机一次交验合格率由95%提升至100%；全生命周期内再无低层次问题出现，质量问题处理平均时间由8天缩减到4天，且问题闭环到位，不重复发生；往年占比最高的外协外购产品质量问题数下降40%；用户反馈较多的典型故障通过设计改进，彻底得到解决，未出现顾客的抱怨和投诉情况。

“125661”精益质量管理模式

一、背景情况

湖南云箭集团有限公司（以下简称“公司”），隶属于中国兵器装备集团有限公司，企业前身为1890年清末湖广总督张之洞创办的汉阳兵工厂，迄今已有130多年的历史了。

近年来，随着公司产业布局向制导产品、新质产品的领域发展，大规模采购的实施，现行的质量管理模式已不能很好地适应新的要求，需要通过升级管理来支撑企业高质量的发展。对此，公司质量管理在结合已形成的精益管理“12341”生产基本法的基础上，运用过程方法，导入先进的精益质量管理工具，对公司现行的质量管理模式进行梳理、归纳、完善和创新，形成了“125661”精益质量管理模式。

二、主要内容

“125661”精益质量管理模式：1是指1套质量体系文件、质量目标与计划，2是指2张看板，5是指5个平台（系统），6是指6类会议，6是指6＋N个工具，1是指1套考评体系，如图1所示。

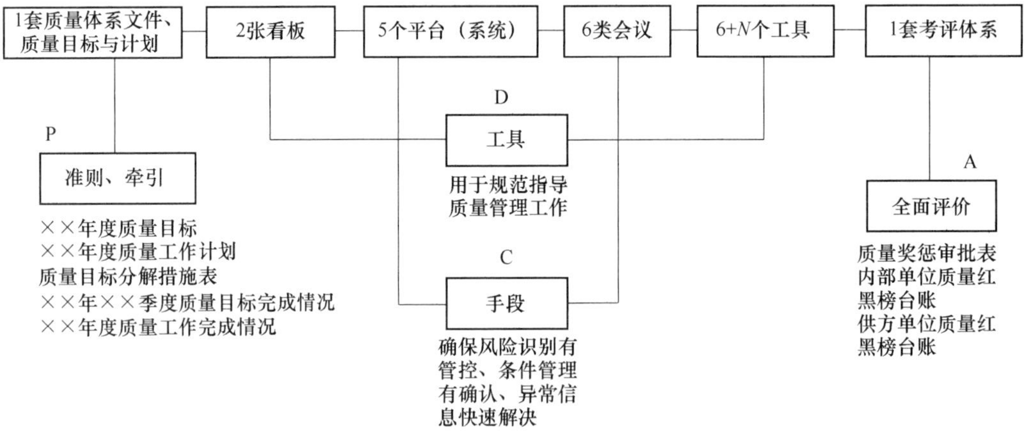

图1 “125661”精益质量管理模式

（一）1套质量体系文件、质量目标与计划

质量体系文件是建立并保持公司开展质量管理和质量保证的重要基础，是质量体系运

行、审核和认证的主要依据，按照管理制度化、制度流程化、流程表单化、表单信息化的思路持续优化体系文件。公司质量目标是牵引，是对实物质量水平的评价；质量工作计划是对质量管理过程的明确，是对质量管理工作检查的依据。

（二）2 张看板

两张质量管理工作的目视化看板，一是《质量工作完成看板》，主要用于反映质量目标的完成情况，是对目标达成结果的反映；二是《质量工作管理看板》，用于反映质量工作过程的实施情况，是对过程的监控。

（三）5 个平台（系统）

5 个平台（系统）指 LPA（分层审核）管理平台、质量问题管理平台、计量器具周期校对平台、QMS（质量管理系统）、TDM（试验数据管理系统）。

平台是对质量管控工作的进展情况进行集中反映，其中 LPA 和计量器具周期校对平台是对过程的管控，旨在通过对过程的管控提早发现隐患，并遏制质量问题的发生；质量问题管理平台是对产品研发、试制、投产、批产、售后发生的问题进行的处置、跟踪，旨在确保问题能够得到彻底归零，不再重复发生，提高产品质量和客户满意度；信息系统分别管控试验、不合格品审理、技术评审、质量问题处理等工作过程和结果数据，旨在确保工作执行的规范性和结果的可追溯性。

（四）6 类会议

6 类会议是指年度管理评审会、军厂联席会、年度质量工作会、季度质量例会、月度质量考评会和质量周例会。通过会议加强内部和客户的沟通，及时通报质量信息。

1）年度管理评审会——最高管理者主持，对公司质量管理体系运行情况及绩效进行评价，识别风险，提出改进建议。

2）军厂联席会——军厂双方联合召开的会议，每季召开，由总经理主持，通报公司科研、生产、验收、售后情况，听取顾客的意见并改进，确保合同履约。

3）年度质量工作会——每年一次，一季度召开，由质量副总经理主持，总结上年度质量工作，表彰质量先进，安排部署年度质量工作。

4）季度质量例会——每季度一次，每季度末由质量副总经理主持，对公司质量目标计划完成情况进行点检，本季度体系运行和实物质量进行分析，识别过程控制中突出问题，并制定改进措施。

5）月度质量考评会——每月初召开，质量部门组织，质量副总经理参加，按公司质量奖惩办法对突出问题（包括供方）以及取得效果的改进事项进行通报和奖惩，落实质量主体责任。

6）质量周例会——每周结合生产周例会召开，对本周质量管理、检验和试验等事项进行分析通报，识别风险，协调下周工作计划，确保在受控状态下组织生产。

（五）6＋N 个工具

6＋N 个工具是指 6＋N 个具体的质量工具方法，用于规范和指导质量管理工作，并在后续进一步拓展先进质量管理工具的应用。

主要包括：

1）SOP（标准作业程序）。

2）FMEA（失效模式与影响分析）。

3）LPA（分层审核）。

4）SPC（过程能力控制）。

5）TQFR（技术质量快反）。

6）5M（人、机、料、法、测）变化点管理。

7）8D 质量问题报告（D1 问题甄别，分配具体公司级管理平台小组；D2 准确定义问题；D3：临时围堵措施；D4：真因分析；D5：长久改善措施；D6：有效性验证；D7：防错及标准化输出；D8：经验教训及资料归档）。

8）KTM（重点工作管理）。

（六）1 套考评体系

考评体系是指对实物质量结果和质量管理工作运行情况的评价，按照管理规定对责任单位实施奖惩。对内部单位按照质量奖罚规定和质量红黑榜评比办法执行，每月评比红榜和黑榜单位，并提出质量奖惩意见；对供应商按照《质量协议》条款和质量红黑榜评比办法执行，每月评比红榜和黑榜单位，适时提出处罚意见。

三、在实践应用过程中的典型做法

1）不断优化完善质量考评体系。结合公司质量考评机制运行情况，每年度动态修订公司内部《质量奖惩制度》《红黑榜管理制度》，完善原材料、模锻件、配套外协件、工序外协件等 4 大类供应商《质量协议》。严格执行质量考评体系并由制度监管部门定期监督执行实施情况并通报，促进质量考评体系不断升级和完善。

2）建立质量管理两张看板，对公司质量工作情况实时监控。建立质量工作看板，对各单位质量指标完成情况实施动态监控；建立日常工作（如试验管理、质量问题管理、质量奖惩管理、不合格品管理等）看板，动态管控公司质量工作目标完成情况及质量工作开展情况。通过两张看板动态反映公司质量管理运行情况和存在的问题，及时采取措施进行纠正。

3）应用 5 大平台（系统），开展质量管理。运用质量管理系统、试验数据管理系统，建立计量器具周期校对平台 、质量问题管理平台、分层审核管理 3 大管理平台，对质量管控过程实施管控及监控，确保了质量管理各过程受控。

4）开展精益质量管理工具应用。梳理公司产品关重工序，建立关重工序作业标准编制计划，开展指导性、操作性更适宜的 SOP 作业标准编制；建立二级三层次分层审核机制，分层级开展分层审核，及时杜绝发现公司质量体系运行存在的问题；建立 5M 变化点管理机制，对人、机、料、法、测等变化点实施重点监控；利用 TQFR 技术质量快反，建立公司批产及新产品技术质量快反平台，对生产异常实施动态监控管理；利用 8D 质量问题报告开展质量问题异常分析处理，提高问题处理的高效性、彻底性。

四、实践应用场景和产生成效

（一）应急订货产品按期保质交付

2020 年 9 月中旬，公司接到某应急新产品订单，要求 11 月中旬交付首批产品。公司接到任务后，运用“KTM 重点工作管理”工具，建立某新产品投产管理平台，以一次加工和装配就合格、一次试验就合格的工作目标，组建项目团队，围绕降低新产品投产技术质量和进度交付风险，最大化发现问题、解决问题，提高首次批产阶段的质量保证能力，建立生产计划、技术质量问题、质量工作管理平台，运用“TQFR 技术质量快反平台”建立该产品技术质量问题快反管理平台，及时快速解决生产过程异常。该型产品从投产准备到首批交付仅用 2 个月时间，成为公司首次用时最短、保质按期交付的产品典范。

（二）工序外协件交验合格率提高了 10%

通过运用工具方法，加大工序外协产品质量管理，制定发布《外协产品管理手册》《质量协议》，对供应商考察、供方管理、合同签订、计划、交付、过程控制等进行全方位管控，同时通过外协供方走访、约谈、专项审核等方式，实施外协供方帮扶管理，对出现批量问题、质量不稳定的工序外协厂家进行质量约谈。工序外协产品质量显著提高，产品交验合格率提高了 10%。

五、方法的创新性和推广价值

“125661”质量管理模式是公司在推行精益生产的基础上，结合精益质量管理和公司实际所形成，其核心是运用过程方法，导入先进的精益质量管理工具，是公司现行质量控制模式的归纳、完善、继承和创新。创新性主要体现在：

1）该质量管理模式较好地运用了过程方法，结合了 PDCA 循环和基于风险的思维，从质量策划入手，用于相关质量工具开展工作，对实施过程进行及时点检，对存在的质量风险进行预警和有效防控，并通过一套有效的考评体系，实现质量管理的提升。

2）该质量管理模式较好地运用了相关的精益管理工具。通过对质量工作制定 KTM 表，实施 5M 变化点管理以及 TQFR、LPA 等质量工具和相关表单，达到质量管理工作目视化、质量预防关口前移、出了问题快速处理的目的。

3）该质量管理模式通过几个信息平台（系统）的搭建，建立了相关的质量数据库，能有效地管理试验、计量、质量问题等数据信息，实现对质量数据信息的有效利用。

公司通过推行“125661”精益质量管理模式，体系得到了进一步优化，质量管理水平得到了进一步提升，实物质量稳定，质量管理行为逐步规范，该模式具有一定的推广价值。

航空发动机研制全寿命周期质量综合评价方法

一、背景情况

质量管理体系是现代质量管理理论和方法的综合集成，是实施全面质量管理、提升组织质量管理能力、保证产品和服务质量的有效手段，也是企业质量管理工作的基础平台。当前，工业建设进入了高质量发展新时代，质量体系薄弱环节是持续完善质量管理体系，提升质量体系充分性、适宜性和有效性的重要突破口。长期以来，寻找质量体系薄弱环节主要依靠质量审核、质量监督等方法，高度依赖审核员个人能力，以及“符合、基本符合”等较为模糊的审核结论，对质量体系改进指向不够明确，难以牵引质量管理体系开展高质量的持续改进。因此，需要研究建立一种新的综合评价方式，全面评估质量管理体系的充分性、适宜性和有效性，主动、高效、准确地发现质量体系建设的所有薄弱环节，提高质量改进的针对性，推动质量管理体系发挥更大作用。

中国航空发动机集团有限公司（以下简称“中国航发”）基于对当前各种质量管理体系成熟度评价方式的研究分析，于2018年启动了航空发动机研制全寿命周期质量综合评价体系建设和推进应用工作，通过系统梳理航空发动机研制全寿命周期关键过程域、质量管理体系评估要素，建立起评估指标、评估准则、成熟度等级和等级确定指南，对质量体系建设水平、运行效果和最终产品质量表现进行全面的评价，综合分析诊断质量体系建设的不足和差距，推动质量体系改进从点向面发展，有力保障集团“建成世界一流航空发动机集团”愿景和集团“质量制胜”战略落地。

二、主要内容

中国航发航空发动机研制全寿命周期质量综合评价体系建设包含两方面工作内容：一是建立一套全面发现质量体系薄弱环节的方法，通过方法应用，帮助各所属单位发现质量体系的薄弱环节；二是完善持续改进机制，针对发现的薄弱环节，推动所属单位采取针对性措施提高过程的成熟度，推动所属单位质量管理水平整体跃升，如图1所示。

（一）质量综合评价体系构成

质量综合评价体系主要针对质量管理体系过程和产品最终表现两方面的评价，体现“过程”和“效果”（即产品最终结果，以外场表现为主）并重的思想。其主要工作有建立评价准则、成熟度等级以及成熟度等级确定指南等3项主要内容。

1. 评价准则

评价准则是开展评价的基本依据，分为过程评价准则和效果评价准则两类。过程评价

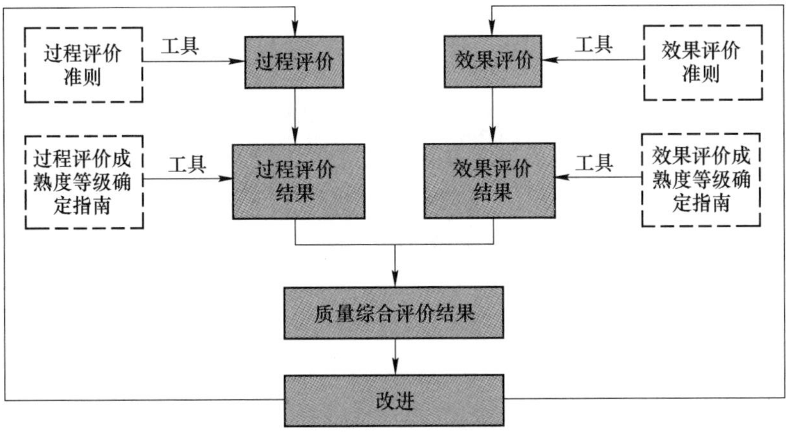

图 1　质量综合评价体系模型

准则主要针对梳理航空发动机研制、生产、交付和服务等主要过程，效果评价准则是产品在顾客使用中的总体质量表现，以质量指标来衡量。

1）过程评价准则覆盖航空发动机研制、生产、试验、交付、服务、基础管理等过程，同时也涵盖了质量基础建设的主要工作内容，如图 2 所示。编制过程评价准则时，遵循过程方法和 PDCA 循环，分为规章制度、职责分工、过程实施、过程绩效评价、工具方法应用、风险分析及应对等 6 个方面，针对过程具体要求，以及痛点、难点、关键点编制具体的评价条款。

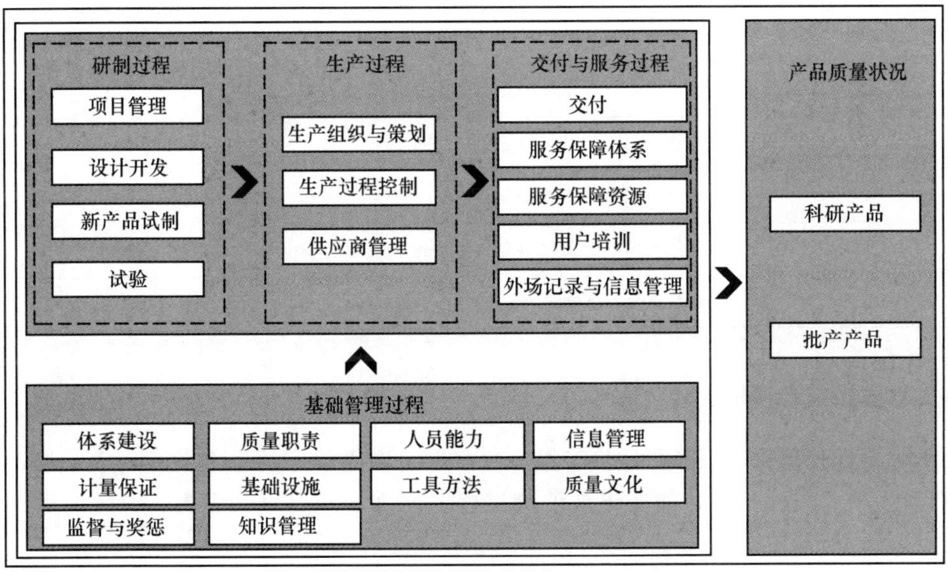

图 2　质量综合评价体系方法覆盖范围

2）效果评价准则反映质量管理体系运行输出的成果。主要从科研、批产、内场、外场 4 个方面形成效果评价质量指标体系，以“六个 100%”考核指标和实际质量表现衡量质量体系运行的总体效果，如图 3 所示。

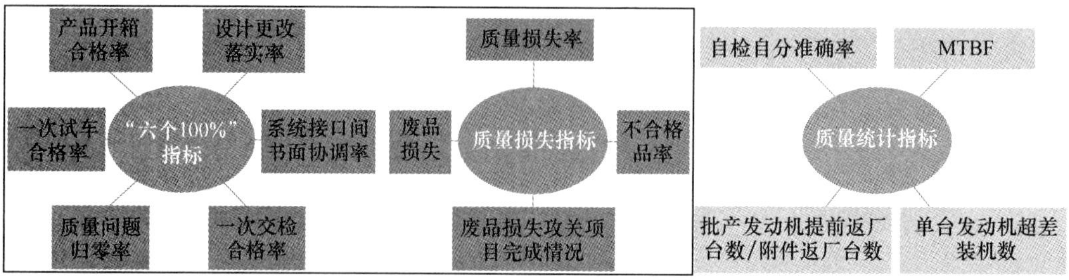

图 3 中国航发“六个 100%”考核指标

2. 成熟度等级

成熟度等级分为 A、B、C、D、E 等 5 个等级，其中“A”最高，表示该项工作现有管理在集团公司层面已达到相当完美的程度，其科学有效的做法和先进经验可以作为最佳实践在集团内推广；“E”最低，表示该项要求尚未开展任何相关工作。成熟度等级主要针对评价准则内的每一项条款，最终得到每个具体条款的成熟度等级，从而全面掌握每个过程所有的薄弱点，提高改进的针对性。

3. 成熟度等级确定指南

指南是质量综合评价体系方法对评价准则中每一项成熟度等级判定的依据，针对过程评价准则和结果评价准则的不同类型、不同等级，分别制定了不同的、具体的评判标准，以及对所有条款成熟度等级判定后，综合得出逐个过程的成熟度等级，见表 1。

表 1 过程成熟度等级确定标准

等级	标　　准
A	最终得分≥总分的 95%
B	总分的 95%>最终得分≥总分的 75%
C	总分的 75%>最终得分≥总分的 55%
D	总分的 55%>最终得分≥总分的 30%
E	最终得分<总分的 30%

（二）质量综合评价使用方法

1）对照过程评价准则开展评价工作。按照评价准则内容的每个条款要求，依据查阅的资料及相关证实性材料，如实记录评价过程中发现的问题以及先进、有效的做法，见表 2。

2）判定各评价准则条款的成熟度等级。依据各评价准则条款内容，以及过程成熟度确定指南，确定各条款成熟度等级，以定量化评定其符合性和有效性程度。对各个过程评价准则包含的规章制度、职责分工、过程实施、过程绩效评价、工具方法应用、风险分析及应对等 6 个方面，分别制定了成熟度等级指南。每个成熟度等级对应着相应的成熟度系数，由高到低分别为 1、0.8、0.6、0.4、0.2 和 0，成熟度系数分值越高，该评价要素开展的工作越好。效果评价准则以距离“零缺陷”的差距来衡量成熟度等级，拉平了不同所属单位、不同指标质量之间的差异。

表 2　航空发动机质量管理体系评价准则示例——产品防护管理评价准则（简）

					总分值	100
产品防护管理评价准则					总得分数值	0
注：评价过程中只用填写空白部分的得分项即可			被评单位：		评价日期：	
序号	评价准则及方法	分值权重	评价得分（ABCDE 五档）	依据文件	扣分原因	涉及单位/部门
1	规章制度	10				
1.1	满足 GJB 9001C《质量管理体系要求》等相关要求	2				
1.2	满足《中国航发关于进一步严肃质量管理的决定》（航发质〔2018〕380 号）等相关要求	3				
1.3	满足 AEMQ13A《产品防护质量管理规范》等相关要求	5				
2	职责分工	10				
3	过程实施	50				
3.1	产品防护要求的确定	10				
3.1.2	依据设计文件要求、顾客要求、产品特点、工艺类型和本单位生产实际状况，分类编制通用产品防护工艺技术文件，明确提出产品防护要求	3				
3.2	产品防护资源管理	11				
3.2.1	编制产品防护工位器具管理办法，对产品防护工位器具统筹配置（含设计、制造）、使用、维护、循环利用、回收等管理工作进行详细规定	3				
3.3	产品防护的具体实施	25				
…	…	…				
4	过程绩效评价	15	0			
6	风险分析及应对	5	0			
6.1	策划时，对产品防护中的风险进行识别，列出风险清单，制定应对措施	5				

3）逐项分析评估结果，对等级较低的薄弱点制定提升措施并落实。各评价要素的实

际得分为该评价要素各评价要点的满分分值乘以相应的成熟度系数再求和，过程和结果各评价要素得分之和为集团公司对所属厂（所）质量管理体系成熟度综合评价的最终得分。

三、在实践应用过程中的典型做法

中国航发航空发动机研制全寿命周期质量综合评价分为所属单位自评价与集团评价两种。所属单位每年开展一次覆盖全过程的自评价，集团定期组织对所属单位开展评价。

（一）所属单位自评价

所属单位自评价成立自评价工作组织，依据职责分工情况，落实各个过程实施评价的责任主体，并分析评价准则及条款的适用性。在责任清晰、过程清楚的条件下，组织本单位的相关专家实施深入、全面的自评价工作。

（二）集团评价

集团抽选部分单位，组建评价专家组，在所属单位现场实施评价。

四、实践应用场景和产生成效

目前，中国航发已经编制并发布了《关于启动质量综合评价工作的通知》《质量综合评价对象范围框架》等顶层策划文件；《设计开发策划评价准则》等 58 份过程评价准则、《过程评价要素成熟度等级确定指南》《效果评价准则》《效果评价要素成熟度等级确定指南》等文件，《过程评价准则编制指南》《质量综合评价体系直属单位自评实施指南》等实施指南文件。在文件完备的基础上充分策划，对所有所属单位开展了 2 轮自评价，并选择有代表性的 3 家所属单位开展了集团评价工作。

通过航空发动机研制全寿命周期质量综合评价体系的建设和应用，各单位识别出了质量指标体系不健全、质量工具方法应用不足、信息化程度不高、风险分析及应对较薄弱等大量工作不足，并在此基础上制订了系统的质量问题改进、提升计划。在实施评价并落实改进后，2020 年中国航发在产品外场使用量明显增多的情况下，航空发动机质量问题数持续下降，主要产品可靠性明显提升；在交付数量明显增多的情况下，内外部质量损失均有下降，发动机一次试车合格率指标同比提升；质量管理体系运行持续规范，通过集团各项质量审核和检查，发现问题数量有所下降。通过数据对比可以发现，经过质量综合评价体系及针对的改进，航空发动机质量管理体系运行水平和产品实物质量都有了明显的改善。

五、方法的创新性和推广价值

（一）创新性

航空发动机研制全寿命周期质量综合评价方法的创新性主要体现在以下 3 个方面：

1）提升了质量管理体系薄弱环节判断的全面性和准确性。质量综合评价体系方法摒弃了常见的“是否”判断，通过更为细致的分级方式与分级规则，帮助识别各单位质量管理体系所有过程、所有要求运行的有效性，在识别问题的同时找出差距。

2）提高了成熟度等级判定的准确性。在中国航发成熟度等级判定指南中，每一个等级都有 3～5 条通俗易懂的具体内容，只需要简单对照即可判断出等级，提高了判断的准确度。

3）提高了评价准则适用性。质量综合评价涉及的过程可以根据业务的变更随之调整，评价的具体条款可以根据实际情况进行适用性分析和增减，是一种具有普适性的方法。

（二）推广应用价值

中国航发航空发动机研制全寿命周期质量综合评价体系建设与实践，形成的相关评价模型、评价方法、评价准则和应用案例等成果，适用于以航空发动机为代表的复杂产品的离散式加工制造行业，具有广阔的应用前景和推广价值。

1）建立的航空发动机研制全寿命周期质量综合评价模型、评价指标体系和评价方法，可作为航空发动机企业、科研生产企业持续开展质量管理体系评价、分析与改进、水平比对基准的工具方法，对于提升航空发动机产品和企业质量管理水平具有拉动效益。

2）航空发动机研制全寿命周期质量综合评价方法相关的评价准则、成熟度判定指南等成果，对于规范航空发动机企业质量管理，降低航空发动机产业链、供应链质量风险，提升批产产品制造过程质量一致性、稳定性，具有指导作用，适合在航空发动机产业链、供应链推广应用。

3）航空发动机研制全寿命周期质量综合评价实践形成的相关工程案例、问题清单、评价报告等成果有特色有创新、可复制可推广，对于航天、航空、兵器、船舶和电子等科研生产企业实施质量管理体系改进提升，具有借鉴价值。

第六章　单机设备类组织先进质量方法

聚焦高安全性的核动力系统“131”质量管理模式

一、背景情况

核动力是高附加值的国家战略高科技产业，其质量有着特殊的重要性，它不仅关系到国家的安危、公众和环境的安全，还关系到核能事业的兴衰。质量是核动力事业的生命。中国核动力研究设计院在长期地实施质量管理制度体系的过程中，为解决和应对核动力系统运行高安全性、核动力系统研发过程高质量的要求，为降低核动力系统安全质量风险和多法规标准，提炼形成了以“提升核动力本质安全水平，以质保安全”为核心的“一个核心、三个驱动、一个支撑”聚焦核安全的“131”质量管理模式。该模式的推广实施，确保了“聚焦核安全、以质保安全”管理理念在中国核动力研究设计院质量领域的落地，全面推动了全院综合管理水平和产品本质安全水平的提升，产品质量稳步提高，确保了核安全，打造了国际知名核动力品牌，稳步向国际一流研究设计院迈进。

二、主要内容

核动力技术研发作为院主要业务领域，其过程涉及需求分析、预研、科研、设计、试验、采购、制造、建设、运行、服务和退役等环节，各环节质量都可能影响核安全。中国核动力研究设计院坚持“创新求实、安全可靠、协同卓越、兴核强国”的质量方针，在卓越绩效模式导入的基础上，应用先进的质量管理理念，构建了“一个核心、三个驱动、一个支撑”的“131”质量管理模式（见图1）。

一个核心：是指核动力系统的研发质量管理要始终围绕“提升核动力本质安全水平、以质保安全”这个核心。

三个驱动：包括体系驱动、运行驱动和验证驱动。

1）体系驱动：指建立“2＋1＋N”多法规标准融合式质量管理体系，满足各相关方的质量要求，确保核动力产品全寿命周期实现过程有章可循，是“提升核动力本质安全水平、以质保安全”的体系保证。“2＋1”是以GB/T 19001标准和GJB 9001标准及《武器装备质量管理条例》为基础，建立院五层次质量管理体系文件结构。“N”是指在院质量体系框架下，针对具体项目，依据不同法规标准，建立专项质保大纲及大纲程序。

2）运行驱动：指实施“点、面”结合的双层级质量管理体系运行机制，点即项目质保体系，面即院质量管理体系，确保体系运行既全面覆盖，又重点突出，实现项目质量精准管理，使体系各项要求全面落地，并持续提高体系运行有效性。

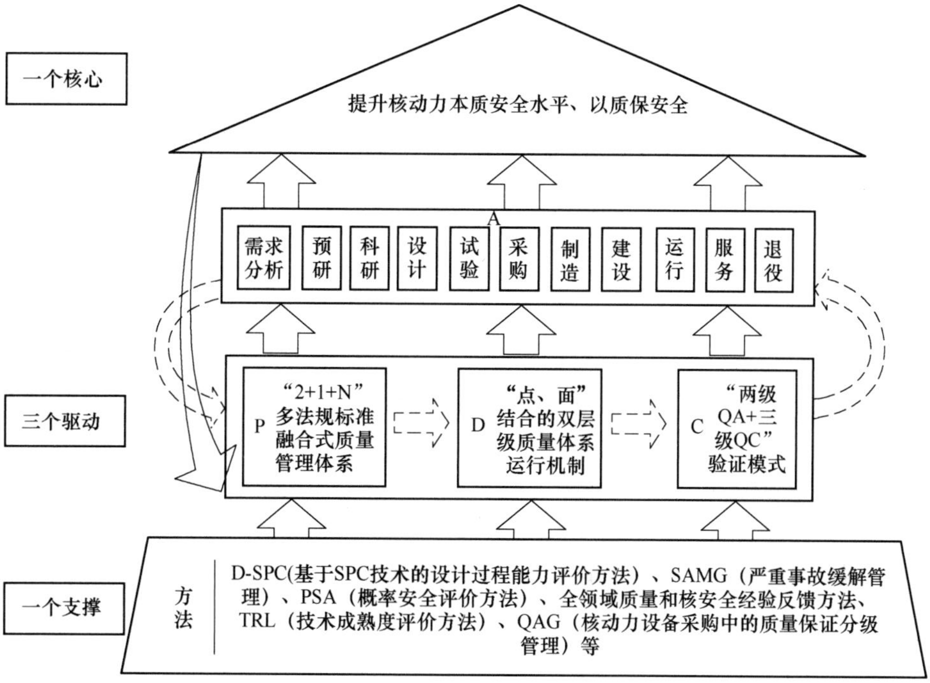

图 1　核动力研究设计院“131”质量管理模式

3）验证驱动：指应用“两级 QA＋三级 QC”验证模式，按过程实施分级策划、分级设置控制点、分级监督，层层设防、关口前移。“两级 QA”是指院、所质量部门分别针对项目实现过程开展质保监督（QA），“三级 QC”是指经授权的院、所、室 3 个层面的监督员按职责实施过程监督（QC）。

一个支撑：是指科学运用先进的质量工具方法，全面支撑三个驱动运行，保证质量管理模式的有效实施和持续改进，以实现提升核动力本质安全的核心目标。目前，主要的质量方法包括概率安全分析方法（PSA）、全领域质量和核安全经验反馈方法、严重事故缓解管理（SAMG）、基于 SPC 技术的设计过程能力评价方法（D－SPC）、技术成熟度评价方法（TRL）、核动力设备采购中的质量保证分级管理（QAG）等。

三、在实践应用过程中的典型做法

（一）聚焦核安全的“131”质量管理模式，促军用核动力的价值实现

在核动力系统研发过程中，应用聚焦核安全的“131”质量管理模式，以“2＋1＋N”多法规标准融合式质量管理体系驱动，确保核动力产品全寿命周期的过程有章可循；同时，为满足核产品严格的质量控制要求，通过“两级 QA＋三级 QC”验证模式开展分级监督，确保了军用核动力装置质量可靠和安全运行，满足了国家建立战略核威慑力量需求，实现了其对国家的战略价值。

（二）领导作用

在“131”质量管理模式实践中，通过体系驱动促进领导重视质量，并在质量活动中发挥作用和实现其质量承诺。在“2＋1＋N”融合式质量制度体系实施中，根据各项标准的要求，明确院级质量制度有效性及其策划、实施及结果是最高管理者的职责。通过实施《管理评审》等制度，确保领导在参与质量方针制定、质量部门独立性、管理评审、风险思维形成、资源配置等方面发挥作用。此外，形成了院党委会、院长办公会定期听取并研究质量工作的管理机制，强化了领导层对质量工作的关注，落实了质量管理七大原则中的领导作用。

（三）红色质量文化培育与实施

历经50多年的文化积淀，历届院领导带领全体员工传承“09精神”的红色基因，锤炼红色质量安全文化。不断实践、总结、提炼和丰富院质量安全文化内涵，持续深化具有军核特色的以“提升核动力本质安全水平，以质保安全”质量理念为核心的质量文化体系。全面推进质量文化的建设，分阶段制订了质量文化建设规划和年度工作计划，开展了丰富的主题质量文化落地活动，发布《质量文化手册》，开展形式多样的群众性质量文化活动，在全员中形成了“人人重视质量、人人创造质量、人人享受质量”的浓厚质量文化氛围。

高度重视质量管理理论研究，建立了《质量学术论文交流管理制度》，以促进和规范院质量领域学术研究和交流，自2005年启动院质量学术论文交流以来，历经16年的发展，形成了良好的传统。以评优评奖、推荐优秀论文发表和对外学术交流等激励措施促进论文交流发展。2017—2019年，共推荐19篇英文质量论文参加国际质量交流。2020年，成功举办了首届核工业行业质量研讨会，邀请了国家市场监督管理总局标准创新司李玉冰副司长、国际标准化组织原主席张晓刚等在内的质量专家研讨核行业的质量发展。

（四）积极推动质量工具应用

围绕“131”质量管理模式的基础支撑，大力推进质量工具方法在科研生产的应用。不断改进和创新质量工具方法，形成了D－SPC、SAMG、PSA、QAG等适合于高质量安全风险行业的质量工具方法。

以采购中的质量保证分级管理为例，在核级设备采购中，将反应堆主冷却器设备零部件分解为最小可采购单元，制定质保分级原则与不同安全等级的零部件匹配，根据其对核安全影响程度将零部件分为QA1、QA2、QA3三个等级，结果发现最小单元零部件中有35.6％不属于QA1级。由于不同的质保等级实施不同质量控制，如不开展零部件分级管理，对所有的零部件全部按QA1级管理，将造成管理资源的严重浪费。实施采购中的质量保证分级管理（QAG），在资源紧张的情况下，可实现质保资源的合理分配和精细管理。

四、实践应用场景和产生成效

（一）“131”质量管理模式助核动力质量竞争力提升

在研发过程中，始终围绕“提升核动力本质安全水平、以质保安全”这个核心，通过

"131"质量管理模式的有效运行，确保核动力技术研发过程受控，提升了核动力系统的质量水平和生产、研发效率，保证了包括核动力产品高水平的交付合格率，在研发过程中培养出一批技术过硬、质量意识强的科研和管理人才；通过"两级 QA＋三级 QC"验证模式降低了设计质量缺陷率，第一类设计差错为零。实现了核动力装置质量水平提升，极大提升了核动力系统的质量竞争力，见表 1。

表 1　华龙一号（ACP1000）同标杆企业的三代核电技术指标比较

主要性能指标和设计特点					
指标名称	华龙一号（ACP1000）	法国 EPR1700	韩国 APR1400	美国 AP1000	对比结果
电站设计寿命	60 年	60 年	60 年	60 年	相当
换料周期	18 个月	18 个月	18 个月	18 个月	相当
机组名义功率	3 050 MWth/ ≥1 100 MWe	4 500 MWth/ 1 600 MWe	4 000 MWth/ 1 455 MWe	3 400 MWth/ 1 250 MWe	—
电厂可利用率	≥90%	≥91%	≥90%	≥93%	相当
设计地震地面加速度	0.3g	0.25g	0.3g	0.3g	较优
电厂布置	单堆	单堆	双堆	单堆	较优
堆芯损坏频率（CDF）	$<10^{-6}$/堆年	$<10^{-5}$/堆年	$<10^{-5}$/堆年	$<10^{-5}$/堆年	较优
大量放射性释放频率（LRF）	$<10^{-7}$/堆年	$<10^{-6}$/堆年	$<10^{-6}$/堆年	$<10^{-6}$/堆年	较优
堆芯热工裕量	>15%	>15%	>10%	>15%	较优
事故后操纵员不干预时间	≥30 min（非能动系统为 72 h）	≥30 min	≥30 min	≥30 min（非能动系统为 72 h）	领先

（二）"131"质量管理模式助推核动力技术跨越发展，彰显军事效益

积极应用"131"质量管理模式，开展核动力技术的知识管理、先进质量工具应用和工艺改进，为核动力技术的跨越发展和开辟核动力技术新领域提供了质量保障。

1. 多标准法规质量体系引领，质量工具支撑，推动核动力技术跨越式发展

在核动力技术研发过程中，建立了包括 GJB 9001、科工法［2005］311 号等在内的多标准融合的项目质保体系，在各环节积极应用 D－SPC、FMECA 等实施质量改进，降低了设计差错率，提升产品制造的合格率（见表 2），推动核动力技术稳步成形，实现了集成创新和原始创新。

2. 完善的相关方管理机制，助力部队保障能力建设，提升保障响应效率

在"131"质量管理模式的实践中，注重相关方管理，针对现场技术保障，建立了"前方＋后援"的保障模式，通过实施《相关方管理》《外场服务现场项目实施管理程序》

开展信息的快速收集和服务响应，提升了对部队需求信息获取的敏感性、支持的专业性和响应及时性。

开展需求信息分析，以高专业度引导部队建设与产品规模匹配的保障能力：在前方建立规模适度的现场机构，系统开展部队保障能力需求分析，积极评估、梳理保障能力需求，为部队快速形成核动力维修保障能力提供技术支持。

表 2　核动力系统研发中的质量工具方法/工艺改进案例（部分）

改进对象/过程	质量工具方法/工艺	改进措施	效　果
核动力装置设计	D－SPC＋设计差错统计制度	每月对设计文件校对、审核、审定、质保核查等环节发现的设计差错进行统计并分析，同时为质量奖惩提供第一手数据	加强了对设计过程的监视，明确反映各部门、各项目设计差错情况，及时发现薄弱环节，提供预警信息，促进设计文件质量持续提高。2018—2020 年，设计技术文件 QA 核查通过率分别为 95.83％、96.28％、97.44％，设计文件质量稳步提升，一类设计差错为零
热交换设备焊缝质量	FMECA	建立故障树，找到了最关键的控制气孔缺陷的要因：端面粗糙度加工精度和清洗工艺中的吹水环节对气孔发生率存在较大影响。针对该两点核心故障要因，优化改进了现有的工艺方法	通过批量验证试验，热交换设备焊缝一次成品率从前期的 90％ 提升至 98.5％
核动力设备集成采购	设备零部件最小单元质量保证分级	首先将设备的零部件分解为最小可采购的单元，同时制定质量保证分级原则，再确定这些零部件的质保级别，最终形成设备零部件最小单元质量保证分级表。依据分级表建立一套质量保证分级管理体系，根据设备的不同，在采购活动中确定并实施恰当的质量控制措施（包括控制深度和频次）	在采购领域形成了精细化管理的质量氛围 有效分配和利用了采购管理人力资源

3. 知识管理机制实现技术积累，提升创新能力，开辟产品新领域

建立并实施《知识管理》等质量管理制度，在数十年的核动力技术研发过程中，通过内外部知识的收集、累积、整理、分享，实现了知识增值，为核动力技术的跨越发展提供了技术储备。现已形成全域型谱，并瞄准非压水堆核动力等技术需求，开展预先研究，开辟了产品研发的新领域。

（三）“131”质量管理模式为核电保驾护航，促进经济效益提升

“131”质量管理模式建立的“2＋1＋N”多法规标准融合体系在科研阶段即引入

HAF003 等核工程质量法规，建立了不束缚科学探索又符合工程质保原则的项目质量体系，提升了科研向工程的转化效率，确保了核电有序的研发和建设，为经济效益提升和生态社会建设提供了质量保障。"华龙一号"三代核电经济/社会效益成效见表 3。

表 3　"华龙一号"三代核电经济/社会效益成效

经济/社会效益项目	经济/社会效益成效
营业收入	"华龙一号"近 3 年为中国核动力研究设计院创造海外收入近 10 亿元
能源结构占比/市场占有率	推动能源结构调整，提高资源利用效率：根据《中美气候变化联合声明》，中国计划到 2030 年将非化石能源在一次能源中的比重提升到 20%。根据《国家核电中长期发展及 2030 年战略规划》，届时核电装机容量的比例将从当前 2.4%提高至 17.2%
舆论及品牌效应	"华龙一号"受到了包括李克强总理在内的党和国家领导人的高度重视，路透社、人民日报、CCTV、品质杂志等有关媒体多次采访并专题报道，加深了公众对核电的了解，产生了正面舆论效应，加强了公众对核电的接受程度
碳排放等指标	与同等规模的燃煤电站相比，每年可减少标煤消耗 312 万 t，减少二氧化碳排放量约 816 万 t，环保效益相当于新增了 3 万 hm^2 森林
相关行业总产出带动	单台"华龙一号"核电机组建设总投资达 170 亿元，可拉动全社会相关行业总产出近千亿元
就业带动	增加了就业机会。研究显示，每出口一台核电机组，需要 8 万余台套设备，200 余家企业参与制造和建设，可创造约 15 万个就业机会
设备采购成本	自主研发的双机组的压力容器、蒸汽发生器、控制棒驱动机构、堆内构件、主管道、稳压器等主设备采购经费之和约为 34 亿人民币，相比美国 AP1000 减少约 11 亿人民币，设备采购成本费用大幅减少，按照未来采用"华龙一号"技术建设 10 台机组，将节约采购费用约 55 亿元
对核燃料市场带动的经济值	根据国内已经运行和将要运行电站在将来应用 CF3 燃料组件的情况进行测算，考虑每年换 1/3 的组件，每年需要的换料新组件个数约为 1 800 个，按照单组燃料组件约 1 000万人民币来计算，年销售额预计在 180 亿人民币

五、创新性和推广价值

（一）逻辑完整、方法先进的"131"质量管理模式

"131"质量管理模式在运行过程中，形成了两个 PDCA 改进环。从该模式的内在逻辑看，一是这个模式的运行形成一个小循环，即三个驱动（体系驱动为 P、运行驱动为 D、验证驱动为 C）与产品实现过程改进（A）形成了一个 PDCA 改进环，二是核心目标同三个驱动的迭代反馈形成一个大改进环，保证了质量管理模式的自我改进和完善，因此整个模式科学、先进、实用。

（二）军核特色鲜明的"131"质量管理模式

"131"质量管理模式孕育于核军工文化体系，在其发展过程中始终着力于保障核安全

质量水平提升。其核心是“提升核动力本质安全水平，以质保安全”，这个核心是该质量管理模式追求的最高目标，是核军工文化在质量管理维度上的具体体现，有别于质量管理原则之一的“以顾客为关注焦点”中狭义的顾客概念。核动力事业最大的客户是国家，是部队，核安全是国家安全的重要组成部分，因此该模式在更高层意义上，是通过确保核安全来保障国家安全，对国家负责，让国家满意。

（三）“131”质量管理模式对高质量安全风险行业推广价值

“131”质量管理模式通过提升核动力技术的质量水平，确保了核安全这类对国家具有战略意义价值的实现。该模式通过应用关切质量安全风险的质量工具（如严重事故管理）、实施严苛的过程控制以及应用多屏障的预防事故风险思维，将因质量安全而带来重大风险和损失降到最低。因此，该方法适用于对安全有重大影响的产品和服务领域，该领域的特点是其质量管理的关注焦点是社会和国家满意，如核行业和产品研制、国家金融安全产品研制等领域。

“质量双五环”管理模式

一、方法介绍

（一）班组质量管理模式

大型复杂系统总体班组作为中国航天科技集团第八研究院连续 16 年的金牌班组，以实际行动落实集团公司“三高”要求，坚持以创造价值为导向，弘扬奋斗者精神，创新地提出以数字化研发和精细化管理为特征的“质量双五环”管理模式，如图 1 所示，进一步促进产品研发模式转型，做实专业技术基础、落实质量职责，提高组织保成功能力。

“质量双五环”管理模式从研制手段和管理制度两个维度诠释班组质量管理的措施，“质量双五环”包括“数字化研发五环”和“精细化管理五环”。两个维度的质量管理环相互促进也相互支撑。

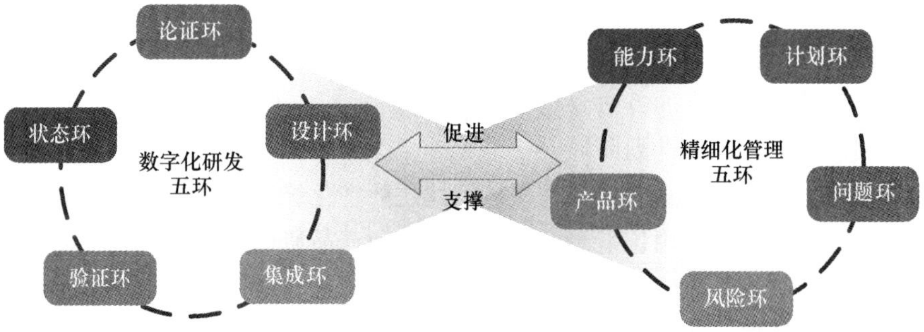

图 1　“质量双五环”管理模式

（二）质量管理方法介绍

1. “数字化研发五环”的方法介绍

（1）论证环，基于实战化建模场景提升系统总体需求分析完备性

为了提升系统总体专业在前期对产品的需求分析和功能论证的全面性，班组首次将 DoDAF（体系作战建模）架构引入作战需求分析，基于数字化需求分析管理软件等数字化工具，结合某新研产品，牵头尝试应用新的方法开展武器系统的顶层分析论证工作，提升系统总体专业在前期论证环节的闭环设计能力。

（2）设计环，基于精细化系统建模保证系统总体设计质量

为了提升系统在产品顶层设计阶段的设计质量，班组积极探索 MBSE（基于模型的系统工程）研发模式，并向多个产品推广应用 MBSE 系统建模方法，结合多类 MBSE 工具

软件的应用，实现设计过程实时验证，提高前期设计的闭环性和设计效率，因前端设计考虑不周全导致问题发生概率大大降低。同时，班组团队开展通用精度分配核算平台的开发，大大减少了人工分配的工作量，有效提高了计算精度，计算效率提高两倍以上。

（3）集成环，基于室内平行验证提高产品精细质量保证能力

为了提升武器系统总体设计验证能力，班组牵头构建了实验室数字化设计与仿真平台，并成立了通用工具平台开发团队，开展通用工具平台的搭建，在实现一类功能相似的试验软件在不同产品可复用的同时，能够对系统产品各分系统间接口匹配性进行实验室内提前验证，实装联调中接口不匹配问题数量大幅降低。

（4）验证环，基于实战化场景全流程数字仿真强化系统总体设计验证能力

为了提升对系统设计的数字化验证能力，班组牵头构建了武器系统设计与验证虚实一体化仿真系统，通过在实验室内构建武器系统作战场景和流程、模型的验证平台，首次实现在实验室环境下对系统全流程全数字的仿真验证。通过应用数字化的全流程数字仿真手段，产品设计师能够在实验室内提前发现并解决大量的以往需在实装联调阶段才能暴露的问题，大大减少了产品实装联调阶段问题发生的数量。

（5）状态环，基于协同开发与技术状态管理平台创新设计成果管理措施

为了提升对数字化设计成果技术状态进一步把控的能力，班组基于多型数字化工具的关联应用，建立了数字化协同开发和技术状态管理工具平台。通过该平台建立对需求数据库、流程模型库、设计文件库等数字化设计成果技术状态的关联映射、追溯管理手段，降低变更影响分析不到位的风险，同时也降低产品技术状态更改导致文实不一致的风险，提高技术状态的可控性。

2.“精细化管理五环”的方法介绍

（1）计划环，强化工作计划闭环

为了让班组各项工作计划有力推进，班组建立数字化综合管理平台，对班组工作按类别进行精细化分解。通过利用该平台，班组内部各项产品研制和专业建设任务计划更加清晰，同时也让各产品、各岗位人员对工作的节点更加明确、质量职责更加清楚，人员综合统筹使用效率显著增加，各项工作计划有序推进。

（2）问题环，促进共性成果复用

为了避免产品共性问题在不同产品重复发生，班组聚焦产品外场试验问题，建立产品试验问题反馈机制，形成试验问题统计库，并利用班组周质量分析会对各产品典型的试验问题开展交流讨论，并重点提炼出共性设计注意事项，汇总至班组的共性成果用例库中进行经验固化，供设计师进行查阅参考，有效避免同一类问题重复再犯。

（3）风险环，提前管控研制风险

为了提升班组对产品风险辨识和风险把控的能力，班组建立了产品设计风险识别和风险管控制度。一方面通过班组内审制度，对各产品出厂报告、风险分析报告等文件进行严格审查；另一方面，对于提炼出来的典型共性成果，班组进一步甄别是否是产品风险源，通过建立武器系统总体风险管理库，从设计、产品、管理和操作等方面收集了数十个产品典型风险点，并开展学习宣贯，有效提升设计师对风险源的识别和控制能力，保证班组内对产品风险辨识的全面性和控制的有效性。

（4）产品环，狠抓质量职责落实

为了进一步加强对产品外包分系统产品在研制和验收阶段的闭环管理，保证外包产品的研制交付质量，班组建立对外包产品保证、产品验收的监督管理机制，建立数字化外包产品管理平台，形成班组责任外包产品一本账。此外，班组梳理历年外包产品质量问题清单，深入剖析问题机理，对每种外包产品的重点、难点问题制定专项治理方案和管控方案，实施“一厂一策”。

（5）能力环，聚焦组织能力提升

班组持续夯实专业技术基础，修订完善《武器系统通用技术流程》，并据此构建了以“一图四单”为基础的专业知识资产库，并利用每周质量分析会组织班组设计师对相关专业知识进行学习，以进一步提升武器系统总体设计师专业基础能力和状态把控能力。同时，在人员工作安排层面实施同领域跨产品统筹，实现人员在同领域不同产品的融合复用，通过横纵互牵管理的人才培养手段，进一步提升专业保成功能力。

二、应用情况

数字化研发“五环”模式主要应用情况如下：

1）基于 MBSE 的研发模式，班组某产品团队应用该模式，仅 5 个多月就完成了原先需要 1 年多的总体设计工作，并圆满完成产品飞行试验，研制效率提高了一倍以上，创下了“当年立项、当年研制、当年闭合”的产品研制新纪录，树立了产品高质量高效率研制的典范。

2）班组团队通过构建通用化的数据处理平台、通用化模拟器平台，成功支撑了 10 余个产品 30 余次大型试验，各产品无须重复开发，当前已节约研制成本上百万元，后续长期应用预计可节约研制成本上千万元，极大促进了降本增效。

3）通过构建大型复杂系统设计与验证虚实一体化仿真系统，让产品在实验室内即可开展全流程的调试并提前发现大量原先需到外场实装联调阶段才能发现的问题，大大减少了实装产品联调阶段问题出现的概率，联调试验周期缩短了 50%。

精细化管理“五环”模式主要应用情况如下：

1）通过综合管理平台的应用，让各产品、各岗位人员对工作的节点更加明确、质量职责更加清楚，有效提高人员统筹使用效率，各项工作计划有序推进，各项工作计划完成率达 98%以上。

2）通过对产品问题的反馈学习，外包产品质量把控等手段的应用，不同产品共性问题发生概率降低 30%以上，同时外包产品因研制把关、验收不到位问题降低 50%以上。

3）通过专业基础能力提升工作，班组承担牵引新体制架构产品 3 大类，军科委及各军兵种课题 20 余项。同时，年轻骨干快速成长，2 名优秀人才入选八院千帆计划，团队成员每年获上海市级、八院级以及所级荣誉 10 余项。

三、形成的技术成果

1）MBSE 全国创新大赛二等奖；

2）《八部 MBSE 系统工程建模手册》；

3）《基于源图工具的武器系统需求分析方法》；

4）武器系统通用数据处理平台；

5）武器系统设计与验证虚实一体化仿真平台；

6）论文《基于模型驱动的导弹武器系统设计方法》；

7）基于大型复杂系统设计与验证虚实一体化仿真平台的通用雷达模拟器、通用光电模拟器、通用发控模拟器、通用指令设备模拟器、通用导弹模拟器、通用火炮模拟器、通用电子干扰模拟器、通用态势生成模拟器、通用指挥控制系统模拟器。

四、方法的创新点及推广价值

"质量双五环"管理模式从研发手段和管理制度两个维度诠释班组质量管理的措施。

"数字化研发五环"从数字化能力建设、新研发模式应用的角度，提升大型复杂系统总体精细化设计和顶层设计验证能力，促进系统总体设计在各个阶段的细致化和高效化，有效减少后续研制阶段中因前端设计不合理导致的设计迭代。

"精细化管理五环"从日常各项工作精细化管理的角度，创新在各个方面的管理手段，提升系统总体的专业保成功能力和质量精细化管理水平。两个维度的质量管理环相互促进，也相互支撑。

"质量双五环"管理模式能够有效促进班组的设计能力和质量把控能力的提升，同时有助于进一步夯实专业技术基础，提升人员综合能力。管理方法清晰明了，可行性强，在同行业内具有较好的行业参考及推广应用价值。

五、典型案例

面对新时期产品研制的新挑战，班组作为八部大型复杂系统总体专业研发模式转型探索的先行者，正在大力推进基于模型的系统设计、大型复杂系统虚实一体化仿真等数字化设计手段和工具的应用和普及。通过引进模型驱动设计方法论、数字化协同设计环境并进行本地化，在以部分产品为试点应用的同时，在各个产品中大力推进相关方法论和工具使用的学习交流，将数字化知识技能培训纳入日常培训中。

在某产品研制中，班组项目团队采用基于模型驱动的数字化设计模式仅 5 个多月就完成了原先需要 1 年多的总体设计工作并圆满完成试验，创下了"当年立项、当年研制、当年闭合"的产品研制新纪录。

（一）基于场景驱动的需求开发有活力

为了让前期需求和功能论证更加高效完备，班组团队成功将 DoDAF 架构引入产品的需求论证阶段中，创新了产品需求分析和论证方式，提升了产品需求分析和论证的水平，首轮需求分析覆盖率大大提升。在需求论证工作中，团队以构建不同的实战化场景为牵引，充分挖掘军方对产品的作战能力需求和使用需求特点，通过活动图、时序图和状态图等设计语言开展产品功能的自洽验证，验证了逻辑设计的闭环性、一致性，进一步降低了产品需求开发成本，产品需求开发的效率提高一倍以上。典型开发流程如图 2 所示。

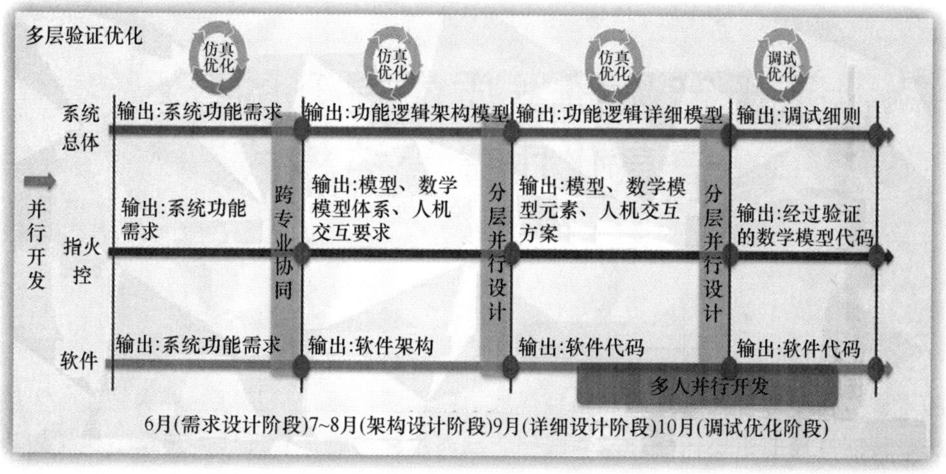

图 2　典型开发流程

（二）基于模型驱动的系统设计有动力

班组团队依托数字化设计平台进行基于模型驱动的系统具体设计工作。首先对产品需求进行提炼和归纳，系统总体设计师使用产出的需求条目，并利用自洽验证（设计过程中不断对先前步骤进行迭代验证）手段进行系统功能的验证，在验证过程中可检视活动图和时序图的合理性，实现快速迭代设计工作，设计产出物以各类图示、FICD（功能接口定义）和 LICD（逻辑接口定义）等方式向下级传递，确保技术状态的无二义性有效传递。基于模型驱动的系统设计模式大大提高了系统设计效率，将设计师从基于文档分置的设计模式中解放出来，同时借助数字化设计手段构造开发大型系统，解决传统设计模式难以应付复杂系统设计的问题，系统总体阶段的设计效率能够提升一倍以上，同时设计准确度得到进一步提升。

（三）制定模型驱动研制标准有念力

为了便于更多产品高效应用该方法，班组团队梳理了模型体系，并建立了标准模型库，开发了场景及设计模型通用化模板，实现了跨产品之间需求开发与系统设计的模型复用，成功打造了一条可支撑多产品高效率并行快速研制的总体设计数字化“生产线”，逐步形成“多个产品、一支专业队伍、一条共性生产线”组织管理模式。同时，通过编制相关指导说明或标准规范，为后续其他产品的系统总体需求开发和系统详细设计提供可供借鉴的成熟素材、依据和技术手段，当前该模式已成功支撑了 4 个新研产品开展高质量、高效率的研制。

基于产品研发质量提升的新型信息化质量管控模式

一、背景情况

随着科学技术的持续进步与管理理念的不断革新，提升“基础管理水平”越来越成为企业自身长期发展的重要任务和发展战略。面向过程的质量管理体系建设工作作为基础管理中的核心内容，直接关系到企业基础管理水平，因此在当下企业信息化、数字化变革的大潮中，质量体系信息化建设越来越成为基础管理水平的一个重要组成部分，为此实现质量管理体系建设与信息化建设有机融合，既是推动科学管理、提升管理水平的重要手段，也是实现基础管理工作真正落地的重要手段。西安应用光学研究所（以下简称“二〇五所”）作为光电系统工程总体研究所，产品研发能力的不断提升直接关系到企业自身发展和履行其使命及社会责任的核心任务，因此产品研发过程的质量管控在全寿命质量管理工作中尤为重要。基于这样的背景，借助信息化工具的应用，聚焦光电产品研发过程构建并实施符合二〇五所自身产品特点的新型信息化质量管控体系建设势在必行。

二、主要内容

二〇五所紧密围绕用户需求，找差距，补短板，结合集团公司“两个体系”建设，对当前及未来的光电信息技术总体发展战略进行认真分析研究，站在光电行业国家层面的高度谋划体系发展。以成为“网络化、智能化光电产品解决方案的领跑者”发展愿景为牵引，以打造“数据全面、流程简洁、分析准确、措施有效”的信息化产品研发过程质量管控体系，提升企业基础管理水平，增强核心竞争力为目标。建立以价值增值、管理保障、过程运行为框架的研发管理制度体系，实现产品全寿命周期的质量策划、质量控制、质量改进的循环活动；运用质量管理信息化工具，提升质量管理工作效能，逐步形成产品质量特性、质量问题、质量信息数据库，持续推进产品设计质量的提升；通过过程运行的实践和积累促进制度体系的优化完善，通过数据交互共享推进研制过程质量全面提升。

1）通过科学开展制度、流程再造与优化，形成了新型信息化研发过程质量管控体系，将产品研发过程控制要素与质量管理流程紧密结合起来，在制度和流程层面明确产品研发过程的管理内容和控制要求，实现工作流程层面的协调、统一。

2）推进质量管理信息化建设，先后建立了质量管理信息系统、产品五性（可靠性、维修性、测试性、保障性、安全性）设计分析系统、产品故障报告分析和纠正措施系统等信息化应用平台，实现了质量管理体系建设、产品质量监督、产品通用质量特性设计分析、产品质量问题处理等工作模块动静结合、设计工艺管理相互依托、设计开发和产品实现相互映射的预判引领型管控模式。

3）按照“纵向集成、横向协同、资源整合、信息共享”的建设思路，充分利用企业已建信息网络和集成平台，彻底打破系统和部门职能界限，建立跨系统的业务集成，整合各业务系统与信息化相关的资源，在信息平台上实现了产品研发过程质量策划、质量控制、质量改进，有效实现了分布式系统之间数据的传输和共享，实现技术整合、数据集成、业务流程集成的建设目标。

4）通过多轮产品迭代形成产品研发过程质量管控核心数据和资源的积累，形成一批符合二〇五所产品特点的研发过程质量管控体系建设数据、流程、模板、标准和规范，进一步促进并固化了产品研发过程与质量管控过程的深度融合。

产品研发过程新型信息化质量管控体系构架如图 1 所示。

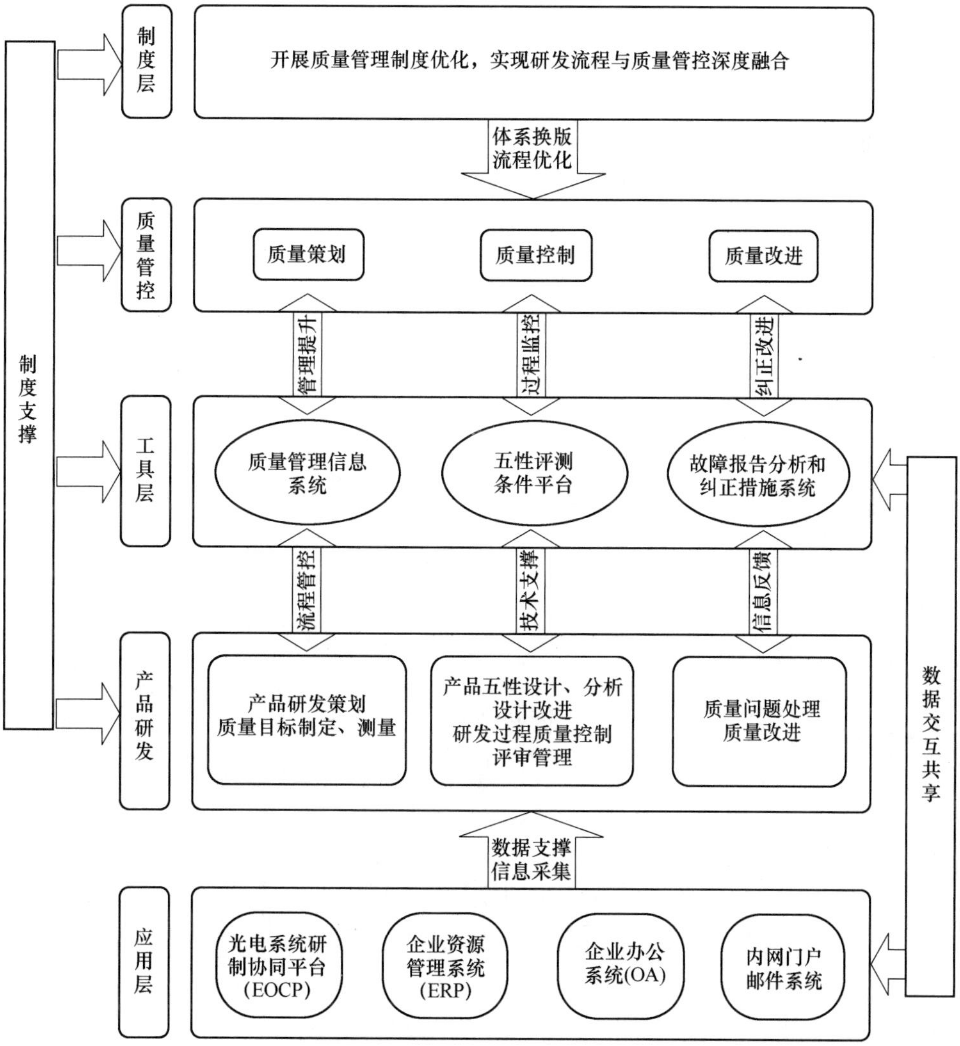

图 1　产品研发过程新型信息化质量管控体系构架

三、在实践应用过程中的典型做法

（一）制度层面主要做法

以光电产品信息化能力提升为己任，完成对产品研发过程质量管控制度、流程的优化与再造，在质量管理顶层策划方面实现产品研发过程质量管控体系的构建；以优化后的管理制度、流程为基础，基于信息化应用平台开展需求分析和定制开发工作，从“质量策划”“质量控制”“质量改进”3 个维度全方面实现对产品研发过程的质量管控。形成所级规章制度、质量管理过程标准、作业层规范指导书等三级制度体系。构建以过程方法为抓手将光电产品研制全寿命、全系统、全特性质量管理要求分层融入的文件体系，逐一分解落实，从制度层面细化落实标准要求。

（二）工具层面主要做法

1. 建设质量管理信息系统，实现质量策划信息化

为贯彻二〇五所信息化发展规划，使质量管理体系制度流程化、流程表单化、表单信息化，便于数据分析，提高管理的效率和效果，建立了包括质量目标管理、质量信息管理、质量审核、不合格品控制、评审管理、纠正和预防措施以及 QC 管理在内的 7 个功能模块，建立流程 28 个，制定流程表单 46 个，该系统可开展 46 项基本任务，实现了质量管理主要业务的信息化，如图 2 所示。

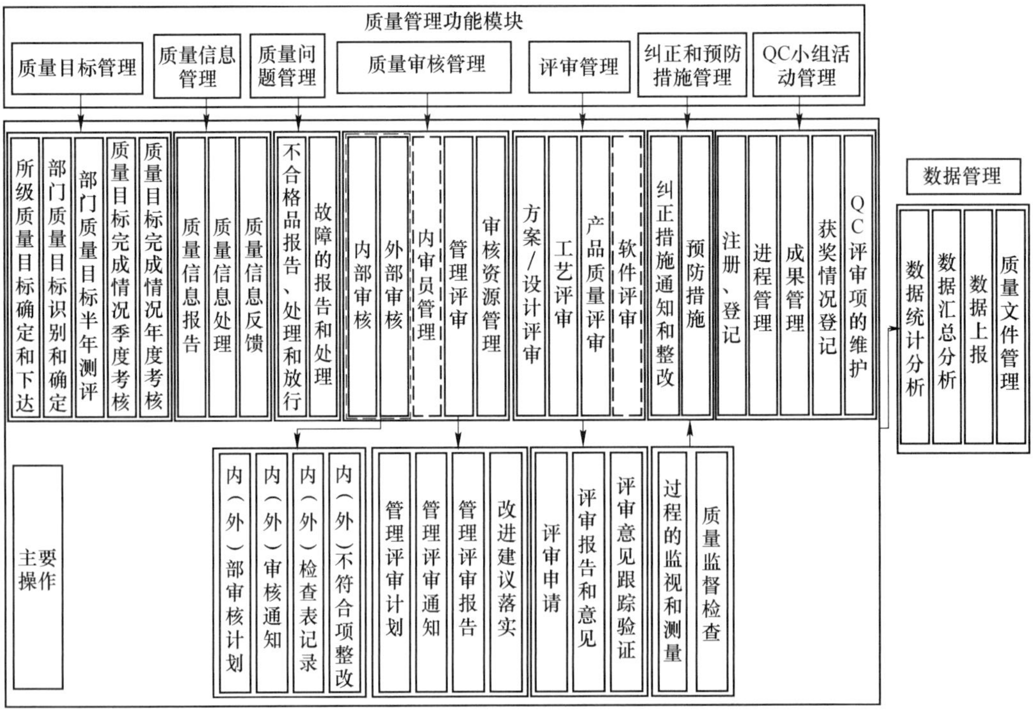

图 2　质量管理信息系统主要模块和功能

2. 建设“五性评测条件平台”，提升产品研发水平，实现质量控制内嵌

建立以研制流程为主线、以工程数据为驱动的五性集成化的平台系统；将“五性”设计工作部署到产品研制的全过程中，并定义清晰的流程驱动和研制数据驱动；为五性设计分析工作提供完整、适用的技术工作平台支撑，提升“五性”工作效率；实现对科研项目五性设计分析工作的任务分解、进度监控、指标达成等情况的管理；积累“五性”设计分析数据，形成“五性”知识库，为后续项目的“五性”工作提供借鉴。

将质量管控融入研发流程，以文档任务的形式放置在研发流程中，可实时监管产品研发过程质量管控情况，避免质量管理和产品研发“两张皮”的现象。在五性评测条件平台建立初期，二〇五所通过对自身研发流程开展细致、全面的梳理，在质量管控过程方面，确立了近 60 个控制点实施精细监控，大幅提升产品研制质量。

通过与 EOCP（光电系统研制协同平台）系统、内网邮件系统、门户管理系统、质量管理信息系统等开展功能集成和接口设计工作，实现了五性评测条件平台数据库与企业产品主数据库的信息互通；实现了质量管理信息系统中质量策划相关工作内容在五性平台中的功能映射；实现了产品研发过程中质量策划到质量控制的信息流的引导与归集。同时，在五性研发过程中增加了质量控制点，通过在质量控制点开展相关评审活动，及时发现问题，并开展质量跟踪，通过质量问题处理等功能实现产品五性设计质量的全过程管控，最终实现研发过程的规范化。

3. 建立“故障报告、分析和纠正措施系统（FRACAS）”，实现质量改进信息化

建立了统一规范的试验故障信息和售后故障信息管理平台，作为产品故障信息闭环处理系统，改变了传统的产品故障信息的碎片式管理模式，建立了统一的数据库和知识库，并且实现信息的共享，建立企业故障信息的管理规则，加强信息控制，规范信息的传递，充分利用故障信息，提升产品质量水平，夯实质量改进能力。

FRACAS 的建立与实施，从根本上改善了二〇五所质量改进工作能效。通过与企业资源管理系统实现数据库共享，确保了产品 BOM 清单等基础数据的统一，为实现从产品研发、试制、试验、交付、售后全寿命周期对质量改进工作进行把控奠定了应用基础。解决了售后阶段产品故障处理不规范、故障闭环率低等重点问题，形成了有效的数据积累，以指导现有产品改进、支撑新产品研发。

（三）应用层面主要做法

通过在试点项目中推广应用，逐步完成产品五性设计数据库的建立，为现有产品改进及后续产品研发提供有力的数据支撑。通过将管理提升与技术革新相结合，最终形成流程贯穿、智能管控、数据支撑的信息化产品研发过程质量管控体系，提高光电产品的创新研发能力，缩短研制周期，降低研制成本，提高产品质量，提升企业核心竞争力。

四、实践应用场景和产生成效

（一）初步建立了新型信息化质量管控体系，获得顾客高度认可

通过建立和实施新型信息化质量管控体系，真正做到以顾客为关注焦点、有的放矢，

通过对近 5 年来顾客满意度测量情况进行分析，总体顾客满意度持续保持高于 96%的质量目标，其中科研类产品顾客满意度由 2016 年的 96.5%稳步提升至 2020 年的 99.4%，如图 3 所示。

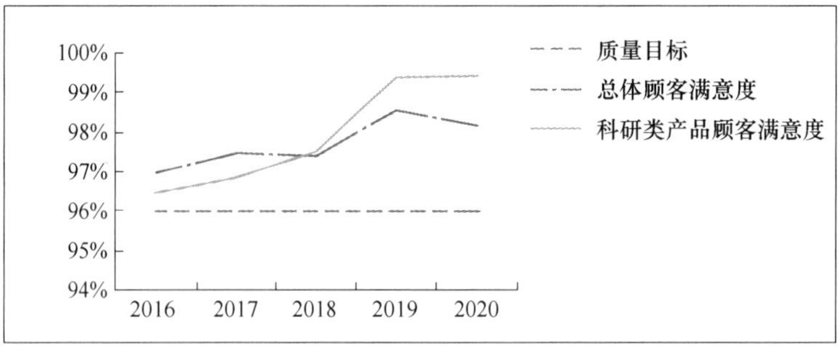

图 3　近 5 年顾客满意度测量结果

新型信息化质量管控体系的建立实施，从技术发展和管理提升双面切入，成功确立光电产品研制总体地位，其中低小慢目标探测技术应用于全向探测高精度反无人机系统，在某全国对抗挑战赛中，取得所有探测科目“第一名”、拒止科目“第二名”的好成绩，得到用户的好评，成为反映二〇五所科技水平和品牌形象的闪亮名片。

（二）实现研发流程与质量管控深度融合，获得显著的管理效益

二〇五所通过开展质量管理体系优化和质量管理信息系统的建设与实施工作，进一步完善了制度流程，重点实现了研发流程与质量管控要求的深度融合，构建起适用于企业自身发展需求和产品特点的、面向信息化的质量管理体系。质量管理信息系统自建成至今，6 个模块 33 项工作内容实现了在线处理，在系统中创建了 469 条质量目标流程，170 条质量信息流程，213 条不合格品信息流程，56 条纠正措施信息，70 条评审管理记录，87 条质量审核记录，以及近 407 条 QC 小组注册登记等流程记录，形成了 1 300 余条信息台账，实现了各个功能模块的信息化管理。质量管理体系总体运行有效性得到提升，特别是在产品研发方面的改善效果尤为显著，如图 4 所示。

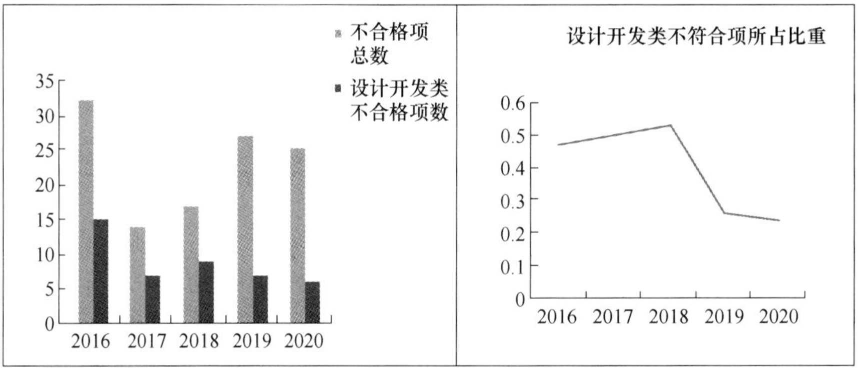

图 4　近 5 年设计开发类不符合项占比及趋势图

（三）推进信息化工具应用，增强产品研发能力

信息化工具的应用，对企业研发能力的提升起到了积极的促进作用。二〇五所“五性评测条件平台”建成后，首先在某项目中开展了试点应用，该项目在研发过程中依托五性评测条件平台先后开展了可靠性建模、预计、FMECA（故障模式、影响与危害性分析）和故障树分析工作；维修性分配、预计、以可靠性为中心的维修性分析（RCMA）工作；功能危险分析（FHA）、使用和保障危险分析（O&SHA）工作；测试性分配、预计和固有测试性评价工作；保障性 FMEA 分析、维修任务分析（MTA）工作；编制形成产品五性设计过程分析报告资料 16 份，对项目五性设计工作的高效、高质量开展起到了重要作用。

截至目前，五性评测条件平台已面向二〇五所多类用户产品开展了全面推进和应用，累计 17 个项目应用该系统开展了研制过程产品五性设计和分析工作，提炼形成可推广应用的规范标准 7 项，实现了显著的企业技术知识积累；同时，质量管理部门协同科研管理等相关部门通过对系统数据收集、提炼，编制形成《西安应用光学研究所产品通用质量特性设计规范（试行）》《西安应用光学研究所电子元器件筛选规范》《西安应用光学研究所元器件优选目录》等顶层指导性文件，有效规范、指导了相关工作的开展。

“五性评测条件平台”的建立与实施，既是对二〇五所产品研发过程质量管控体系建设工作的有利支撑，同时也实现了缩短研发周期、节约研发成本、降低质量损失率、提升计划执行率和数字化方针覆盖率的既定目标，显著地提升了二〇五所产品研发能力。

（四）强化质量改进效能，提升企业核心竞争力

通过 FRACAS 的建设与应用，二〇五所在产品质量问题处理、产品故障信息数据库建设、产品故障数据统计、分析及应用等方面均取得了明显的改善。截至目前，二〇五所各主要科研、生产产品均实现了在 FRACAS 中开展故障报告、分析和纠正措施制定落实工作；以 2018—2020 年 3 年统计数据为例，系统累计处理各类科研和生产产品在试验及售后各阶段发生的各类产品故障 472 起，故障及时处理率同比 2015—2017 年由 95.18% 提升至 99.36%（469 起故障在时间节点要求内完成处理），故障归零及时率同比由 92.27%提升至 98.51%（465 起故障在时间节点内完成归零处理）；初步建设形成了符合二〇五所产品特点的故障信息数据库，并通过开展故障信息统计分析工作，形成相关产品质量改进建议 13 项，其中 11 项已在现有生产产品中得到落实，8 项有效指导了同类产品的改进研发工作。FRACAS 的应用，使二〇五所在组织环境内、外部因素控制方面均得到了明显改善，提升了企业核心竞争力。

五、方法的创新性和推广价值

（一）创新性

1. 管理层面

新型信息化质量管控体系的构建与实施，基于 GJB 9001C 新版标准理念，开展质量

管理体系策划、建立和实施工作，完成对产品研发过程质量管控制度、流程的优化与再造，在质量管理顶层策划方面实现产品研发过程质量管控体系的构建；以优化后的管理制度、流程为基础，基于信息化应用平台开展需求分析和定制开发工作，从“质量策划”“质量控制”“质量改进”3个维度全方面实现对产品研发过程的质量管控。

2. 技术层面

对全所各型光电产品研发特点进行梳理分析，以产品五性设计分析过程为核心切入点，借助信息化工具的应用，建立起符合二〇五所产品特点的“产品五性设计分析平台”，通过在试点项目中开展应用，逐步完成产品五性设计数据库的建立，为现有产品改进及后续产品研发提供有力的数据支撑。通过将管理提升与技术革新相结合，最终形成流程贯穿、智能管控、数据支撑的信息化产品研发过程质量管控体系，提高光电产品的创新研发能力，缩短研制周期，降低研制成本，提高产品质量，提升企业核心竞争力。

（二）推广价值

该成果方法是基于对管理过程深度分析和实践的结果，通过开展管理制度优化、信息化管理工具的应用、系统集成及数据应用等相关工作，提高了创新研发能力，缩短研制周期，降低研制成本，提高产品质量，提升企业核心竞争力，具备在产研结合型研究单位推广应用的价值。

基于全寿命周期的质量绩效考评体系构建与应用方法

一、方法介绍

（一）背景

1. 实现行业保军地位的目标和使命的需要

员工是企业生产力最活跃、最根本的因素，强化劳动者的质量意识和责任意识是现阶段实现质量目标的重要路径，企业原有的基于实物质量和对问题“以扣罚为主”的粗放质量绩效考评模式已无法满足需求，需要重新审视，建立基于产品全寿命周期的质量绩效考评体系，贯彻落实上级对产品质量责任终身追究制的新要求，全面提高全员质量责任意识，打造精品，确保在行业中的保军地位。

2. 提升企业管理水平的需要

重庆建设工业（集团）有限责任公司（以下简称“建设工业”）正处于转型发展和提档升级的快速发展时期。面对发展机遇，要在原有平台上实现升级发展，产品质量始终是重要的“抓手”。原有的质量考核办法系统性不足、手段单一、导向简单、效果一般，推诿扯皮现象严重，矛盾突出，同时与上级落实质量主体责任的要求和世界一流企业管理水平存在较大差距，质量绩效考评体系亟须进行变革创新。

（二）适用范围

基于全寿命周期的质量绩效考评体系构建与应用是一套将质量目标管理、质量数据管理、质量责任考评、质量持续改进等质量管理活动，以责任为主线、奖惩为手段的系统管理方法，是依托建设工业在产品研制中长期的质量管理实践和落实上级指示要求的经验结晶，完全适用于国内轻武器研制领域的相关企业。

（三）总体思路

1）以国家、上级的指示要求以及企业战略发展要求，每年生产大纲、往年工作实践经验等作为工作输入，遵循 PDCA（策划、实施、检查及奖惩、改进）法则，通盘考虑、系统策划，建立质量绩效考评体系（见图 1）并严格实施。

2）策划年度质量目标，从实物质量和过程管理两个维度，建立基于全寿命周期的 KPI（关键绩效指标）质量指标体系，定期点检评价、考评、改进。

3）修订完成质量责任制奖惩管理办法，设立奖惩原则、明确责任界定，以质量奖励、质量处罚两个维度开展质量绩效考评，鼓励持续改进，同时将评价结果应用于单位质量业绩评价、质量红黑榜评比，与单位领导层挂钩，纳入年终单位绩效兑现。

4）建立全面的质量数据平台，支撑质量绩效考评体系运行。

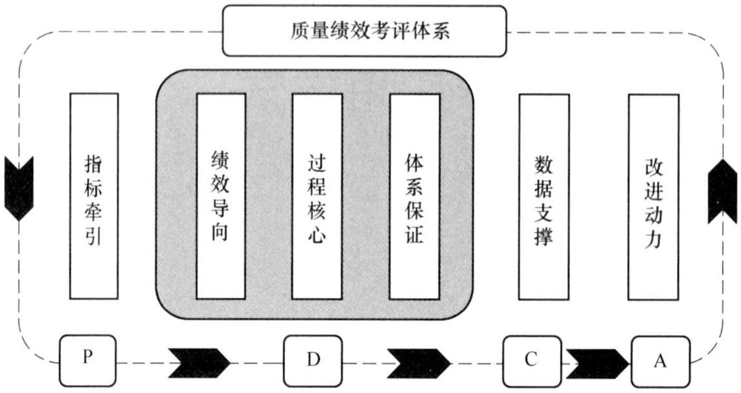

图1 质量绩效考评体系模型

（四）实施程序

1）基于“十四五”质量规划及顾客和相关方的需求和期望，策划建立基于全寿命周期的质量目标体系，充分考虑各项目标设置的必要性、涵盖范围的全面性、具体指标值的合理性、牵引性和可测量性。质量指标层层分解到分厂，再落实到工序（过程）和个人，实现指标分解横向到边，纵向到底，人人肩上有指标。

2）明确责任，严格奖惩。结合年度质量目标体系，修订完成质量绩效考评体系。每月定期召开质量绩效考评会，落实各单位质量主体责任，将质量指标的完成情况与各单位工资总额、中层干部绩效和职务晋升挂钩，与供应商供货资格、供货份额和付款政策挂钩。

3）应用大数据思维理念，建立质量数据库支撑。建立入厂检验、零件加工、产品装配、检验试验、顾客代表验收、售后服务（关注产品寿命周期内使用的质量状况）、质量问题管理及分层审核八大数据管理平台，定期进行质量数据统计，为质量目标统计分析、质量绩效考评、持续改进落实提供数据支撑。

（五）作用

企业要想实现可持续发展，质量是支点。建立质量目标体系和强化质量绩效评价，倒逼做实过程控制，减少质量问题的发生，使主导产品综合质量稳定提升，各主导产品军检精度、可靠验收实现零拒收，主导产品顾客验收故障率已控制在 60×10^{-6}（百万分之缺陷数），顾客满意度得到持续提升。

二、应用情况

（一）应用基本情况

“基于全寿命周期的质量绩效考评体系”包括两大部分，一是质量目标体系及定期评价；二是质量责任体系及定期考评。同时，目标评价与责任考评结果均应用于推动持续改进的实施。

1. 质量目标体系及定期评价

从结果指标和过程指标两个维度，构建产品实现全过程主价值链的质量目标体系。建立质量目标管理平台，对过程实施动态监视和测量，每月监视数据变化趋势，每季度统计分析评价质量目标完成情况，及时发现存在的问题并提出改进建议。

2. 质量责任体系及定期考评

以贯彻上级产品质量责任追究制度为基础，结合公司年度质量目标以及往年质量奖惩实施经验，每年修订质量奖惩办法，建立适应于当期研制生产特点的质量绩效考评体系。根据指标完成情况，每月定期开展质量绩效考评，奖惩兑现落实到工序、个人和领导班子，强化了质量主体责任落实。

（二）实施成效

通过建立完善的质量绩效考评体系，定期对质量运行情况进行测量和评价，形成了以“指标为牵引、绩效为导向、过程为核心、体系为保证、数据为支撑、改进为动力”的质量绩效管控模式，强化过程质量管控，产品质量稳定提升，为公司完成全年订购任务提供了坚实的质量支撑。

三、形成的技术成果

1）每年根据年度生产大纲并结合往年质量目标评价结果，策划形成《年度质量目标计划》并以公司级红头文件的形式下发，作为全体员工质量行为的标准。建立涉及产品研制过程、生产制造、外协配套、检验试验、售后服务等全过程的，从结果指标和过程指标两个维度构建的质量目标体系，用于对全寿命周期的质量运行情况进行测量、评价和改进。

2）根据《装备质量责任追究暂行办法》《中国兵器装备集团有限公司武器装备质量责任追究实施细则》，每年修订并发布公司红头文件《国营第二九六厂质量责任制奖惩管理办法》，作为质量行为、质量业绩考评规范、标准。

3）建设工业在中国兵器质量协会 2015 年《兵工质量》总第 163 期发表《创新质量绩效管理》一文。

四、方法的创新点及推广价值

（一）主要创新点

1）在轻武器行业首先全面建立多维度、全寿命周期的质量指标体系，进一步强化了质量责任终身追究制度。

2）质量指标体系与质量绩效考评体系联动，建立了“横向到边、纵向到底”的质量绩效考评体系，既立标尺、又有奖惩，形成良好互动，强化了牵引作用。

3）建立了以质量绩效为导向的质量文化，引导全员追求“零缺陷”的质量核心价值观。实行质量责任终身追究，质量奖罚与单位领导业绩和收入挂钩，形成强大的威慑力。

（二）应用前景

基于全寿命周期的质量绩效考评体系，是遵循PDCA原则建立的一种管理方法，已形成全过程覆盖、全流程管理、全方位评价、推崇持续改进运用机制，已在生产实践中运行多年，导向作用、引领作用明显，适用于相似企业推广应用。

（三）推广价值

该项目的创建及应用是以贯彻国家产品质量责任终身追究制为背景，建设工业成为国内最大的轻武器应用研究与制造基地。建立的基于全寿命周期的质量绩效考评体系，可适用于国内轻武器行业的相似企业参考借鉴。

五、典型案例

（一）案例背景

2021年是“十四五”开局之年，是加快转型升级、跨越发展之年，更面临多种新产品首次批量生产，新产品约占全年生产任务的66%以上，质量管控难度空前加大，质量形势异常严峻。经过风险梳理、精心策划，进一步修订完善了“基于全寿命周期的质量绩效考评体系”，充分发挥质量绩效考评体系的牵引作用，提升质量管理水平。

（二）实施情况

公司提出了“四高三一两杜绝”总体目标要求，从结果指标和过程指标两个维度，构建质量目标体系及质量绩效考评体系。

1. 构建实现“四高三一两杜绝”要求的质量目标体系

从实物质量、过程质量、管理质量三个维度构建质量目标体系框架，对年度目标进行分解到单位，月度监控，季度分析。

2. 重构质量绩效考评体系

1）明确奖惩原则，发挥导向作用。明确了对发现和制止质量问题、质量改进和提升质量、一次做合格等情况给予奖励；明确了对发生质量问题、不合格品流入下道工序、违反规定程序等情况进行处罚。

2）明确责任界定，精准落实责任。明确了顾客验收、质量部抽批、终控站、入厂验收、来料检查、过程发现外观问题等环节的质量问题责任，分别对不同的责任人进行考评。

3）分类实施质量奖惩，落实质量绩效考评，形成公司质量绩效考评体系。

3. 搭建全寿命周期的质量数据库

应用大数据思维理念，建立了入厂检验、零件加工、产品装配、检验试验及验收、售后服务、质量目标统计6大管理平台，依托质量数据平台，为质量评价、质量绩效考评、持续改进、质量决策提供丰富的质量数据支撑，提高了质量管理效率。

4. 推进质量持续改进

产品质量的提升，是以持续的工艺制造技术提升为基础，同时辅以标准化管理、质量工程技术应用和质量管理体系的有效运行，过程稳定受控，为产品质量提供了可靠的保证。

（三）实施效果

通过建立并运行基于全寿命周期的质量绩效考评体系，围绕质量目标，强化落实质量主体责任，严格过程控制，质量管理工作成效显著，其中某主导产品军检精度一次合格率为100%，静检一次合格率和可靠度均为99%以上，为公司全面完成生产经营任务提供了坚实的质量支撑。

复杂电子产品数字化、可视化、智能化生命周期质量管理模式

一、背景情况

当今世界的经济竞争很大程度上取决于一个国家的产品和服务质量，质量水平的高低更是一个国家经济、科技、教育和管理水平的综合反映。自党的十八大以来，质量管理成为新时代的重要主题，牵动着各方的关切与期望。

首先是保障国家安全战略的迫切需求。当前以美国为首的国家对我国的军事威胁、技术封锁、贸易限制不断升级，严重影响国家和领土安全。

其次是产品生成战斗力的根本需求。雷达是战争的千里眼，是高技术集成的信息化产品，精确有效掌控作战目标信息，直接关乎官兵生命和战争胜负，必须采用更加先进的数字化手段，加速提升信息化产品作战效能发挥和战斗力生成。

最后，也是企业履行使命的内在需求。面对世界新军事变革和电子信息技术的快速发展，中国电子科技集团公司第十四研究所（以下简称“十四所”）作为预警探测领域的国家骨干核心研究所，必须创新产品研制管理机制，研制质量可靠性能稳定的现代化产品，担负“军工电子主力军、网信事业国家队、国家战略科技力量”使命，提升履行使命的根本能力。

为积极响应国家安全、提升产品作战效能，解决行业产品需求确定系统性不够、产品研发周期偏长、生产快速响应能力不足、服务保障手段单一、项目管理精细度不够、质量管理量化不足等系统性问题，十四所积极谋划开展质量管理创新与转型升级，提出了复杂电子产品全生命周期数字化、可视化、智能化的质量管理模式。

二、主要内容

十四所系统总结和提炼数十年以来积累的大型复杂电子产品质量管理经验，聚焦产品“能打仗 、打胜仗”目标，以质量领航战略为引领，以集成化信息平台为支撑，以产品数字化流程为驱动，以数字样机为载体，构建以“精准需求、精心设计、精益制造、精确保障、精细管理”为核心的产品全层级、全流程、全特性的全寿命周期数字化、可视化、智能化质量管理（见图 1），实现核心业务和管理要素的上下穿透、全息感知、透明决策，产品正向研发质量与质量问题预防能力持续提升，产品作战效能全面提升，取得了很好的经济效益、社会效益和军事效益。

质量领航战略：立足“建成具有全球竞争力的世界一流研究所”的长期愿景，为更好

履行“军工电子主力军、网信事业国家队、国家战略科技力量”的使命职责，以优秀的质量管理水平，确保产品和服务质量领先；以完备的质量管理体系，确保质量管理能力领先；以先进的质量管理模式，引领军工质量发展。

5个关键管控要求：精准需求，基于真实战场数字孪生场景精准捕获产品作战需求，实现从“设计产品”向“设计产品”转变，从“局部最优”向“全局最优”转变，生成“真实的”战斗力；精心设计，构建基于模型的协同研发机制，推动数字模型贯穿全流程，实现从“经验设计”向“仿真设计”转变，从“实物验证”向“虚拟验证”转变，确保“一次做对”，生成“高可靠”的战斗力；精益制造，构建模型全程贯通、数据实时采集、质量在线分析、生产自主决策的数字化闭环管控体系，大幅提升了产品产能和质量一致性，形成“快速生成”的战斗力；精确保障，建立预测性筹备、在线性监测、反哺式改进相结合的机制，形成了一套以质量大数据为基础的全寿期一体化保障体系，实现从“交装备”向“交能力”转变，从“保完好性”向“保战斗力”转变，提供“持续且升级”的战斗力；精细管理，通过矩阵式策划、结构化流程、数据全面贯通，实现态势实时感知、自动预警、及时决策，确保质量保证能力全面提升。

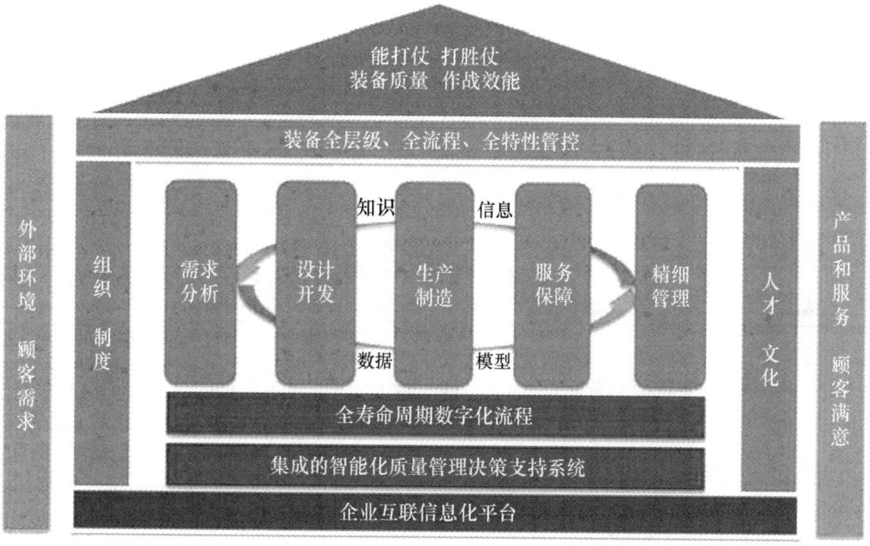

图1　全寿命周期数字化、可视化、智能化质量管理模式

三、在实践应用过程中的典型做法

（一）企业愿景和战略引领质量管理

十四所以“成为电子信息领域具有全球影响力的科技型企业集团”为愿景，电子产品“三化”全寿命周期质量管理是实现十四所“产品服务质量领先，质量治理能力领先”的质量领航发展战略的具体举措，通过企业战略引领，确保“三化”全寿命周期质量管理有效实施。

（二）系统构建质量管理体系

十四所在质量管理体系的基础上，建立了一套适应复杂电子产品研制生产的质量管控制度及标准，明确产品科研生产的全层级、全流程、全特性管控要求，形成一套基于顶层规范性文件的指令性文件和执行性文件的四层架构质量保证体系。尤其是针对质量体系文件及顶层规范执行过程中的模糊地带和薄弱环节，对体系文件进一步下沉，形成包括通用要求、管理办法、内部标准、作业指导、检查单及文件模板等在内的执行性质量管理文件体系。

（三）构建互联集成信息化平台

十四所以打造“全数字、全互联、全智能”的新型智能化企业为目标，以融合企业运营和产品“三化”质量管理为建设路线，以产品管理体系、业务流程、标准规范等为输入，架构了覆盖产品研发、采购、生产、外协直至服务保障管理等业务子系统，并进行高度集成，实现互联互通。在各业务子系统的基础上，以智能策划、智能控制、智能改进为目标，按照产品质量管理和质量体系管理两条主线，围绕产品质量需求，以产品全流程、全要素、全寿命周期质量管理为目标，融合 ERP（企业资源计划系统）、PDS（产品研发系统）、MES（生产过程执行管理系统）、MRO（售后服务管理系统）等多个信息化平台，自主建设了质量管理系统（QMS），将平台中质量数据信息（包括正向结果和异常信息）全面集成到 QMS 中，形成产品全寿命周期质量档案，实现质量体系运行和产品实物质量的策划、执行、监测、评价以及预防，并为决策支持系统提供依据，如图 2 所示。

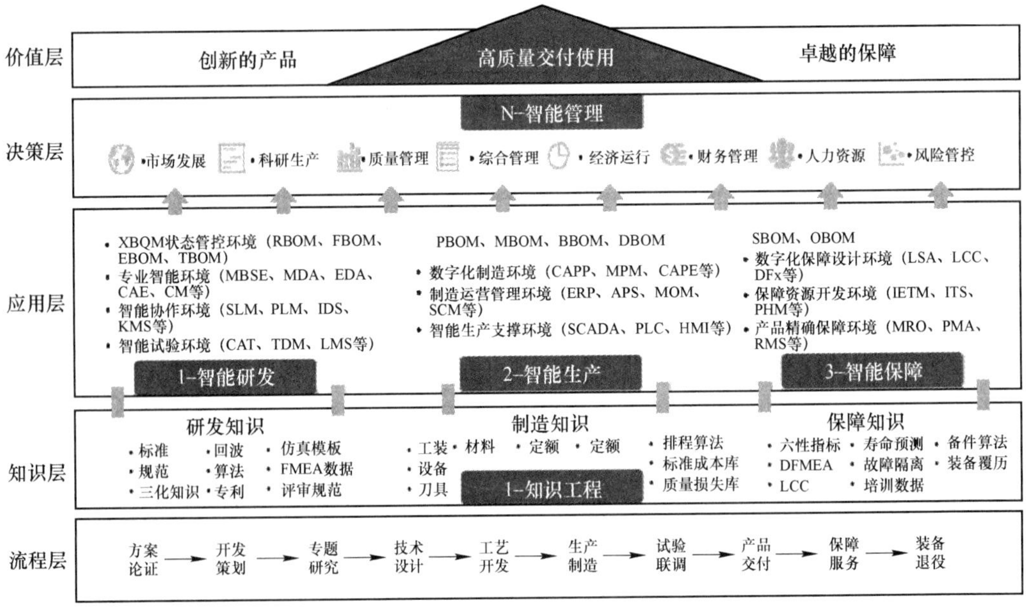

图 2　互联集成信息化平台架构

（四）“五精”产品全寿命周期质量管理

十四所产品的质量管理实施“精准需求、精心设计、精益制造、精确保障、精细管理”为特征的产品全寿命周期闭环管控，确保质量目标实现。

1）在需求识别和确定方面，针对需求确定局限于单装论证、系统性不够等问题，实施“精准需求”。一是面向未来战争，全视角、多剖面数字化论证需求；二是开展作战场景仿真，建立产品数字化场景，形成红蓝体系对抗，实战化迭代需求；三是构建需求结构矩阵，形成需求分解、传递与追溯链路，保证需求的准确性。实施“精准需求”后，需求确定一次准确率达 98.6%，因需求偏差导致的设计更改降低了 80%以上。

2）在研发设计方面，针对产品设计协同性不足、研发周期长等问题，实施基于模型驱动的“精心设计”，如图 3 所示。通过构建协同研发环境，集成设计工具，实现多专业协同设计和知识的一键响应，提高研发效率；构建产品数字化样机，基于电讯、结构、工艺数字化样机实现模型驱动的正向设计系统，通过覆盖全层级、全特性的仿真与验证迭代设计优化；利用模型仿真检查工具，降低设计差错，优化工艺路线方法。以两型同类产品为例，采用协同方法研发的雷达对比传统方法，设计时间减少 2/3，设计差错率从 3.47%降到 0.87%。

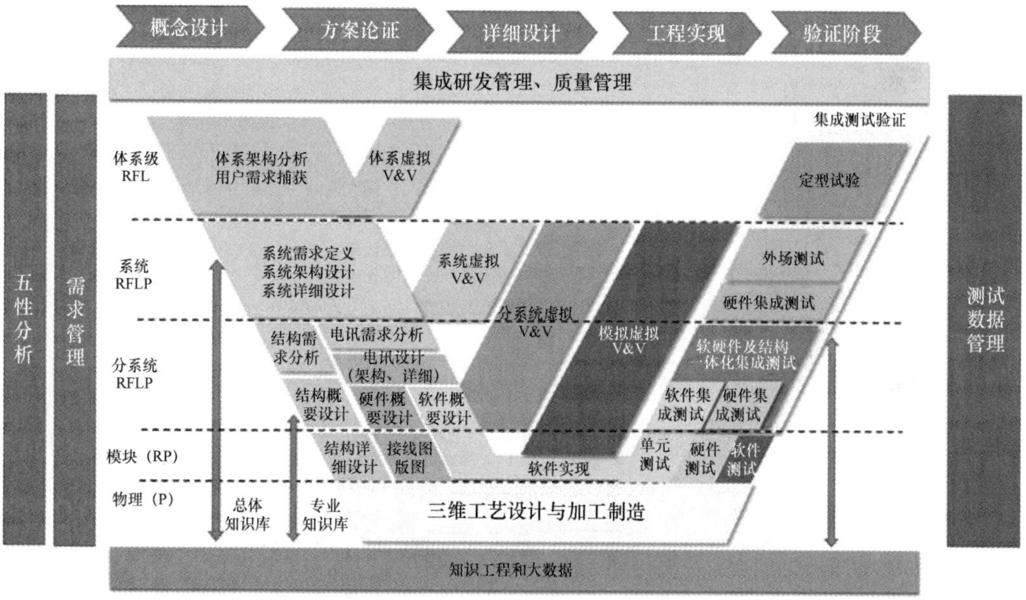

图 3　基于模型驱动的设计系统

3）在生产制造方面，针对产品制造过程信息分散、生产快速响应能力不足等问题，实施“精益制造”。通过数字化样机传递和控制人、机、料、法、环、测等生产要素，建立工艺缺陷故障库，实现工艺风险提前预警、生产问题预先防控；对生产过程数据开展“感知、分析、决策、反馈”，使制造数据更加完整准确；依托 MES、ERP 等系统，实现计划、质量、物料、设备的柔性化管理，制造产能提升 37%，工序一次交验合格率达 99.98%。针对产品制造的核心组件，建成工信部智能制造示范车间，产能提高 4 倍。

4）在服务保障方面，针对传统保障方式无法满足当今高频次、大强度的产品保障需求问题，实施“精确保障”。在产品研发时，同步开展保障性设计，规划保障资源。为产品配置在线监控诊断模块，实施产品健康管理，确保产品状态完好。构建一体化保障体系，依托综合保障可视化系统，开展远程技术支援、智能引导排故，实现敏捷高效的产品保障。产品完好率由实施前的 94.45%提高到 98.65%，保障器材精准度从 69%提高到 88%，任务保障成功率保持 100%。

5）在项目管理方面，针对过去技术线和管理线协同度不高、计划对研制工作牵引不强等问题，实施“精细管理”。一是从 9 个维度建立责任矩阵，实施“拉动式”管理，提前释放产品研制风险；二是建立结构化研制流程，实现管理和研发一体化管控；三是建立管理决策驾驶舱，实现产品研制风险的预警和科学决策。计划准点率由实施前的 83%提高到 95%，产品 100%准点交付。

（五）以浸润式质量文化推动质量提升

十四所在长期的科研生产管理实践中，逐步沉淀，铸就“人人关注细节，质量就是尊严”的质量价值观。不断创新质量文化的形式载体，打造了“浸润式”质量文化环境，“浸”是让员工“浸”在质量教育、实践、改进中，提升质量感知力；“润”是采取易被员工接受的方法和手段，在耳濡目染、潜移默化中实现质量文化“润”物无声，向全所传递“质量至上”的理念，贡献质量动力，加速推进质量管理和产品质量提升，如图 4 所示。

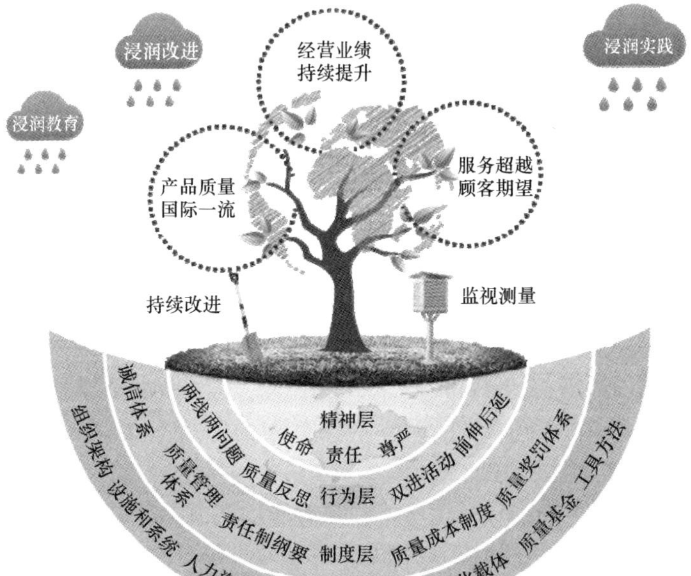

图 4　“浸润式”质量文化

四、实践应用场景和产生成效

自电子产品数字化、可视化、智能化全寿命周期质量管理实施以来，取得了可喜的成效：一是产品质量一直保持行业领先水平，设计差错减少了 31%，实物验证减少了 36%，雷达整机产品研制周期从 5～8 年缩短至 2～3 年，研发费用降低了 30%，过程产品质量一次通过率提升到 99%以上，产品可靠性水平大幅提升；二是经济效益稳步增长，十四所产品国内市场占有率保持第一，产品出口到欧美、中东等数十个国家和地区，营业收入、利润等年均增长10%以上，处于行业的较高水平，产品质量损失年同比降低2 000万以上；三是始终引领国家预警探测技术行业发展，产品水平国际先进，产品综合能力比肩美国、俄罗斯等发达国家，研制的产品填补了多项雷达领域空白；四是提升了信息化产品实战化条件下的作战效能，有力支撑了中国电子科技集团有限公司和十四所履行强军首责的责任担当，为部队“能打仗、打胜仗”和国家安全提供了坚实保障。

近几年，十四所与航天、航空、兵器、船舶、电子领域相关单位和“民参军”企业进行了广泛交流，推广质量管理模式，并向十四所供应链体系延伸应用，推动了电子行业质量管理水平的提升。

十四所基于电子产品数字化、可视化、智能化全寿命周期质量管理，形成的管理模式及成果，获得了中国质量奖（提名奖）、江苏省质量奖、中国电科质量奖、全国质量标杆经验、全国管理创新一等奖等多项荣誉，作为质量管理最佳实践入选全军装备70周年质量成果展览，成为首批新时代质量管理体系示范工程试点单位，获得了政府和行业广泛的认可。

五、方法的创新性和推广价值

主要创新点如下：

1）创建了产品研制全流程“五精”（精准需求、精心设计、精益制造、精确保障、精细管理）质量管理模式和数字化样机贯穿全流程的产品研制模式，实现了全过程质量管理的全面显性和实时监控。

2）构建了以“数字、互联、智能”为特征的覆盖产品设计、制造、保障和管理的企业一体化协同信息化平台，为实现智慧管理、智能决策奠定了坚实的基础。

3）自主创新建设了国内规模最大、信息化和智能化水平最高的产品核心组件智能生产线，实现核心组件基于“感知、分析、决策、反馈”的智能制造。

4）国内率先构建了军地一体化服务保障系统，实现基于产品健康状况的主动服务保障，提升了产品使用效能。

5）提出了“浸润式”质量文化模式，创新了质量文化的内涵和推进方式。

6）构建了系统的全面质量管理方法论、制度体系和流程规范，不仅具有独特性、创新性，而且在产品研制行业具有实用性和可推广性。

复杂电子产品数字化、可视化、智能化寿命周期质量管理模式，提供了系统完整的质量管理思路、运营架构、管控机制和具体做法，形成了一整套成熟的解决方案，适用于产品研制企业，已被应用于航空、航天、电子、船舶等领域，有效带动了业内企业质量管理能力的提升，是可推广和可复制的典型实践。

大型复杂信息系统迭代增量式开发的四层预防与量化管控模式

一、背景情况

基于网络信息体系的大型复杂信息系统是以网络中心、信息主导、体系支撑为主要特征的复杂巨系统，是信息化作战体系的基本形态，是打赢信息化战争的基础支撑。当前，大型复杂信息系统通常具备需求不确定且变化快、规模巨大、结构复杂、研制单位多、研发周期短、由产品交付向能力交付转变等特点。传统信息系统的研制方法包括以瀑布模型为主、按模型给出的阶段进行研制、建立规章制度约束研制行为、采用信息化平台支撑项目与质量管理等。传统信息系统的研制方法已经不能满足当前信息系统的研制要求，必须创新模型，适应当前信息系统研发过程敏捷高效、精准管控等要求。

针对模型创新的要求，中国电子科技集团公司第二十八研究所（以下简称“二十八所”）基于“CMMI+敏捷”的理念，结合持续集成方法，创新构建了迭代增量式开发模型，并基于该模型从体系、方法和手段上进行创新，形成了迭代增量式开发的四层预防与量化管控模式（“123”模式）。

二、主要内容

迭代增量式开发的四层预防与量化管控模式（“123”模式）：“1”为一个模型，即迭代增量式开发模型；“2”为 2 个体系，即一体化质量管理体系和四层预防体系；“3”为 3 项能力，即量化管控能力、信息化能力和知识服务能力，如图 1 所示。

在模型创新、体系建设和能力建设过程中，二十八所形成了 7 项创新方法和实践：迭代增量式开发模型、GJB 9001C 和 GJB 5000A 管理体系融合、研制过程四层预防体系、研制过程量化管控体系、一体化研发管理平台、软件代码缺陷自动检测平台，以及知识服务平台建设。

（一）构建迭代增量式开发模型

迭代增量式开发模型如图 2 所示，在早期需求不确定的情况下，运用迭代增量的方法，快速形成产品，并逐步形成需求。迭代增量式开发模型迭代过程分为以下两级：

1. 整个生命周期的大迭代

按照初步总体设计、设计开发、联试验证、交付等阶段，在项目初始需求不明确时开展初步总体设计，在设计开发和联试过程中逐步形成需求，最终形成版本产品交用户使用

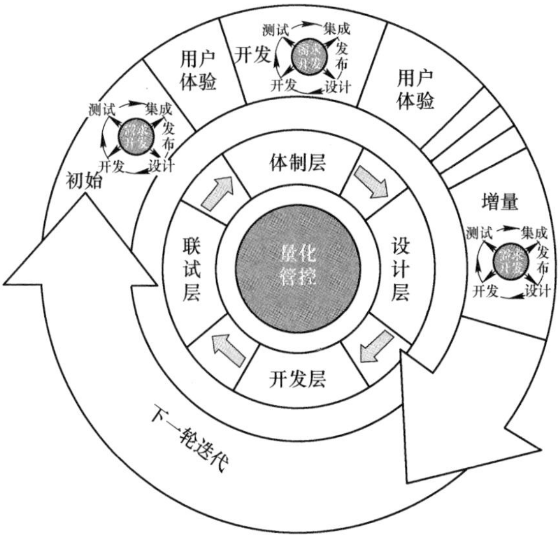

图 1　迭代增量式开发的四层预防、量化管控模式图

后，提出新的需求反馈给初步总体设计，进行版本的迭代。

2. 设计开发过程的小迭代

设计开发过程中运用持续集成的技术，将大型复杂信息系统的研制分为若干子系统，由若干个小团队来承担任务，每个团队明确其需求开发、软件实现、软件测试、持续集成部署的相关人员和职责，不断通过单团队的迭代掌握需求，并在迭代完成后，通过持续集成与其他团队进行集成。在设计开发期间，也有新的需求引入和新的团队产生，同样按照单团队和多团队持续集成的方式，在设计开发阶段进行迭代开发。

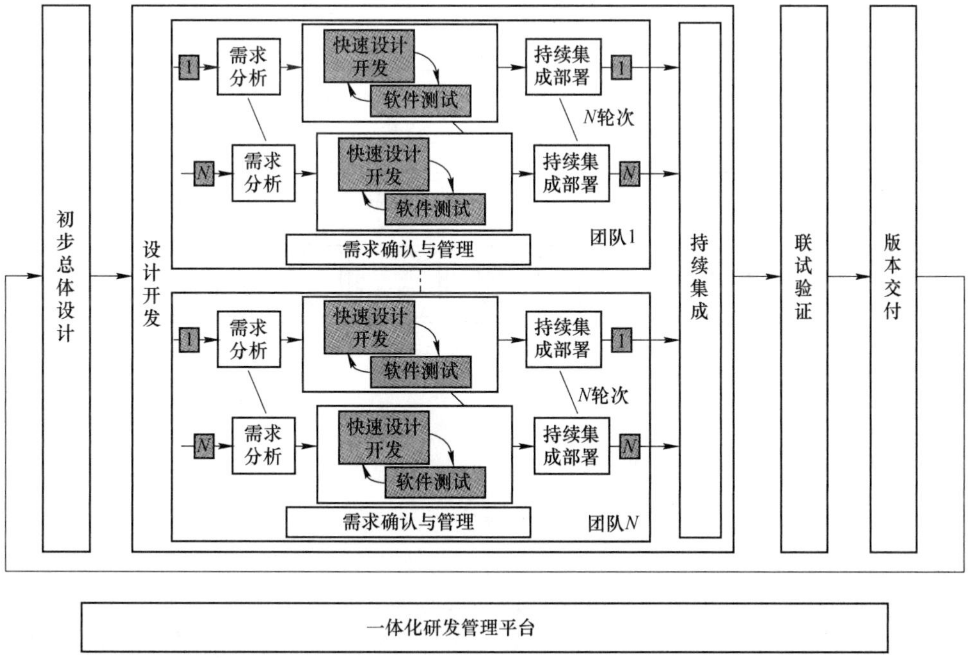

图 2　迭代增量式开发模型图

（二）GJB 5000A 和 GJB 9001C 管理体系融合

推进质量管理体系融合，形成一体化质量管理体系。二十八所基于 GJB 9001C 和 GJB 5000A 开展了对标分析，打造了顶层框架，重构了研发过程，实施要素级融合，构建了一体化的质量管理体系，形成了包含迭代开发过程控制程序、过程集及过程裁剪指南在内的质量管理体系文件，支撑迭代增量式开发模型的应用。为了确保迭代增量式开发模型有效运行，除了通过统一技术体制来约束技术人员研发行为外，还需要提供健全的制度和高效的过程实施全寿命周期的管理。

（三）研发过程四层预防体系

针对大型指挥信息系统研制过程管控要求，研究构建了四层预防体系，如图 3 所示，从技术体制、系统设计、软件开发、体系联试 4 个层面分别实施精细化管控，按照自上而下、层层落实的方式，规范技术人员的研发行为，确保大规模、多场景开发过程质量。

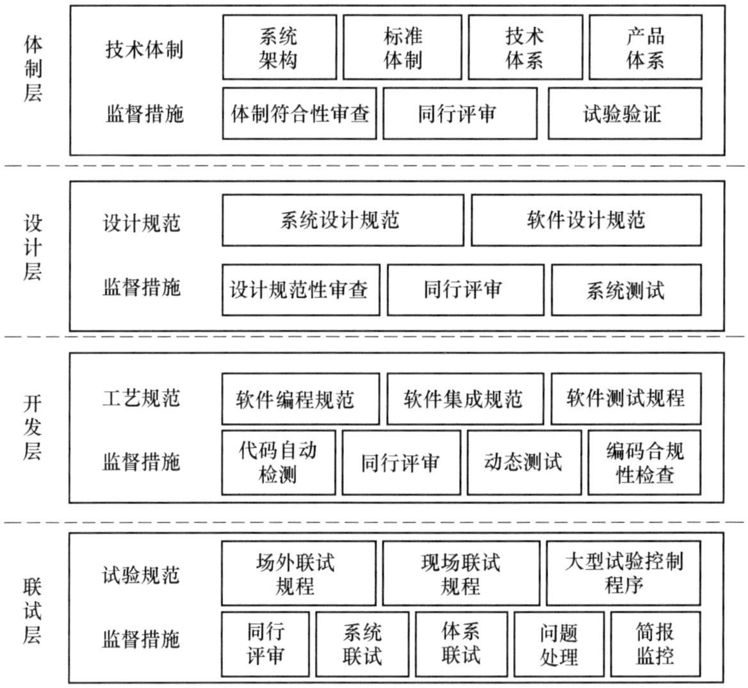

图 3　四层预防体系图

（四）研发过程量化管控体系

构建量化管控体系，实现全过程量化管控。二十八所将 GJB 5000A/CMMI 能力成熟度模型四级要求融入全类别、全流程、全要素的系统化科研管理中，建立研发过程量化管控体系，实现科研生产管理由“规范化管理”提升到“定量化管理”，识别科研生产关键过程，确定量化指标，并通过模型预测、基线和目标控制等手段，确保过程质量，提高项目产品质量，提升项目交付能力，为科学的领导和决策提供依据。

（五）一体化研发管理平台

对照军标和体系要求识别质量管理信息化需求，基于管理制度、研发过程、专用规范等企业基础能力，打造一体化的研发管理平台，贯穿论证、设计、研制、集成、鉴定、验收、维护保障全寿命周期，覆盖系统、软件、设备等 20 个项目类型，实现工具、实装、模拟器等资源灵活配置、互联互通，实现研制活动 7×24 全天候进行，实现基于研制活动状态的项目进度、质量自动化监控与告警，支撑企业快速高质量发展。

（六）软件代码缺陷自动检测平台

依托军用数据中心基础支撑环境，构建软件代码缺陷自动检测平台，提供无人值守代码测试能力，将测试融入软件开发过程，提升了代码质量管理的核心能力，有效控制了软件开发过程的代码缺陷密度，提高了代码质量和研发效率，显著降低了企业成本。

立足软件代码缺陷自动检测平台六项检测基础能力，围绕平台的使用及运维，打造“两层两面”的软件代码缺陷自动检测及预防体系，具体如图 4 所示。

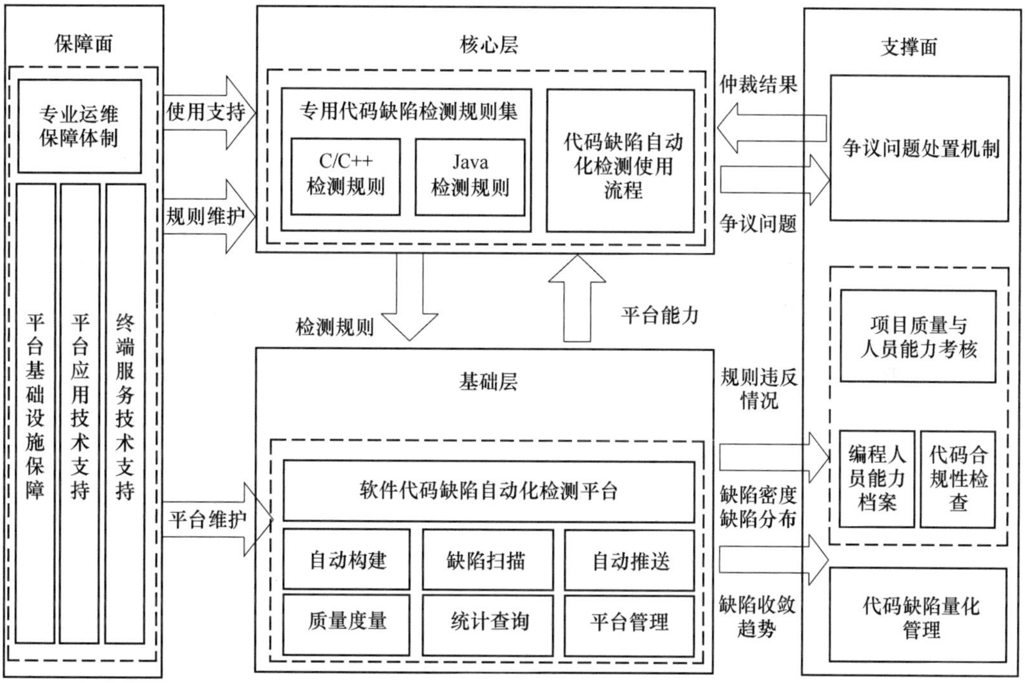

图 4　软件代码缺陷自动检测及预防体系

（七）知识服务平台建设

迭代增量开发模式对团队成员要求较高，需要团队成员具备包括信息系统专业知识、管理知识、工具使用等各类知识技能。为了保证团队成员可以快速便捷地获取到相关知识，二十八所构建了知识服务平台，为系统研制各个过程提供知识按需获取和精准推送服务。

三、在实践应用过程中的典型做法

2016年，二十八所承担了某部某系统研制任务。该项目涉及十五家承研单位，涵盖了联合指挥、陆、海、空、火等领域。同时，因军队体制改革，联合作战样式仍在探索，系统作战使用需求不明确，但需尽快交付可用系统支撑用户战备值班。鉴于以上原因，二十八所采用迭代增量式开发的四层预防、量化管控模式进行项目全过程管控。该系统经历了南京、涿州、广州现场开发，历时约18个月，项目开发团队约数百人。经过多轮重要的迭代，形成软件版本10余个，识别出条目化需求上千条，设计测试用例上万个，软件代码缺陷密度低于1.2个/千行，有效保证软件产品质量。

为确保迭代开发过程中质量受控，编写了项目级《质量管理要求》《测试管理规定》《配置管理规定》等制度，安排质量师在现场监督落实，每周形成质量态势并在现场管理看板上进行发布；在项目实施的过程中，不断总结提炼，形成了组织级《快速原型开发项目管理规定》《快速原型开发需求开发指南》《快速原型开发软件测试指南》《快速原型开发软件配置管理指南》；结合在项目中的深入实践不断改进完善，形成了《迭代开发过程管理规定》。

在整个研制过程中，强化四层预防体系的推行，包括对顶层架构的统一规范、强制标准的贯彻与监督、共性产品和技术体系的运用。编制并持续更新维护《指挥信息系统设计规范》《指挥信息系统软件设计规范》《C/C++编程规范》《Java编程规范》等，开展培训考核，持续推进设计人员、编码人员、测试人员、配置管理人员等持证上岗机制，目前已实现了编码人员、测试人员、配置管理人员100%持证。同时，建设软件代码编程规范符合性检测等工具，在科研流程中嵌入设计文件标准化检查单，并通过共性产品物化标准，结合产品项目的标准化审查、设计评审、测试、联试等环节，开展多方位、全流程的标准规范实施监督，保证执行的有效性。

四、实践应用场景和产生成效

（一）项目背景

2016年年初，在军改的背景下，我军在某部开展某项目试点建设，该项目涵盖各领域多兵种的体系性研制项目，且要求在2年左右的时间内完成系统1.0版本研制。

（二）实践做法

二十八所作为体系研制牵头单位，成立项目联合总师组，通过运用历史积累成果和多轮次的用户需求对接，形成初步总体方案。以该方案为依据，组织成立了10余家单位数百人的大型研发团队，分别在所内和用户现场进行了集中开发。在此过程中，由于用户需求多变，且部分需求暂不明确，二十八所采用迭代增量开发方法，将研发团队分为若干个小团队，各小团队负责人为需求分析人员，分别组织设计开发人员开展迭代开发，小团队和小团队之间通过持续集成的方法进行协同联调联试。同时，集中设置配置管理员、测试人员和质量保证人员，对下属的小团队进行集中统管。

在此过程中，以“需求开发”“软件编码”和“软件测试”为关键过程实施量化管控。以代码缺陷密度、测试用例密度和条目化需求数为关键度量项，根据组织级基线，设立了代码缺陷密度量化目标、测试用例密度量化目标，对各团队实施量化管控；为配合系统研制，在现场部署了一体化的研发与管理平台，并对参与人员实施管理制度和工具使用培训。

经过多轮重要的迭代，该项目形成软件版本 10 余个，识别出条目化需求上千条，设计测试用例上万个，软件代码缺陷密度低于 1.2 个/千行，有效保证软件产品质量。

2017 年 11 月，该系统正式担负值班，保障了 6 次重大演练活动，得到了集团领导的高度评价。

通过该模式的应用，公司近 5 年来需求分析能力提升了 39.8%，评审能力提升了 31.8%，产品一次交验合格率多年来保持 100%，产品质量逐年稳步提升。

五、方法的创新性和推广价值

二十八所在体系性项目研制与管控过程中，创新形成的“123”模式，在大型复杂软件研制行业中处于领先地位。该模式具有以下几方面的创新性和推广价值：

1. 将精益理念融入过程控制与量化管理

该模式是在专业背景知识的基础上，深度研究指挥信息系统研制特点，经过长期大量的工程经验积累和沉淀，吸纳了 CMMI、敏捷等成熟先进管理方法的优点，进一步优化了过程控制、量化管理的工作要求，形成了能够有效支撑当前大型复杂信息系统研制的新模式。

2. 实现 GJB 9001C 和 GJB 5000A 要求的融合

GJB 9001C 和 GJB 5000A 两体系融合，重点是从组织、制度、工具和监管 4 个层面开展要素级融合，统合了体系覆盖范围、建设推进组织和运行监管队伍，完善了质量管理体系文件，实施管理和研发平台融合，构建了三层运行监管体系，最终建成以研发流程为主线，同时满足 GJB 5000A 和 GJB 9001C 标准要求的一体化质量管理体系。GJB 9001C 和 GJB 5000A 管理体系融合的过程和方法，可以为企业实施体系融合提供经验。

3. 构建与完善量化管控体系

采用“GQM”方法（目标 Goal—问题 Question—度量项 Measure），自顶向下，层层分解，梳理形成一套支撑系统化军工科研管理的量化指标体系；基于积累和沉淀的历史数据，使用统计分析方法建立基线与模型，指导策划、设计、评审和测试等活动。量化管控体系的构建和运行，可以为业内实施 GJB 5000A 四级的高新软件研发企业提供支撑。

4. 构建形成四层预防体系

四层预防体系按照自上而下、层层落实的方式，从产品的系统架构、标准体系、设计要素和开发要求等方面规范了技术人员的研发行为，并通过各级的管控环节实施把关，确保了产品全流程的研发质量，对大规模、多场景软件研发工作具有推广意义。

5. 打造一体化研发与管理平台

先进管理理念的落实离不开信息化支撑，系统一体化服务平台是一体化研发管理平台的“后台”，配置了通信网络资源、计算存储资源、安全保密资源、时空基准资源等，通过资源全部上云实现灵活配置，互联互通，研制活动7×24全天候进行，并将制度、标准各要求固化到平台，支撑“设计即实施、所论即所得、研制即贯标”，实现科研项目的“实时可控、量化可考、成果可见”，提升了研发与管理效率。

军委首长高度认可某部战区项目，指出该项目的标准要作为我军信息系统建设的标准。除了对技术标准进行推广外，项目研制过程的管理模式和方法，也将在我军的信息系统建设中进行推广。迭代增量式开发的四层预防、量化管控模式不仅已应用于战区联指级项目研制，还进一步推广到陆、海、空等分域级项目研制，满足了军改后当前信息系统研制的需要，可以在军内网络信息行业领域推广。

企业质量“271”分类管理模式实践

一、背景情况

甘肃长风电子科技有限责任公司（以下简称“公司”）产品质量状况较 2017 年度有所下降，急需查找并解决影响产品质量的问题和薄弱环节，结合管理评审会议确定的改进方向的相关要求，实施企业质量“271”分类管理模式（简称“271”质量管理模式）。截至 2020 年年底，公司已形成“271”质量管理模式常态化机制，制定了《“271”质量管理制度》，以持续改进质量问题，提高产品综合质量为目的，通过查找影响产品质量的薄弱环节，对问题进行分类、采取纠正措施，强化质量管理责任及考核，全面提升质量管理水平，持续改进质量管理体系运行的有效性和产品质量与可靠性。

二、主要内容

“271”质量管理模式主要是通过查找影响产品质量的各方面问题，列出负面清单，进行目标分解，责任层层落实，实施质量“271”管理，对其中“7”（70%）的问题，限期解决，不留隐患；“2”（20%）的问题，组织攻关，制订计划解决；“1”（10%）的难点问题列出专题，持续改进。通过开展形式多样的质量提升活动，对影响产品质量的问题进行“2”“7”“1”分类，制订详细的整改计划，针对不同的分类，采取不同的解决措施，逐步解决影响产品质量的各方面问题和质量管理体系中存在的不足，持续改进质量管理体系运行的有效性，不断解决影响产品质量的各类问题，切实提升产品实物质量和服务保障能力，为产品建设做出更大贡献。

三、在实践应用过程中的典型做法

经过科学策划、不断改进，最终确定推进“271”质量管理模式的 4 个阶段，主要做法如下：

（一）统一认识

在公司范围内，充分利用电子屏、电视、黑板报、讲座等多媒体多渠道宣传“271”质量管理模式的内涵及创新意义，使广大职工充分认识开展“271”质量管理模式的重要性，调动职工参与的积极性，为实施“271”质量管理模式，统一思想认识、奠定群众基础。

（二）夯实基础

一是顶层设计促进基层探索，组织编写《“271”质量管理制度》，规定“271”质量管理内涵、“271”问题划分原则、相关单位职责划分、工作流程、整改措施要求、现场验证要求、绩效管理，以及考核奖惩要求等内容，确保常态化管理和时效性。二是由总经理指导“271”质量管理模式的策划及具体实施；督促各二级单位积极配合。三是在公司内分级成立“271”质量管理领导小组，明确职责分工，包括质量管理处宣贯培训“271”质量管理模式理念，拟定“271”质量管理各项提升活动计划，并对活动完成情况进行监督检查，按照PDCA循环持续改进；企管人力资源部根据质量管理部监督检查情况，对“271”质量管理各项计划完成情况进行绩效考核；设计、工艺、生产部门参与“271”质量管理提升计划的评审，并依据质量管理计划执行相应问题的整改落实。

（三）运行提升

1. 在公司范围内开展形式多样的质量提升活动

（1）质量管理体系和产品质量专项检查

2018年年初，按照公司质量管理要求和管理评审会议所提出的整改方向，组织专人对质量管理体系和产品质量进行监督检查，对检查过程中发现的问题进行汇总，对汇总的问题召集相关部门和体系管理人员讨论，经过评审和确认，对总计135项问题，采取“271”分类管理，其中70%的94项为立即解决，20%的27项为攻关解决，制订了整改计划并落实了纠正措施，10%的14项制订专题计划，持续改进。

2019年，组织各二级单位开展质量问题自查活动，质量管理处实时开展质量管理体系建设和运行、产品质量管理及改进情况、产品外购件外包件检验、质量检验、质量监督检查情况、可靠性管理情况、环境试验、外场技术服务；科技处负责查找科研项目管理（产品设计和开发策划、设计和开发评审、设计鉴定定型、监督检查考核等）、科技成果管理、技术状态管理、软件工程配置管理、GJB 5000A软件评定、核心技术和关键技术管理、科研合同管理、产品风险性管理、外部供方管理、服务保障过程中的技术管理问题等；电子技术研究所电讯设计负责查找产品设计和开发（设计和开发策划、输入、输出、确认、验证、试验、评审、定型、鉴定等）、外购件汇总表、设计图样、外包技术协议、技术状态管理、核心技术和关键技术、软件设计和开发、设计更改、可靠性等七性设计过程和外购外包选择及签订技术协议过程的技术质量问题；设计工艺一体化研究所结构设计负责查找产品设计和开发、技术状态管理、设计更改、外购件汇总表、紧固件汇总表、核心技术和关键技术、可靠性等七性设计过程、环境试验和外购外包选择及签订技术协议过程的技术质量问题；设计工艺一体化研究所工艺设计、标准化管理、新品试制、盐浴真空焊接等负责查找产品设计和开发、工艺设计总方案、工艺外协件清单、材料清单及消耗清单、工艺规程、专业工艺、特殊工艺规程、特殊关键工序质量控制、工艺流程、工艺路线、工装工具明细表防护工艺、特殊过程确认、技术状态管理、技术更改、核心技术和关键技术管理、环境试验、外购外协选择、生产过程控制等；物资供应处负责查找外部供方管理情况，包括采购计划、采购合同、采购资质、采购风险控制等；生产处负责查找生产经营计划、生产计划考核、生产试验设备台账、校准计划、校准报告、零件库管理、外协计划、外协合同等过程中影响产品质量的问题；计划发展处负责查找外包供方等过程中的产品和服务质量问题，以及经营计划、销售合同、制造技术协议、质量保证协议、库房管理、服务保障过程中存在的问题；科技处负责查找外包供方等过程中的产品和服务质量问题；企管人力资源部负责查找人力资源管理中存在的问题；教育中心负责查找人员培训中存在的问题；技术处负责查找仪器仪表、技术档案管理和技术更改中影响产品质量的问题；生产分厂负责查找生产过程中影响产品质量的人、机、料、法、环、测等方面的问题。质量管理处负责查找质量管理（体系审核：内部审核、二方审核、三方审核、管理评审、质量监督检查）、可靠性管理、质量检验试验、不合格品控制、质量问题归零、质量监督、外部供方控制、合格供方管理、元器件二次筛选、DPA 检测、技术服务保障过程中发现的有关产品质量的问题。针对汇总的 118 项问题，进行“271”分类管理，其中 70％的 83 项为立即解决，20％的 23 项为攻关限期解决，10％的 12 项制定专题，持续改进。各相关单位制订本单位的“271”整改计划，采取纠正措施。

2020 年，组织开展了产品质量提升活动，全力提高产品综合质量，坚持产品质量至上原则，查找问题 308 项，分类实施“271”管理模式，制订实施“271”工程计划，采取纠正措施。其中 70％的 215 项为限期解决，20％的 62 项为攻关解决，10％的 31 项为专题解决，持续改进。

（2）开展 163 型产品创精品活动

按照“271”质量管理模式和长风科技质量工作会精神，积极开展 163 型产品创精品活动，贯彻科技工业质量提升行动要求，牢固树立“质量第一，效益优先”的理念，全面提高质量管理水平，以提高产品质量为工作目标，以“精益制造、精益管理、精益服务”为主要内容，通过优化设计、细化工艺、刚性生产、精细化操作、闭环控制、细化检验、优质服务等工作，进一步完善质量管理和质量工作规范。按照“271”质量管理模式，对查找的 33 项问题进行分类，其中 70％的 22 项为立即解决，20％的 8 项为攻关限期解决，10％的 3 项为专题解决，编制了“271”管理改进计划进行整改，切实提升实物质量和保障能力。

（3）开展产品质量服务活动

利用质量月活动契机，开展产品质量服务活动，组织对全员质量意识、质量管理体系、质量监督管理、质量数据共享、产品质量设计控制、生产过程质量控制、试验过程质量管理、外包质量控制、外场服务保障、技术质量问题处理流程等进行复查。复查找出的 53 项问题，按照“271”质量管理模式，对问题进行分类管理，其中 70％的 37 项为立即解决，20％的 11 项为限期攻关解决，10％的 5 项为专题解决。组织相应评审，发挥公司技术管理专家的作用，充分论证，追根溯源，制订整改措施计划，按照双五条归零的原则，通过 PDCA 循环持续改进。

（4）开展对标自查问题整改活动

组织开展与中国电子信息产业集团有限公司、熊猫电子、主机厂的对标自查活动，针对各二级单位生产中存在的问题，从研制过程策划、项目管理、设计和开发输入、设计和开发输出、设计和开发控制和评审、设计和开发更改、设计和开发试验、质量通用特性设计、质量通用特性控制和评审、软件设计和开发输入、软件设计和开发输出、软件设计和开发控制和评审、软件接口设计、技术状态管理、工艺过程管理、外部供方控制、质量管理、可靠性管理、生产过程控制、设备管理、检测设备管理、质量检验与试验、不合格品控制、质量问题归零、交付后技术服务等方面与中国电子信息产业集团有限公司和熊猫电子对标，自查问题共 80 项。按照“271”质量管理模式，对问题进行分类管理，其中 70％的 56 项为立即解决，20％的 16 项为攻关限期解决，10％的 8 项为专题解决，持续改进。制订整改计划，并严格按照计划的要求进行整改落实，取得了实效。

（5）开展 177 型、187 型等产品工艺质量提升活动

为确保 177 型、187 型产品生产过程质量受控，细化工艺规范，严格按照工艺操作，提高产品交付合格率。经与用户代表研究决定，在生产过程中深入开展工艺质量提升活动，从 177 型、187 型产品工艺总方案、工艺路线、工艺规范等特性控制要求及其更改是否经过工艺评审、是否与设计文件一致并覆盖全部要素；产品关重件、关键工序的检验控制点设置是否合理，关键工序标识和“三定”要求是否落实，对关重特性和过程参数是否双检监测，控制措施是否有效，是否全数检验并留存实测记录；产品工艺图样、技术文件、作业指导书是否有效并按规定审签，图文、文文、文实是否一致；通用工艺、工艺图样、铸造工艺、机加工艺、表面处理工艺、电讯装配工艺、金工装配工艺、包装工艺、静电防护工艺、限用禁用工艺、调试工艺、检验试验工艺等文件是否严格按工序流程表述，现场实际情况是否适宜、充分，是否可操作，是否可控制，是否可检验，工序分解是否明确要求，其详细和准确度能否有效指导操作，是否需要进一步细化量化；生产现场的工序流转、批次管理、工艺纪律是否符合管理规定；以往发生问题的工艺环节是否有效纠正，工艺更改和技术通知单是否落实到位。对工艺文件的正确性、适宜性、完整性、一致性和提升内容进行复查改进。对现场自制工装夹具及工具进行清理汇总确认，规范管理；产品首件鉴定目录识别是否充分，是否包含全部关重特性和加工难度大、不稳定的工序内容；针对关重件特性、关键工序重要理化试验、装配后不易检查等项目，其工艺实现能力、方法是否经过评审并确认有效后固化，对应工艺图样文件、作业指导书的完备性、适宜性是否符合首件鉴定规定，首件是否双检、现场记录是否留存；产品不合格是否按规定审理，并经授权人签署意见，是否完整有效，对不合格品是否进行可用性和影响性分析、复算、验证，是否存在不分析、不验证而批准的让步接收；对关重件不合格是否准确定位并制定、落实纠正措施，是否提高让步接收审批权限，并在交付后专项跟踪、制定处置预案；等等。查找生产过程中的问题 339 项，分类实施“271”质量管理模式，其中 70％的 238 项为立即解决，20％的 68 项为攻关限期解决，10％的 34 项为专题解决，编制了“271”分类管理计划，采取了纠正措施。

2. 追根溯源，深入分析，不断完善“271”质量管理模式

针对活动开展过程中出现的各类问题，依据“271”质量管理模式要求，汇总问题，组织设计、工艺、质量、企管等部门相关人员，按照“271”分类原则，对汇总的问题进行分类并充分讨论，逐条逐项分析制定解决措施，制定考核时间节点，严格考核，追根溯源，从根本上解决影响产品质量的问题，确保每一项问题都能闭环处理。

每季度组织专人对科研、生产、售后服务等过程中发生的问题进行汇总，形成了解决一批、补充一批的常态化机制，不断补充完善“271”质量问题改进计划，并从“271”质量管理模式运行过程中，查找存在的不足，逐步完善“271”质量管理制度，从而实现 PDCA 循环，如图 1 所示。

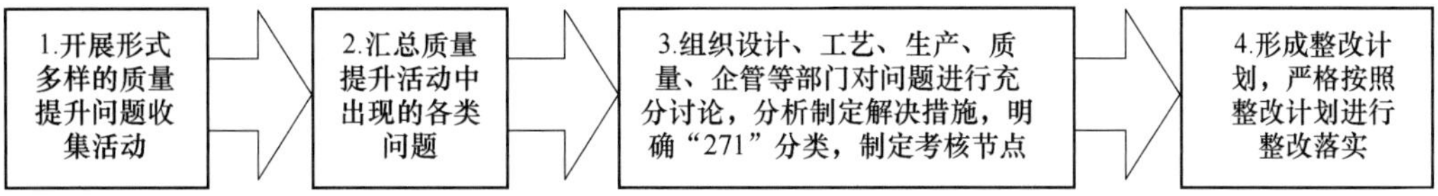

图 1　“271”质量管理模式的 PDCA 循环

（四）总结完善

对各项质量提升活动进行总结，针对“271”质量管理模式运行实施过程中存在的不足，修改完善“271”质量管理制度，持续改进，确保良性循环。继续深入实施“271”管理模式，将“271”质量管理模式推广应用于企业人员管理、财务管理等领域。

四、实践应用场景和产生成效

1）通过“271”质量管理模式的实施，督促各单位和每个员工查摆问题，质量管理处对全部问题从人、机、料、法、环、测等方面予以分类汇总，并组织设计、工艺、质量、生产、技术等部门对技术问题进行讨论确认并制定整改措施，形成人人关心质量、人人解决问题的氛围，全员质量责任意识全面提高。

2）通过“271”质量管理模式的实施，质量管理体系运行充分有效，主要质量指标达到考核要求，见表 1。

表 1　主要质量指标目标值与完成值对比

考核项目	目标值	完成值
自制件一次交验合格率	≥99.5%	99.70%
分机一次交验合格率	≥98%	99.30%
铸件一次交验合格率	≥85%	89.60%
特电机加零部件一次交验合格率	≥99.5%	99.50%
成套工装一次交验合格率	≥95%	99.54%
机械模具机加零部件一次交验合格率	≥99.5%	99.65%
机电表面处理零部件一次交验合格率	≥99.5%	99.51%
装配一次交验合格率	≥99.5%	99.50%
部件焊接一次交验合格率	≥75%	82.70%

3）在“271”质量管理模式的实施过程中，通过监控质量成本管理目标，控制成本费用，自 2018 年起降低了质量成本费用，2018—2020 年平均每年减少质量成本费用近 100 万元。同时，强化资产运营效率，提高经济运行效益，近 3 年累计效益额近 300 万元，年效益贡献率达 5.7%，见表 2。

表 2　质量成本费用情况

序号	指标名称	计量单位	时间	测算结果
1	前一年效益额	万元	2019 年	63.98
2	实施各年累计效益额	万元	2018—2020 年 共 3 年	294.99
3	平均年度效益额	万元	2018—2020 年 共 3 年	98.33
4	前一年效益贡献率	%	2019 年	5.7

4）随着“271”管理模式的实施，结合创精品活动的开展，公司产品质量和可靠性在管理方面都有了较大提升，问题出现率较往年下降明显，尤其是 163 型产品，自实施“271”质量管理模式以来，交付过程中质量问题不断减少，获得主机厂和用户的一致好评。2019 年，在主机厂举办的 100 多家供应商评价活动中，公司一季度排名第 8，三季度排名第 5，获得 2019 年度供应商大会最佳业绩表现奖。

5）随着“271”质量管理模式的实施，结合 177 型、187 型产品工艺质量提升活动的开展，全面清理 177 型产品工艺过程中的薄弱环节，对 177 型清查出的 284 项工艺问题、对 187 型清查出的 55 项工艺问题采取整改措施，确保了工艺的可操作性，提高了产品厂检一次检验合格率，177 型产品相比 2019 年（97%）提高了 3 个百分点，达到 100%，产品交付合格率 99%。187 型相比 2019 年（97%）提高了 3 个百分点，达到 100%，产品交付合格率 100%。

6）针对“271”实施过程中 10%的难点问题，公司组织质量管理 QC 小组进行专题攻关，将攻关成果在甘肃省质量协会组织的 QC 成果交流会上进行发表，并获得优异成绩。长风科技获得甘肃省质量协会等 3 个单位联合授予的 2020 年度“甘肃省质量管理小组活动优秀企业”“甘肃省质量信得过班组建设优秀企业”荣誉称号。

五、方法的创新性和推广价值

（一）创新性

企业质量“271”分类管理模式实践主要创新点：一是以预防为主采集负面问题清单；二是评审确认“271”分类和整改措施；三是基于“双五条”归零的 PDCA 循环改进模式。

质量“271”分类管理模式通过全体员工积极参与，从人、机、料、法、环、测等方面，主动查找科研、生产过程中影响产品质量的相关问题和薄弱环节以及质量管理体系的改进方向，列出负面问题清单集中解决。长风科技充分发挥专家作用，对所有负面问题的分类和整改措施进行评审，充分论证，追根溯源，制订整改计划并进行考核。在问题解决过程中，按照“双五条”归零的原则，通过 PDCA 循环持续改进，注重举一反三和完善规章，彻底解决问题，并进行跟踪验证，确保落实到位，不断提高产品实物质量和质量管理体系运行的有效性。

质量“271”分类管理模式是以质量目标为牵引，质量问题为导向，查找问题追根溯源，从质量问题事后把关转变为提前预防，从凭经验质量监督转变为依据数据分析重点监控，从划片式、单打独斗式质量监控转变为全方位体系监控，从产品质量符合技术要求转变为适应用户的要求。

质量“271”分类管理模式是以解决影响产品质量的人、机、料、法、环、测等方面存在的问题为着力点，采取有效的纠正措施，举一反三，彻底解决，以完善质量管理体系为落脚点，并形成规范化的管理制度，明确各部门的职责和要求，进行绩效管理并考核，定期实施，持续改进，形成质量管理提升的长效机制，不断提高产品质量，打造出好用、适用、耐用的各型产品。

（二）推广价值

通过查找影响各领域面临的问题或事件，通过2、7、1分类（“271”可以指问题或事件的重要程度等），划分出重要、次要、一般等程度，对不同程度的问题或事件，采取不同的措施，从而最大限度地提高效率，降低不必要的成本。因此，企业质量“271”分类管理模式具备在制造型企业质量管理中复制推广的价值。

基于时间、人员、过程的软件同行评审量化评价方法

一、背景情况

随着软件系统的功能日益增多，结构日益复杂，规模日益加大，软件已在大型复杂系统中发挥着越来越重要的作用，软件作为核心竞争力的地位日益凸显。

为建立健全中国科学院长春光学精密机械与物理研究所（以下简称“长春光机所”）软件研制质量监督体系，进一步提升软件质量管理水平，通过深入剖析软件研制过程中的薄弱环节，确定解决途径，长春光机所在2016年提出并实施了基于时间、人员、过程3个维度的同行评审量化评价方法，并于每年度进行优化改进。该方法旨在强化工程能力，聚焦实效，通过软件评审质量的提高促进软件研制能力的提升；以软件生命周期各阶段同行评审为主线，从时间、人员、过程3个维度进行量化评价，并积累和利用软件过程资产；不断优化调整实施方法，修订模型元素，持续提升软件过程管控能力，形成良好的软件研发氛围。

二、主要内容

基于时间、人员、过程的同行评审量化评价方法是一种面向软件生命周期模型，从模型关键节点提炼评价要素，在评审实施的各阶段予以量化评价，定期对评价结果进行分析并持续优化评价要素的综合评价方法。

该方法针对组织在软件工程体系建设和项目软件生命周期中存在的普遍性问题，筛选能够在同行评审实践中予以纠正、加强、提升的问题，转化为定位准确、责任清晰的评价要素。评价要素由时间、人员和过程3个维度组成，其中时间维度确定评价的时机，包括评审前、评审中和评审后；人员维度确定评价的责任对象，包括软件负责人、过程与产品质量保证人员（PPQA，以下简称QA)、项目配置管理员、评审专家、项目管理人员、项目负责人（电子学分系统负责人）和软件开发人员；过程维度确定要评价的具体活动内容，设置基础分、加分项和减分项。综合上述3个维度，同行评审质量＝评审前QA检查情况得分＋评审组织开展情况得分＋评审后问题闭环与验证情况得分＋加分项－减分项，基于时间、人员、过程的同行评审量化评价方法维度如图1所示。

评价由质量管理部门负责具体实施，每年对同行评审的结果进行汇总、分析和通报，以年度为单位对评价要素进行动态调整。2016年，首次发布的《长春光机所2016年度软件监督检查实施细则》对基础分评价项、加分项、减分项的设置见表1～表5。

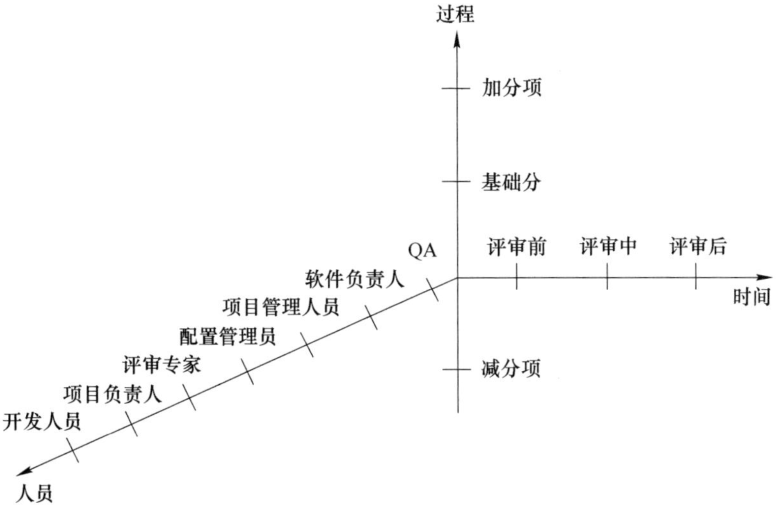

图 1　基于时间、人员、过程的同行评审量化评价方法维度

表 1　“QA 对评审文件的前期审查情况”评定原则

序号	评定参考标准	责任人	分值	说明
1	平均每份文档发现的有效 NCI≥3 个	QA	0.3～0.4	本项占60%分值
	平均每份文档发现的有效 NCI<3 个		0.1～0.2	
	发现的有效 NCI 数为 0 个		0	
2	对问题进行改正且在 QONE（软件过程管理平台）中进行相关操作	问题责任人	0.1	
	未对问题进行改正		0	
3	对问题进行验证且在 QONE 中进行相关操作	QA	0.1	
	未对问题进行验证		0	
数据来源	QONE 中项目的 QA 审核计划、审核报告、检查单和不符合项（NCI）（截止日期：评审会议召开之前）			

表 2　“QONE 中评审计划、评审报告和评审问题的建立情况”评定原则

序号	评定参考标准	责任人	分值	说明
1	在 QONE 中建立了评审计划、评审报告	软件负责人	0.1	本项占20%分值
	未在 QONE 中建立评审计划、评审报告		0	
2	在 QONE 中录入的有效评审问题数大于 0 个	软件负责人	0.1	
	在 QONE 中录入的有效评审问题数为 0 个		0	
数据来源	QONE 中建立的评审计划、评审报告和录入的评审问题（截止日期：评审会议召开后 10 个工作日）			

表 3　“评审问题闭环与验证情况”评定原则

序号	评定参考标准	责任人	分值	说明
1	对问题进行改正且在 QONE 中进行相关操作	问题责任人	0.1	本项占20%分值
	未对问题进行改正		0x	

续表

序号	评定参考标准	责任人	分值	说明
2	对问题进行验证且在 QONE 中进行相关操作	QA	0.1	本项占20%分值
	未对问题进行验证		0	
数据来源	各问题在相应文档中的闭环情况；QONE 中各问题的闭环和验证的记录情况（截止日期：评审会议召开后 10 个工作日）			

表 4　“各次软件工作产品评审质量”减分项

序号	评定参考标准		责任人	扣除分值
1	参加评审的人员不符合要求（各次软件工作产品评审参加人员见项目《软件开发计划》）		项目管理人员	0.1
2	召开软件工作产品评审的日期与计划日期不符	将几次软件工作产品评审合并召开	项目管理人员	0.2～0.6
		由于软件开发计划未进行变更	软件负责人	0.2
		由于配置管理员未将最新版本计划上传至 SVN	配置管理员	0.2

表 5　“各次软件工作产品评审质量”加分项

序号	评定参考标准	责任人	增加分值
1	在 QONE 中录入的有效评审问题数多于 5 个，且各问题均为技术层面的问题，而不是文字错误或一般的不符合性错误	软件负责人 问题责任人 QA	0.2

三、在实践应用过程中的典型做法

2016 年，长春光机所首次发布《长春光机所 2016 年度软件监督检查实施细则》，开始推行基于时间、人员、过程的同行评审量化评价方法。根据领域特点，建立 15 类软件生命周期模型，选取了包括软件系统分析与设计、软件计划、软件需求分析、软件设计、软件实现和软件测试评审的评价节点，基础分评价项、加分项、减分项见表 1～表 5。

2017 年，发布《长春光机所 2017 年度软件监督检查实施细则》，缩小评价覆盖范围为软件系统分析与设计、软件需求分析和软件测试评审，对基础分评价项、加分项、减分项进行调整，见表 6。

表 6　2017 年基础分评价项、加分项、减分项调整

序号	评定参考标准	责任人	分值	调整说明
1	发现有效 NCI 数大于 0 个，且 NCI 的描述清晰、具体	QA	0.2	取消定量标准，提高问题质量要求，分值从 0.4 降低到 0.2
2	提供与评审相关的备查文件	软件责任人	0.1	新增内容

续表

序号	评定参考标准	责任人	分值	调整说明
3	在 QONE 中录入的有效评审问题数大于 0 个，且问题的描述清晰、具体	软件责任人	0.2	提高问题质量要求，分值从 0.1 提高到 0.2
4	参加评审的人员不符合要求（各次软件工作产品评审参加人员见项目《软件开发计划》）	项目管理人员	−0.1	删除内容
5	多次重复出现“问题库”中的问题	软件负责人 软件开发人员 QA	−0.2	新增内容
6	将几次软件工作产品评审合并召开	项目管理人员	−0.2	分值从 0.2～0.6 降低到 0.2
7	为“问题库”提供有参考价值的问题素材	软件负责人 软件开发人员 QA	+0.2	新增内容

2018 年、2019 年沿用了 2017 年的评价项，未做调整。

2020 年，发布《长春光机所 2020 年度软件监督检查实施细则》，评审方式增加函审方式，由项目管理人员、软件负责人根据《软件研制过程文件》规定及项目特点确定评审方式，人员维度增加“评审专家”，对基础分评价项和减分项进行了调整，见表 7。

表 7　2020 年基础分评价项和减分项调整

序号	评定参考标准	责任人	分值	调整说明
1	对问题进行改正及验证，完成 QONE 相关操作	问题责任人、QA	0.1	合并问题改正和验证，分值从 0.2 降低到 0.1
2	评审专家参照评审检查单完成评审，评审检查单签署完整	评审专家	0.2	新增内容
3	对问题进行改正及验证，完成 QONE 相关操作	问题责任人、QA	0.1	合并问题改正和验证，分值从 0.2 降低到 0.1
4	将几次软件工作产品评审合并召开或“错位”召开	项目管理人员	−0.2	调整描述，增加“错位”召开的描述

2021 年，部分航天领域项目负责人提出软件测试评审节点较晚，不利于把关功能、性能、安全性等指标，建议重点关注测试说明评审，长春光机所拟将量化评价的范围扩大至软件配置项测试说明与系统测试说明评审。

四、实践应用场景和产生成效

经过 5 年的实践应用，长春光机所通过持续优化、不断改进，形成了一套能够满足软件研制中同行评审实践活动的量化评价方法，解决了长春光机所在软件研制过程中存在的一系列问题，提高了评审有效性，提升了软件工程化水平，为产品研制提供了保证。

该方法实施的第一个阶段，能够解决软件评审准备不充分、问题少、缺记录、问题处理不完整的问题，并实现技术文档问题的原始积累。2016 年，长春光机所同行评审存在的问题主要体现在评审前QA人员提出问题的意愿不强，问题积累数量很少，软件技术文档在进入评审时遗留了很多类似于标识、引用文档、编号等方面的低级错误，文档质量难以提升；部分项目评审组织混乱，多次评审合并召开或参加人员随意拼凑的情况时有发生。因此，在基础分中，针对评审前的QA人员检查设置了50%的分值，对QA人员的检查问题数量设置了定量标准，鼓励在评审前发现问题；在减分项中设置了较大的减分幅度，督促项目管理人员规范评审的组织过程；通过设置加分项鼓励评审专家关注技术问题。由于2016年为该方法实施的第一年，实施细则中还明确规定了与KPI加减分的挂钩条件，以此提高软件开发人员的重视程度。2016年全年共对42次同行评审实施量化评价，平均得分为0.98分，QA在评审前发现文档问题566个（平均13.47个/次），评审中发现问题558个（平均13.29个/次），所有问题均得到闭环和验证。评审走过场的现象逐步消失，评审有效性得到显著提升，项目成员逐渐养成良好的工作习惯。

该方法实施的第二阶段，能够聚焦关键评审、形成组织资产、提高评审绩效，规避技术文档中的低级错误，规避各项目中同类问题的重复出现。在没有推行该方法之前，QA人员在评审前不能有效地发现问题，问题数量达不到一定规模时，就不具备数据分析的基本条件，也无法找出其中隐含的规律。2016年首次推行该方法后，问题数量得到爆发式积累。2017年，质量管理处对问题进行了汇总分析，提取了14类共性问题和34类个性问题，编制了《软件技术文档问题库》。对问题库中问题重复出现设置减分项，对问题库提供有参考价值的素材设置加分项。与此同时，长春光机所同行评审存在的问题演化为不提供备查文件导致无法追溯顶层需求，量化评价的范围不聚焦，过于面面俱到。因此，质量管理处缩小了量化评价的范围，调整为软件系统设计评审、软件需求评审和测试评审；在基础分中取消了QA发现不符合项的定量标准，分值比例从50%降低到30%，在评审中增加对备查文件的检查项，评价分值比例从20%提高到40%，删除了评审组织和参加人员情况的减分项，2017年全年共对52次同行评审实施量化评价，平均得分为0.97分，QA在评审前发现文档问题591个（平均11.37个/次），评审中发现问题620个（平均11.92个/次），《软件技术文档问题库》中常见问题的出现频度明显减少，且问题逐步偏向技术问题，重要和关键问题占比明显提高。

该方法实施的第三阶段，能够形成良好的评审氛围，及早、高效地从工作产品中识别并消除缺陷，提高产品质量，降低开发和维护成本。经过两年的实施，软件开发人员已经形成了良好的评审习惯，大部分项目能够做到及时主动地组织软件评审，因此，2018年、2019年未对评价表进行调整。2018年全年共对27次同行评审实施量化评价，平均得分为0.90分，QA在评审前发现文档问题183个（平均6.78个/次），评审中发现问题326个（平均12.07个/次）；2019年全年共对37次同行评审实施量化评价，平均得分为0.81分，QA在评审前发现文档问题165个（平均4.46个/次），评审中发现问题198个（平均5.35个/次），平均评审问题数基本呈下降趋势，文档质量持续提升。2020年，作为装备发展部GJB 5000B同行评审实践域的验证试点单位，质量管理处结合新版标准对同行评审过程文件进行了修订，建立了评审专家库，编制了与技术文档模板严格匹配的评审检查单，避免了评审时缺少边界、天马行空的方式。通过数据分析，测试评审发现的问题极少，得分较高，主要是由于测试过程较为规范，且航天类产品或新研产品更适合对测试说明进行评审，因此在评审方式上增加了函审（针对测试报告），在评审范围上延伸了测试说明评审。此外，对基础分进行了修订，增加了评审检查单的评价项，人员维度增加评审专家，降低评审前和评审后问题闭环验证的分值；针对少部分项目对评审顺序前后颠倒的行为修订了减分项。2020 年全年共对 41 次同行评审实施量化评价，平均得分为 0.78 分，QA 在评审前发现文档问题 81 个（平均 1.98 个/次），评审中发现问题 259 个（平均 6.32 个/次），评审检查单得到有效使用，评审过程更加规范。

经过第一阶段和第二阶段的积累和坚持，软件开发人员在一次次的评审中逐渐强化了意识，文档中的低级错误越来越少，文档质量有了显著提升，节省了软件开发人员反复修改、确认所花费的时间和精力。同行评审专家和软件开发人员能够把更多的注意力放在功能、性能、接口、可靠性和安全性等技术相关的问题上，把有限的时间和精力放在技术层面。在软件测试阶段及交付后发现的文档类问题明显减少，产品质量显著提升，开发和维护成本逐渐降低。

经过上述实践不难发现，采用基于时间、人员、过程 3 个维度的同行评审量化评价方法是一种能够有侧重、按层次有序提高同行评审有效性的方法。根据组织和项目运行地消失的问题和出现的新问题，定期调整评价要素，从时间、人员和过程 3 个维度动态地收缩和延伸管理半径，精准把握组织当前最关注的重点问题，推动组织持续提高同行评审有效性，提升软件工程化水平。

五、方法的创新性和推广价值

基于时间、人员、过程的同行评审量化评价方法紧紧围绕软件研制质量管理的难点和堵点，瞄准解决软件研制体系实施两张皮、软件评审走过场的突出问题，立足问题牵引、全生命周期的质量管理理念，体系设计科学合理，评价要素定位准确，分级规划体现人员及组织质量保证能力的提升途径，对评审有效性进行全面综合的评价。

长春光机所从 2016 年开始推行该方法，经过 5 年的实践证明，该方法能够实现技术文档问题在数量上的原始积累，为数据分析提供基础的素材和资料，并在此基础上形成具有组织和领域特点的问题库；通过量化评价的坚持和问题库的使用，逐步规避技术文档中诸如标识、编号、格式排版等低级错误，提升同行评审参与人员的质量意识，提高软件开发人员的技术文档编制能力；通过一段时间的坚持，将同行评审的关注点由文档规范性向技术问题转变，让技术文档评审不局限于文字的推敲，而是成为真正提高产品质量的过程；在持续的迭代优化过程中，突出重点和核心，减负提效，逐渐形成一种自发地正向反馈，从而确保组织过程不断改进，组织能力不断提高，组织绩效不断提升。

该方法落实上级质量至上的理念，提倡人人参与质量，提升产品质量水平。该方法的框架、基本元素、内在逻辑具有普遍适用性，评价要素可以根据各组织的行业特点、研究领域特点、项目特点进行本地化定制。该方法在组织中演进的模式具有一定的规律性，具备在行业内其他单位复制推广的价值。

基于STORM暴风模型的工程能力评价方法

一、方法介绍

大科学工程项目具有研制周期长、费用高、协作单位多、高保密性和高风险的特点，这不仅给建设单位的技术能力带来了挑战，还给建设单位的管理能力带来了挑战。对于庞大和长周期的大科学工程项目，完成效果评价不能片面地停留在任务结果导向，必须从项目整体出发，以系统工程的管理思路做好策划，从多维度的视角不断审视项目管理过程与结果，以持续改进工作状态，使大科学装置工程研制项目管理能力从规范级迈向卓越级。

基于多维度视角的项目过程评价导向，建立科学客观的大科学装置工程管理能力评价STORM暴风模型，模型创建过程中参考吸收了目前国内外具有一定影响力的主流成熟度模型的优秀基因，如中国卓越项目管理模型等。模型由监督、技术管理、组织环境、项目结果、项目过程等动态多层级指标体系构成，通过开展定期的项目综合评价，能够准确定位并改善管理薄弱环节，持续优化提高项目管理水平，满足项目动态变化的管理需求，提升项目管理绩效。

（一）模型构成

工程管理能力评价模型是一个覆盖了大科学装置工程全过程、多要素、多功能的综合评价模型，模型集数据收集、能力评价、持续改进等多功能于一体，是基于组织、过程、方法、技术、人员等多方面能力评价的综合反映，如图1所示。该模型主要分为组织环境、管理过程、技术管理、监督和项目结果5大部分：

组织环境（Organization Environment）立足于项目管理所处的组织背景，主要评价组织环境对重大装置工程的组织支持效果，包括领导、文化、组织结构、信息化、人才培养和激励等方面。

管理过程（Management Process）是以项目管理部为核心，以管理的各个要素为评价要点，全面评价项目管理部各个部门的管理能力以及整体的管理水平。

技术管理（Technical Management）是以研究部为主体，考察项目管理部在协助其研究的管理过程中是否规范，能否持续推动项目技术攻关。

监督（Supervision）主要考察外部对装置实现过程的监督情况和内部管理评审的情况。

项目结果（Results of the Project）主要对项目完成效果的符合性、高效性和影响力进行评价，包括项目目标的实现、顾客的满意度、社会影响和环保情况等方面。

通过组织环境、管理过程、技术管理、监督和项目结果5大部分建立了大科学装置工程管理能力评价模型，并以5个部分英文的首字母组合为“STORM”（STORM有暴风雨之意）。

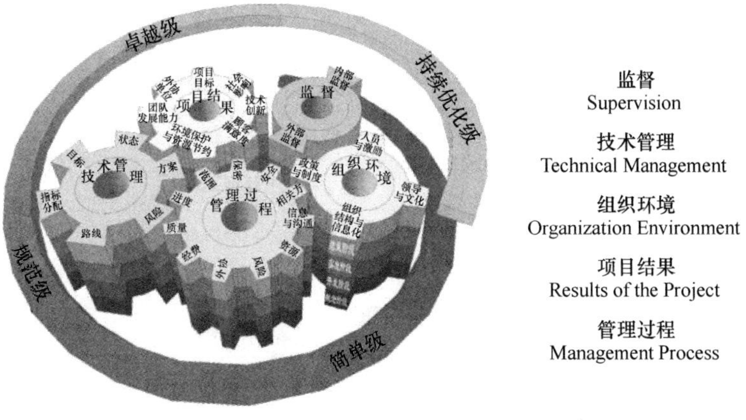

图 1　基于 STORM 的大科学装置工程管理能力评价模型

（二）指标层次

针对大科学装置工程管理能力评价结构共设计为 5 个层次：目标层和四级指标。

目标层：评价的目标是重大装置工程管理能力成熟度。

一级指标：由重大装置工程管理能力评价的 5 个模块构成，包括组织环境、管理过程、技术管理、监督和项目结果。

二级指标：每个一级指标下面都包括若干个二级指标，如一级指标组织环境包括领导与文化、组织结构与信息化、人员与激励、政策与制度 4 个二级指标。共包括 30 个二级指标。

三级指标：每个二级指标下面都包括若干个三级指标，如二级指标领导与文化包括领导支持和组织文化 2 个三级指标。共计 86 个三级指标。

四级指标：为提高评估的针对性和可操作性，三级指标进一步分解为四级指标，如三级指标领导支持包括决策机制、领导授予下级管理者参与决策程度、领导授予下级管理者决策额度、领导对上报问题的处理速度 4 个四级指标。共计 217 个四级指标。

以组织环境为例，具体评价指标体系见表 1。

表 1　组织环境构成指标

一级指标	二级指标	三级指标	四级指标	具体分值
组织环境（200 分）	领导与文化（64 分）	领导支持（24 分）	决策机制	6
			领导授予下级管理者参与决策程度	6
			领导授予下级管理者决策额度	6
			领导对上报问题的处理速度	6

续表

一级指标	二级指标	三级指标	四级指标	具体分值
组织环境（200分）	领导与文化（64分）	组织文化（40分）	创新文化	6
			协同攻关文化	6
			文化自信	6
			文化主题活动次数	5
			文化活动场所数量	5
			学术研究程度	6
			文化辨识度	6
	组织结构与信息化（54分）	组织结构（18分）	组织结构与项目目标匹配度	6
			组织分权与项目规模的匹配度	6
			组织协同度	6
		管理接口（18分）	项目主管领导数量	6
			直接汇报部门数量	6
			管理层次数量	6
		组织信息化（18分）	系统对重大装置工程的支持度	6
			重大装置工程信息系统开发程度	6
			信息系统的使用率	6
	人员与激励（40分）	人员保障（18分）	人员结构	6
			人才引进	6
			人才培养	6
		专家支持（12分）	技术专家	6
			管理专家	6
		激励（10分）	激励因素	5
			保健因素	5
	政策与制度（42分）	政策响应（18分）	政策识别程度	6
			政策宣贯程度	6
			政策执行率	6
		组织制度（24分）	制度与项目的匹配度	6
			制度执行率	6
			制度覆盖率	6
			制度纠正率	6

（三）指标分值

工程管理能力评价指标模型共计 2 000 分，其中一级指标组织环境占 200 分，管理过程占 500 分，技术管理占 300 分，监督占 200 分，项目结果占 800 分，如图 2 所示。分值的设置体现了不同维度的重要性，四级指标填充在各个一级指标内，分值的设置根据评价中的重要程度决定。每一个指标都有对应的指标解释和评价标准等级解释，评价标准结果从低到高划分为简单的、规范的、卓越的和持续优化的 4 个等级。

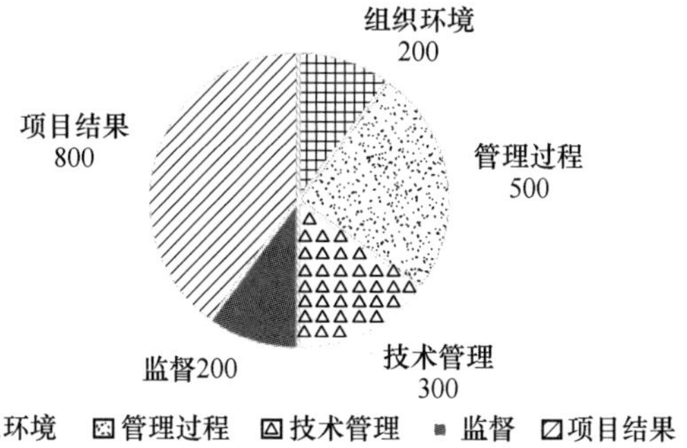

图 2　基于 STORM 的大科学装置工程管理能力评价分值设计

二、应用情况

以实际管理情况为基础，从组织环境、管理过程、技术管理、监督和项目结果 5 个维度，对某激光装置及其器件研制过程进行能力评价，按照工程管理能力评价指标体系，采用定量和定性相结合的方式，以数据采集、问卷调查的方法对装置建设的实际管理情况进行客观评价，以期望达到凝聚管理目标分解认识，客观表征装置管理能力水平，明确管理改进方向的目的。

通过统计，根据能力评价结果表，STORM 评价模型总得分为 1 695.40 分，成熟度系数 1 695.40/2 000＝0.847 7，其中，一级指标的组织环境 167.85 分，管理过程 444.40 分，技术管理 267.00 分，监督 190 分，项目结果 626.40 分。

一级指标相对值＝一级指标得分/一级指标总分，以 5 个一级指标同各自的标准得分相比，相对值见表 2，一级指标蛛网图如图 3 所示。

表 2　一级指标相对值

一级指标	相对值计算	相对值 （小数点后保留两位）
组织环境	167.85/200	0.84
管理过程	444.40/500	0.89
技术管理	267.00/300	0.89

续表

一级指标	相对值计算	相对值 （小数点后保留两位）
监督	190/200	0.95
项目结果	626.40/800	0.78

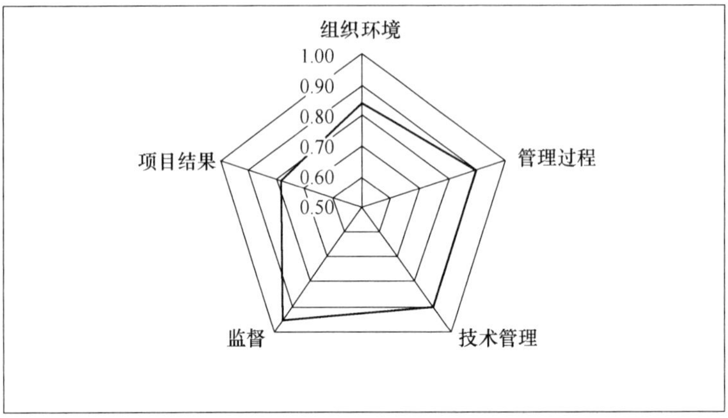

图 3　某激光装置产品过程管理能力评价蛛网图

从图 3 可以看出，在该激光装置及器件研制实现过程中，监督方面相对比较好，管理过程和技术管理居中，而组织环境和项目结果还有欠缺。据此分析出薄弱环节，如对技术状态管理、风险管理等方面进行专项专题改进，帮助组织找到短板，提升装置管理水平。

三、形成的技术成果

（一）论文

1）刘楠，李海红，何伟，等．大科学工程管理能力评价模型研究［J］．中国科技论坛，2020，9（9）：26－38.

2）王静，刘楠，樊怡辰，等．基于 STORM 模型的激光装置产品过程管理能力评价方法研究与应用［J］．项目管理技术，2020，18（10）：104－111.

（二）软件工具

专项管理信息系统—质量管理板块。

（三）成果奖励

1）国家某专项工程子课题“工程管理数字化系统研究”（0903. 1－Q－2018HT－C－01）；

2）《某大科学工程激光装置的过程管理能力评价优化改进思路与应用》获“2020 年度中物院科技管理论文交流会二等奖”。

四、方法的创新点及推广价值

传统的科学工程评价大多是“模糊”制约，“集体”负责，这使得对项目成熟度的评价会因文化障碍而形似神非。STORM 暴风工程管理能力评价模型，从 5 个维度对工程建设进行过程能力评价分析，客观分析以表征产品管理水平。

方法创新点如下：

1）强调组织环境对项目的支持作用；

2）过程部分与结果部分并重；

3）全流程、全要素、多维度、动态开放、信息化；

4）体现了社会责任的因素；

5）体现了组织管理与技术管理两个维度并重的理念；

6）针对国防科研项目纳入了安全和保密管理能力要素；

7）将第三方监督提升到了新的高度。

推广价值如下：

1）有利于科研单位提高项目管理水平；

2）有利于科研单位实现管理目标；

3）有利于科研单位上级主管部门明确管理方向。

五、典型案例

每年以管理评审的形式对任务的过程管理进行能力评价与总结，传统的过程管理能力评价方式具有碎片化、离散型和宏观判断等特征。以某大科学工程激光装置为实例，以问题为导向，优化改进思路，基于工程管理能力 STORM 评价模型，从组织环境、管理过程、技术管理、监督和项目结果 5 个维度对装置的建设进行过程能力评价分析，采用定量和定性相结合的方式，以数据采集、问卷调查的方法对该激光装置产品建设的实际管理情况进行客观评价。通过对各评价指标的对应等级进行分数加权，得到各维度的蛛网图并基于此识别任务实现过程中做得较好和不足的部分，客观分析以表征产品管理水平，并明确后续改进方向。

STORM 模型设计的特点之一就是注重开放性和动态性，评价指标体系中的指标可以根据当年管理工作的重点、难点和目标进行设置，并调整相应的分值，是一个能够动态调整和完善的评价指标体系。针对某大科学激光装置所处阶段，评价时对具体指标进行了适当的裁剪，选取了 91 个四级指标，其中定量指标 72 个，占比 79%，定性指标 19 个，占比 21%，总分仍然设置 2 000 分制，以原模型三级指标为基准，同总分值，按比例设置选取的四级指标分值。

采集数据涵盖了装置项目的范围、进度、质量、安全等管理维度，涉及激光装置产品实现过程相关的各部门的工作范围，共计统计信息 72 类。问卷调查采用网络匿名答题的方式，问卷调查对象包括各部门领导、课题组长、项目参建成员等。本次问卷调查一共收集 57 份问卷，其中技术人员 33 份，管理人员 24 份。

通过数据采集和问卷调查的方式得到激光装置产品过程管理能力评价数据采集表，数据来源真实有效。

通过蛛网模型可以直观判断组织环境、管理过程、技术管理、监督和项目结果5个模块水平的高低，并基于此识别激光装置及器件研制实现过程中做得好的部分和不足的部分。在组织环境、管理过程、技术管理、监督和项目结果各自所在的坐标轴上，距离1越近，则说明该模块越好；距离1越远，则说明该模块较差，存在不足。

根据能力评价结果表，STORM评价模型总得分为1 695.40分，成熟度系数1 695.40/ 2 000＝0.847 7，其中，一级指标的组织环境167.85分，管理过程444.40分，技术管理267.00分，监督190分，项目结果626.40分。

经过运用，从数据结果反馈可以清晰找出管理的薄弱环节，这也验证了模型的评价有效性，能反映实际质量管理水平。STORM模型总体上是有效的，局部仍存在改进空间，这也反映出管理创新理论联系实际，不断互相促进的客观规律。